Sie gaben nie auf – trotz Schurken und Schikanen
Eine Familiengeschichte

Autor: Helene Rempel
Herausgeberin: Katharina Heinrich

D1730217

Helene Rempel, geboren 1937, ist seit 50 Jahren mit Wilhelm Rempel verheiratet. Die beiden haben vier Kinder und zehn Enkel und leben in Reichshof-Eckenhagen, NRW.

Jedes Leben ist bemerkenswert.
Jedes Leben verändert die Welt.

(Matthias Brömmelhaus)

Stirbt ein alter Mensch, dann verbrennt
eine ganze Bibliothek.

(afrikanisches Sprichwort)

Helene Rempel

Sie gaben nie auf –
trotz Schurken und Schikanen

Eine Familiengeschichte

Herausgeberin:
Katharina Heinrich

Impressum

1. Auflage
Erstausgabe Mai 2017

Autor: Helene Rempel
Herausgeberin: Katharina Heinrich
Die Rechte des Textes liegen bei Katharina Heinrich
katharina.tina@gmail.com

Lektorat/Korrektorat: Reiner Weber-Nobis
Buchsatz & Umschlag: Erik Kinting / www.buchlektorat.net

Druck: epubli
ein Service der neopubli GmbH, Berlin
Printed in Germany

Bibliographische Information der Deutschen Nationalbibliothek verzeichnet diese Publikation in der Deutschen Nationalbibliografie; detaillierte Daten sind im Internet über http://dnb.ddb.de abrufbar.

Inhaltsverzeichnis

Vorwort der Herausgeberin

Dass es dieses Buch gibt, ist für mich ein richtiges Wunder! Ich bin meinen Eltern jahrelang mit der Bitte in den Ohren gelegen, ihr Leben aufzuschreiben. „Es glaubt sowieso niemand, wenn ich aufschreibe, was wir erlebt haben", sagte Mutter immer. Oder „es ist zu traurig, wir hatten nicht viel zu lachen". Das stimmt zwar, aber nur zum Teil. Ja, es gab viel Schweres und Trauriges, Unmenschliches sogar. Aber immer wieder gab es auch lustige Momente, witzige Bemerkungen, unerwartete Schicksalswendungen.

Das vorliegende Buch ist ein buntes Mosaik und zugleich ein kleines Puzzlesteinchen im Gesamtbild des 20. Jahrhunderts. Es ist so vielfältig und überraschend wie das Leben selbst. Wenn ich an das Schicksal meiner Mutter denke, dann kommt mir das Bild einer Blume in den Sinn, die sich durch den Asphalt gekämpft hat. Mutter hat einen starken Geist und einen festen, aufrechten Charakter, den keine Widrigkeiten zerstören konnten. Diese Stärke schöpft sie aus einer ewigen Quelle, die schon ihre Mutter, unsere Oma aufrecht gehalten hat und zu der Mama bereits als Kind Zugang fand: dem Glauben an Gott.

Mit denkbar schlechten Startbedingungen, vaterlos, halb verhungert, kaum Bildung, hat sie, sobald es ihr möglich war, ihre Flügel ausgebreitet und sich auf das Abenteuer „Leben" eingelassen. Obwohl sie die Jüngste war, fällt auf, wie viel Initiative und Mut sie entwickelte! Mutter ging Risiken ein, bestand Abenteuer und ließ sich durch nichts einschüchtern oder zurückhalten! Vielleicht war es auch einfach der Trieb, sich nicht unterkriegen zu lassen, der sie dazu brachte, als junges Mädchen einen Motorradführerschein zu machen oder ferne Zugreisen zu unternehmen. Ein Satz, den ich oft von ihr gehört habe, lautet: „Wenn andere es schaffen, dann schaffe ich es auch!" Sie hat einfach nie aufgegeben und nie aufgehört, etwas Neues anzufangen! Als ich 1997 nach England ging, um Englisch zu lernen, fing sie auch an, Englisch zu lernen. Sie besitzt ein englisches Neues Testament und liest hin und wieder englische Andachten. Mit über 60 Jahren lernte sie noch, mit dem Computer umzugehen und hat den gesamten Text dieses Buches selbst eingetippt! Als ich Anfang 2000 nach Russland ausreiste, lernte sie, wie man E-Mails schreibt, um mit mir in Verbindung zu bleiben.

Mutter hat sich auch die Reiselust und Neugier bis ins hohe Alter erhalten. Sie ist drei Mal in Israel gewesen, das letzte Mal im Jahr 2011 und wäre gern noch einmal hingefahren, aber da durfte sie aus Gesundheitsgründen nicht mehr. Auch hat sie sich ständig selbst Neues beigebracht, ob es sich um ausgefallene Rezepte oder komplizierte Handarbeiten wie Hardanger Stickerei handelte. Und was sie an Büchern verschlungen hat! Bis heute liest sie viel und gern und ist eine begnadete Erzählerin!

Ja, unsere Mama hatte kein einfaches Leben, aber sie hat das Beste draus gemacht! Da sie nun schon fast 80 ist, müssen wir uns darauf einstellen, dass sie eines Tages heimgeht zu ihrem „Guten Hirten" und den vielen Lieben, die ihr voraus gegangen sind: ihre Eltern und vier Geschwister sowie manche Freunde. Aber durch das vorliegende Buch kann Mutters Leben auch nach ihrem Tod noch sprechen. Es ist nicht nur ein Zeugnis einer starken Frau, sondern spricht laut von der Treue und Kreativität Gottes, der aus furchtbaren Umständen etwas derart Schönes gemacht hat!

Mir war es ein echtes Vergnügen, die Notizen meiner Mutter zu ordnen, Überschriften zu finden und dem Ganzen Gestalt zu geben. Dabei ist mir bewusst, wie viel es noch zu erzählen gäbe, denn solch ein langes und ereignisreiches Leben passt niemals auf einige Hundert Seiten! Man könnte zum Beispiel erzählen, wie Mutter einmal Oma vom Rücksitz ihres Motorrads „verlor" auf ihrer Reise zu Verwandten. Eine weitere etwas kuriose Geschichte war es auch, als wir 1978 ein 20 Jahre altes Auto von Onkel Isaak, Mutters Cousin kauften. Der hatte sich ein neues Gefährt angeschafft und hätte uns seinen alten *Moskvitsch* gerne geschenkt. Leider ging das aus rechtlichen Gründen nicht. Aber er konnte uns das Auto aufgrund der Verwandtschaft mit Mutter etwas billiger verkaufen. Dafür gehörte der Wagen nun Mutter und Vater musste immer eine Vollmacht mit sich führen. Sonst hätte er bei einer der häufigen Dokumentenkontrollen große Strafen zahlen müssen, weil er mit einem „fremden" Auto unterwegs war. Der Wagen hat uns noch bis zu unserer Ausreise nach Deutschland gedient. Allerdings nur im Sommer – im Winter streikte die Batterie und Winterreifen gab es auch keine.

Auch viele andere Erlebnisse müssen ungenannt bleiben. Dennoch ist dieses Buch ein echter Schatz! Deshalb möchte ich mich an dieser Stelle ganz herzlich bei den vielen Menschen bedanken, die zur Gestaltung dieses Buches beigetragen haben, auch im Namen meiner Mutter! Zunächst danke ich ihr selbst für das jahrelange Aufschreiben und späteres Eintippen ihrer Erinnerungen. Ein großes Dankeschön gilt Traudel Schieber, die den Erstentwurf gelesen und viele wertvolle Anmerkungen gemacht hat. Auch Sandra Berke (geb. Althöfer), die Schulfreundin meiner Schwester, hat zur Verbesserung des Textes beigetragen. Korrektur gelesen haben außerdem Matthias und Christine Steup sowie Rainer Weber-Nobis, um nur einige zu nennen. Die Bildbearbeitung hat Irina Repp gemacht, auch dafür herzlichen Dank! Dr. Helmuth Egelkraut danke ich ganz herzlich für den Klappentext, den er trotz vollem Terminkalender geschrieben hat. Ein weiterer Dank gilt den vielen Freunden, die uns immer wieder ermutigten, diese wichtige Sache durchzuziehen. Die Namen kann ich hier gar nicht alle aufzählen.

Übrigens, das Leben meines Vaters ist nicht minder spannend, wir sind nur noch nicht dazu gekommen, sein Leben auf diese Art festzuhalten.

April 2017, Katharina Heinrich, geb. Rempel

Die Autorin freut sich über Rückmeldungen, Fragen und Anmerkungen zu ihrem Buch unter der Anschrift: *Helene Rempel, Im Grund 17, 51580 Reichshof* oder elektronisch unter: <u>wh.rempel@web.de</u>

Lass mich!

Die kleine Justa zappelte auf dem Arm ihrer großen Schwester. Immerhin hatte sie vor Kurzem laufen gelernt und fand es nun wesentlich interessanter, im Hof die Hühner aus dem Schatten der Büsche zu scheuchen, als von Helene herumgetragen zu werden. Außerdem gab es hinter dem Haus eine Sandgrube, in der sie am liebsten mit Gerhard und Maria, ihren Geschwistern, spielte.

Woher sollte das gerade mal elf Monate alte Kind aber auch wissen, dass die Mutter dem älteren Mädchen befohlen hatte, es nicht vom Arm zu lassen, wenn der Vormund vorbeikommen würde? Der Mann saß jetzt mit Mutter in der guten Stube. Helene wusste, dass es um sie ging. Schon seit dem Tode des Vaters letzten Sommer wollte Onkel Wiens, dass sie sich als Magd verdingen und damit zum Auskommen der Familie beitragen sollte, wie ihre drei älteren Schwestern. Das bedeutete, dass sie zu einer wohlhabenden Familie ziehen würde, um dort für ihren Lebensunterhalt zu arbeiten. Der Mutter war es bisher gelungen, den Vormund davon zu überzeugen, dass die Achtjährige dringend in der Familie gebraucht wurde. Zumindest, solange das jüngste Kind noch nicht laufen konnte. Helene selbst graute es davor, von der Familie wegziehen zu müssen. Wie sollte sie ohne ihre Mama und Geschwister leben? Jetzt, wo sie schon ihren Papa verloren hatte. Sie würde alle ganz fürchterlich vermissen, besonders den kleinen Sonnenschein Justa! Die war noch zu klein, um zu begreifen, wie schwer es die Familie hatte. Es war aber auch ein schlimmer Sommer gewesen, damals vor einem Jahr. Dabei hatte alles so verheißungsvoll ausgesehen im Frühsommer 1914…

1. Kapitel: Die Vorgeschichte

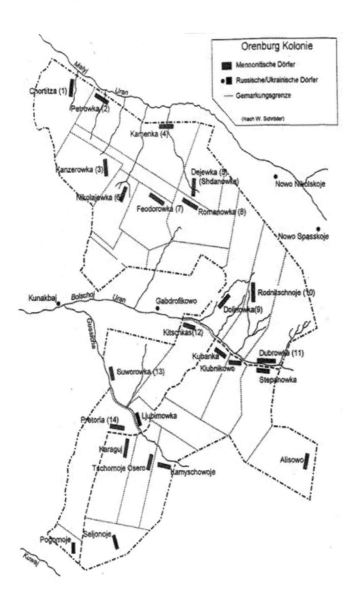

Schematische Darstellung eines Teils unserer Ansiedlung.
Quelle und Rechte konnten leider nicht festgestellt werden.

Deutsche gab es in Russland schon immer, wenn auch nur vereinzelt. Ab dem 17. Jahrhundert gab es zunächst unter dem Zaren **Peter I.** und später unter der Zarin **Katharina II.** mehrere Einwanderungswellen aus Deutschland nach Russland. Die ersten Einwanderer – meist Mennoniten – siedelten in der Ukraine. Als das Land dort knapp wurde, wanderten Ende des 19. Jahrhunderts viele jungen Familien weiter östlich und ließen sich in den weiten Steppen am Südural nieder. Unser Dorf *Klubnikowo* wurde 1898 gegründet. Etwa um dieselbe Zeit wurden auch für Kubanka, Stepanovka, Dolinovka (Nr. 9)[1], Rodnitschnoje (Nr. 10), Dobrovka (Nr. 11), Kitschkass (Nr. 12), Alisowo und viele weitere die Grundsteine gelegt. Im Anhang finden sich weitere Informationen zu dem geschichtlichen Hintergrund dieser Ereignisse.

Aller Anfang ist schwer ...

... heißt es in einem Sprichwort, und so war es auch für diese Anfänger sehr, sehr schwer. Was sie an Werkzeugen, Maschinen und Möbeln mit großer Mühe und viel Beschwerden mitgebracht hatten, wurde ihnen von den Baschkiren in der Umgebung schonungslos geklaut. Die Deutschen hatten wirklich sehr gute Geräte dabei! Wir haben noch Jahrzehnte später mit einigen dieser Geräte und Maschinen gearbeitet. Da waren Mähmaschinen, die wir Grasmaschinen nannten. Man spannte drei Pferde davor und so wurde Gras gemäht. Die Maschinen waren aus Eisen und hatten den Namen ihres Besitzers eingegossen. Da stand auf einer der Grasmaschinen in großen Buchstaben „Neufeld". Aber auch jedes andere Gerät hatte seinen Namen. Da waren Maschinen zum Getreidedreschen, auch Pflüge und Eggen waren da. Man hatte alles mit, was für ein Leben auf dem Lande gebraucht wurde.

---

[1] Eine Reihe Dörfer hatte zwei Bezeichnungen: einen plattdeutschen Namen und einen russischen. Der deutsche Name war numerisch von eins bis 14, in der Reihenfolge, in der die Dörfer gegründet worden waren. Die russischen Bezeichnungen hatten verschiedene Ursprünge.

In den Steppen lebten schon Russen und Baschkiren. Die neuen deutschen Dörfer waren zunächst nur klein und lagen zudem ziemlich weit auseinander und die einheimischen Bewohner waren flink und auf leichte Beute aus. Als sie merkten, dass neue Siedler eingetroffen waren, da erschienen sie auch bald. Es war ihnen nicht zu viel, auch von weither zu kommen. Sie besuchten die neuen Ansiedlungen und lernten die Deutschen kennen. Diese waren arglos und freundlich zu ihnen. Sie zeigten den Besuchern ohne Bedenken, was sie sich für den Anfang mitgebracht hatten, erklärten, wie sie es machen wollten und wie froh sie waren, in solch schönes Land gekommen zu sein! Die Baschkiren merkten sich manches und kamen dann nachts, um zu holen, was ihnen gefallen hatte. Mit reicher Beute machten sie sich dann davon.

Freilich, Geld hatten die jungen Leute auch nicht viel. Das Wichtigste, was sie hatten, war ihr Vieh. Sie hatten Pferde, Kühe und Schafe, alles, was sie zum Leben ganz dringend brauchten, mehr nicht. Darum war die Übersiedlung so schwer und dauerte sehr lange. Am wichtigsten waren ihnen die Pferde. Und da kam es oft vor, wenn der junge Bauer am Morgen aufstand, waren seine Pferde nicht mehr da. Die Baschkiren hatten sie in der Nacht gestohlen. Da stand der arme Mann dann hilflos da. Er konnte nirgends hinfahren, konnte sich nichts holen, er konnte gar nichts ohne seine Pferde. Meist haben die anderen Männer sich dann erbarmt und wer konnte, lieh dem Bestohlenen ein Pferd, so dass er doch sein Land pflügen und besäen konnte. Wenn dieser dann von seiner Ernte etwas verkauft hatte, dann wurde als erstes wieder ein Pferd gekauft! Weil alle in gleicher Lage waren, und weil man wusste, dass es jeden treffen konnte, waren die Siedler sich sehr einig und haben sich immer gegenseitig geholfen. Dadurch wurden sie stärker und kamen voran. Irgendwann stellten sie Wachen auf. Es war für sie auch nicht leicht, nach einem schweren Arbeitstag die Nachtwache anzutreten. Aber alle nacheinander kamen einmal dran, um in der Nacht die Baschkiren zu verscheuchen. Manchmal mussten sie großen Lärm machen, damit sie nicht beraubt wurden. Die Nachtwache hat ihnen dann auch wirklich geholfen: Die Baschkiren sahen ein, dass sie nicht mehr so einfach auf Beute gehen konnten und das Stehlen wurde weniger.

Anfänglich mussten die jungen Leute sich etwas Einfaches zum Wohnen anfertigen. Keiner von ihnen hatte so viele Mittel, dass er sich gleich ein richtiges Haus bauen konnte. Das kam erst mit der Zeit. So bauten sich die Meisten erst ein Erdhäuschen. Es musste aber doch so stabil, dicht und warm sein, dass sie den kalten sibirischen Winter überleben konnten und vielleicht nicht nur einen. Daniel Hoppe, den wir als alten Großvater noch kannten, hat uns manches aus der Anfangszeit erzählt. Er starb in den fünfziger Jahren. So erzählte er aus der Zeit, als sie noch in ihrem Erdhäuschen lebten. Seine Frau hatte ihr erstes Kind geboren und es war sehr eng in ihrem Stübchen. Sie hatten ein Bett, einen Tisch und dazwischen stand die Wiege. Es mag noch eine Sitzgelegenheit gegeben haben. Als das Kind in der Nacht unruhig wurde, stand die Frau auf, um es zu versorgen und zündete die Petroleumfunzel an. Der erste Winter war gerade vorbei und nun im Sommer hatten sie das Fenster in ihrem kleinen Zimmer nachts offen. Als Frau Hoppe ihr Lichtlein angezündet hatte und sich über die Wiege beugte, merkte sie, dass jemand von unterm Tisch zu ihrem Licht blies, um es zu löschen. Einmal und ein zweites Mal. Da wurde ihr unheimlich zumute und sie rief ihren Mann: „Du, wo ist die Flinte?" Sie hatten nämlich über ihrem Bett eine Flinte hängen, die diente zur Abwehr von wilden Tieren, die es in Mengen gab, denn es war ein wenig bewohntes Gebiet. Onkel Hoppe, müde von der Tagesarbeit, antwortete ihr im Halbschlaf: „Die ist nicht geladen." „Was?" schrie die Frau, drehte sich um, schnappte sich die Flinte von der Wand und sagte: „Damit werde ich jetzt zurechtkommen!" In dem Moment, als sie die Flinte ergriff und sich umdrehte, hatte der Mann unterm Tisch das Licht gelöscht und sprang zum Fenster raus! Frau Hoppe, am ganzen Leibe zitternd, zündete das Licht wieder an und versorgte ihr Kind. Es war wohl jemand gewesen, der sich durchs Fenster eingeschlichen hatte, um sie zu berauben. Diesmal war es ihm nicht gelungen, sie waren bewahrt geblieben. Aber solche Fälle haben die Siedler zu der Zeit in Mengen erlebt.

Das Land war wirklich gut und so gab es reiche Ernten. Das verkaufte Getreide war die einzige Einnahmequelle der Neuankömmlinge, wovon sie ihr Leben bestritten und ihr Vermögen verbesserten – wenn es denn gut ging. So hatte der eine junge Bauer reichlich Geld eingenommen durch den Verkauf von seinem Getreide und etwas davon gespart. Nun wollte er nach Pokrowka – das war die nächste Eisenbahnstation und ca. 90-100 Kilometer entfernt – um dort Holz für ein richtiges Haus zu kaufen. Die Lehmziegel hatte er schon angefertigt. Das machten die Leute alle gemeinsam. So fuhr dieser Bauer mutig los, in der Hoffnung, gutes Holz zu kaufen. Er kam glücklich dort an, kaufte das Holz und verlängerte mit einem Teil davon seinen Wagen, so dass er die langen Balken und Bretter gut verladen konnte. Dann machte er sich auf den Weg nach Hause. Aber weil es eine recht lange Strecke war, konnte er sie nicht an einem Tag mit den Pferden bewältigen. Er musste irgendwo übernachten. Da wurde er von Baschkiren überfallen und ausgeraubt. Sie nahmen ihm einfach alles: Pferde, Wagen, Holz und was er sonst noch bei sich hatte! Er kam grad noch mit dem bloßen Leben davon! Zu Fuß brauchte er etliche Tage, bis er traurig und mutlos in seinem Dorf ankam. Kann man sich vorstellen, wie ihm zumute gewesen sein muss? Da sind die anderen Siedler wieder zusammengerückt und haben ihm nach Möglichkeit geholfen. Denn keiner von ihnen wusste, wann er in eine ähnliche Lage geraten könnte.

Die beiden Weltkriege trafen auch die deutschen Dörfer hart. Viele verarmten und die Dörfer verkamen. Die Leute mussten arbeiten, ohne Lohn zu bekommen. Viele haben sich einfach nur „durch-gehungert". Da wurde an Dorfpflege kein Gedanke verschwendet. Erst in den fünfziger Jahren kamen die Menschen langsam wieder auf die Beine. Die Arbeit wurde endlich bezahlt, wenn auch nur spärlich, aber wir bekamen doch jeden Monat ein wenig Geld. Und die Leute waren ja nicht faul! Es wurden gute Häuser gebaut und Bäume gepflanzt. Sogar wir, meine Schwester Maria und ich, haben mit einiger fremder Hilfe, die wir aber alle bezahlten, im Jahr 1957 ein richtiges Haus gebaut. Obwohl unsere Mutter in diesem Jahr so schwer unter Rheumatismus litt, dass sie manchmal nicht einmal imstande war, den Löffel zu halten, um unsere kranke Schwester Tina zu füttern. Aber wir haben es geschafft! Das alte Erdhäuschen hatte uns neunzehn Jahre gedient. Nun schafften wir es von Hand mit dem Schubkarren weg, legten ein Fundament aus Steinen und bauten ein Haus.

Es war für uns auch nicht leicht. Da wir keinen Vater oder Bruder hatten, mussten wir alles selbst machen. Und zudem jeden Tag von früh bis spät zur Arbeit gehen. Aber bei der Auswanderung nach Deutschland Ende der achtziger und Anfang der neunziger Jahre hinterließen wir Deutsche blühende Dörfer.

Unsere Vorfahren

Wir können unseren Stammbaum von der Harms Seite bis zum Anfang des 19. Jahrhunderts verfolgen. Viele Stammbücher, die vor allem unsere Großmutter väterlicherseits als Hebamme besaß, sind in den schweren Jahren verloren gegangen. Manches wurde konfisziert, weil nach der Revolution 1917 alles Deutsche verdächtig war. Anderes ist als Brennmaterial drauf gegangen, als es ums pure Überleben ging. Deshalb sind wir umso dankbarer für alles, was wir über unsere Vorfahren wissen, sei es aus Erzählungen der Älteren oder was unsere Kinder in ihren Bemühungen um die Ahnenforschung im Internet und verschiedenen Datenbanken finden konnten.

Familie Harms, unsere Großeltern väterlicherseits

Kronsgarten in Südrußland

Im Jahre 1794 beschloss eine Gruppe von ca. 15 Familien aus dem Dorf Schönwiese, Kolonie Chortiza ohne Anführer in den Regierungsbezirk Mariewerder, was später **Kronsgarten** genannt wurde, umzusiedeln. Das liegt in der heutigen Ukraine im Gebiet Dnepropetrovsk. Die Siedler fanden neben ihrem Ansiedlungsplatz zwei Gebäude vor, die der Regierung gehörten. Darin konnten sämtliche 15 Familien bis zur Erbauung ihrer eigenen Häuser unterkommen. Die Zarenregierung half ihnen mit Bauholz beim Neuanfang. Die ersten Häuser wurden 1797 gebaut.

Die neue Kolonie wurde in der Niederung des Flusses Kiltschin angelegt, zwischen der Provinzhauptstadt Jekaterinoslaw (heute Dnepropetrovsk) und der Kreisstadt Nowomoskowsk. Das Flüsschen Kiltschin, das in südöstlicher Richtung die Ländereien dieser Kolonie durchfließt, ergießt sich in den Samarafluss, welcher weiter in den Dnepr fließt. An dieser Stelle stand in früherer Zeit eine Kronsgartenanlage, eine Gartenanlage, die der „Krone", also der Regierung, gehörte. Davon zeugten damals aber nur noch verkrüppelte Kirschbäume. Diese Spuren einer Gartenanlage veranlassten die Ansiedler dazu, der Kolonie den Namen Kronsgarten zu verleihen[2].

Das Dorf, das von den 15 Familien zwischen den beiden Städten angelegt wurde, war recht hübsch, ganz der Schönheit seines Namens entsprechend, aber zu niedrig gelegen. Bei hohem Wasserstand war es Überschwemmungen ausgesetzt. Eine besonders schlimme Überschwemmung traf Kronsgarten im Jahr 1845. Sie vernichtete die gesamte Ernte und auch die meisten neu angepflanzten Obstbäume. Daraufhin beschlossen die Siedler, den Ort an eine höhere Stelle zu verlegen. So bauten sie von Neuem ihre Häuser, Schulen für die Kinder, Bethäuser und Windmühlen, diesmal aus gebrannten Ziegeln. Unter den Einwanderern muss sich auch eine Familie Harms befunden haben. Oder sie sind im Laufe der Jahre hinzugezogen, denn 1854 wird hier unser Großvater, *Heinrich Harms,* geboren, dessen Vater *Peter Harms* 1820 zur Welt kam. Vermutlich wurde er auch schon in Kronsgarten geboren, aber sicher ist das nicht.

Kurzer Stammbaum väterlicherseits

Wann unsere Urgroßeltern *Peter Harms* und **Sara**, geborene *Abrams* die Ehe eingegangen sind, ist uns nicht bekannt, aber sie hatten vier Söhne

---

[2] Eine Landkarte des Gebiets mit dem Fluss Kiltschin, (Kiljschenj, ru. Кильчень) findet sich unter http://chort.square7.ch/Kart/Ka032.htm, http://www.grhs.org/villages/kherson/jekaterinoslaw/chortitza.html (1.11.2016). Weitere Links siehe Bibliographie.

und eine Tochter, deren Name und Geburtenfolge uns ebenfalls nicht bekannt sind. Vielleicht ist sie früh gestorben? Das war damals keine Seltenheit. Die Namen der Söhne sind:

1. Gerhard   1850
2. *Heinrich*   1854
3. Isaak   1856
4. Jakob   ?

Unser Großvater *Heinrich Harms* ist am 15. September 1854 geboren und am 11. November 1879 hat er *Anna Kröker,* geb. am 11. August 1860 im Dorf Margenau., geheiratet. Annas Eltern, unsere Urgroßeltern von der anderen Seite waren *Jakob Kröker* und *Anna* geb. *Braun.* Was wir von dieser Urgroßmutter wissen, ist, dass sie eine berühmte Hebamme war. Dieses „Handwerk" hat sie ihrer Tochter, unserer Großmutter Anna Harms, weitergegeben.

Aus der Ehe von Heinrich und Anna Harms entstammen acht Kinder, eine Tochter und sieben Söhne.

1. Anna[3]   26. März 1886, Hamberg[4]
2. Heinrich   21. Mai 1888, Hamberg
3. Gerhard   25. Juli 1890, Hamberg (gest. 28. Jan.1906 in Stepanovka)
4. Jakob   11. Juni 1892, Hamberg (gest. 31. Jan. 1901 in Stepanovka)
5. Peter   10. Juni 1894, Hamberg
6. Isaak   18. März 1897, Stepanovka
7. Bernhard   16. August 1901, Stepanovka
8. **Franz**   30. März 1906, Stepanovka

---

[3] Es war bei den Deutschen damals üblich, Kinder nach den Eltern zu benennen. Es musste nicht unbedingt der oder die Erstgeborene den Namen des Vaters bzw. der Mutter tragen, aber irgendein Kind sollte ihn bekommen. Es war auch nicht ungewöhnlich, den Namen ein zweites Mal zu vergeben, falls ein Kind früh starb.
[4] Eine Ortschaft im Gebiet Moloschna, Saporoshje. https://en.wikipedia.org/wiki/Molotschna Offensichtlich sind unsere Urgroßeltern aus Kronsgarten weggezogen.

Unsere Großeltern, *Heinrich und Anna Harms*, haben sich irgendwann zwischen 1894 und 1897 im Gebiet Orenburg[5], im Dorf Stepanovka angesiedelt. Onkel Heinrich, der älteste Sohn von Großvater Heinrich Harms, hatte ein großes Haus gebaut, das letzte in der rechten Reihe, wenn wir von Klubnikowo nach Stepanovka gingen. Als unsere Eltern 1926 heirateten, wohnten sie noch kurz bei Großmama Anna. Sie war damals schon Witwe. Großvater war ein kränklicher Mann, auch nicht groß gewachsen. So mussten die Söhne von klein auf immer mit anpacken. Denn Großvater hatte viel Land, das bearbeitet werden musste. So waren die Söhne angelernt und gewöhnt zu arbeiten und wussten, dass man nur mit Fleiß etwas erreichen kann. Großvater ist am 15. Januar 1922 gestorben.

In den zwanziger Jahren war das Dorf noch nicht sehr groß, doch es gab schon ziemlich viele Bewohner. Ein Baschkirendorf, Kutlumbetowo, war ca. drei Kilometer von Stepanovka entfernt und etwa sechs Kilometer von Klubnikowo. Die Baschkiren machten den Deutschen immer noch zu schaffen. Diese mussten immer auf der Hut sein, damit sie nicht beraubt wurden. Trotzdem fehlte manchmal bei dem einen dies und bei dem andern das. Manchmal haben sie es sofort gemerkt. Wenn sie dann den Gaunern nachjagten, konnten sie noch manches retten, aber das war eher selten.

Um 1920-21. Meine Großeltern Anna und Heinrich Harms mit Franz (ca. 14), meinem Vater.

---

[5] Um 1898 lebten im Gebiet Orenburg um die 48.000 Deutsche, was 2,19% der Gesamtbevölkerung ausmachte. https://de.wikipedia.org/wiki/Oblast_Orenburg Diese Webseite bietet noch viele weitere Details zur Geschichte, geografischer Lage, etc.

Eines Abends im Sommer – es dämmerte schon langsam – da merkten die Jungs, Vaters ältere Brüder, dass auf dem Hof etwas vor sich ging. Einer schaute zum Fenster raus. Da im Zimmer noch kein Licht brannte, konnte man von draußen nichts sehen, von innen dafür aber umso besser. Da rief er leise seine Brüder und sagte: „Guckt mal, was bei uns auf dem Hof vorgeht, aber seid still!" Sie schauten heraus und sahen: Auf dem Hof, bei den Schafen waren zwei Männer. Sie fingen die Schafe, banden ihnen die Füße zusammen und trugen sie auf den Wagen, den sie hinter der Scheune abgestellt hatten. Einer der Jungs brauste sofort auf und wollte raus laufen. Doch die anderen hielten ihn zurück und sagten: „Wir machen es anders. Die müssen jetzt an unserem Garten entlang, dann unten rechts und über die Wiese zur Straße. Wir laufen vom Hof links auf die Straße und fangen sie ab. Diesmal entkommen sie uns nicht!"

Unterdessen hatten die Diebe mehrere Schafe gebunden, auf den Wagen gelegt und sich davon gemacht. Was waren sie überrascht, als ihnen plötzlich die jungen Burschen in den Weg traten und die Beute zurück verlangten! Sie kannten die Männer und die Männer kannten auch die Jungs. Als die Brüder Harms sie zur Rede stellten und sie bedrohten, da überkam sie eine so große Angst, dass sie nur noch um Gnade bettelten. „Nehmt Eure Schafe und vergebt uns noch dieses eine Mal! Wir werden nie mehr bei Euch stehlen! Nur lasst uns am Leben und schießt uns nicht tot!" Die Brüder konnten sich vor Lachen kaum halten, aber sie ließen es sich nicht anmerken. So brachten die Diebe alle Schafe zurück, lösten ihnen die Fesseln und ließen sie zu den anderen. Ein Schaf haben die Brüder Harms den Dieben sogar gelassen. Dafür mussten diese aber versprechen, nie mehr zu stehlen, sonst würde es ihnen nicht gut bekommen. Das Versprechen haben die Männer gehalten und blieben dem Hof fern. Die Baschkiren vergessen nichts, ob Gutes oder Böses. Hat man einmal das Vertrauen eines Baschkiren gewonnen, so hat man einen treuen Freund. Unser Vater hat später manch einen Baschkiren zum Freund gehabt. Aber wenn man die Baschkiren nicht zum Freunde hat, dann ist es schlimm. Das haben wir auch erlebt.

Unser Vater Franz

Franz war der Jüngste in der Familie und ein echter Glückspilz! Weil er nach der Silberhochzeit der Eltern geboren war, wurde er in seiner Kindheit oft „der Silberne" genannt. Er war also das Nesthäkchen, von allen geliebt, vielleicht auch etwas verwöhnt. Und so wuchs er heran als ein lustiger, fröhlicher Knabe. Die Brüder gaben alles für ihn und so bekam er mit 16 Jahren schon seine eigene Flinte. Er jagte Hasen, wilde Enten, Steppenhühner, usw. Seine Mutter wusste das freilich nicht und Großvater war gerade gestorben.

Die Brüder merkten, dass der junge Franz sehr begabt war. So wurden sie sich einig und sagten zu ihm: „Wir werden Dich alle zusammen unterstützen, damit Du die Möglichkeit hast, etwas zu lernen. Du kannst studieren und Dir einen Beruf erwählen, der Dir gefällt." Das war eine große Sache! Mutter konnte ihm als Witwe nicht viel bieten.

Franz wählte den Lehrerberuf. Als er die Schule beendet hatte und sich bewarb, um weiter zu lernen, wurden seine Zeugnisse überprüft und dann wurde ihm gesagt: „Du kannst studieren, aber das kannst Du als Fernstudium machen. Uns fehlen so dringend Lehrer in vielen Schulen. Wir schicken Dich sofort in ein entlegenes Dorf, wo Dich keiner kennt und keiner weiß, dass Du noch so jung bist und setzen Dich als Lehrer ein." So wurde es dann auch gemacht. So arbeitete Franz als Lehrer und verdiente sein eigenes Geld. Freilich war das anfänglich nicht sehr viel, aber er war schon nicht mehr ganz abhängig von seinen Brüdern. Damals war er gerade 17 Jahre alt. In den Ferien kam er nach Hause und half den Brüdern, wo er konnte. Abends war er mit der Dorfjugend zusammen. Am Ende der Ferien ging es dann wieder an seine Arbeit in die Schule, je nachdem, in welches Dorf er geschickt wurde.

Familie Thun, unsere Großeltern mütterlicherseits

Kurzer Stammbaum

Unsere Urgroßeltern:

Urgroßvater *Peter Thun*, geboren in Steinfeld, Ukraine, war verheiratet mit *Justina Petker* geboren in Rückenau, ebenfalls Ukraine. Aus dieser Ehe gingen vier Kinder hervor: Susanne, Margarethe, Peter und Gerhard, unser Großvater.

Susanne heiratete einen Abram Janzen, Margarethes Mann hieß Derksen mit Nachnamen. Peter hatte mit seiner Frau (Name unbekannt) drei Kinder: Peter, Jakob und Helene.

Unsere Großeltern

Gerhard Thun	24. Mai 1867 in Steinfeld, getauft Pfingsten 1888 in Margenau
Helene Fast	13.August 1875 in Mariental, getauft Pfingsten 1895 in Margenau
Eheschließung	18. Februar 1897.

Kurz darauf zogen die jungen Leute von der Ukraine nach Russland in das Gebiet Orenburg, wo sie zunächst im Dorf Karaguj ansiedelten. Später wohnten sie in Seljonoje (ru: Grün).

Kinder aus dieser Ehe:

Katharina	6. April 1899 in Karaguj, getauft am 22. Mai 1917 in Stepanovka
Margarete	4. April 1901 in Karaguj, getauft am 9. Juni 1919 in Stepanovka
Susanne	26. Juni 1905 in Seljonoje, getauft am 16. Juni 1929 in Stepanovka
Helene	28. April 1907 in Seljonoje, getauft am 2. Juni 1926 in Stepanovka

Gerhard	11. Juni 1909 in Seljonoje
Maria	30. Juni 1912 in Seljonoje
Justina	16. Juni 1914 in Seljonoje

Unsere Mutter war schon die vierte Tochter und bekam den Namen ihrer Mutter, Helene[6].

Der Hausbau

Helenes Vater, mein Großvater Gerhard Thun, besaß im Russendorf Abramovka, etwa sechs bis acht Kilometer von Seljonoje entfernt, eine eigene Mühle, die er selbst bediente. Von fern und nah kamen Menschen, um ihr Getreide mahlen zu lassen. Nicht nur aus den deutschen Dörfern, sondern auch viele Russen aus den umliegenden Dörfern kamen. „Jegor" – wie ihn die Russen nannten – war bei allen beliebt und geachtet. Großvater war aufrichtig und sparsam und hatte vor, seiner Familie ein größeres Haus zu bauen. Er hatte vor Jahren ein ehemaliges Lagerhaus gekauft, das zwar stabil gebaut, aber nicht sehr groß war. Es bestand zu großen Teilen aus Holz. Im Keller gab es geräumige Regale, die aus doppelten Brettern bestanden und früher zum Lagern von Stoffballen gedient hatten. Die Fußböden, Türen und Innenwände waren ebenfalls doppelt aus Holz gezimmert.

Die Familie hatte keine Knechte – man machte alles selbst. Nun wuchsen die Töchter heran. Vor allem die ältesten, Katharina und Margarethe, konnten schon tüchtig mit anpacken. Weil das Einkommen jedoch gering war, brauchte es seine Zeit, bis Großvater alles Nötige für den Bau zusammen hatte. 1914 war es dann so weit. Er hatte von den Baschkiren Lehmziegel herstellen lassen, ausreichend für ein richtig großes Haus. Außerdem hatte er Holz für Fußböden, Zimmerdecken und den Dachstuhl gekauft. Alles lag auf seinem Grundstück bereit. Im Frühling bestellte er noch seine Felder und fing gleich danach mit dem Bau

---

[6] Sie wurde zwar immer Lena gerufen, aber um die vielen Lenas in diesem Buch zu unterscheiden bleiben wir diesmal bei ihrem vollen Namen.

an. Dazu hatte er wieder Baschkiren eingestellt, denn allein konnte er diese schwere Arbeit nicht bewältigen. Inzwischen war das Fundament gelegt und die Wände bis zu den Fenstern hochgezogen. Die Türgerüste standen schon, auch die Fensterrahmen waren eingesetzt. Alle waren froh, dass es so weit war.

Der Sonnenstich

Dann kam die Heuernte. Diese Arbeit machte Gerhard Thun wieder mit seinen ältesten Töchtern, Katharina (15) und Margarete (13). Susanne (9) und Helene (7) halfen der Mutter in der Küche und mit den kleineren Geschwistern. Den fünfjährigen Gerhard und die zweijährige Maria konnte man ja schlecht mit dem Baby alleine lassen. Justina (Justa) war am 16. Juni zur Welt gekommen.

Großvater mähte also das Gras und brachte es, nachdem es getrocknet war, in den Heuschober auf dem neuen Grundstück. Man beabsichtigte, bis zum Winter fertig zu werden und dann musste alles an Ort und Stelle sein. Da wurde er plötzlich sehr krank und zwar bekam er einen Sonnenstich! Das geschah durch seinen alten Strohhut, der oben ein Loch hatte, durch das die Sonnenstrahlung direkt auf seinen Kopf fiel. Er starb an den Folgen.

Der 20. August wurde zu einem „schwarzen Donnerstag" für die Familie. Helene erinnerte sich fast ein Jahr später noch genau an diesen Morgen und an den unglaublichen Schmerz, der sie durchfuhr, als man ihr sagte, ihr geliebter Papa sei tot. Die kleine Justa war gerade zwei Monate und vier Tage alt. Erst viel später erfuhr Helene, dass knapp drei Wochen vor ihrer persönlichen Tragödie der Erste Weltkrieg ausgebrochen war. Für Großmutter Helene war es ein besonders schwerer Schlag! Sie hatte als Waise jahrelang bei fremden Leuten arbeiten müssen, bis Großvater sie mit seinem Heiratsantrag befreite. Nun hatte ihre Kinder das gleiche Schicksal ereilt – sie würden ohne Vater aufwachsen müssen. Und sie selbst stand als Witwe da, ohne Angehörige, von denen sie Rat oder Hilfe erwarten konnte. Die Geschwister ihres Mannes wohnten in der ca. 100 Kilometer entfernten Samara-Ansiedlung und hatten genug eigene Sorgen.

Zunächst hoffte Großmutter auf Hilfe seitens der Regierung, aber da wurde sie bitter enttäuscht…

In den Wochen nach Großvaters Tod haben sie alle oft und viel geweint. Manchmal war Helenes Kopfkissen nass von Tränen, bevor sie endlich einschlief. Tagsüber gelang es dann nur dem kleinen Wirbelwind Justa, die allgemeine Traurigkeit zu verscheuchen. Zugegeben, viel Zeit zum Trauern hatten sie sowieso nicht, da es von morgens bis abends im Haus und Hof genug zu tun gab. Aber nun sollte Helene fort, bei fremden Leuten im Haus und Hof dienen. Die Aussicht, ihre kleinen Geschwister wochen- oder gar monatelang nicht mehr sehen zu können, war für Helene eindeutig zu viel! Und wie sollte Großmutter mit all der Hausarbeit fertig werden? Nun ja, die kleinen Geschwister halfen schon mit, wo sie konnten. So war Gerhard für die Hühner zuständig: füttern und dafür sorgen, dass das Federvieh abends vollständig im Stall war. Er half auch mit den Kühen und Schafen. Beim Unkrautjäten im Garten halfen alle mit, manchmal sogar die dreijährige Maria, obwohl es ihr doch sehr schwer fiel, die nützlichen Pflanzen von den schädlichen zu unterscheiden. Oft mangelte es ihr auch an Ausdauer. Dafür konnte sie gut mit Justa spielen und auf sie aufpassen, wenn die anderen beschäftigt waren. „Oh, wenn es der Mutter doch bloß gelingen würde, Onkel Wiens, den Vormund, zu überreden, dass ich noch einige Monate zu Hause bleiben darf!" dachte das Mädchen sehnsüchtig. Irgendwann gäbe es kein Entrinnen mehr, das wusste sie bereits, aber bitte noch nicht jetzt!

Unsere Mutter Helene

Auf einmal öffnete sich die Tür. „Helene, kommst Du mal?" rief die Mutter. Am ganzen Leib zitternd setzte diese ihre kleine Schwester in den Hochstuhl und ging hinein. Sie traute sich nicht, die Augen zu heben und blieb in der Tür stehen, die Hände vor sich gefaltet. „Lenchen, Onkel Wiens hat eine gute Familie gefunden, die eine Magd braucht, Onkel Heinrich und Tante

Neta Dickmann. Sie wohnen in Tschornojeosero (ru. „Schwarzer See"), also gar nicht so weit weg von uns. Du könntest uns etwa alle zwei oder drei Monate besuchen. Er ist bereit, Dich gleich dorthin zu bringen. Am besten legst Du Deine Schürzen und Hemden in ein Bündel und dann essen wir noch einmal alle zusammen zu Mittag, bevor er Dich hinfährt."

Obwohl Mutter sich bemühte, tapfer zu klingen, hörte das junge Mädchen doch, dass sie den Tränen nahe war. Aber das durfte der Vormund natürlich nicht merken. Eine Witwe galt nicht als geschäftsfähig und hatte keine Rechte, deshalb war Onkel Wiens seit Großvaters Tod für die Familie zuständig. Helene verspürte einen dicken Kloss im Hals. Jetzt nur nicht weinen! Ändern konnte man es ohnehin nicht mehr. Sie musste da durch.

Ende der Kindheit?

Das Leben als Magd war kein Zuckerschlecken. Meist verdingte man sich für eine Saison, also vom Frühling bis zum Herbst. Danach konnten die Wirtsfamilie und auch die Magd entscheiden, ob das Verhältnis verlängert wurde oder nicht. Wechselte man in eine andere Stelle, gab es oft die Möglichkeit, für ein paar Wochen nach Hause zu kommen, bis die neue Stelle angetreten wurde. Manche Herrschaften waren sehr freundlich und großzügig, aber viele nutzten die Not der armen Leute schamlos aus und behandelten ihre Knechte und Mägde sehr schlecht. Unsere Mutter Helene hat beides erlebt und auch einiges dazwischen. Mal wurde sie in der Familie ihrer Arbeitgeber wie ein eigenes Kind behandelt, dann wiederum wie eine rechtlose Sklavin ausgenutzt.

Ihre erste Stelle trat sie mit acht Jahren bei der Familie Heinrich Dickmann an. Es waren junge Leute, die ein drei Monate altes Kind, Heini, hatten. Dort hatte sie es sehr gut! Die Eheleute betrachteten Helene nicht wie ein Dienstmädchen, sondern eher als eine arme Waise und behandelten sie wie ihr eigenes Kind. Helene hatte aber trotz der guten Behandlung öfters Heimweh nach ihrer Mama und den Geschwistern. Eines Tages beim Unkrautjäten erwischte es sie wieder. Sie schaute sich nach allen Seiten um und fragte sich: „In welcher Richtung wohnt nun meine Mama?" Sie schaute und schaute, es war aber nirgends zu sehen, wo ein Weg über die Berge führte. Rundherum waren Berge und der Himmel hatte sich überall bis auf die Berge niedergelassen. Es wurde ihr schwer ums Herz. Sie dachte, „wenn der Himmel sich nun überall auf die Berge runtergelassen hat, dann bin ich nun von dieser Seite des Himmels und meine Mama von jener Seite. Also kann ich nie mehr zu ihr!"

Das war zu viel für das arme Kind, sie legte sich zwischen die Gemüsereihen und weinte und schluchzte vor sich hin. Sie wusste nicht, wie lange sie da geweint hatte, aber auf einmal fand sie eine von Onkel Dickmanns Schwestern, die bei ihm lebten. „Was ist denn das?" fragte sie „warum weinst Du hier allein? Ist Dir was passiert, oder hast Du Dir weh getan?" „Nein", sagte Helene „nichts von alldem." Sie wollte zuerst nicht sagen was sie entdeckt hatte. Aber das Mädchen gab nicht nach, sie fragte immer wieder: „Was ist mit Dir und warum weinst Du?" Schließlich sagte Helene zu ihr: „Es ist was ganz Schlimmes passiert. Schauen Sie doch mal selbst: rund um uns hat sich der Himmel runtergelassen bis auf die Berge. Nun bin ich auf dieser Seite des Himmels und meine Mama ist auf jener Seite. So kann ich nun nie mehr zu ihr, wie soll ich da nicht weinen?" „Was sagst Du da, Kind?" sagte das ältere Mädchen. „Wo nimmst Du so was her? Oder wie ist Dir so was eingefallen?" Und dann fing sie an zu lachen. „Komm", sagte sie, „wir gehen Mittag essen." Sie nahm Helene an der Hand und ging mit ihr ins Haus, wo das Essen auf dem Tisch dampfte. Das Mädchen konnte sich vor Lachen nicht halten und sagte: „Nun horcht mal alle her und Helene wird Euch erzählen, was sie entdeckt hat!" Die Familie staunte. Sie konnten nicht verstehen, was hier vorging. Die Große krümmte sich vor Lachen, während der Kleinen dicke Tränen die Wangen herab kullerten und sie gar nichts sagen konnte. „Nun mal raus mit der Sprache", forderte Onkel Heinrich sie auf. Er nahm Helene bei der Hand, zog sie zu sich und nahm sie auf den Schoß. So richtig liebevoll und väterlich fragte er sie: „Kannst Du mir sagen, was passiert ist?" Helene war aber viel zu aufgeregt, ihr war das Herz so schwer, dass sie kaum was sagen konnte. Da erzählte die Schwester mit vielen Lachunterbrechungen, wie sie Helene im Garten gefunden und was die Helene entdeckt hatte.

„Beruhigt Euch nur alle! Wir werden mit Helene schon zurechtkommen", sagte Onkel Heinrich. Sie setzten sich alle zu Tisch, er nahm das traurige Mädchen neben sich, sprach ihr Mut zu, und so wurde gegessen. Nach einer kurzen Mittagspause nahm Onkel Heinrich sie an der Hand und ging mit ihr in den Laden. Dort kaufte er ihr eine wunderschöne Schachtel vom teuersten Konfekt! Die Schachtel war von innen und außen mit weißer Spitze ausgeklebt, also ein wunderbares Geschenk für Helene. Dann versprach er, ihr zu erklären, wie das sei mit dem heruntergefallenen Himmel und versprach ihr außerdem, am Sonntag zu ihrer Mutter zu fahren. Da wurde sie wieder mutig und froh.

Am Sonntag nach dem Gottesdienst und Mittagessen wurden die guten Pferde vor die Droschke gespannt, dann setzte Onkel Heinrich sich auf den Kutschbock und nahm Helene zu sich. Seine beiden Schwestern und die junge Frau mit ihrem kleinen Heini nahmen hinten Platz. „Ihr werdet zur Strafe, weil Ihr so über Helene gelacht habt, hinten sitzen!" sagte Onkel Heinrich zu ihnen. „Helene wird vorne neben mir sitzen, damit sie auch alles gut sehen kann." So saß sie nun vorne und starrte nur voraus, um zu sehen, wo sich der Himmel nun aufheben würde, damit sie durchfahren konnten. Währenddessen erklärte Onkel Heinrich ihr, was es mit dem Horizont auf sich hat und dass der Himmel sich immer weiter entfernt, wenn wir fahren oder gehen. So haben sie dann Großmutter besucht und Helene hat dieses Erlebnis ihr Leben lang nicht vergessen!

Nach den Dickmanns kam die jetzt Neunjährige zu Kliewers aus Suvorovka (Nr. 13). Hier erlebte Helene das genaue Gegenteil ihrer ersten Stelle!

Die Familie hatte drei Kinder. Der Älteste war sieben Jahre alt, das Jüngste, ein Junge namens Jascha, Koseform von Jakob, noch nicht ganz ein Jahr und einer dazwischen. Die Frau war froh, ein Dienstmädchen zu haben! Nun konnte sie sich alles erlauben, weil die Magd ihr den Haushalt vom Leibe hielt. Schon am ersten Tag musste Helene das Mittagessen kochen. Frau Kliewer sagte: „Helene, koch uns Reis zu Mittag. Aber da musst Du ganz besonders aufpassen! Sonst, geht die Milch über den Rand, wenn sie kocht und hoch kommt. Und dann behältst Du nichts im Grapen[7]." Helene hörte sich das an und versprach, aufzupassen. Mit diesen Worten ging die Frau zur Nachbarin und ließ das junge Mädchen an ihrem allerersten Tag im fremden Haushalt allein. Diese holte Stroh und machte sich an die Arbeit. Dabei ging ihr der Satz ihrer neuen Herrin nicht aus dem Sinn. „Wieso meinte die Frau, dass ich nichts im Grapen behalte?" dachte sie. „Ich habe ja schon manchmal gekocht und nie hat mir jemand so was gesagt." Na, sie heizte vorsichtig mit dem Stroh und rührte fleißig in ihrem Reis. Sie wollte ja auch nicht einen Tropfen überkochen lassen. Nach anderthalb Stunden kam die Frau mit den Kindern, die sie diesmal mitgenommen hatte, nach Hause. Gleich darauf kam auch der Mann von seiner Arbeit. Helene war gerade fertig mit dem Kochen und deckte schnell den Tisch. „Na", sagte der Mann mit einem Mal, „was hast Du denn heute für Reis? So hast Du ihn noch nie gekocht!" „Das Dienstmädchen hat heute gekocht", sagte die Ehefrau spöttisch.

Da Frau Kliewer mit Helene zufrieden war, verlangte sie immer mehr von ihr. Bald stand sie morgens nicht mehr auf, um die Kühe zu melken, sondern überließ es ihrer jungen Magd. Es waren fünf Kühe, jede mit einem Kalb, das getränkt werden musste. Dann galt es, die Kühe zur Straße zu treiben, wenn der Kuhhirte früh morgens durchs Dorf ritt, um das Rindvieh auf die Weide zu treiben. Verpasste man die Herde, blieben die Kühe zu Hause und mussten auch noch versorgt werden. Danach ging es ans Milchschleudern, die Schleuder auswaschen, dem Mann das Frühstück richten. Es war ein einziges Jagen und Hetzten, um allem nachzukommen! Wenn das Frühstück fertig war, erschien auch Frau Kliewer, um mit ihrem Mann zu frühstücken. Als der Mann sah, dass alles so gut in Ordnung war, meinte er zu seiner Frau. „Wenn das alles hier so gut aussieht, hast Du ja nicht mehr so viel zu tun. Ich nehme Helene mit aufs Feld, sie kann mir dort helfen."

So ging es dann auch. Nach dem Frühstück fuhr sie mit aufs Feld. Dann kochte die Frau die Mittagsmahlzeit und ging mit den Kindern

---

[7] Ein Grapen ist ein meist gusseiserner Topf, der entweder über einem offenen Feuer aufgehängt oder in einen gemauerten Herd eingelassen werden konnte.

schlafen. Helene spülte schnell das Geschirr, tränkte wieder die Kälber und wenn der Mann vom Mittagsschlaf aufstand, ging es wieder aufs Feld. Sie musste mit. Dabei hatte sie als Einzige keine Pause gehabt! Abends wiederholte sich alles. Nach dem Essen Geschirr spülen, das Jungvieh versorgen, den Kindern die Füße waschen und sie ins Bett bringen. Dann kamen die Kühe: melken, schleudern, spülen und, und, und. Wenn die anderen schon alle im Bett lagen, kam noch die Wäsche dran. Der älteste Sohn, Isaak, war nämlich behindert und machte alles in die Hosen. Da Frau Kliewer nun eine Hilfe hatte, warf sie alle dreckigen Hosen in der Küche in eine Ecke und Helene musste sie nach der Arbeit waschen. So kam sie selten vor Mitternacht zur Ruhe. Aber um vier, halb fünf musste sie wieder auf.

Dann gewöhnte sich Mutter Kliewer noch etwas anderes an. Anstatt den kleinen Jascha nach dem Abendessen schlafen zu legen, ging sie mit ihm ins Bett, legte sich ihn an die Brust und schlief ein. Wenn Helene dann endlich fertig war, hatte der Kleine ausgeschlafen und fing an, zu quengeln. Er wollte spielen, nicht schlafen! Da sprach Frau Kliewer mit ihrer Magd: „Sollte der Kleine weinen, dann gehst Du die Wiege schaukeln." Helene gehorchte. Sie war aber so müde, dass sie beim Schaukeln einschlief. Dann meldete sich der Kleine gleich und weinte wieder. Sie schaukelte weiter. Und so ging es Nacht für Nacht. Der Mann hatte schon manchmal seiner Frau gesagt; „Du, der Kleine ist unruhig." „Der wird gleich wieder still", sagte sie dann.

Eines Abends, als Helene mit der Arbeit fertig war und sich eben ins Bett gelegt hatte, fing der Kleine wieder sein Konzert an. Sie stand auf, setzte sich neben die Wiege und schaukelte. Der Kleine weinte und sie schaukelte. Er war hellwach und wollte raus aus der Wiege, doch sie schaukelte und schaukelte immer stärker. Dabei war sie selbst todmüde und wollte einfach nur schlafen, aber der Kleine gab nicht nach. Dann kam ihr eine Idee, sie steckte ihre Hand unter seine Decke und drückte ihm sein zartes dickes Fleisch am Hintern zusammen. Nicht dass sie ihn richtig kniff, sie drückte einfach fest zu. Jascha schrie, sie wiegte und drückte ihn. Der Mann wachte auf und sagte zu seiner Frau: "Hörst Du nicht, wie der Kleine weint?" „Der wird gleich aufhören", sagte diese wie immer. Sie wusste ja, Helene ist an der Wiege und wird das Kind beruhigen. Aber diesmal war es anders: Helene wiegte und drückte ihn und er schrie aus Leibeskräften! Sie weinte auch selbst schon, vor Müdigkeit und Hilflosigkeit. Es tat ihr furchtbar leid um den Kleinen, aber sie konnte nicht mehr und irgendwie musste das alles mal ein Ende haben! Da wurde es dem Mann zu bunt, er sprang aus dem Bett und kam zur Wiege. Nun würde er mal den Kleinen beruhigen! Er trat herzu und sah das Dienstmädchen zusammengekauert bei der Wiege sitzen und schaukeln. Erschrocken sagte er: „Helene, was tust Du hier in der Nacht?" „Ja", sagte sie, „das muss ich doch jede Nacht machen." „Was?" sagte er, „Du?" „Ja, ich muss immer nachts die Wiege schaukeln, wenn er weint." „Aber jetzt marsch ins Bett! Und nicht noch einmal kommst Du nachts an die Wiege!" Dann holte er seine Frau aus dem Bett und schimpfte richtig mit ihr. „Was denkst Du Dir? Helene ist den ganzen Tag am Arbeiten und dann soll sie noch nachts das Kind wiegen? Bist Du noch bei Trost? Das soll das letzte Mal gewesen sein! Hier nimm und versorge ihn!" Helene war erleichtert, aber um den kleinen Jascha tat es ihr so leid, was sie ihm wohl angetan hatte, vielleicht hatte er da blaue Flecken bekommen? Am Tag schaute sie sich unauffällig den kleinen Hintern an, aber da war nichts zu sehen. Da war sie froh und von dieser Plage erlöst! Und noch mehr freute sie sich, als sie am Ende der Frist in eine andere Familie wechseln konnte.

Nach den Kliewers hat sie u. a. bei den Familien Peter Penner, Abram Janzen, Heinrich Harms, Daniel Hildebrand und wieder bei H. Harms gearbeitet. Das war ihre letzte Stelle bevor Vater sie heiratete. Alles kann man gar nicht erzählen, aber zwei weitere Stellen verdienen es noch, erwähnt zu werden.

Zu Familie Abram und Susanne Janzen kam Helene mit zehn oder elf Jahren und blieb eine längere Zeit, jedenfalls mehr als eine Dienstperiode, soviel ich mich erinnern kann, bis 1920 herum, als sie 13 wurde. Susanne Janzen war ihre Tante, die Schwester ihres verstorbenen Vaters, unseres Großvaters Gerhard Thun. Obwohl es nahe Verwandte waren, hatte sie es sehr schwer bei ihnen. Die Familie war wohl reich, aber leider war Tante Susanne ziemlich geizig. Die Butter durfte nur sehr sparsam aufs Brot gestrichen werden, sonst kratzte die Tante sie ab. Es war ihr sehr schnell zu viel, was gegessen wurde. Onkel Abram war zwar ein lieber, aber kranker und schwächlicher Mann, der nicht viel zu sagen hatte. Wenn er sich für Helene einsetzen wollte, wurde ihm das immer abgeschlagen. Aber Arbeit wurde viel von ihr verlangt. Sie musste drinnen allem nachkommen, beim Kochen immer dabei sein und dann auch noch viel im Stall beim Vieh helfen. Ja, mehr noch: am liebsten hätte sie das Mädchen für immer behalten! Helene musste richtig erfinderisch sein, um von dort weg zu kommen und ergriff ihre Chance, als reisende Evangelisten bei den Janzens übernachteten. Da war sie regelrecht verzweifelt, weil sie ein für sie erschreckendes Angebot ihrer nur wenige Jahre älteren Cousine Suse bekommen hatte. Helene war noch nicht lange im Dienst bei der Familie, als ihre Cousine zu ihr sagte: „Helene, Du bist ein gutes und fleißiges Mädchen. Sag doch Mama zu mir. Das wäre doch so gut, dann brauchst Du nicht immer wieder eine andere Stelle zu suchen und kannst Dich gut hier bei uns einleben." Damit war Helene keinesfalls einverstanden, sagte aber zunächst nicht viel dagegen.

Neben Onkel Abram war noch ein freundlicher Mensch auf dem Hof: der Knecht. Er hatte eine Tochter in Helenes Alter und ihm tat das Mädchen leid. Deshalb half er ihr, so oft er konnte, vor allem beim Wasserschleppen für die Apfelplantage.

So ging es Woche für Woche. Drinnen verlangte Tante Susanne das Unmögliche und dann war noch deren Tochter Suse da, die immer und immer wieder Helene ihr Angebot wiederholte, sie an Mutters Stelle anzunehmen. Langsam wurde Helene unwillig. Als sie eines Tages wieder im Garten beschäftigt war, kam die junge Frau zu ihr und sagte ganz eindringlich: „Helene, sag doch Mama zu mir! Ich nehme Dich gern als mein Kind an. Und wenn Du 20 Jahre alt bist, schenken wir Dir eine Färse und eine Kommode als Aussteuer." Das war zu viel! Sie war so beleidigt und verletzt, dass sie nicht mehr an sich halten konnte: „Nein!" schrie sie. „Du bist meine Cousine und ich werde niemals Mama zu Dir sagen! Ich hab eine Mama und eine andere will ich nicht! Und Deine Kuh und Kommode will ich auch nicht! Ich will so schnell wie möglich weg von hier zu meiner Mama!" „Wie willst Du denn da hin kommen? Das geht doch gar nicht. Es ist ein Weg von über 100 Kilometern, wie willst Du das schaffen?" „Das weiß ich noch nicht, aber es wird schon irgendwie gehen." Damit hatte die junge Frau nicht gerechnet. Sie begriff aber, dass Helene sie niemals als Mutter akzeptieren würde. Und wie bereits erwähnt, schaffte diese es, von dort wegzukommen.

Ich kann nicht genau sagen, bei wem unsere Mutter danach im Dienst war, aber ihre vorletzte Stelle bei Hildebrands war wieder eine von der schwierigen Sorte. Sie kam im Herbst 1925 zu Daniel und Agathe, einer jungen Lehrersfamilie mit einem kleinen Mädchen. Agathe war nur ein Jahr älter als Helene, kannte sich aber nicht mit der Hausarbeit aus und war auch nicht besonders fleißig. Sie wurde schon mit ihrem Kind nicht alleine fertig, geschweige denn mit der Hausarbeit und von Kochen verstand sie so gut wie gar nichts. Dabei verlangte Daniel, dass das Dienstmädchen nicht das Essen kochen durfte. „Nein", sagte er, „dann esse ich es nicht!" Da seine Frau aber nicht imstande war, eine vernünftige Mahlzeit herzustellen, hatte sie ein Problem. So musste Helene ihr zur Seite stehen, sagen und helfen, aber auf eine Art, dass der Mann nichts davon merkte. Eines Tages wollte Agathe Nudeln machen. Die gab es nicht zu kaufen – es wurde Teig gemacht, ausgerollt und Nudeln geschnitten. Helene, die sich damit auskannte, stand also am Tisch und war voll beschäftigt mit ihrem Teig, als die junge Herrin plötzlich herein stürzte und sie wegschob: „Schnell! Geh zur Seite, Daniel kommt!" Helene drehte sich weg, wusch sich die Hände und ging davon. Agathe stellte sich an den Tisch, machte sich die Hände voll Mehl und da kam ihr Mann auch schon herein. „Na, wie steht's, machst Du Mittag?" „Ja", sagte sie, „bin eben dabei." „Gut", sagte er, guckte sich um und ging raus. Wenn die Frau Mittag kocht, ist ja alles in Ordnung. Kaum war er zur Tür raus, wurde getauscht und Helene machte weiter. Als Daniel zu Mittag am Tisch saß, lobte er seine Frau, wie gut sie das gemacht hatte.

Immer wieder bekam Helene es zu spüren, dass die Hildebrands sich für was Besseres hielten. So durfte sie abends nach getaner Arbeit nicht mit Agathe und Daniel in einem Zimmer sitzen. Das war vor allem im Winter schwierig, weil die Familie nur eine Öllampe hatte und diese stand natürlich in deren Wohnzimmer. Sie war somit in die Dunkelheit des Nebenzimmers verbannt. Erst, wenn die Beiden ins Bett gingen, durfte sie die Lampe haben, um ihre Handarbeiten zu machen, wie Stricken, Flicken oder Nähen. Eines Abends saßen die Beiden wieder zusammen und unterhielten sich bis spät. Da kam Agathe heraus und sagte: „Helene, Daniel möchte noch eine Wurst haben. Hol uns eine geräucherte Wurst vom Speicher." So musste sie ohne Licht im Finstern auf den Speicher gehen. Freilich kannte sie sich da aus, aber sie war schon etwas verärgert, dass er so was in der Nacht verlangte und ihr noch nicht einmal dafür die Lampe mitgab. So stolperte sie hin und her auf dem Dachboden und machte so viel Krach wie nur möglich, um zu beweisen, dass es nicht so einfach war, in der Finsternis etwas zu finden. Bevor sie herunter kam, setzte sie sich auf die oberste Stufe, brach ein Stück von der Wurst ab und aß es genüsslich auf. Sie wusste ja, dass man ihr nichts davon anbieten würde. Dann kam sie runter, gab Agathe die Wurst und ging.

Zu Besuch bei Mama

Hin und wieder bekam Helene Urlaub und durfte zu Großmutter und den jüngeren Geschwistern nach Hause. Bei einem dieser Besuche ereignete sich folgende Geschichte.

Es war im Sommer und es gab manches, wobei sie ihrer Mutter helfen konnte. Die wohnte damals noch im Erdhäuschen. Das Wasser wurde vom Fluss geholt. Helene sah, dass der Wassereimer leer war, nahm ihn und ging zum Fluss. Der Weg führte bergab und sie ging munter herunter und sang vor sich hin. Währenddessen ging Jakob Löwen, ein junger Mann aus der Nachbarschaft mit seiner Flinte spazieren. Als er ein paar wilde Enten über dem Wasser kreisen sah, schoss er in den Schwarm hinein. Im gleichen Moment sah er, dass Helene hinfiel und den Hang herunter rollte, ihr Eimer mit ihr. Nun merkte er, dass er viel zu niedrig gezielt und vermutlich das Mädchen getroffen hatte! Ihn überfiel eine so große Angst, Helene erschossen zu haben, dass er seine Flinte unter den Arm klemmte und ganz gebückt davon lief. Die Großmutter, Helenes Mutter, sah ihn fortlaufen und dachte noch so bei sich: Was hat der denn, warum läuft er so gebückt? Sie machte sich aber weiter keine Gedanken darüber. Irgendwann fiel ihr auf, dass Helene noch immer nicht zurück war mit dem Wasser. Sollte ihr was zugestoßen sein? Sie wartete noch eine Weile ab und ging ihr dann entgegen. Als sie zu der Stelle kam, sah sie, dass ihre Tochter ganz zusammen gekrümmt lag und sich nicht bewegte. Die Mutter bekam Angst, sie fing an zu schreien und rief sie immer wieder beim Namen. Nach einer Weile rührte diese sich. Großmutter rüttelte und schüttelte weiter und rief sie immer wieder. Schließlich schlug Helene die Augen auf. „Was ist mit Dir passiert?" fragte die Mutter besorgt. „Warum liegst Du hier so bewusstlos?" „Ich weiß nicht. Ich hörte nur, dass ich von weitem gerufen wurde, aber das war so weit weg, ich konnte das fast nicht hören und konnte auch keine Antwort geben."

Später stellte sich heraus, dass es tatsächlich Jakobs Schuss gewesen sein musste. Er hatte so niedrig gezielt, dass der Schuss knapp über den Kopf des Mädchens gegangen war und sie betäubt hatte. Ach, was war er froh, als er erfuhr, dass Helene Thun doch nicht tot war!

Großmutters letzte Jahre

Großmutter hat noch viele schwere Jahre verbracht. 1920 wurde sie als Witwe zwangsverheiratet mit Karl Boneles, einem Witwer, etliche Jahre älter als sie und ein Taugenichts, wie er im Buche steht! Ihm war die Frau gestorben, die Kinder waren verheiratet, aber wegen seines schwierigen Charakters wollte ihn keiner bei sich haben. Wenn das Dorf sich seiner annehmen müsste, dann ginge er von Haus zu Haus und würde in jedem Hause einen Tag lang verpflegt, was schon gut war. Aber er musste ja auch einen Platz zum Schlafen haben. Und da wurden wieder die Vormünder aktiv. Sie berieten sich und beschlossen: „Den stecken wir zu Frau Thun in ihr Häuschen, mag sie sehen, wie sie mit ihm zurechtkommt."

Helene war gerade zu Hause, als die „Freier" kamen und Großmutter von ihrem „Glück" in Kenntnis setzten. Diese hat sich gewehrt und gesträubt: „Das kann ich nicht! Seht doch mal hin, wie ich lebe. Ich habe weder für meine Kinder noch für mich genug, wie soll ich noch einen Mann satt machen? Und zudem brauche ich keinen Mann!" Helene versuchte, ihrer Mutter beizustehen, wurde aber raus geschickt. Und wie schon gesagt, die Witwen hatten kein Recht, sie konnten sich nicht verteidigen, mussten alles über sich ergehen lassen. So wurde der Mann einfach dagelassen und die beiden galten als verheiratet. Er hatte nun wieder eine Frau und Großmutter einen Mitesser dazu. Er hielt sehr viel von sich, war aber stinkfaul. Arbeiten liebte er gar nicht! Es konnte sein, wie es wollte, aber er ging nirgends hin, sich etwas zu verdienen. „Nein, " sagte er, „den Reichen werde ich nicht den Hintern bedienen!" Aber dass er selbst nichts hatte, daran dachte er nicht. Lieber ging er betteln, wenn er zu Hause nicht satt wurde. Manchmal gaben die reichen Leute ihm noch etwas mit für seine Frau und Kinder, was aber nie bei diesen landete. Einmal bekam er ein großes Stück Schinken geschenkt. Aber statt es nach Hause zu bringen, setzte er sich in den Straßengraben und aß es auf. Freilich war das zu viel gewesen, so wurde er krank, blieb im Bett und Großmutter musste ihn pflegen. Eines Tages, als Großmutter ihn fütterte, hat er sie schlimm in die Hand gebissen. War es aus Hunger oder aus Ärger, wer weiß. Wie lange das noch so ging, ist uns nicht bekannt. Aber er ist dann doch gestorben. Wegen der großen Armut gab es keinen Sarg für ihn. Da hat Großmutter den Deckel von der Schlafbank genommen, die Leiche wurde darauf gelegt, vermutlich noch mit etwas zugedeckt und so zum Friedhof getragen und beerdigt.

Später hat sie noch einen Johann Dick aus Alisowo geheiratet. Das war ein guter Mann, ein reicher Bauer, der es sehr gut mit Großmutter meinte, er hat sie geliebt und geachtet. Leider waren seine Kinder schon erwachsen und nahmen Großmutter nicht an. Sie waren frech und stur zu ihr und er konnte nichts dagegen tun. Weil es ihr nicht mehr möglich war, im Hause zu bleiben, er sie aber gerne in der Nähe behalten wollte, baute er für sie ein kleines Häuschen auf seinem Hof, wo sie bleiben konnte.

1924 zog Großmutter mit den jüngsten drei Kindern Gerhard, Maria und Justa nach Leninpol in Kirgisien. Sie fand aber auch dort nicht das, was sie sich erhofft hatte und kam wieder zurück nach Klubnikowo. Der

Sohn Gerhard blieb jedoch da, weil er eine gute Stelle bekommen und in seiner Heimat in Orenburg zu viel Schlimmes erlebt hatte. Unsere liebe Großmutter muss so übermüdet und unruhig gewesen sein, dass sie nirgends mehr zu Ruhe kommen konnte. So ist sie gegen Ende 1926 oder Anfang 1927 wieder nach Leninpol gezogen. Ihr neuer Schweigersohn, unser Vater Franz Harms, brachte sie mit dreien ihrer Kinder zur Bahn. Diesmal fuhr Tochter Susanne mit ihrer kleinen Anni mit. Danach ist unsere Großmutter nicht mehr in Orenburg gewesen. Sie hat dort, wie auch hier, viel für andere Leute gearbeitet, meist Wolle gesponnen und sich damit ihr Brot verdient. Beim oder durch das Spinnen hat sie letztendlich ihr Leben einbüßen müssen, oder waren es die Armut und Not? Wie auch immer, ihr Leben fand ein Ende durch ein verseuchtes Fell Wolle. Als sie und ihre Tochter Maria damit beschäftigt waren, merkten sie, dass die Wolle anders aussah als sonst. Es waren zu viele Schuppen in der Wolle, was sonst nicht der Fall war. Nun stellte sich heraus, dass das Schaf die Schwarzen Pocken oder Blattern gehabt hatte, wovon die Leute Großmutter aber nichts gesagt hatten. So hatte sie sich mit dieser Krankheit angesteckt und starb daran. Tante Mariechen hat sie gepflegt und versorgt bis ans Ende.

Am 4. März 1930 ist unsere liebe Großmutter Helene Thun nach einem sehr schweren Leben im Alter von nicht ganz 55 Jahren in die ewige Heimat eingegangen. Wir haben sie nie gesehen. Es gab auch keine Fotos, weder von ihr, noch vom Großvatter. Dieser hatte es verboten, Bilder von ihm zu machen: „Wenn ich erst mal gestorben und nicht mehr da bin, braucht mich auch keiner noch auf Bildern zu sehen." Deshalb gab es von der Familie keine Bilder. Das finde ich sehr schade.

Unser Vater hat Großmutter noch kurz vor ihrem Tod besucht. Sie war so krank, dass sie kaum ansprechbar war, aber sie bekam es mit, dass ihr Schwiegersohn Franz bei ihr am Bett saß. Als einziger von ihren vielen Schwiegersöhnen! Später hat sie es noch mal zum Ausdruck gebracht, wie viel ihr das bedeutet hat, dass der Franz da war! Für die Rückreise wurde Vater gut versorgt und bekam noch einiges als Geschenke für seine Frau und die kleine Anna mit. Aber er muss sich wohl ebenfalls mit den Blattern angesteckt haben, denn unterwegs wurde er sehr krank. Mit hohem Fieber lag er im Zug. Aus Angst vor Dieben legte er seine Wertsachen unters Kopfkissen, aber ihm wurde trotzdem alles gestohlen. Sich kaum auf den Beinen haltend, nur mit dem, was er am Leibe trug, kam er nach der langen Reise wieder in Klubnikowo an.

2. Kapitel: Unsere Eltern. Die gemeinsamen Jahre.

Franz und Helene gründen eine Familie

Von April bis zum 15. Oktober kam Helene wieder zur Familie Heinrich Harms, wo sie schon einmal eine Dienstperiode gearbeitet hatte. Die Arbeit auf diesem Hof war ihr somit bekannt und durch ihren Fleiß war sie sehr beliebt. Im Sommer, als Franz, der jüngste Bruder von Heinrich, in den Ferien zu Hause war, haben die Beiden sich öfters gesehen und manchmal zusammen die Jugendtreffen des Dorfes besucht. Franz machte dem Dienstmädchen einen Heiratsantrag und sie nahm ihn an. Als Heinrich Harms, Helenes Herr und der ältere Bruder von Franz, das mitbekam, protestierte er stark dagegen. Er bat seinen jüngsten Bruder: „Warte doch wenigstens bis zum Herbst! Ich brauch doch die Arbeiter so dringend in der Erntezeit!" Aber Franz entgegnete: „Wenn ich bis dahin warte, dann werde ich wieder in ein entlegenes Russendorf geschickt und das hab ich satt!" Zu seiner Verlobten sagte er: „Du rackerst Dich bei anderen Leuten ab und hast nichts davon. Lass uns heiraten und für uns selbst wirtschaften!"

Franz' Mutter Anna versprach, ihnen einen jungen Schafshammel zu schenken für eine gute Mahlzeit zur Hochzeit. Da sagte Franz: „Helene, ich werde anderes Fleisch besorgen, den Hammel behalten wir. Wenn die Leute dann im Herbst ihre Schafe schlachten, können wir den umtauschen." „Nein", sagte seine Mutter, „wenn Ihr so sparsam und wirtschaftlich sein wollt, dann gebe ich Euch ein Mutterschaf." So haben sie ihre Hochzeit am 26. August anders gestaltet und hatten zu Beginn schon ein eigenes Schaf! Manch einer mag sich gewundert haben, dass ein ausgebildeter Lehrer ein Dienstmädchen heiratet. Aber es war eine sehr glückliche Ehe!

Das Leben an der Seite des Dorflehrers unterschied sich natürlich sehr von dem eines Dienstmädchens. Helene bewegte sich nun in anderen

Kreisen, stellte aber keine Ansprüche. Als glückliche, junge Ehefrau gab sie ihr Bestes, ihrem Mann ein gemütliches Heim zu bieten, wobei ihr ihre Erfahrung und die Gewohnheit, hart zu arbeiten, sehr zugute kamen. Vater bildete sich weiter, indem er Seminare besuchte. Und er half anderen dabei, indem er sogenannte Lehrerkonferenzen für die Lehrer der umliegenden Dörfer durchführte. Eine solche Konferenz fand im Winter Mitte der dreißiger Jahre statt. Als die Männer mit dem Programm fertig waren, ging der kurze Wintertag bereits zu Ende. Außerdem zog ein Sturm auf. Daniel Hildebrandt hatte ebenfalls an der Konferenz teilgenommen und weil er einen weiten Weg vor sich hatte, lud Vater ihn zum Übernachten ein. Da sah Helene ihre Chance! Sie deckte den Abendbrottisch und holte aus der Speisekammer den ... Nachttopf, der als Milchkanne diente. Normalerweise stand er in der Kammer und kam nie auf den Tisch, deshalb schaute Franz seine Frau entsetzt an und machte ihr wilde Zeichen, sie solle das anstößige Gefäß schleunigst wegräumen! Helene tat jedoch so, als bemerkte sie es nicht und schenkte dem Gast wie allen anderen auch – da hatten sie schon zwei süße Mädchen, Anna und Tina – Milch aus dem ungewöhnlichen „Krug" ein. Ihr ehemaliger Herr, der bestimmt längst begriffen hatte, wer damals seine Mahlzeiten gekocht hatte, musste diese Demütigung über sich ergehen lassen. Freilich war der Topf noch nie zu seinen direkten Zwecken eingesetzt worden und so wurde niemandem Schaden zugefügt.

Das erste Jahr ihres gemeinsamen Lebens arbeitete Vater als Buchhalter im Dorf Stepanovka. Die junge Familie wohnte bei seiner Mutter und es ging ihnen gut. Schon 1927 wurde ihnen ein Söhnchen geboren. Leider war es ein Frühchen und starb nach wenigen Wochen. Das war für die jungen Eltern sehr schwer! Helene war schwer krank gewesen, was vermutlich der Grund für die Frühgeburt war und sie war auch nachher noch eine längere Zeit krank. Dem Kleinen haben sie im Tode den Namen Fränzchen (Franz) gegeben. Vater wollte seinen Namen nicht wiederholen und somit stand er nicht für ein weiteres Kind zur Verfügung. Im Hebst 1927 bekam er die Stelle als Lehrer im Dorf Alisowo.

Im Schneesturm

Eines Tages Anfang 1928 wollte Vater seine Mutter in Stepanovka besuchen. Da die Fahrt für seine hochschwangere Frau in dieser Jahreszeit zu riskant war, fuhr er alleine. Er spannte zwei Pferde vor den Schlitten, hüllte sich in einen großen Schafpelz, stieg in den Schlitten und los ging es. Helene wünschte ihm noch eine glückliche Fahrt, denn das Wetter war nicht gut. Der Wind trieb den Schnee hin und her und es war schon Nachmittag, ja, es ging auf den Abend zu. Vater war jedoch zuversichtlich, dass es schon gut gehen würde, denn es waren nur sechs oder sieben Kilometer.

Anfangs war es erträglich, da war es nur ein leichtes Schneegestöber, aber dann nahm der Sturm immer mehr zu. Langsam wurde es verhängnisvoll. Der Weg war auf einmal zugeweht, Vater konnte nichts mehr erkennen und zu allem Übel ließen sich die Pferde nicht mehr lenken! Egal, wie stark er sie auch antrieb, sie wollten einfach nicht da hin, wohin er sie zu lenken versuchte. Plötzlich blieben sie ganz stehen! Na, was sollte denn das? So müde konnten die gut gefütterten Tiere nicht sein. Vater schaute sich um, sah aber nichts als Schnee weit und breit. Er stieg aus dem Schlitten und ging nach vorne zu den Pferden. O Schreck, die Pferde standen am Abgrund! Es war ein sehr steiles Ufer des Flusses Uran, zwischen dem Baschkirendorf Kutlumbetowo und dem deutschen Dorf Stepanovka. Entlang dieses Flusses waren viele deutsche Dörfer angelegt. Nun, anstatt nach links Richtung Stepanovka zu fahren, war er rechts nach Kutlumbetowo abgebogen. Deswegen ließen die Pferde sich nicht lenken. Es ist im Schneesturm immer so: man dreht sich vom Wind weg und merkt dadurch gar nicht, dass man vom Weg abkommt. Dadurch verirren sich so viele Menschen im Schneesturm. Einen Weg gibt es in so einem Fall nicht, der ist zugeweht.

Nun merkte Vater also, wo er war. Mit Mühe und Not gelang es ihm, die Pferde mitsamt dem Schlitten rückwärts zu schieben, dann lenkte er sie zur Seite und setzte sich in den Schlitten. Die Leine lose am Schlitten befestigt, damit sie nicht herausfallen konnte, schnalzte er ihnen zu, klappte seinen Kragen hoch, nahm den Pelz fest zusammen und ließ den Pferden freien Lauf. Es dauerte nicht lange, da blieb der Schlitten wieder stehen. Vater klappte seinen Pelz auf, schaute sich um und sah, die Pferde waren auf einen Hof gefahren. Als er genauer hinschaute, sah er, dass er vor dem Haus seiner Mutter stand. Die Pferde kannten den richtigen Weg und hatten ihn ans Ziel gebracht. Freilich, durch all diese Hindernisse war es spät geworden, schon gegen 11 Uhr abends. Großmutter hatte so spät keinen Besuch mehr erwartet, aber sie freute sich riesig, ihren jüngsten Sohn zu begrüßen! Er blieb über Nacht und bis zum Morgen hatte der Sturm sich gelegt. Da konnte er ruhig und gut nach Hause fahren. Aber nun war seine Frau wohl aufgeregt, als er ihr das ganze Abenteuer erzählte!

Leidgeprüfte Eltern

Ende Februar 1928 wurde meinen Eltern wieder ein Söhnchen geboren und sie nannten ihn Heini (Heinrich), nach seinem Opa und Vaters ältestem Bruder. Er war ein schönes, gesundes Kind zur großen Freude der Eltern! Großmutter war eine ausgebildete Hebamme und weithin bekannt. Sie wurde in allen umliegenden Dörfern gebraucht und immer geholt, wenn es Not gab. Nun war dies eine Sturzgeburt bei unserer Mutter gewesen und sie war noch sehr schwach. Auf Großmutters Befehl musste sie strengstens das Bett hüten. Großmutter sagte zu ihr: „Du stehst mir nicht eher auf, als ich es Dir erlaube!" So besorgte Großmutter das Baby und pflegte auch die Kranke. Vater war ja auch noch da, er kam während jeder Pause herein und half, wo er konnte und so ging alles gut. Doch da, am 4. oder 5. Tag kam jemand die Großmutter holen. Da gab sie strengen Befehl, dass Mutter nicht aufstehen sollte. „Was soll dann mit dem Kind werden?" meinte diese. „Das werden wir noch regeln", sagte Großmutter. In diesem Moment kam Frau Burghardt herein, sie arbeitete als Putzfrau in der Schule. Außerdem musste sie den Ofen heizen und überall nach dem Rechten sehen. Da besprach Oma mit ihr, sie möge doch so lieb sein und etliche Male ins Zimmer kommen, Mutter das Kind zum Stillen geben, es wieder in die Wiege legen und einmal am Tag das Kind baden. „Ja, ja", sagte die Frau, „da können Sie ganz unbesorgt sein, das mache ich gerne". Gut, das war also geregelt und Großmutter fuhr beruhigt mit.

Frau Burghardt machte an diesem Tage alles wie besprochen. Am nächsten Tag wollte die Frau das Baby sofort morgens baden, als Vater noch in der Schule war. Sie machte alles fertig zum Baden und Mutter schaute ihr dabei zu. „Das Wasser ist aber zu heiß", bemerkte sie, als sie sah wie Frau Burkhard fast den ganzen Topf aus der heißen Röhre in die kleine Wanne kippte. „Nein", erwiderte sie, wandte sich zur Wiege und wollte das Kind nehmen. Sie hatte eine weiche Decke auf das Wasser gelegt, auf die sie das Kind legen wollte. Mutter wusste aber, dass das Wasser zu heiß war, raffte sich auf und schüttete schnell einen Schöpfer aus dem Eimer mit kaltem Wasser. Die Frau sah, was Mutter getan hatte, nahm noch einmal heißes Wasser aus der Röhre, schüttete es darüber und legte das Kind hinein. Mutter sah es, aber es war zu spät! Der Kleine schrie einmal auf, der kleine Mund und die Augen blieben weit offen stehen und dann war alles still, als ob er nicht mehr atmete. Er weinte nicht einmal. Mutter war so aufgeregt und schrie: „Sie haben ihn verbrüht, das war zu heiß!" „Nein, das war nicht zu heiß, " gab die Frau ärgerlich zurück. „Ich bade nicht zum ersten Mal Kleinkinder."Aber der Kleine gab nichts mehr von sich. Sie hatte ihn dann noch eingewickelt in die Wiege gelegt, ohne ihn zu baden. Mutter blieb bei ihrer Meinung, der Junge sei verbrüht. Die Frau fühlte sich gekränkt, verließ das Zimmer und kam nie wieder. Nun musste Vater Großmutter aufsuchen, brachte sie wieder nach Hause und sie hat die Beiden weiter gepflegt.

Mit der Zeit kam Mutter wieder zu Kräften durch die gute Pflege der Großmutter, aber der Kleine wurde sehr krank. Die Seite, auf der er ins heiße Wasser gelegt worden war, wurde ganz rot und sah wie gebacken aus. Man wusste manchmal nicht, wie man ihn anfassen sollte. Er wimmerte, wollte die Brust nicht mehr nehmen, vielleicht hatte er keinen Hunger vor Schmerzen. So verging ein Tag nach dem andern. Großmutter tat ihr Möglichstes, sie war ja nicht nur Hebamme, sondern hatte dicke Doktorbücher und versorgte auch manche andere Kranken im Dorf. Um der Mutter es nicht schwerer zu machen, hat sie sich nicht dazu geäußert, was Frau Burghardt getan hatte. Aber trotz all ihrer Mühe und Sorge wurde es nicht besser mit dem Säugling. Das zarte, junge Fleisch, so unbedacht verbrüht, konnte sie nicht wieder lebendig machen. Nach etlichen Tagen merkten beide, dass der Kleine wieder gerne trank, wenn Mutter ihn stillte. Da wurden sie froh und voller Hoffnung. Nun würde es besser werden mit ihm! Aber nach kurzer Zeit merkten sie, dass das Kind hohes Fieber bekam und dadurch so gierig trank. Dann merkten sie, dass er anfing, anzuschwellen und sie wussten nicht mehr, was noch getan werden könnte. Die Schwellung ging an seinem kleinen Körper herunter und sein männliches Geschlecht hatte sich so stark vergrößert wie das eines erwachsenen Mannes. Und obwohl er so gierig seine Milch trank und immer wieder zu trinken verlangte, konnte er nichts mehr heraus bringen. Es war alles so dick geschwollen, dass nichts mehr durchging. Er schrie jetzt nur noch und war einzig still, wenn er an der Brust lag. Aber so konnte es nicht bleiben.

Da suchte Vater einen Arzt auf und brachte ihn nach Hause. Als dieser alles gehört hatte, sagte er: „Ja, dann muss ihm das Wasser abgenommen werden. Es tut mir aber sehr leid um den Kleinen. Ich habe nur dicke Schläuche für erwachsene Menschen, aber es muss sein." Die Mutter legte ein großes Kissen auf den Tisch, darauf kam der kleine Heini, damit es für den Arzt bequemer war, zu arbeiten. Dieser trat an den Tisch, bewunderte das schöne Kind und holte seine Schläuche heraus, um die Prozedur zu vollziehen. Während er seine Instrumente zurechtlegte, pinkelte der Kleine los! Und weil die kleine Blase so voll war, kam es mit solchen Druck, dass es dem Arzt über die Schulter ging. Unsere Eltern, die dabei standen, waren erstmals sehr froh! Doch es war ihnen auch peinlich wegen des Arztes, der so betroffen da stand. Aber auch der war richtig froh und sagte: „Wie gut, dass es von selbst gekommen ist! Sonst hätte ich ihm zu seinen Schmerzen noch mehr hinzufügen müssen mit meinen großen Instrumenten." Nun waren sie alle froh und dankbar, dass dieses Leiden wieder behoben war. Vater brachte den Arzt zurück und die beiden Frauen kümmerten sich um das Kind.

Es wurde aber nicht wirklich besser. Heini jammerte und weinte so kläglich, dass es nicht anzuhören war. Was sie auch taten und machten, es brachte alles keine Besserung. Die Großmutter merkte, dass es mit dem Kleinen zu Ende ging. Sie sagte es auch, aber die Eltern wollten es nicht wahr haben und meinten immer noch, er würde gesund werden. Vater meinte, es könnte doch nicht sein. Er hatte schon ein Söhnchen hingeben müssen, was ihn sehr viel gekostet hatte. Und nun sollte ihm auch dieses Kind genommen werden? „Nein", meinte er, „das verkrafte ich nicht und ich lasse es nicht los!" Er war untröstlich und ging in schweren Gedanken hin und her. Es wurde aber immer schlechter mit dem Kleinen. Mutter sah es dann auch ein, und im ernsten Gebet zu Gott fand sie Kraft, das gequälte Kind loszulassen. Aber Vater fand keinen Trost und konnte sich nicht ergeben. Da kam er wieder ins Zimmer, schaute auf das kranke Kind und weinte bitterlich, indem er leise vor sich hin sprach: „Ich kann nicht, ich kann ihn nicht hergeben!" Da ging Mutter auf ihn zu, legte den Arm um ihn und sprach ganz leise auf ihn ein. „Franz, sieh doch, wie der Kleine sich quält, lass ihn los. Er kann ja doch nicht mehr gesund werden. Wir wollen doch nicht noch seine großen Schmerzen verlängern." Da ging Vater hinaus. Es dauerte eine ganze Weile, bis er wieder herein kam, aber da hatten Mutter und Großmutter es ihm angesehen, dass er beruhigt und gelassen war. Er hatte sich allein im stillen Gebet zu Gott durchgerungen und nun war er ergeben und still. Nicht lange danach starb der Kleine und war nun von seinen Leiden erlöst. Seine ganze Lebenszeit war ein Monat und drei Tage. Für unsere Eltern war es ein sehr großer Schmerz! Aber die Zeit geht weiter und nichts bleibt wie es ist.

1928 gab es eine reiche Ernte. In Alisowo lebte ein Großbauer namens Johann Koop. Er war sehr reich, aber auch sehr gut zu seinen Bediensteten. Nun, in der Erntezeit, fehlten ihm noch Arbeiter. So sind unsere Eltern hin gegangen und haben bei ihm gearbeitet. Er war so froh und bezahlte alle Arbeiter gleich. Ein jeder bekam ein Pud (16 Kilogramm) Getreide pro Tag! So hatten unsere Eltern sich in der Erntezeit für ein ganzes Jahr Getreide verdient. Das war ja sehr viel wert, da brauchten sie nichts zu kaufen. Und sie brauchten schon eine Menge, nicht für sich selbst, sondern auch für das Vieh.

Eine unverhoffte Begegnung mit Folgen

In seiner freien Zeit ging Vater gern mit seiner Flinte auf Jagd. Nicht immer erjagte er etwas, aber er liebte die Natur und wanderte weite Strecken. Das war für ihn auch sehr gesund, er hatte nämlich Tuberkulose. Manchmal brachte er wilde Enten mit oder einen Hasen. Aber selbst, wenn er mit leeren Händen zurück kam, war er doch an der frischen Luft gewesen.

Eines Tages ging er mit seinem Freund Jakob Fast den Fluss Uran entlang, an dem viele unserer deutschen Dörfer gebaut waren. Damals war das Ufer noch sehr überwuchert, es gab sehr viel Gebüsch und viele Bäume. Die standen oft so dicht, dass man nicht überall ans Wasser kam. Und dann war noch hohes Schilf, so dass das Wild sich gut verstecken konnte. Auf einmal hörten sie aufgeregte Stimmen und Wassergeplätscher. Die beiden Männer waren gespannt! Sie folgten den Stimmen. Nach wenigen Schritten lichtete sich das Dickicht und sie sahen, ganz nahe am Ufer stand ein Baum, seine Äste hingen ins Wasser und an einem dicken Ast hing ein Mann! In ihrem Schock schauten sie bloß auf den Mann. Der Ast war nicht sehr stark und so bog er sich immer wieder ins Wasser. Der Mann tauchte unter und kam wieder hervor. Einmal, zweimal, sie sahen, dass der Mann keine Kraft hatte, um sich ans Ufer zu ziehen. Auf dem anderen Ufer standen etliche Baschkiren und warfen nach dem Unglücklichen mit Steinen. Unser Vater, der keine Ahnung hatte, was hier vor sich ging oder wer Schuld hatte, sah nur: hier ist ein Mensch in Not! Instinktiv nahm er sein Gewehr von der Schulter, legte es an und zielte auf die Männer. Die waren im Nu verschwunden, wie in Dunst aufgelöst! Das alles geschah innerhalb von Sekunden. Vater und Onkel Fast halfen dem Mann aus dem Wasser. Er blutete zwar aus etlichen Wunden von den Steinen, aber die Todesangst, zu ertrinken hatte ihn völlig überwältigt. Er stand unter Schock, so dass er nichts erklären, ja nicht einmal reden konnte. Die Beiden nahmen ihn unter die Arme und brachten ihn zu uns nach Hause. Der arme Mann war auch ein Baschkire. Mutter kochte ihm sofort einen Tee, nahm ihm die nassen Kleider ab und gab ihm trockene Sachen zum Anziehen. Danach richtete sie ihm ein Bett und er legte sich schlafen. Er war aber so aufgeregt, so voller

Angst, dass er nicht einschlafen konnte. Immer wieder schaute er sich um, als ob er auf sich aufpassen müsse. Schließlich setzte Vater sich zu ihm und sprach ganz leise und beruhigend auf ihn ein: „Hier in diesem Haus passiert Dir nichts. Du kannst Dich beruhigen." Da fragte er ganz aufgeregt: „Und wo ist Fa'iz?" „Wer ist Fa'iz?" fragte Vater zurück. „Fa'iz ist schuld an alledem!" kam die wenig erklärende Antwort.

Später erfuhren unsere Eltern, was sich zugetragen hatte. Einer der deutschen Bauern hatte etliche Baschkiren eingestellt, um sein Land zu pflügen. Nach getaner Arbeit bezahlte er sie und zwar sehr gut. Nun waren sie froh, so gut verdient zu haben und gingen nach Hause. Unterwegs sagt Fai'z, er war der Älteste, zu diesem jungen Mann: „Gib mir was von Deinem Geld!" „Nein", sagt dieser, „jeder hat das Seine bekommen." Fa'iz war es aber gewöhnt, sein Ich durchzusetzen und verlangte: „Gib mir von Deinem Geld, oder ich schlag Dich kaputt!" und ging auf ihn los. Der junge Mann wollte sich das nicht gefallen lassen und rannte davon. Fai'z hinterher. Das sahen die anderen Arbeiter, die zwar nicht wussten, was los war, aber sie liefen mit Fa'iz, der schrie: „Den schlag ich tot!" Daraus schlossen sie, dass der Bursche sich verschuldet hatte. So liefen sie hinterher und warfen Steine nach ihm. Der junge Mann lief so schnell er konnte und nahm die Richtung zum Fluss, denn er sah: die Sache wird ernst. Aber das Gebüsch rettete ihn nicht, die anderen blieben dicht hinter ihm. So sprang er ins Wasser und schwamm herüber. Da trafen ihn noch etliche Steine. So war er bis zu diesem Baum geschwommen und konnte nicht weiter. Seine Kraft war zu Ende und er begann zu sinken. In diesem Moment tauchte Vater auf und rettete ihn.

Zu Hause angekommen, erzählten die Baschkiren, dass der junge Mann in Stepanovka beim Lehrer Harms sei. Vater war ja in der ganzen Umgebung bekannt. Als die Familie des Burschen das erfuhr, riefen sie noch etliche Verwandte und begaben sich nach Stepanovka. Dort stellten sie sich in einer Reihe an der Vorderseite des Hauses auf, wie zu einem Überfall. Unsere Eltern hatten aber schon gemerkt, dass da draußen in der Dämmerung etwas vor sich ging. Vater wollte zum Fenster gehen, da hörte er ein Klopfen an der Tür. Vor ihm stand eine ganze Reihe Baschkiren. „Was wollt

Ihr hier in der Nacht?" fragte er. „Ist der zerschlagene junge Mann hier?" fragten sie statt einer Antwort. „Ja", sagte Vater. „Wir sind gekommen, ihn abzuholen". „Wer seid Ihr denn?" „Wir sind seine Eltern und Verwandte und wollen ihn mitnehmen". „Nein", meinte Vater „das geht nicht, er ist sehr müde und schwach und ist eben erst eingeschlafen. Ich kenne Euch nicht alle und in der Nacht gebe ich ihn nicht raus. Ich weiß ja nicht, was noch mit ihm passieren kann. Nein, jetzt nicht. Kommt morgen und dann sehen wir weiter." Sie sahen, dass der Lehrer fest entschlossen war und gingen heim.

Des andern Tages, als sie wieder kamen, war der Mann schon etwas ausgeruht und gestärkt. Da fragte Vater ihn: „Kennst Du diese Leute?" „Ja", sagte er, „das sind meine Eltern, Brüder und Verwandte". „Dann ist's gut, dann können sie Dich mitnehmen." Als die Eltern des jungen Baschkiren ins Zimmer kamen, fiel die Mutter ihm um den Hals und weinte vor Freude, dass sie ihren Sohn wieder hatte! Die ganze Gruppe dankte Vater sehr, dass er ihn gerettet hatte. Mutter dankten sie, dass sie ihn so gut bewirtet hatte. Nun zogen sie fröhlich und dankbar nach Hause.

Wieder in Stepanovka

Ende 1928 wurde Vater als Lehrer nach Stepanovka versetzt und unsere Eltern zogen wieder um. Es gab viel zu tun, denn Vater half neben seinem Lehrerberuf auch bei der Behörde als Buchhalter mit. So ging die Zeit schnell dahin. Auf einmal kam Bewegung unter die Deutschen und die Auswanderung nach Kanada begann.

1929 war ein schweres Jahr. Sehr viele Menschen wanderten nach Kanada aus. Es waren nur noch wenige Leute im Dorf geblieben und die wollten auch weg. Unsere Eltern hatten auch schon alles vorbereitet. In der Scheune stand der Wagen bereit samt Geschirr zum Anspannen. Mutter hatte reichlich Zwieback vorbereitet und geröstet, sowie etliche kleine Kisten mit Bettwäsche und Unterwäsche gepackt. Es war alles fertig. Sie warteten nur auf einen günstigen Moment, um aus dem Dorf zu kommen. Vaters Brüder Heinrich und Bernhard waren schon längst in Moskau, nur die Großmutter war zurück geblieben. Sie wollte mit den letzten ihrer Kinder fahren, damit sie wusste, dass keiner der Ihrigen in Russland geblieben war. Der Bruder Heinrich hatte schon sein eigenes Haus, das hatte er unsern Eltern überlassen: „Zieht da ein und bewohnt es, ich brauche es nicht mehr, es kann Euer sein für immer." Damals konnte keiner ahnen, wie die Sache ausgehen würde.

So sind unsere Eltern da eingezogen, weil sie nichts Eigenes hatten. Zu Beginn ihrer Ehe wurde Vater noch immer von Ort zu Ort geschickt und zudem reichten die Mittel nicht aus für ein Eigenheim. Die Großmama zog zu ihnen und somit blieb ihr Haus leer stehen. Das Haus von Bruder Heinrich war das letzte an der Südseite des Dorfes. Damals waren die Häuser noch nicht so dicht aneinander gebaut, denn jeder hatte noch etwas Land.

Deshalb stand das Haus ziemlich frei im geraumen Abstand von den anderen, was für die Baschkiren sehr günstig war. Leider hatten unsere Eltern damit nicht gerechnet. Wer konnte es auch? Sie wussten freilich, dass die Baschkiren schonungslos raubten und klauten aus den leer stehenden Häusern der Ausgewanderten, aber sie rechneten nicht damit, dass es auch ihnen passieren konnte.

Die Brüder waren schon Ende August, Anfang September gefahren, aber unsere Eltern konnten immer noch nicht, weil Mama hochschwanger war.

1930. Meine Eltern mit Anna.

55

Freilich waren die anderen auch noch alle in Moskau, niemand war wirklich ausgereist.

Am 29. September wurde ihnen ein Mädchen geboren. Sie war ein gesundes, schönes Kind mit braunem, lockigem Haar und bekam den Namen Anna nach der Großmutter. In der Familie wurde sie liebevoll *Nota* genannt, vermutlich in Anlehnung an die russische Koseform Anjuta.

Wie schon gesagt, es waren sehr viele Leute ausgewandert, deshalb standen viele Häuser leer und die Baschkiren trieben ihren Unfug. Tagsüber kundschafteten sie manches aus, um in der Nacht auf Beute zu gehen. Durch diese ungeladenen Gäste am Tag hatte Vater einen Baschkiren kennen gelernt. Es war ein rauer, grober Mann, stark und mit einem bösartigen Gesichtsausdruck, aber mit nur einem Auge. Das andere hatte er bei einer seiner vielen Schlägereien verloren. Vater hatte schon gemerkt, dass von dem Mann nichts Gutes zu erwarten sei und bemühte sich, nicht mit ihm in Berührung zu kommen. Doch davon später mehr...

Da kam ein Befehl der Obrigkeit, dass keiner mehr ausreisen durfte. Wer es dennoch wagte und ertappt wurde, kam ins Gefängnis. Das war sehr hart für die Zurückgebliebenen. Aber das war noch nicht alles. Um sicher zu gehen, dass niemand heimlich in der Nacht das Dorf verließ, wurden Wächter eingesetzt. Jede Nacht hatten acht Männer aus dem Dorf Schicht. Vier von früh abends bis Mitternacht, die anderen vier von Mitternacht bis zum Morgen. Die Vier wurden dann nochmals aufgeteilt, je zwei für eine Dorfhälfte. Es sollte auch wirklich niemandem gelingen, heraus zu kommen.

Der Überfall

Nun wohnten unsere Eltern in diesem einsamen Haus am Dorfrand. Eines Nachts hörte Großmutter ein seltsames Geräusch. Vater stand auf dem Posten und die Frauen waren allein. Mutter war mit der kleinen Anna im hintersten Zimmer ruhig und fest eingeschlafen. Großmutter horchte und horchte, da war doch irgendetwas los. Sie wollte aus dem vordersten Zimmer rausgucken, was da vor sich ging. Da merkte sie, dass die Tür von außen verriegelt war. Das hatten die Gauner vorsichtshalber getan und sie konnte nicht raus. Sie dachte bei sich: „Wenn die uns verschonen, dann lass geschehen, was da will. Wenn nur Helene mit dem Kind nicht aufwacht." Sicher hatte sie große Angst, aber sie blieb still und wartete die Zeit ab. Machen konnte sie sowieso nichts. Mit der Zeit wurde es dann wieder still.

Als Vater von der Wache kam, staunte er, wie es im Hause aussah! Die Fenster und Eingangstür standen offen, das Tor zum Speicher ebenfalls. Aber die Tür zum Zimmer war verriegelt. Voller Angst entriegelte er sie und ging bebend vor Furcht ins Zimmer. Wer weiß, was ihn dort erwartete? Gott sei Dank traf er seine Lieben lebend an! Da ging er durch das ganze Haus und sah, alles ist fort. Auf dem Speicher war noch viel Holz, große dicke Bretter, ein Bauer hat ja immer was zu verarbeiten, alles war fort. Das Getreide als Wintervorrat, alles weg. Auch die Vorratskammer war leer. Das Haus war vollständig geplündert!

Da war klar, hier konnten sie nicht bleiben. Wenn eine andere Gruppe Baschkiren einbrechen würde, die nicht wussten, dass das Haus schon ausgeraubt war, konnte es sie das Leben kosten. So zogen sie zurück in Großmutters Haus. Da hatten sie mit Vaters Bruder Bernhard und seiner Familie gewohnt, aber die waren ja ausgereist, oder zumindest in Moskau. Nun waren sie mehr oder weniger mitten im Dorf. Freilich, Nachbarn nur von einer Seite, die anderen waren auch schon weg. Das Haus war nicht so groß wie das von Bruder Heinrich, aber es bot eine Bleibe und sie waren zufrieden.

In Todesgefahr

So verging die Zeit, keiner verließ das Dorf, doch die Wache musste sein. Eines Tages im November kam Vater aufgeregt nach Haus. „Heute bin ich wieder mal Fa'iz begegnet. Der benimmt sich wütend gegen mich." „Na, Du hast ihm doch nie etwas getan." „Doch, ich habe ihm damals sein Opfer entrissen und das ärgert ihn bestimmt immer noch. Anders weiß ich es mir nicht zu erklären." „Dann hüte Dich vor ihm", sagte Mutter besorgt.

An diesem Abend musste Vater zur Wache. Die anderen Männer hatten auch am Tag die Baschkiren im Dorf gesehen. „Und die sind auch jetzt noch hier, die treiben sich noch im Dorf herum", sagte einer der Männer. Sie redeten noch so mancherlei, was die wohl wieder anstellen würden. Aber keiner ahnte, was sie wirklich im Schilde führten.

Die Wächter gingen das Dorf entlang, jeder in seinem Bereich und kamen dann in der Kanzlei zusammen, plauderten ein wenig und gingen wieder. So ging das die ganze Nacht. Es war noch früh am Abend, als Vater nach so einer kurzen Pause unruhig wurde. Er sagte zu seinem Mitwächter: „Du, ich gehe mal schnell zu meiner Familie, um zu sehen, ob alles gut ist, ich bin irgendwie unruhig." „Ja, geh nur." So ging er los in der beginnenden Dämmerung und sah schon von der Straße aus, dass ein Mann bei ihm zu Hause zum Fenster hinein schaute. Er kam von der Vorderseite und schaute in jedes Fenster hinein. Am Ende des Hauses zur Straße hin waren zwei Fenster. Der Mann stellte sich etwas zur Seite, schaute hinein und ging zum andern und an diesem Fenster saß Mutter mit ihrer Nähmaschine und nähte. Sie war so beschäftigt, dass sie gar nichts gemerkt hatte. Der Mann ging um die Ecke, die Hinterseite entlang dem Stall zu. In diesem Moment sprang Vater, der schon im Vorgarten hinter dem Baum gestanden und dieses gesehen hatte, schnell ins Haus. Er riss sein Gewehr von der Wand, legte es an und kam eilenden Schrittes ins Wohnzimmer und zielte zum Fenster hinaus, genau da, wo die Mutter saß. Mutter war so erschrocken, dass sie nicht gleich etwas zu sagen wusste. Vater war vor Aufregung im ersten Moment auch still. Dann sagte Mutter: „Mensch, was hast Du vor? Was soll das?" „Ja", sagte er, „da schaut der Fa'iz zu Dir ins Fenster hinein und Du merkst es nicht." Mutter hatte sich eine große Petroleumlampe, einen sogenannten 20-Brenner mit einem runden Docht auf dem Tisch gestellt, das war ganz schön hell. Und genau an diesem Fenster stand nun wieder der Fa'iz und schaute ins Gewehr hinein. Da hatte er sich aber erschrocken, denn damit hatte er nicht gerechnet und so verschwand er sehr schnell.

Unsere Eltern beruhigten sich und Vater musste wieder auf seinen Posten. Mutter war dennoch unruhig. „Was, wenn er wieder kommt?" meinte sie ängstlich. „Er kommt nicht mehr, er hat ja gesehen, wie ich ihn begrüßte. Er wird es nicht mehr wagen." Mit diesen Worten ging er. Großmutter war an diesem Abend nicht zu Hause, vermutlich wurde sie zu einem Kranken gerufen. Mutter setzte sich wieder an die Nähmaschine, die kleine Anna schlief ruhig in ihrem Bettchen. Nicht lange, nachdem Vater weg war, merkte sie, dass draußen etwas nicht stimmte. Sie konnte nichts sehen, wollte aber auch nicht raus gehen, denn sie war ja allein. Die Eingangstür war nicht verriegelt, aber da war der Hund von den Nachbarn, der nachts frei herum lief. Der wurde manchmal so wütend, dass es unüberhörbar war, wenn er jemanden abwehrte. So auch jetzt, er war so laut und wütend, als ob er jemanden zerreißen wollte.

Mutter bekam es mit der Angst zu tun. Sie war mit dem kleinen Kind allein im Hause. Die Nachbarn waren zu weit weg, da konnte sie nicht hin laufen. Sie merkte aber deutlich, dass der Baschkire ums Haus wanderte und vorsichtig zum Fenster hinein schaute. Zwar kannte sie ihn nicht von Angesicht, aber dass er es sein musste, da war sie sich sicher. Auch war ihr klar, dass er nichts Gutes vorhatte. Sie wünschte sich so sehr ihren Mann herbei! Aber im nächsten Moment wurde ihr um ihn bange. Wenn er jetzt käme und nicht merken würde, dass der Baschkire da war, dann brachte der Bösewicht ihn draußen womöglich noch um. Und dann kommt er ins Haus und bringt mich mit dem Kinde um, dachte sie bang. Sie hatte furchtbare Angst, denn sie schwebte in Todesgefahr! Da fing die Kleine an zu quengeln. Ihr fiel ein, was Großmutter gesagt hatte. Sie sollte nie ein Kind stillen, wenn sie aufgeregt ist. So gab sie der Kleinen was zu Nuckeln, wickelte sie schön ein und legte sie auf dem Bett hinter die großen Kissen. Im schlimmsten Fall sollte wenigstens ihr Kind beschützt bleiben. Mutter war so schwer und angstvoll zumute. Der Baschkire draußen war aber sehr beschäftigt, denn der Hund bellte so laut und wütend, als ob er wen zerriss. Mutter rang die Hände und betete.

Währenddessen hörte sie manch ein Knacken und Brechen von Holz aus dem Stall und der Scheune. Der Nachbarshund wütete und kämpfte weiter. Zur Eingangstür hatte es Fa'iz nicht gewagt, das konnte von der Straße aus gesehen werden. So passte er auf, wenn die Wächter hier vorbei gingen, dann war er ruhig. In ihrer großen Angst und Erwartung hatte

Mutter vergessen, auf die Uhr zu schauen. Nun schaute sie auf die Uhr und sah, es ist schon die zwölfte Stunde. „Nun hab ich bald Hilfe", ging es ihr durch den Sinn. Sie war so dankbar, dass die Kleine ruhig schlief.

So verging die Zeit, während sie in Todesangst auf Vater wartete. Als Mitternacht vorbei war und Vater immer noch nicht kam, stieg die Angst bei ihr noch mehr. Sie war inzwischen überzeugt, dass ihr Mann umgebracht worden war. Denn auch der Hund hatte sich allmählich beruhigt. So war sie der Meinung, dass Fa'iz sich herein geschafft hatte und sie nun an der Reihe war. Sie nahm ihre Lampe, stellte sie aufs Fensterbrett, so nahe wie möglich an die Scheiben und drehte sie so hoch wie möglich auf. Das war immer ein Zeichen von Not oder Gefahr.

Inzwischen hatten die Wächter Schichtwechsel gehabt. Die neu antraten, gingen das Dorf entlang. Als sie alles beobachtet hatten und nichts Besonderes merkten, kehrten sie um und gingen wieder in die Kanzlei. Dabei sahen sie das helle Licht im Fenster unserer Wohnung. Sie näherten sich dem Fenster und klopften an. Das war für Mutter nochmals eine Steigerung der Angst. Die Wächter riefen laut und fragten: „Frau Harms, was ist hier los?" Vor Aufregung und Angst konnte sie fast nicht mehr sprechen, mit großer Anstrengung brachte sie nur die Worte hervor: „Lebt mein Mann noch?" „ Wir sehen gleich nach", sagten die Wächter und eilten davon. Als sie in der Kanzlei ankamen, waren die von der ersten Wache noch immer da und unterhielten sich. Die Männer setzten sich zu ihnen und das Gerede ging weiter. Sie waren so eifrig dabei, dass sie gar nicht merkten, wie die Zeit verging. Und Mutter wartete noch immer. Sie sah, die Uhr geht weiter und ihr Mann kommt nicht, also muss er wohl tot sein. Schließlich sagte unser Vater: „Aber jetzt muss ich nach Haus!" Da fiel den Männern ein, was sie versprochen hatten und aufgeregt sagten sie: „Ja, geh Du schnell nach Hause, Deine Frau hatte die große Lampe auf das Fenster gestellt und hatte schon keine Stimme, als wir dort vorbei kamen." Da warf Vater sich seinen Wintermantel über die Schulter und lief nach Hause. Es war nicht weit bis zu seinem Haus und in großer Eile stürzte er ins Zimmer mit offenem Mantel! Mutter, in ihrer großen Aufregung und fürchterlichen Angst konnte nicht mehr klar denken und war der vollen Meinung, nun ist der Fa'iz da! Als Vater so ins Zimmer stürzte, stöhnte sie schwer auf und fiel in Ohnmacht. Ihm wurde schnell klar, was hier vorgegangen sein musste. Nun gab er sich große Mühe, Mutter zu beruhigen, sie wieder zu sich zu bringen und sie davon zu überzeugen, dass er es sei und kein anderer.

Die nächsten Tage war sie sehr schwach und mitgenommen, aber sie erholte sich bald und alles war wieder gut. Am nächsten Tag konnte er sehen, wie der Mann gearbeitet hatte. Die Hintertür der Scheune war zerbrochen, auch Fetzen von seinen Kleidern lagen herum. Man sah, wie der Hund gekämpft hatte, um den bösen Menschen nicht hinein zu lassen. Und das hatte unsere Mutter alles mit angehört. Der Fa'iz hatte ja wirklich nicht Gutes in Sinn. Aber auf Mutters Gebet hin hatte Gott sich dieses großen Schäferhundes bedient, der den Mann doch besiegt hatte.

Die Rückkehr aus Moskau

1929 war für viele Auswanderer ein schweres Jahr. Nicht nur die deutschen Dörfer wurden von der Regierung streng kontrolliert, sondern auch in den Städten und selbst in Moskau wurden sie beobachtet. Vaters Brüder waren etliche Monate in Moskau gewesen. Sie hatten alle Mühe daran gesetzt, um endlich ausreisen zu können. Dabei hatten sie vieles entbehren und sehr viele Schikanen hinnehmen müssen. Mehr davon kann man in dem Buch „Vor den Toren Moskaus"[8] lesen. Sie haben das alles hinge-

---

[8] „Die Flucht über Moskau fand im November 1929 statt. Auf die Nachricht, dass die Sowjetregierung die Türen für die Auswanderung schließen wolle, versammelten sich spontan aus vielen mennonitischen und deutschen Kolonien schätzungsweise 12.000 bis 14.000 Personen „vor den Toren Moskaus", um doch noch im letzten Moment eine Auswanderung zu erzwingen. Auf Grund des Einsatzes der deutschen Regierung erhielten 5.671 Personen, davon 3.885 Mennoniten, die Ausreisegenehmigung und konnten nach Deutschland kommen. Alle anderen wurden gewaltsam in ihre Dörfer zurück oder noch in die Verbannung geschickt. Von Deutschland gingen die Mennoniten nach Kanada, Brasilien und 1.580 von ihnen nach Paraguay. Der 25. November, Tag der Ausreiseerlaubnis, wird heute noch jährlich von den Siedlern der Kolonie Fernheim und Friesland feierlich

nommen, in der Hoffnung, doch noch endlich dieses Land verlassen zu können. Doch dann kam die große Enttäuschung!

Am 25. November war eine große Gruppe Richtung Kanada abgefahren. Der Zug war voll. Die Leute waren glücklich und fröhlich abgereist. Eine weitere Gruppe war bereit zur Abfahrt. Sie hatten nach allem Wirken, Streben und Zahlen ihre Auswanderungsdokumente endlich in den Händen und meinten, das Schlimmste hinter sich zu haben. Voller Hoffnung und in freudiger Erwartung gingen sie zu Bett, nachdem sie noch zum letzten Mal alles in ihrer Mietwohnung geordnet hatten. „Morgen können wir fahren, morgen steigen wir in den Zug ein und verlassen Moskau und dieses Land für immer!" Sie hatten sich untereinander abgesprochen, sich gegenseitig zu wecken, damit keiner was verpasste oder am Ende zurückblieb. Doch es sollte anders kommen.

Mitten in der Nacht wurden die Reisewilligen unsanft geweckt. Als Onkel Heinrich hörte, dass es Russen sind, überfiel ihn eine böse Ahnung. Die Russen verlangten sofort Einlass. Die Miliz trat ein und gab mit strengem Ton Befehl, alles einzupacken, sofort die Wohnung zu verlassen und sich zum Bahnhof zu begeben. „Unser Zug geht erst am Tag", sagte Onkel Heinrich. „Nein, Euer Zug geht jetzt noch in der Nacht", sagten die Befehlshaber. So wurden die Deutschen scharf angetrieben, sich zu beeilen und mussten gehorchen. Sie waren ja noch in Russland. Es waren in dem Herbst über 13.000 Deutsche vor den Toren Moskaus. Ein Drittel

---

begangen und in den Berichten oft mit der Flucht der Israeliten aus Ägypten verglichen (Flucht über den Amur). Gerhard Ratzlaff (H. J. Willms: Vor den Toren Moskaus: Gottes gnädige Durchhilfe in einer schweren Zeit. Hg. Komitee der Flüchtlinge unter Mitarbeit von Rev. C. C. Peters. Abbotsford, B. C., Kanada, 1960; Kornelius K. Neufeld: Flucht aus dem Paradies: Damals vor Moskau. Hg. Edith Neufeld. Weisenheim am Berg: Agape Verlag, 2005; Walter Quiring: Russlanddeutsche suchen eine Heimat: Die deutsche Einwanderung in den paraguayischen Chaco. Karlsruhe, Heinrich Schneider, 1932; Gerhard Ratzlaff (Hg.): Auf den Spuren der Väter: Eine Jubiläumsschrift der Kolonie Friesland in Ostparaguay: 1937-1987. Asunción, 1987; Peter Wiens u. Peter P. Klassen: Jubiläumsschrift zum 25jährigen Bestehen der Kolonie Fernheim. Winnipeg: Echo-Verlag, 1956.) http://menonitica.org/lexikon/?F:Flucht_%FCber_Moskau, http://chort.square7.ch/FB/BAusw29.html

wurde in den Zug getrieben und nach Sibirien in die Verbannung geschickt, obzwar die Obrigkeit versprach, sie alle in ihre Dörfer zu bringen.

Die armen Leute standen unter Schock, sie wussten nicht, was das alles bedeutete. Sie verstanden die Welt nicht mehr! Aber sie wurden angetrieben und mussten noch in der Nacht zum Bahnhof. Dort angekommen, sahen sie schon, was los war. Alle, die am Vortag ihre Dokumente fertig hatten, wurden hierher gebracht. Von allen Seiten kamen die Leute zusammen. Der Bahnhof wimmelte vor Menschen. Da begriffen sie, was das zu bedeuten hatte. Der Zug sollte sie zurück nach Orenburg bringen, nach Nowosibirsk, in den Altai und wohin auch immer. Und es wurde ihnen gesagt: „Vergesst Euer Kanada! Ihr fahrt jetzt nach Hause und mit diesem allem ist Schluss!"

Später wurde hieß es, dass Stalin aus seinem Urlaub zurückgekommen sei und alles gesperrt und gestoppt hatte. Das war das Ende der Ausreise. Wer sich noch wehrte und protestierte, wurde abgeführt und ins Gefängnis gebracht. Sehr viele Väter sind damals in Moskau im Gefängnis gelandet.

Die Verhältnisse im Zug waren ziemlich unmenschlich. Manche sind unterwegs gestorben. Die Frau von Peter Penner, bei denen unsere Mutter manch ein Jahr gedient hatte und die sie immer so gut behandelt hatte, war unter denen, die diese Zugreise nicht überlebten. Und noch viele andere, aber ich kann sie nicht alle mit Namen nennen. Eine echte Ausreisemöglichkeit sollte erst 50 Jahre später kommen, was damals aber keiner ahnen konnte, obzwar das Verlangen nach einer Ausreise aus Russland bei dem deutschen Volk nie ausgestorben ist. Im Stillen und Geheimen hegten besonders die Alten immer noch das Verlangen, aus Russland raus zu kommen. Aber die Meisten haben es nicht erlebt. Somit haben die Ausreisewilligen sehr viel durchgemacht und es kam noch schlimmer.

So kamen viele Leute zurück ins Dorf, wo sie nichts mehr besaßen. Sie hatten ja alles verkauft und verschenkt, weil sie ausreisen wollten. Was ihnen nun geblieben war, waren die leeren Häuser und auseinandergerissene Familien. Unsere hatten das große Glück, dass die Familie zusammen geblieben war. Onkel Heinrich und Onkel Bernhard kamen mit der ganzen Familie zurück. Onkel Heinrich zog wieder in sein Haus, aber es war komplett leer. Seine ganze Ernte, das Getreide vom Speicher, der Keller und die Speisekammer, alles war leer. Dabei war es Ende Dezember, da fehlte es an allem. Es fehlte an Heizmaterial, es fehlte an Brot und an allem anderen. Noch schlimmer dran war aber so jemand wie Peter Penner, dem die Frau unterwegs gestorben war – er kam mit fünf Kindern zurück. Andere Leute hatten ihr Haus eingenommen. Freilich gaben die Leute es ihm zurück, aber es war ebenfalls ganz leer, nur die kahlen Wände waren ihm geblieben. So mussten sie ganz von Anfang wieder anfangen und durch ihre Mühe und Fleiß versuchen, auf die Beine zu kommen.

Das Elend der Kolchosen

Da kam das Jahr 1930 und mit ihm die Zwangskollektivierung, die viel Leid mit sich brachte. Das wenige, das sich die Leute angeschafft hatten, mussten sie nun in die Kolchose[9] abgeben. Das ging immer mit Gewalt. Wer sich dagegen stellte, wurde mit einer Geldstrafe belegt oder abgeführt. Es gab nicht viel zu wählen oder zu wünschen. Befehl war Befehl und der musste befolgt werden. Onkel Heinrich wurde Brigadeführer. Weil er gut haushalten konnte, hatte er alles in bester Ordnung. Und er hatte ein Herz für seine Mitmenschen. Wir haben noch in den achtziger Jahren von Leuten gehört, die damals Teenager waren, wie Onkel Harms ihnen so manches Mal unter die Arme gegriffen hat, wenn sie übermäßig

---

[9] Russische Bezeichnung für sozialistische Kollektivwirtschaft im Sinne eines landwirtschaftlichen Großbetriebs, der durch Kollektivierung ehemals bäuerlicher Privatbetriebe in der Sowjetunion und den anderen Staaten des „Ostblocks" entstanden ist. Eine Kolchose konnte die landwirtschaftliche Nutzfläche und die Betriebseinrichtungen eines oder mehrerer Dörfer umfassen, deren Bewirtschaftung in genossenschaftlicher Form auf Großblockfluren bzw. in großräumig betriebener Viehzucht erfolgte. Die Kolchose-Bauern durften Gartenland und wenige Stücke Vieh privat nutzen.
http://wirtschaftslexikon.gabler.de/Definition/kolchose.html

schwere Arbeiten verrichten mussten. Dann half er ihnen und erleichterte die Arbeit, indem er Verstärkung schickte.

So ging es etliche Jahre. Onkel Bernhard wurde Buchhalter. Doch bald wurde er vom NKWD oder KGB verdächtigt. Es hieß, er sei Gruppenanführer gewesen, als die Leute auswanderten, und Agitator. Freilich war er das nicht gewesen und hat es auch strikt abgestritten. Es gab auch keine Zeugen dafür. Trotzdem wurde er monatelang im Gefängnis gehalten und fortwährend verhört. Das wurde meistens nachts gemacht, um die Menschen mürbe zu machen, damit sie zugaben, was sie nie getan hatten. Das war freilich keine Lösung, denn dann ging die Beschuldigung erst recht los. Die Beamten wechselten sich ab, aber er musste die ganze Nacht durchhalten. Onkel Bernhard war auch schon sehr müde, aber er blieb standhaft und gab nichts zu. „Was nicht wahr ist, ist nicht wahr! Ich habe das nicht getan!" und dabei blieb er. So vergingen die Monate. Seine Familie litt schwer darunter, aber keiner konnte ihm helfen.

Eines Nachts wurde Onkel Bernhard wieder aus seiner Zelle zum Verhör geholt. Die Beamten waren wütend und sagten: „Wann willst Du endlich zugeben, dass Du Gruppenführer warst?" „Das kann ich nicht zugeben und werde es auch nicht. Denn ich bin nie Gruppenführer gewesen!" sagte er. Die Beamten regten sich fürchterlich auf, sie schimpften und drohten ihm: „Wenn Du nicht sofort zugibst, was Du getan hast, so erschießen wir Dich auf der Stelle!" „Dann müsst Ihr mich eben erschießen, denn ich habe nichts zuzugeben. Ich habe so was nie getan", sagte er mutig. „Dann raus mit Dir!" brüllten die Beamten. Wie er aus dem Verhörzimmer heraus kam, stand ein Mann neben der Tür mit einem Gewehr über der Schulter und sagte: „Folge mir." So ging Onkel Bernhard hinter dem Bewaffneten her und merkte, dass einer der Beamten aus dem Zimmer ihnen folgte. So wurde er von zwei Begleitern zum Erschießen geleitet. Er musste erst eine Treppenreihe herunter gehen, dann einen langen Gang. Dann mal rechts, mal links, einen Gang nach dem andern und alles so dunkel, dass kaum etwas zu sehen war. Ihm wurde unheimlich zumute, aber es ging noch immer weiter. Dann kam ein langer Flur, gesäumt von den Zellen der Gefangenen mit dem kleinen Guckloch in den Türen. Da schauderte es ihn und graute vor dem, was ihm bevorstand. Am Ende einer dieser Gänge machte der Führer eine schwere eiserne Tür auf und sie traten alle drei ins Freie. Es war finstere Nacht. Da sagte der Beamte, der hinter ihm gegangen war: „Du bist frei, nun sieh, das Du hier fort kommst!" Die Männer gingen zurück, die Tür wurde geschlossen und er blieb allein stehen. Zuerst musste er zur Besinnung kommen. War er nun wirklich frei? Ob er auch richtig gehört hatte? Lebte er noch oder nicht? „Die wollten mich doch erschießen", ging ihm immer wieder durch den Kopf. Aber die Männer waren weg und er stand da, allein. Nun musste er sich orientieren, wo er war und wo er hin sollte.

Er hat es dann doch nach Hause geschafft. Seine Familie, die Mutter und Geschwister waren alle hocherfreut, dass die Untersuchungshaft ein Ende hatte! Aber er war nicht mehr derselbe. Er war ab da sehr still und in sich gekehrt, erfüllte fleißig und treu seine Pflichten, aber die Freude am Leben war ihm genommen. Bald danach kamen die Repressalien, während derer viele Väter den Familien erbarmungslos entrissen wurden. Im November 1937 wurde Onkel Isaak, der Zweitälteste, verhaftet. Er wurde verdächtigt, weil er mit niemand gut auskam. Aber dazu später mehr.

Meine Eltern bekamen zwei Jahre nach Annas Geburt, am 25. Dezember 1931, ein Weihnachtsgeschenk: Ihnen wurde eine weitere Tochter geboren, die sie Tina nannten (Koseform für Katharina). Sie war ein schönes, gesundes Kind, mit blondem, lockigem Haar und klaren Augen, wie eine Puppe! Onkel Heinrich wurde im gleichen Jahr ein Söhnchen Gerhard geboren. Es war ihr viertes Kind und alles Jungs. Unsere Eltern hatten große Freude an ihren Mädchen und waren ganz zufrieden.

Der Anfang in Klubnikowo

Um das Jahr 1933 wurde Vater als Lehrer nach Klubnikowo versetzt, etwa drei Kilometer von Stepanovka, wo seine Mutter und Brüder wohnten. Das Gebäude, das als Schule dienen sollte, war so verwahrlost, dass es erst mal richtig renoviert werden musste. Für den Unterricht wurde vorläufig ein Zimmer zurechtgemacht. Das andere Zimmer wurde nebenbei gemacht. Unsere Eltern mieteten sich ein Zimmer bei der Witwe Gertrude Rempel. Sie wohnte direkt gegenüber der Schule und hatte drei Söhne: Heinrich, Johann und Jakob. Der älteste, Heinrich, ging bei Vater zur Schule. Ich habe ihn später gern über meinen Vater ausgefragt. Jetzt wohnt er in Verl.

Mutter half bei der Renovierung der Schule, so gut es ging, neben den Kindern und dem Haushalt. Das Schulhaus war so verdreckt, dass sie heißes Wasser über die Wände schütteten, um den Dreck abzukriegen. Das Wasser, das herunterlief, war rot von Wanzen. Sie hatten sehr viel harte Arbeit, bis sie da einziehen konnten. Als die Schule voll im Gange war, wurde es zu viel für einen Lehrer. Da kam eine junge Lehrerin, Anna Berg aus Dobrowka. Das Dorf lag neben Stepanovka, nur auf der anderen Seite des Flusses. Sie war ein gutes und fleißiges Mädchen.

Nach etlichen Jahren wurde Vater eine Stelle als Lehrer im Dorf Kitschkass angeboten. Aber Mutter war strikt dagegen. „Ich bin es leid, immer die Gebäude zu reinigen, die so verkommen sind! Uns geht es hier nicht schlecht und wir bleiben hier." So hat Vater die Stelle abgesagt und sie blieben in Klubnikowo.

Vater war ein sehr hilfsbereiter und lebensfroher Mann, immer für einen Spaß zu haben. Aber auch verantwortungsbewusst und treu. Abends

1934 musste Vater für einige Monate zu einer Militärübung. Weil er längst aus dem Soldatenalter raus war, hat er auf das Foto geschrieben: „Der alte Franz in Rotarmistenuniform."

saß er auch schon mal mit den anderen Männern bei irgendeinem von ihnen zusammen. Dann wurde gesprochen und gelacht und Feierabend gefeiert. Bei einem solchen geselligen Beisammensein war es mal wieder spät geworden, als Vater aufstand und sagte: „So, fe mie es et nu Tiet – etj goah hinjrem Thun lidje." („So, für mich ist es Zeit – ich gehe hinter dem Zaun liegen.") Die Männer stutzten, denn so etwas hätten sie von dem braven Herrn Lehrer nicht erwartet! Nach einer Weile meinte jemand: „Lasst uns doch mal schauen, hinter welchem Zaun sich der Franz verkrochen hat. Das gibt sicher einen Skandal!" Und los ging es. Sie liefen die Dorfstraße entlang, aber Franz war hinter keinem Zaun zu finden. Schließlich klopften sie – es war schon nach Mitternacht – an die Wohnung der Lehrersfamilie. Mutter wunderte sich, wer denn so spät noch was wollen könnte und ging zur Tür. Überrascht sah sie die Männer. „Ist Dein Mann zu Hause?" – fragten diese. „Ja, schon längst. Wieso sucht Ihr ihn?" Inzwischen war Vater aufgestanden und kam zur Tür. „Ah, Franz, da bist Du ja! Bist aber nicht lange hinterm Zaun gelegen, was? Wo warst Du denn? Wir haben Dich überall gesucht." Da lachte Vater herzhaft und umarmte Mutter von hinten: „Die hier ist mein ‚Zaun'! Sie heißt ja mit Mädchennamen Thun!" (Im Plattdeutschen bedeutet ‚Thun' ‚Zaun'). „Ja, woher sollen wir denn wissen, wie Deine Frau heißt?" grummelten die Männer, während sie sich verzogen.

Das Jahr 1933 wurde ein schweres Jahr. Die Ernte war zwar gut gewesen, aber die Regierung machte alles kaputt. Was die Leute sich angeschafft und erarbeitet hatten, wurde ihnen alles bis aufs Letzte weggenommen. Da gab es kein Verstecken und kein Protestieren, man konnte sich nicht dagegen wehren. Es wurde gewaltsam genommen und die Leute standen ohne alles da. Die kommunistische, stalinistische Regierung in Russland war ein einziges Vernichtungssystem! Das kann man in vielen Büchern lesen, z. B. „Alles kann ein Herz ertragen" von Elisabeth Thießen[10], oder

---

[10] „Alles kann ein Herz ertragen. Die weite Lebensreise der Elisabeth Thiessen" ABCteam-Taschenbücher – Brunnen.

„Die Wege des Herrn sind wunderbar" von Helen Dürksen[11]. Auch das Buch „Wenn die Not am größten" von Hans Warkentin[12] und viele, viele andere sind lebendige Zeugen dieser schweren Zeit. Man wollte den „alten Menschen" ausrotten und eine neue Generation heranwachsen lassen, die nichts von Gott, Gebet, Singen und wahrer Liebe mehr wussten. Alles Gute sollte getilgt werden. Und doch sagt Gott; „Ich habe mir etliche übrig gelassen". Im Nachhinein wird klar, dass der Herr die erhält, die auf ihn harren. Das deutsche Volk hat Gott besonders gesegnet. Er hat ihnen Weisheit gegeben, für sich zu sorgen und noch vielen anderen zu helfen. Es sind in der Zeit viele Menschen verhungert, was nicht hätte sein müssen. In unseren deutschen Dörfern ist mir nicht bekannt, dass jemand verhungert wäre. Aber die Russen und Baschkiren, die nicht so zu wirtschaften verstanden, sind dem großen Hunger zum Opfer gefallen. Die gingen scharenweise durch die deutschen Dörfer und bettelten. Aber das reichte nicht zum Überleben. Manchmal wurde ein toter Baschkire auf dem Wege aus einem Dorf ins andere gefunden. So kam ein Baschkire im Dorf Stepanovka betteln. Es war schon spät abends. Die Leute gaben ihm zu essen und er war ihnen sehr dankbar. Leider war er jedoch so schwach und kraftlos, dass er nicht weiter gehen konnte. Sie hatten aber selbst kaum Platz zum Schlafen und konnten ihn nicht bei sich aufnehmen. Da bat er sie um Erlaubnis, im Stall zu schlafen, weil es da doch etwas wärmer war als draußen, was ihm erlaubt wurde. Als sie morgens in den Stall kamen, fanden sie ihn hinter der Krippe bei der Kuh, tot. Und das war kein Einzelfall. Später war es freilich umgekehrt: da gingen viele aus unseren Dörfern in die Russendörfer betteln, aber das hatte andere Gründe. Vieles hing davon ab, wie der Vorsitzende der Kolchose für seine Leute sorgte oder auch nicht. Dazu später mehr.

Unser Vater hatte sein Einkommen und die Familie kam gut damit aus. So konnte er immer das Nötigste besorgen und nicht nur für sich, sondern

---

[11] Ich konnte leider nicht herausfinden, in welchem Verlag das Buch erschienen ist.
[12] Verlag: Stuttgart Christliches Verlagshaus (1. Januar 1974), vergriffen.

auch für die Hungrigen. Eines Tages kam ein deutscher Junge, Willi Penner aus Dolinovka (Nr. 9) betteln. Er sah jämmerlich aus, die Kleider zerrissen und völlig verdreckt. Vater sagte zu Mutter: „Besorge ihn, wie es sich gehört." Mutter schickte ihn baden, gab ihm saubere Unterwäsche und einiges von Vaters Bekleidung. Da fühlte er sich richtig wohl. Seine alte Bekleidung war so schlecht und Mutter meinte: „Ich habe keine Lust, diese Lumpen zu waschen und zu flicken." „Ach", sagte Vater „entsorge die einfach und fertig." Die waren ohnehin voller Läuse. Mutter nahm die Lumpen zusammen und begrub sie im Schnee neben der Hecke.

Vater hatte an Willi Gefallen und so erlaubten unsere Eltern ihm, bei ihnen zu bleiben. Es ging recht gut, nur leider war er nicht arbeitslustig. Am liebsten mochte er gar nichts tun. Als es dann Frühling wurde und das Wetter so schön warm, da überkam ihn wieder die Lust, zu wandern und zu betteln und so haute er eines Tages einfach ab. Kurz darauf war Mutter dabei, den Hof nach dem Winter zu säubern. Es gab viel aufzuräumen und zu beseitigen. Da erblickte sie die Lumpen bei der Hecke, die sie im Winter im Schnee vergraben hatte. Wie war sie erschrocken, als sie die sah! Durch den warmen Sonnenschein aufgeweckt, waren die Läuse heraus gekrabbelt, der ganze Haufen wimmelte nur so von den Tierchen! Was nun? Sie nahm alles fest zusammen, steckte es in den Backofen und verbrannte es.

Die Bettler kamen aber immer noch. Als es wieder auf den Winter zuging, es war schon richtig kalt – da kam auch Willi wieder an. Genau so verwahrlost und zerrissen wie damals. Wieder wusste er nicht aus noch ein. Und wieder beherbergten unsere Eltern den Jungen, reinigten ihn, zogen ihn an und so blieb er wieder bei ihnen. Er war ein lustiger Junge, heckte manche Streiche aus und da es im Winter draußen keine Arbeit für ihn gab, war er ganz munter.

Was der kleine Landstreicher Willi ausheckte

Es muss wohl im frühen Herbst gewesen sein. Die Schüler machten die Außentür nicht immer richtig zu. Dadurch hatte sich ein fremder Hund angewöhnt, ins Haus zu kommen, die Treppe hoch und auf den Dachboden zu klettern. Zu der Zeit hatte noch niemand einen Kühlschrank, so wurde vieles auf dem Speicher aufbewahrt. Auch unsere Eltern bewahrten auf dort ihre geräucherte Wurst auf, den geräucherten Schinken und alles auf, was kalt aufbewahrt werden musste. Und nun fraß der Hund ihnen manches an und anderes ganz auf. Sie hatten ihn schon oft vertrieben und erschreckt, doch er kam immer wieder. Und nun, wo der Willi da war, merkten sie eines Tages, dass der Hund wieder auf dem Speicher war. „Na", meinte Willi, „den werd ich mal erschrecken!" Mutter sagte noch zu ihm: „Pass bloß auf, das ist ein großer und starker Hund. Wenn der Dich beißt, wirst Du nicht froh sein!" „Ich komme schon mit ihm zurecht", sagte der Junge und stieg auf den Speicher. Er machte die Tür zur Treppe zu, sodass er da nicht runter kam und suchte den Hund. Das Tier hatte schon gemerkt, dass man es auf ihn abgesehen hatte und hatte sich versteckt. Willi schaute sich um, bis er ihn in einer Ecke erblickte. Dann stützte er die Hände auf die Knie und so gebückt ging er auf den Hund zu. Dabei machte er große Augen und schaute den Hund stur an. Dieser ging ihm aus dem Weg. Willi ging ihm wieder nach. Der Hund drehte sich um und ging rückwärts, er hatte Angst, von hinten angegriffen zu werden. Willi war ganz still und ging immer auf ihn zu, den Blick stur auf ihn gerichtet. So machte er mit dem etliche Runden auf dem Speicher. Immer in dieser Stellung und den Blick starr auf das Tier gerichtet. Der Hund wusste nicht mehr wohin, er fing an zu winseln und zu jaulen. Der Junge ließ aber von ihm nicht ab. Der Hund wurde so laut, er war am Ende mit seinem Mut, auch am Ende des Speichers. Willi verfolgte ihn immer noch. Da, mit einem Satz sprang der Hund hoch ans Giebelfenster, die Scheibe klirrte, er war raus! Doch ließ er einen Bogen hinter sich, er hatte sich nämlich einen Durchfall „an geängstigt"! Willi guckte ihm nach, sah, wie er auf die kalte Erde knallte, sich aufrappelte und davon jagte. Nun kam auch er vom Dachboden und konnte vor Lachen nicht reden. Erst später erzählte er alles. „Hattest Du denn keine Angst?" wunderte Vater sich. „Nein", sagte er, „so was macht mir Spaß!" Der Hund kam nie wieder.

Das andere Mal nahm Willi Vaters Flinte, während dieser in der Schule war und ging raus. Er spielte gern damit. Da sah er auf der anderen Straßenseite einen Mann mit einem kleinen Hund. Den würde Willi gerne schießen! Er stellte sich in Position und zielte. Da machte der Mann den nächsten Schritt, der Hund geriet zwischen seine Füße und in dem Moment drückte Willi ab! Er traf! Der Hund fiel tot um, während der Mann mit einem Riesenschrecken davon kam! Ihm war nichts passiert, aber es hätte auch anders ausgehen können. Willi jedoch freute sich, dass ihm dieses Kunststück gelungen war!

Einen anderen Streich spielte er im Winter während einer Hochzeit. Zu der Zeit wurde immer Polterabend gefeiert, was aber mehr ein Geschenkabend war. Damals hatten die Leute noch andere Fenster als heute. In der Mitte war der Fensterkopf, eine dicke Stütze und von beiden Seiten wurden die Scheiben eingesetzt. Diese Stütze hieß „Hölzerner Peter". Nun hatten die Verlobten ihren Polterabend, viele Leute waren zusammen. Den großen Tisch mit den Geschenken hatten sie ans Fenster gestellt. Auf beiden Seiten des Zimmers saßen die Gäste. Willi ging draußen umher und guckte sich das an. Er wusste, dass am Polterabend oft geschossen wurde, aber nur in die Luft, um zu krachen. Ihn überkam plötzlich große Lust, auch mal die Leute zu erschrecken. Er zielte aber nicht in die Luft, sondern auf den „hölzernen Peter" im Fenster, drückte ab und traf tatsächlich genau die Mitte! Das Stück Holz zersplitterte, die Poltergeschenke fegten vom Tisch, die Leute schrien vor Schreck und er haute ab! Wieder kam keiner zu Schaden, aber alle waren furchtbar erschrocken. Danach verbot Vater ihm, die Flinte zu nehmen. Als es dann wieder Frühling wurde, ging er fort und ist auch nicht mehr gekommen.

Zwei mutige Freundinnen

Wir hatten viele Kontakte zu Russen und manche gute Freunde unter ihnen. Vermutlich hatte Vater viele davon durch seine ersten Jahre als Lehrer in den russischen Dörfern kennen gelernt. Sicher hat er manch einem geholfen und viele sind jahrelang mit ihm und Mutter in Verbindung geblieben. Womöglich hat Mutter auf diesem Wege auch ihre Freundin Aniska aus Nowospassk kennen gelernt. Anisia, so der volle Name, und Mama waren richtig gute Freundinnen! Tante Aniska, wie wir sie nannten, war immer sehr lieb und gut zu uns Kindern. Mama erzählte uns, dass sie schon in den 30-er Jahren, als unser Vater noch zu Hause war, oft uns kam. Ihr Mann war früh gestorben, so war sie mit ihren beiden Kindern Dunja und Wanja allein geblieben. Aniska war eine aufrichtige und liebevolle Frau. Wir hatten es immer gern, wenn sie zu uns kam.

So hatte sie mal wieder unsere Eltern besucht und war etliche Tage geblieben. Während dieser Zeit war Vater weggefahren, vermutlich, um eine Lehrerkonferenz durchzuführen. Nun war Mutter froh, dass sie während Vaters Abwesenheit nicht allein in der großen Schule war und dazu noch nachts.

Eines Abends, als Mutter die Kinder zu Bett gebracht hatte, saßen die beiden Frauen noch und unterhielten sich. Mutters Russisch war zwar sehr schwach, aber die beiden verstanden sich trotzdem. Strom gab es zu der Zeit noch nicht. So hatte Mutter einen 10er-Brenner – eine große Petroleumlampe mit einem 10 mm breiten Docht, aber nur da, wo sie saßen. Die anderen Zimmer waren alle dunkel. Mit einem Mal hörten die zwei Frauen, dass leise ans Fenster geklopft wurde! Sie waren still und horchten. Dann bei einem andern Fenster und so ging es rund um die Schule. Irgendjemand klopfte immer wieder an die Fenster. Da wurden sie noch stiller, schraubten den Docht der Lampe herunter und horchten! Das Klopfen hörte nicht auf. Die Frauen bekamen es mit der Angst zu tun! Mutter wusste genau, dass ihr Mann heute nicht nach Hause kommen würde. Er konnte ihnen nicht helfen. Und das Klopfen hörte nicht auf! Wie froh war sie, das ihre Freundin Aniska da war und sie nicht ganz

1934. Meine Eltern Lena und Franz Harms.

alleine im Hause war! Es vergingen Stunden, das Klopfen ging weiter und beide ängstigten sich immer mehr. Sie wussten nie, an welchem Fenster es als nächstes klopfen würde. So wurde es Mitternacht, das Klopfen hörte nicht auf und ihre Angst stieg. Was, wenn hier jemand alles abklopfte, um einzubrechen? Sie wussten ja nicht, ob es ein Mensch oder mehrere waren? Schließlich fassten sie all ihren Mut, Aniska hat Mama auch Mut zugesprochen und so kletterte sie auf ein Fensterbrett und schaute raus. Die Fenster waren sehr hoch und so groß, dass man darin locker stehen konnte. Ganz oben, in der ersten Reihe, war ein Türchen, das man zum Lüften öffnen konnte, wir sagten „Fortotschka" dazu. Nun machte Mutter es auf und sah, genau unter diesem Fenster stand ein Mann! Sie hatte sich so erschrocken, dass sie ihren Kopf nicht mehr zurück ziehen konnte! Nun stand sie da und konnte nicht hin noch her. Aniska sprach zu ihr und sie konnte nichts sagen. Schließlich hatte sie es dann doch geschafft, ihren Kopf zu befreien und bedeutete Aniska, still zu sein. Dann stieg sie vom Fenster herab, holte Vaters Flinte und stieg wieder aufs Fensterbrett. Aniska, in ihrem Schreck, wusste nichts zu sagen und war ganz still. Mutter hatte Mut gefasst, sie hatte den Mann unterm Fenster erkannt und wollte ihm klar machen, dass er hier nichts zu suchen hatte! Sie war furchtbar aufgeregt, aber sie sprach laut und entschieden durch das kleine Fensterchen zu ihm: „Wenn Du nicht sofort dieses Haus verlässt, dann schieße ich Dich nieder!" Da hat er aber lange Beine gemacht und war bei den Nachbarn in der Hecke verschwunden. Und ist auch nie mehr gekommen! Es war nämlich Peter U. Er hatte erfahren, dass Vater nicht zu Hause war und nun meinte er, die Frau Harms zu besuchen. Er war dafür bekannt, dass er andere Frauen in Abwesenheit der Männer besuchte, um sich bei ihnen einzuschmeicheln. Dieses Mal hatte er kein Glück gehabt.

Anna wird krank

Eines Tages kam die kleine Anna herein und schmiegte sich an Mama. „Was ist los, Nota?" fragte sie. Anstatt einer Antwort versteifte sich das Kind und war wie weggetreten. Mutter erschrak! Was war los mit dem Mädchen? Kurz darauf atmete sie tief durch, öffnete die Augen und wurde ganz schlapp. Mutter erzählte es Vater, als er aus der Schule kam. Dieser meinte, man müsse es unbedingt beobachten. Falls so etwas nochmal passieren sollte, müssten sie mit dem Kind zum Arzt. Leider wiederholte sich der Anfall ein paar Wochenspäter. Alles schien auf Epilepsie hinzudeuten. Vater suchte einen Arzt auf, der das Mädchen gründlich untersuchte. Ihm fiel auf, dass Annas Schädel ein wenig eingedrückt war. Da fiel Mutter etwas ein. Als Anna zur Welt kam, hatte es ziemlich lange gedauert, es war eine sehr schwere Geburt gewesen. Danach zeigte Großmutter ihr am Köpfchen des Kindes einen Bluterguss war von der Größe einer Untertasse. Großmutter hatte die Kleine sorgfältig gepflegt und es war alles schön verwachsen. So dachte keiner, dass es noch Folgen haben könnte.

Nun ordnete der Arzt an, man solle das Mädchen mit nichts belasten. Sie sollte sich keineswegs anstrengen. Man sollte sie auch nicht in die Schule schicken, was für unsere Eltern fast zu schwer war, zumal Vater ja selbst Lehrer war und den Wert von Bildung zu schätzen wusste. „Wenn das Kind etwas lernt und sich anstrengt, dehnt sich das Gehirn minimal aus", erklärte der Arzt. „Das ist bei allen so. Aber weil bei ihr der Schädel eingedrückt ist, stößt die Gehirnmasse an die Knochendecke. Und dann bekommt sie einen Anfall."

Somit hatte Mutter nun ein krankes Kind, auf das es aufzupassen galt. Interessanterweise merkte Anna selbst, wann ein Anfall kurz bevorstand[13]. Dann kam sie herein vom Spielen und rief: „Mama, jetzt kommt es!" Mit diesen Worten versteckte sie sich bei Mama unter der Schürze oder Mutter warf ihr schnell eine Decke über und drückte sie fest an sich. Manchmal legte sie die Kleine auch schnell auf eine Bank, deckte sie zu und blieb bei ihr sitzen. Anna war ruhiger, wenn Mama bei ihr war und es war für sie leichter. Manchmal kam der Anfall gar nicht zum Ausbruch. Nach einer Weile atmete sie tief durch und sagte: „Nun ist es vorbei." Sie ruhte dann noch ein wenig und ging wieder spielen. Aber so lustig und fröhlich wie Kinder meistens sind, war sie nicht, sondern eher ernst und nachdenklich und hatte einen trüben Blick, als würde sie mehr verstehen, als ihrem Alter angemessen war. Sie besuchte sehr gern alte Leute und kam dann manchmal froh nach Hause: „Mama, ich habe die oder die Oma besucht!"

Anna war – vielleicht durch ihre Krankheit? – auch sehr empfänglich für geistliche Dinge. Leider war es gerade eine Zeit, in der alles Christliche aufs strengste verboten war. Man durfte nirgendwo vom Glauben sprechen. Auf die Lehrersfamilie wurde besonders aufgepasst, ob sie nicht doch beteten. Manchmal stand jemand am Fenster, wenn es Essenszeit war, um zu sehen, ob der Lehrer wohl ein Tischgebet sprechen würde. Tat er nicht. Aber Anna war damit nicht zufrieden und fand ihre eigene Lösung. Kurz vor dem Essen kam sie zu Mutter in die Küche, schmiegte sich eng an sie oder versteckte sich unter Mutters Schürze mit den Worten: „Mama, wir wollen doch erst beten, ehe wir essen." Einmal ging sie während der Pause, als Vater im Lehrerzimmer war, in die Klasse und sagte: „Liebe Schüler, horcht mal alle her, Harms Nota wird Euch ein Lied vor-

---

[13] Manche epileptische Anfälle beginnen mit einer sogenannten Aura: Die Betroffenen bemerken dabei zum Beispiel ungewöhnliche Sinneseindrücke wie Kribbeln, Sehstörungen, leiden an Konzentrationsstörungen oder Halluzinationen. ... Einige Betroffene erkennen an der Aura, dass ein größeres Anfallsgeschehen kurz bevorsteht. Eine Aura kann aber ebenso gut das einzige Symptom eines Anfalls sein und bleiben. http://www.apotheken-umschau.de/Gehirn/Epilepsie-Symptome-und-Anfallsformen-119203_2.html

singen". Darauf stieg sie auf Vaters Stuhl und sang „Gott ist die Liebe".
Danach sprang sie vom Stuhl und lief schnell zu Mutter. Als Vater nach
der Pause wieder in die Klasse kam, schmunzelten die Schüler. „Na, was
habt Ihr zu lachen?" fragte
er. „Eure Nota hat uns ein
Lied vorgesungen", sagten
sie. Da wusste er Bescheid.
Später sprachen die Eltern
mit ihr darüber, erklärten
ihr, was das für Folgen
haben könnte und so tat sie
es nicht mehr.

1936. Anna (7). Maria (1 Jahr) und Tina

Mutter lernt Russisch

Im Juni 1935 wurde Helene und Franz noch eine Tochter geboren, die sie
Maria nannten. Im Jahr darauf konnten unsere Eltern in ein großes Gebäude
umziehen. Es war früher einmal eine Kirche gewesen und weil Stalin das
Christentum ausrotten wollte, durften die Kirchen nicht mehr als solche
benutzt werden. Sie wurden überall geschlossen und für andere Zwecke
genutzt, z. B. als Getreidespeicher, Schwimmbäder oder was der Regierung
sonst einfiel. Nun war diese Kirche zu einer Schule umgebaut worden. Da
gab es zwei Klassen, einen Flur, ein Lehrerzimmer und zwei Zimmer für
die Lehrerfamilie. (In dieser Schule bin ich am 23. Juni 1937 auf die Welt
gekommen, einen Tag nach dem zweiten Geburtstag meiner Schwester
Maria.)

Irgendwann Mitte der 30-er Jahre wurde der Unterricht in allen deutschen Dörfern auf Russisch umgestellt. Es war ein entsprechender Befehl
aus Moskau eingetroffen. Mutter hatte ja nur mit Mühe und Not während
zwei Winterperioden vier Klassen besucht. Jeweils von Oktober bis Weihnachten die erste Klasse und von Januar bis Ende März die zweite Klasse.

Von Anfang April ging die Arbeit wieder los. Im Jahr darauf wurden im gleichen Muster die dritte und vierte Klasse „absolviert". Und ihre ganze Schulbildung war in Deutsch gewesen, deshalb konnte sie kaum Russisch. Vater wünschte sich, dass Mutter doch noch was dazu lernen sollte, sie wollte aber nicht. Sie hatte drei kleine Kinder zu betreuen und vieles mehr. Außerdem war sie nicht besonders am Lernen interessiert. Nun wurde im Herbst 1936 Russischunterricht im Rahmen von Abendkursen angeboten und Vater wollte unbedingt, dass sie da mitmachen sollte! Es war ja in der Schule und Mutter brauchte nur aus ihrem Zimmer in die Klasse zu gehen. „So", hatte sie gesagt, „dann gehe ich eben lernen und Du bist schön brav bei den Kindern. Deine Arbeit bleibt dann liegen." Maria war noch klein und die beiden Älteren brauchten auch Aufmerksamkeit, da hatte er zu tun. Wenn die Kleine unruhig wurde oder die Windeln voll hatte, klopfte er an die Klassentür und Mutter musste zu Hilfe kommen. Das wiederholte sich einige Male. Eines Abends klopfte er wieder an die Tür, Mutter blieb sitzen. Nach etlichen Minuten klopfte es wieder. Mutter regte sich nicht. Dann klopfte er wieder, machte die Tür auf und winkte sie heraus. Sie winkte ihm zurück und gab ihm durch Augenzwinkern zu verstehen, dass sie nicht kommen konnte. Als der Abend zu Ende war, fragte er aufgeregt und müde:

1936. Vater als Schuldirektor mit den Schülern und Lehrerin Anna Berg.

78

„Warum kamst Du nicht, als ich Dich rief? Die Kleine war so unruhig, ich wusste schon nicht mehr, was ich mit ihr machen sollte! Und Du bliebst da sitzen!" „Ich gehe zur Schule, ich war im Unterricht", meinte sie. „Da muss ich mich doch konzentrieren und aufmerksam sein, um mitzukommen und alles zu verstehen, was gesagt wird. Ich kann nicht immer unterbrechen und raus gehen. Wenn ich immer wieder heraus kommen soll, sobald die Kinder was wollen oder quengeln, dann verliere ich manches vom Unterricht, das geht nicht. Ich rufe Dich ja auch nicht aus dem Unterricht, wenn Du den Schülern was erklärst, oder wenn bei mir mal alles drunter und drüber geht. Also, wenn ich zu Schule gehen soll, dann geh ich zur Schule und lerne." „Na", hat er gemeint, „wenn das so kompliziert ist, dann brauchst Du nicht mehr zu gehen, wenn Du nicht willst. Zu Hause bin ich mit Dir vollkommen zufrieden. Was und wie Du das alles machst, ist immer gut, besser kann das keiner machen." So war die Sache mit der Schule abgeschlossen. Mutter sagte später oft, sie könne sich nur an drei Worte aus dem Unterricht erinnern: „Nos, Rot, Podborodok." (Nase, Mund und Kinn). Wir haben das manchmal beschmunzelt und etwas mehr als das konnte sie schon. Sie hat später noch gelernt, ihren Namen auf Russisch zu schreiben, weil die Unterschriften in Russisch sein mussten. Auch hatten wir viel mit Russen zu tun, so dass sie das Nötigste in Russisch besprechen konnte. Lesen und schreiben konnte sie aus ihrer Schulzeit nur die Gotische Schrift (Sütterlin). Doch später hat sie noch Lateinisch lesen und auch schreiben gelernt. Aber sie konnte uns nicht beim Lernen helfen. Das war auch nicht nötig, denn so schwer war es ja nicht, was wir lernten und mir war es sowieso immer zu wenig.

Vater und die Wölfe

Unser Vater war nicht nur begabt und klug, sondern auch sehr hilfsbereit und hatte viele Freunde. Wenn auch seine Gesundheit schwach war, so half er, wo er nur konnte. Wurde in der Kolchose eine Jahresabrechnungs-Versammlung abgehalten, schrieb er oft die Berichte, weil nicht alle ausreichend lesen und schreiben konnten, vor allem auf Russisch. Er hielt auch regen Kontakt mit seinen Jugendfreunden aus Stepanovka, seinem Heimatdorf. Nun war einem seiner Freunde eine Idee gekommen. Er hatte von der technischen Erfindung des Radios gehört. Eine spannende Sache! Er hat sich umgehört, nachgefragt, sich verschiedenes zusammengesucht und gebastelt. Und o, Wunder! Das Gerät empfing etwas! Rasch rief er seine Freunde zusammen. Sie hörten Stimmen, verstanden aber nichts. Als sie das Wort „Moskwa" hörten, begriffen sie, dass es wohl Russisch sein musste. Wer könnte ihnen bloß helfen, zu verstehen, was sie da empfingen? „Der Franz! Der kann gut Russisch, der versteht das gewiss!" So schickten sie jemanden zu unserem Vater, er möge ihnen zu Hilfe kommen. Vater ging natürlich gern hin! Die Jungs schalteten das Gerät ein, aber leider war es so leise, dass er nur mit Mühe irgendwas hören konnte. Angestrengt horchte er und übersetzte es den anderen ins Deutsche.

Sie waren so eingenommen von all den Neuigkeiten und so begeistert – immerhin hörten sie Radio aus Moskau – dass sie vollkommen die Zeit vergaßen. Auf einmal fragte Vater: „Wie spät ist es?" „Oh, es ist schon Mitternacht!" Da machte er sich eilends auf den Weg nach Hause. Es waren ja nur ganze drei Kilometer, aber zu der damaligen Zeit war es nicht so einfach wie zu unserer Zeit und auch nicht ungefährlich. Aus dem Dorf ging es leicht bergauf, das war freies Gelände. Aber dann kamen zwei Kilometer Wald zu beiden Seiten bis zur Grenzbrücke. Dann wieder eine leichte Anhöhe und von da ging es schon herunter in unser Dorf. Als er den Wald erreichte, hörte er vom Fluss her seltsame Laute. Knapp vor der Grenzbrücke schaute er sich um und sah zwölf kleine Lichtlein hinter sich! Jetzt wurde ihm klar, was die Geräusche bedeuteten! Er wurde von sechs hungrigen Wölfen verfolgt! Sie mussten aus dem Waldstück gekommen sein, das er soeben hinter sich gelassen hatte. Die wilden Tiere hatten wohl einen Menschen gerochen. Normalerweise gehen Wölfe nicht auf Menschen los, es sei denn, sie sind sehr hungrig – man sagt, Wölfe fressen eher Pferdemist, bevor sie einen Menschen angreifen. Vater schritt aus, so gut er konnte – in Laufschritt darf man in solchen Fällen nicht verfallen: das reizt die Tiere und macht sie noch wütender. Als er die leichte Anhöhe erreichte, wo schon bald das Dorf begann, waren sie ganz nahe hinter ihm! Innerlich hatte er sich schon auf einen Kampf mit den Tieren vorbereitet, so einfach wollte er sich ihnen nicht ergeben! Er drehte seine Handschuhe zu einem Knäuel zusammen. Sollten die Wölfe ihn anfallen, wollte er einem die Handschuhe in den Rachen stecken, dem andern die Pelzmütze und wenn's nötig wird, auch seine Filzstiefel, aber er würde sich nicht kampflos ergeben! Am Dorfrand sah er, dass sich das Rudel aufteilte. Zwei Wölfe gingen zu seiner Rechten, nur wenige Meter von ihm, aber so nahe, dass er nicht vom Weg abbiegen konnte. Zwei weitere hielten sich links von ihm, auch so nahe, als wollten sie ihn überholen, aber sie blieben immer einen Schritt vor ihm. Die letzten beiden Tiere blieben dicht hinter ihm. Noch ungefähr 400 Meter bis zu seiner Wohnung! Jeden Nerv angespannt, ging Vater schnellen Schrittes voran. Kurz vor seinem Haus drehten die beiden Tiere rechts von ihm ab auf den Hof des Nachbarn. Da nahm er seine Chance wahr und lief schräg auf sein Haus zu! Als er die Türe erreicht hatte, waren die beiden Tiere um das Nachbarhaus gelaufen und standen zu seiner Rechten! Die zwei von links standen neben ihm und die beiden Tiere hinter ihm waren schon ganz nahe! Mit aller Kraft warf er sich gegen die Tür, die wegen der späten Stunde schon mit einem dicken hölzernen Riegel verschlossen war. Zu seinem großen Glück brach der Riegel, die Tür sprang auf und er stürzte hinein! Im Umdrehen sah er die sechs Wölfe vor der Tür stehen, die er dann mit solcher Wucht zuschlug, dass Mutter von dem Krach raus gelaufen kam und aufgeregt fragte, was denn los sei? Alles war in Sekundenschnelle passiert und er musste erst einmal zu Luft kommen, ehe er etwas sagen konnte. Dann erzählte er Mutter alles und meinte zum Schluss, so spät wolle er nie mehr diesen Weg allein gehen. Dazu kam es auch nicht mehr, denn wenige Wochen später wurde unser mutiger Vater von einer größeren Gefahr eingeholt, gegen die er sich nicht wehren konnte...

Die Verhaftung

Ungefähr zu der Zeit kam ein weiterer Lehrer ins Dorf – Vater war da schon Schuldirektor. Der Herr Buller, so hieß der neue Lehrer, brauchte auch Platz zum Wohnen. Somit reichte es nicht mehr für unsere nunmehr sechsköpfige Familie und unsere Eltern mieteten sich ein größeres Zimmer bei Familie Wiens. Das war ein älteres Ehepaar ohne Kinder. Vater meinte: „Dies wird unsere letzte Mietwohnung sein, es ist doch zu beengt. Wir haben nun genug gespart, um uns ein eigenes Haus zu bauen. Nächstes Jahr fangen wir damit an." „Wie meinst Du das?" fragte Mutter besorgt. „Wie soll das gehen? Du kannst ja nicht schwer arbeiten, wer wird das alles für uns machen?" Vater war nämlich sehr kränklich, er hatte die Schwindsucht. Wenn Mutter ihn nicht so gut gepflegt hätte, wäre er vermutlich schon längst gestorben. Die Ärzte hatten ihn bereits Anfang der dreißiger Jahre aufgegeben, weil sie meinten, nichts mehr für ihn tun zu können. Darum konnte er keine schwere Arbeit verrichten. Aber er hatte sich alles gut überlegt. „Wir stellen ein paar Baschkiren ein, die arbeiteten sehr gerne bei den Deutschen. Für Geld machen die uns Lehmziegel und alles, was wir sonst brauchen." So war er voller Hoffnung, auch wenn die Gesundheit nachließ.

Inzwischen war der März da und das ist immer eine schwere Jahreszeit für Lungenkranke in Orenburg, denn es ist noch ziemlich kalt und das schon lange. Vater konnte die Stunden in der Schule nicht mehr durchhalten und musste zum Arzt. Dieser schickte ihn zum Kreiskrankenhaus zu einer gründlichen Untersuchung. Das Ergebnis war: vorläufig keine Arbeit mehr! Man würde ihm eine Bescheinigung zuschicken für eine Kur. Als er abends nach Hause kam, war er so müde und kraftlos, dass er Mutter bat: „Nimmst Du mir den schweren Pelz von den Schultern?" Aber schon etwas später versuchte er sie wieder aufzuheitern: „Jetzt kann ich zwar nichts, aber weißt Du was? Ich werde zum Kurort fahren und wenn ich dann zurück komme, hast Du einen gesunden Mann!" Leider kam alles ganz anders. Wenige Tage nach dem Arztbesuch und kurz vor seinem 32. Geburtstag (30.03.), wurde unser geliebter Vater am 26. März verhaftet.

Spät abends klopfte es an der Tür. Mutter legte ihre Handarbeit zur Seite und öffnete sie. Vor ihr standen zwei Milizbeamte. Als die Männer ins Zimmer traten, saß Vater bei seinen Büchern. Mutter setzte sich wieder in den Lehnstuhl und nahm die halbgestopfte Socke, die sie abgelegt hatte. Die Beamten grüßten höflich, denn sie kannten ja den Schuldirektor, der oft bei den Behörden mithalf, wenn es um Schreibarbeiten oder Berichte ging. Dann sagte einer der Männer: "Franz Genrichovitsch, Sie sind verhaftet." Darauf ermahnte Vater sie: „Vorsicht Jungs, mit so etwas treibt man keinen Scherz!" Er wusste ja, wie viele schon spurlos verschwunden waren. „Nein", sagte der andere, „es ist kein Spaß". Dabei holte er eine Pistole heraus und hielt sie Vater vor das Gesicht. Nach einer Schrecksekunde stand Vater gehorsam auf und legte seine Hände auf dem Rücken zusammen, er war ja nun verhaftet. Die Männer befahlen ihm, er solle sich anziehen und mitkommen. Mutter fiel vor Schreck die Handarbeit aus den Händen, ihr wurde angst und bange und sie fing an zu weinen. „Wieso nehmen die Dich mit?" „Sei ganz ruhig", tröstete Vater sie. „Das muss ein Fehler sein. Ich habe nichts verbrochen. Ich bin ganz unschuldig. Wenn sich das klärt, bin ich wieder da. Es dauert vielleicht ein paar Tage, aber ich komme bald zurück. Sei ganz getrost, ich bin völlig unschuldig." Mit diesen Worten folgte er den Männern in die Nacht.

Im Dorf sprach es sich schnell herum, wer in der Nacht abgeholt worden war. Bald hörte Mutter, dass auch Vaters beide Brüder, Heinrich und Bernhard aus Stepanovka in der gleichen Nacht verhaftet worden waren, sowie eine Reihe anderer Männer. Ein vierter Bruder, Isaak Harms, war schon im November 1937 verhaftet worden[14]. Damals hatten die anderen auch Angst bekommen, aber es war bis dahin nichts geschehen. Zum Glück war Großmutter im Jahre 1932 gestorben, so musste sie nicht die Verhaftung ihrer Söhne erleben.

Alle Verhafteten wurden nach Kitschkass (Nr. 12) gebracht, sechs Kilometer von Klubnikowo. Manch einer hat gejammert und geklagt: „Wie

---

[14] Später fand ich, Katharina H., den Namen meines Onkels in einer Liste von Opfern aus den deutschen Dörfern und erfuhr, dass er am 9. Dezember 1937 zum Tode verurteilt und erschossen worden war http://lists.memo.ru/d8/f131.htm (21.10.2016)

wird meine Frau alleine fertig werden mit den Kindern und allem anderen?" Die meisten waren mutlos und resigniert. Von unserm Vater haben die Leute Mutter später berichtet, er sei mutig gewesen und habe entschieden beteuert: „Ich habe nichts verbrochen, ich bin unschuldig! Wenn sich das erst klärt, bin ich frei." Und dann hat er ruhig Zeitung gelesen und anderen Mut zugesprochen. Dafür bewunderten ihn viele. Aber genau wie alle anderen, musste auch er weg auf Nimmerwiedersehen. Mutter blieb mit vier kleinen Kindern zurück. Anna war acht, Tina im Dezember sechs geworden, Maria 21 Monate und ich neun Monate alt.

Es war ein Trauern und Weinen überall, auch in anderen Dörfern war es genauso. Die Frauen forschten verzweifelt nach, wo ihre Männer geblieben waren. Als bekannt wurde, wo sie festgehalten werden, wurden sich die Frauen einig, den Männern Essen und etwas an Bekleidung zu bringen. Aber die Wächter ließen nichts durch. Da erfuhr man im Dorf, dass die Gefangenen nach Orenburg gebracht werden sollten und zwar in der Nacht. Jemand hatte es ausgekundschaftet und nun wollten die Frauen auf der Hut sein, damit sie ihren Männern doch wenigstens ein Wort der Liebe und des Trostes zurufen könnten. Oder wenn möglich vielleicht sogar etwas zuwerfen. Nur wusste niemand, in welcher Nacht es geschehen würde.

Auf einmal hieß es: „Diese Nacht werden die Gefangenen durchs Dorf nach Orenburg gefahren!" Nun stellten sich die Ehefrauen schon abends an die Straße, um den Trupp ja nicht zu verpassen und sich wenn möglich noch einmal zu verabschieden. Mutter war auch draußen, aber weil sie einen Säugling hatte – ich war ja erst neun Monate alt – musste sie zwischendurch ihren Posten verlassen, um mich zu stillen. Als sie nach einer solchen Stillpause wieder herauskam, war die Straße menschenleer und still. Später erfuhr sie, dass kurz vor zwei Uhr nachts ein Reiter durchs Dorf ritt und alle von der Straße trieb. Es durfte keiner draußen bleiben, wenn die Schlitten mit den Gefangenen kommen würden, niemand sollte das sehen. Einige Leute haben aber durch die Fenster geschaut, als die Schlitten durchs Dorf fuhren. Man hatte alle 15-16 jährige Jungs in den Dörfern beauftragt, die Gefangenen zu fahren. Auf jedem Schlitten war so ein junger Bursche Kutscher, ein Milizbeamter und zwei Gefangene. Dabei wurde darauf geachtet, dass die Jungs und die Gefangenen möglichst nicht miteinander bekannt waren und keiner durfte ein Wort sagen. Vaters Schlitten wurde von dem 16-jährigen Johann Warkentin gelenkt. Er kannte Vater gut, denn er war auch bei ihm zur Schule gegangen und wollte sehr gerne mit ihm reden. Aber der Milizbeamte hat sofort geschimpft und alles streng verboten. Es war Anfang April, der Weg war schlecht, an vielen Stellen sammelte sich schon Tauwasser und durchweichte die Straße. Nun hatte Johann sich auf einer Stelle festgefahren, wohl zum Schein. Er stieg aus dem Schlitten, ging nach vorne zu den Pferden und redete, als ob zu den Pferden, sprach aber zu unserem Vater. Der Milizbeamte, der kein Deutsch konnte, bekam nicht mit, was da vorging.

Als es hell wurde und sie einander sehen konnten, hat Vater doch noch was zu ihm sagen können. Freilich meistens nur durch Gesten und Augenzwinkern. Als Johann von Orenburg zurück kam, was zu der Zeit mehrere Tage dauern konnte – ist er sofort zu unserer Mutter gekommen, um ihr das zu überbringen. Er ging zur Schule und traf dort Frau Peter Hübert. Ihr sagte er sein Anliegen. Die Frau versprach, es Mutter zu sagen, vergaß es aber. Wir wohnten bei der Familie Wiens und so hat Mutter nie erfahren, was Vater damals noch bestellt oder gesagt hat. Frau Hübert hat es nach langer Zeit mal erwähnt, „aber was der Junge damals zu mir gesagt hat, das habe ich längst vergessen."

Besondere Gelegenheit verpasst!

Kurze Zeit später wurde bekannt gegeben, dass an einem bestimmten Tag die Familien ihren Gefangenen Lebensmittelpakete sowie etwas Geld bringen durften. Da wurde gebacken und geröstet und vorbereitet, um den armen Männern was zu überreichen. Mutter wollte Vater auch etwas zukommen lassen, kannte sich in der Stadt nicht aus. Die Frau Hübert, deren Mann Peter auch verhaftet worden war, kannte sich dagegen sehr gut aus.

So sind die beiden sich einig geworden, zusammen zu fahren. Sie bekamen die Möglichkeit, mit einem LKW sehr früh morgens mitzufahren. Der Fahrer wollte mit seiner Ladung abends zurück sein und würde sie auch zurück mitnehmen. Als sie in Orenburg ankamen, sagte Mutter: „Nun wollen wir als erstes zum Gefängnis, dass wir unsere Sache erledigt kriegen." „Ich gehe erst zum Basar und kaufe mir Wassermelonen", meinte Frau Hübert. Mutter musste still sein. Als Frau Hübert zurück kam, setzte sie sich und aß erst mal ihre Wassermelone. Dann gingen sie los. Unterwegs sahen sie ein Geschäft. „Da muss ich rein, vielleicht sind da gute Stoffe, um unseren Mädchen Kleider zu nähen.". „Aber Frau", sagt Mutter, „lass uns doch erst mal unsere wichtige Sache erledigen! Dann hast Du noch genug Zeit für so was." „Gleich gehen wir weiter" und weg war sie. Dann schaute sie sich in aller Ruhe die vielen Stoffe an. Als sie endlich weiter gingen, stand an der Straße ein Kiosk mit Eis. „Hier kaufen wir uns ein Eis", sagte sie. „Nein", protestierte Mutter „ich will kein Eis. Ich will zum Gefängnis, um meinem Mann was zu bringen!" „Ja, ja, da kommen wir noch hin", sagte Frau Hübert und stellte sich an die lange Schlange vor dem Eiskiosk an, wartete ab und kauft ihr Eis. Die beiden waren kaum ein paar Schritte gegangen, da sahen sie ein Limonaden-Kiosk. „Hier müssen wir uns eine Limonade kaufen, zu Hause im Dorf haben wir so was ja nicht." Mutter protestierte und bettelte, weiter zu gehen, aber ihre Begleiterin trank erst genüsslich ihre Limonade. Irgendwie schien Frau Hübert sehr gleichgültig zu sein, so, als ob ihr Mann ihr völlig egal war. Aber weil Mutter so unkundig war in der Stadt, war sie nun von dieser Frau abhängig. Mutters Geduld war inzwischen völlig ausgeschöpft und sie wusste vor Aufregung nicht mehr, wohin. Endlich kamen sie beim Gefängnis an. Da stand eine lange Reihe von Menschen mit ihren Säcken, Beuteln und was nicht allem, in Erwartung, an das kleine Fensterchen zu gelangen, an dem man über die Gefangenen Auskunft bekommen und das Mitgebrachte abgeben konnte. Sie stellten sich hinten an und warteten, wie die anderen. Etliche aus der Warteschlange kamen noch an die Reihe, konnten was von ihren Lieben erfahren und die Lebensmittelpakete abgeben. Mutter war von der langen Reise müde und von all den Nebensachen, die Frau H. unternommen hatte, so aufgeregt und nervlich angestrengt, dass sie sich schon fast nicht mehr auf den Beinen halten konnte. Sie hatte immerhin zu Hause das kranke Kind und dann die Kleine, die noch gestillt wurde. Nun bat sie die Frau H.: „Bleib Du bitte hier stehen und gib unsere Pakete ab, wenn Du an die Reihe kommst. Ich kann nicht mehr stehen, und ich weiß ja nicht, wie lange das hier noch dauern wird. Ich muss sehen, wie ich zurück komme" „Ja, sicher", sagte diese, „ich bleibe und gebe es ab."

Mutter ging den Weg zurück, den sie gekommen waren – sie hatte ihn sich gemerkt. Als sie schon eine gute Strecke gegangen war, überkam sie auf einmal eine Übelkeit und Schwäche und sie lehnte sich an die Wand eines Hauses, um nicht hinzufallen. Da kam eine russische Frau, sah sie da stehen, grüßte freundlich und kam näher. „Wie sehen Sie denn aus? Aber Sie sind doch sehr krank, Sie müssen ins Krankenhaus! Ich rufe sofort einen Arzt!" „Nein, nein", sagte Mutter. „Ich fahre so schnell wie möglich zurück. Ich habe vier Kinder zu Hause und das kleinste ist noch nicht ein Jahr alt, ich muss nach Hause. Wenn Sie mir helfen möchten, besorgen Sie mir bitte einen Stock, dann kann ich mich aufstützen und dann wird's schon gehen." Nach einem Moment brachte die Russin ihr einen Stock und so gestützt kam Mutter mit Mühe und unter großen Schmerzen im Quartier der Kolchose an. Hierbei handelte es sich um eine Art billiges Hotel mit großem Innenhof, welches unsere Kolchose gekauft hatte. Wenn jemand etwas in der Stadt zu erledigen hatte, ob einkaufen oder Arztbesuch, konnte er sich dort erfrischen oder auch übernachten. Die LKW-Fahrer nutzten es besonders gern, z. B., wenn sie auf ihre Ladung warten mussten. Dadurch ergab sich oft eine Mitfahrgelegenheit, was sehr praktisch war, da die öffentlichen Verkehrsmittel eher selten verkehrten.

Mutter hatte alles für die Lebensmittelpakete zubereitet, wie für unsern Vater, so auch für den Herrn Hübert. Frau Hübert hatte gemeint: „Ich würde gerne in die Stadt fahren, aber ich habe nichts, das ich meinem Mann bringen kann." Ihr war das Wichtigste, in die Stadt zu kommen. Da hatte Mutter ihr angeboten, sie würde für beide alles fertig machen, wenn Frau

Hübert nur mit ihr fahren würde. Es war scharf begrenzt, wie viele Kilo sie abgeben konnten. Als Mutter nun zum Kolchose-Quartier kam, wunderte sich die Wirtin, wie sie denn aussähe und gab ihr auch den Rat, zum Arzt zu gehen. Mutter lehnt alles strikt ab, sie wollte nur nach Hause. Die Frau hatte ihr noch Umschläge gemacht und was sie konnte. Sie hatte schwere Bedenken und meinte: „Wenn Sie nicht von Arzt behandelt werden, weiß ich nicht, ob Sie bis nach Hause kommen."

Unterdessen kam der LKW beladen zurück und war bereit für die Rückfahrt. So konnte unsere schwerkranke Mutter nach Hause fahren. Gerade, als sie losfahren wollten, war Frau Hübert auch da! Aber sie hatte alle Sachen dabei, die für die Männer bestimmt waren! Dennoch war sie froh vergnügt und zwitscherte: „Als Du weg warst, wurde bald darauf das Fensterchen geschlossen. Manche Leute haben noch kräftig geklopft. Da wurde es einen kleinen Spalt aufgemacht und der Wachhabende schrie und schimpfte: ‚Für heute ist der Arbeitstag zu Ende! Wir nehmen nichts mehr an! Wer noch was abzugeben hat, kann morgen früh kommen. Dann nehmen wir noch was an!' Also morgen können wir auch noch abgeben", sagte sie ganz getrost. Nun war der Tag zu Ende, die Zeit vergangen und nichts erreicht. Mutter war sehr enttäuscht, dass sie nichts abgegeben hatte. Da bat sie ihre Begleiterin aber ganz innig: „Frau Hübert, sei aber bitte so gut und geh morgen früher, damit unsere Männer doch auch was bekommen! Ich kann in diesem Zustand unmöglich hier bleiben, ich muss nach Hause." „Ja, ja", meinte sie, „morgen geb ich alles ab." So fuhr Mutter in guter Hoffnung nach Hause, freilich, oben auf der Ladung des LKW. Die Fahrt dauerte mehrere Stunden und sie kamen erst spät in der Nacht zu Hause an. Nun musste sie sehen, wie sie von der Ladung herunter kam. So gut sie konnte, klammerte sie sich, wo es ging, aber weil sie sich auf den kranken Fuß nicht aufstützen konnte, fiel sie einfach runter. Zum Glück gab es keinen Asphalt, so fiel sie einfach ins Gras auf die Erde und ihr passierte nichts Schlimmes. Sie war wohl froh, dass sie wieder zu Hause war und ihre Kinder versorgen konnte! Aber die schweren Gedanken, ihrem lieben Mann nichts übergeben zu haben, belasteten sie sehr. Wie wird er gewartet haben, wenn er sah, dass so viele andere etwas von ihren Familien erfahren hatten und er hatte nichts erfahren und nichts bekommen. Sie konnte jedoch nichts weiter tun, als beten.

Am nächsten Tag kam auch Frau Hübert aus der Stadt und ging gleich zu Mutter. „Ich bin wieder zu spät zum Gefängnis gekommen, habe nichts abgegeben", sagte sie. „Hier hast Du Deine Sachen, aber das Geld habe ich verbraucht." Sie konnten nämlich dem Gefangenen 40 Rubel übergeben, was sehr viel Geld war[15]. Das hatte die Mutter auch für beide Männer besorgt. Nun hatte sie unsere 40 Rubel und auch ihre 40 Rubel verprasst. Die armen Gefangenen hatten nichts erhalten und zurück gebracht hatte sie auch nichts. Unsere arme Mutter war sehr niedergeschlagen und enttäuscht. Es tat ihr unendlich leid um unseren lieben Vater! Wie sehnsüchtig wird er ausgeschaut haben, ob auch er an die Reihe kommt, und dann nichts... Aber sie konnte in ihrem Zustand nichts ändern.

Abends kam unser Cousin Bernhard Harms aus Stepanovka mit dem Fahrrad. Er war 15 Jahre alt und sehr mutig. Ganz aufgeregt sprach er zu Mutter: „Tante Helene, wie ist das bei Ihnen? Zwei Tage lang haben unsere Leute am Gefängnis gestanden und abgegeben, was nur möglich war, und Sie hat niemand gesehen. Sind Sie nicht da gewesen?" Da erzählte Mutter ihm alles, wie es ihr ergangen war und mehr konnte sie nicht. „Tante Helene, wenn Sie wünschen, fahre ich morgen zur Stadt. Bei uns fährt morgen ein LKW wieder in die Stadt, wenn Sie was haben, nehme ich es mit und bringe es Onkel Franz." „Was an Zwieback möglich ist, hab ich genug, aber Geld hab ich keins mehr, das hat die Frau H. alles verpfuscht", erwiderte Mutter bitter. „Würdet Ihr so lieb sein und das für mich auslegen, damit Onkel Franz doch auch was bekommt?" „Ja, ja, das machen wir schon", versprach Bernhard, nahm das Paket und fuhr nach Hause. Am nächsten Morgen sehr früh fuhr er in die Stadt und ging gleich zum Gefängnis. Als er an dem Fensterchen anklopfte, ward ihm gleich aufgetan und nach seinem Begehr gefragt. „Ich möchte für den Franz Harms noch diese Übergabe abgeben, der hat noch nichts bekommen."

---

[15]Der historische Kurs war ca. fünf Rubel für einen Dollar. http://fotoartefakt.ru/1rubl1938goda.htm . So sah der Rubel aus: http://fotoartefakt.ru/1rubl1938goda.htm

„Das mag sein", sagt der Wachhabende sehr ruhig und mitleidsvoll. „Aber es ist zu spät. Ich darf nichts mehr annehmen, die Gefangenen sind in dieser Nacht abtransportiert worden, es ist keiner mehr da." Leider durfte er nicht sagen, wohin sie gebracht wurden. So kam Bernhard betrübt und erfolglos zurück. Er brachte Mutter alles wieder und so war die Sache abgeschlossen.

3. Kapitel: Vaterlos

Ein plötzlicher Umzug

Seit Vater fort war, musste Mutter arbeiten gehen, um ihre vier Kinder durchzubringen und das, obwohl sie einen Säugling hatte. Eine Frau aus der Nachbarschaft half ihr, den vom unsanften LKW-Abstieg verletzten Fuß zu versorgen und bald ging Mutter wieder arbeiten, man schickte sie auf die Tenne. Im Frühsommer fiel ihr auf, dass das alte Ehepaar Wiens, bei denen sie ein Zimmer gemietet hatten, nicht mehr aufrichtig zu ihr war. Die Frau Wiens hatte zum Schein, etwas Gutes zu tun, der kleinen Maria abends ein Glas frischgemolkener Milch gegeben. Die Kleine hatte sich aber gar nicht darüber gefreut. Eines Tages sagte sie zur Mutter: „Ich weiß nicht warum, aber die Kleine will nicht mehr die Milch von mir nehmen." „Ja, das weiß ich auch nicht", erwiderte Mutter, fragte die Kleine aber nicht nach der Ursache. Abends, als die Kühe gemolken waren, setzte Mutter sich im Zimmer hin, um die Jüngste zu stillen. Da hörte sie, wie Maria immer wieder in einem weinerlichen Ton sagte: „Will nich, will nich!" Mutter stand auf und schaute vorsichtig durch den Türspalt. Da sah sie, die alte Frau hielt dem Kind mit der einen Hand das Glas Milch an den Mund und mit der anderen kniff sie es am Arm. Mariechen wand sich hin und her, aber die Alte ließ nicht nach. Da war Mutter alles klar.

Einige Tage später saß sie im Nebenzimmer, während die alten Leute sich zum Mittagsschläfchen in ihr Zimmer begeben hatten. Die ältesten drei Mädchen hatte sie auch zum Schlafen hingelegt und sie selbst stillte die Kleine. Da hörte sie, wie die Alten sich unterhielten. Die Frau sagte: „Wir schicken sie einfach fort, soll sie sich doch eine Wohnung suchen. In der Zeit, in der sie weg ist – so schnell findet sie keine Wohnung – verstecken wir manches von ihren guten Sachen, die große Milchschleuder als Erstes." Mutter wurde angst und bange, wie soll das weiter gehen? Sie brachte das Kind zur Ruhe und als es eingeschlafen war, schliefen auch die Alten. Leise schlich sie sich aus dem Zimmer. Aber wohin sollte sie gehen? Sie ging bis zur Straße, guckte nach allen Seiten und betete: „Herr, zeige mir, wohin ich mich wenden soll!" Man kann sich kaum vorstellen, wie ihr zumute gewesen sein muss. Da fiel ihr ein, dass schräg über der Straße Gustav und Erna Schütz wohnten. Die jungen Leute hatten zwei Kinder und beide Familien verstanden sich gut. So ging Mutter gleich hin und sprach mit Erna über ihre Not. „Meinetwegen könnt Ihr bei uns ein-ziehen", sagte diese, „aber ich muss erst mit meinem Mann darüber spre-chen." Gustav war auf dem Feld und kam erst spät nach Hause. Es war ja ganz verständlich, dass die Leute sich darüber beraten mussten. Mutter aber war unter Druck, bei ihr war Eile geboten. Nun sagte sie der jungen Frau: „Ich möchte so gerne meine Milchschleuder in Sicherheit bringen". „Ach", sagte Erna, „wenn Sie das alleine schaffen, bringen Sie die her, und alles andere wird sich dann schon regeln." So nahm Mutter einen Handwagen, packte die Schleuder hinein und manches, was ihr teuer und wichtig war und brachte es zur Familie Schütz. Vorläufig wurde es im Stall abgestellt. Als die alten Leute vom Mittagsschlaf aufstanden und sahen, was da vor sich ging, machten sie große Augen. Mutter hatte schon manches hinüber gefahren. „Was ist das, Frau Harms? Was machen Sie?" „Ich ziehe aus", sagte sie möglichst ruhig und gelassen und versuchte, sich nicht anmerken zu lassen, dass sie etwas gehört hatte. „Aber wir haben Ihnen doch nicht die Wohnung abgesagt", staunten die Vermieter. „Das stimmt", meinte Mutter ruhig, „aber ich glaube, es ist Ihnen doch zu viel mit unsern vier Kindern. So habe ich gedacht, ich suche mir eine andere Wohnung." Die Alten waren schockiert, nun war ihr Plan doch dahin.

Mutter hatte aber noch manches, was sie allein herüber fahren konnte. So hatte sie bis zum Abend schon vieles weggebracht und da fing es an zu regnen. Das Haus war auch nicht neu, das Dach undicht und der starke Regen wurde zu viel. Nun regnete es sehr durch in der Scheune. Mutter nahm die ältesten drei Mädchen, stellte sie dicht an die Wiege und breitete eine Wachstuchdecke über sie aus, so dass sie wenigstens von oben nicht so nass wurden. Abends, als der Mann vom Felde kam, legte seine Frau ihm die Sache vor, wie es um die Frau Harms stand. Ohne zu zögern sagte er zu. „Ganz sicher nehmen wir sie auf. Da müssen wir nur helfen, dass sie mit allem drum und dran bis zum Schlafengehen hier ist."

Insgesamt wohnten wir über ein Jahr bei den Schützes. Frau Schütz hat sich unser, der Kinder, sehr angenommen. Ihr jüngstes Söhnchen war noch kleiner als ich, und zudem war ihr Mann zu Hause, sie ging auch selbst nicht arbeiten und so waren wir Kinder nicht allein. Meine älteren Schwestern spielten mit den Kindern von Erna und Gustav und so ging alles gut. Zweimal täglich brachten meine Schwestern mich zu Mutter auf die Tenne, vormittags und nachmittags, damit sie mich stillen konnte, denn Mutter wollte mich nicht in der Hitze entwöhnen. Es waren ja nur etwa 400-500 Meter. Mittags kam Mutter für kurze Zeit nach Hause, um uns etwas zu kochen und dann blieb sie wieder bis abends auf der Tenne. Es war sehr gut und wir blieben bis zu ihrem Lebensende gute Freunde.

Annas „Sonnenuntergang"

Da Mutter täglich auf der Tenne arbeiten musste, war es für die kranke Anna aus mit dem Schutz suchen bei Mama unter der Schürze, wenn der schwere Anfall sie plagte. Im Juli wurde sie ernsthaft krank. Es begann sehr unscheinbar. Sie war ja nie ein lustiges, ausgelassenes Kind gewesen. Nun wurde sie noch trüber und war immer müde, hatte auch keine Lust mehr, mit den andern Kindern zu spielen. Sie jammerte oft, dass Mama so viel auf Arbeit war und so wenig zu Hause. Auch Papa vermisste sie sehr. Aber Mutter war so überfordert mit ihrem ganzen Dasein, dass sie schon froh war, wenn keines von den Kindern krank darnieder lag. Sie tröstete ihre Älteste und versprach ihr: „Wenn die Erntezeit vorüber ist, dann bleibe ich auch wieder mehr bei Euch zu Hause." Dabei hatte sie keine Ahnung, was dem armen Kind bevorstand – und ihr selbst auch.

Die Tage gingen dahin und mit Anna wurde es immer schwerer. Sie ging oft ins Dorf zu den älteren Leuten, unterhielt sich kurz mit ihnen und ging dann wieder, indem sie sagte: „Wir müssen uns beeilen und schaffen, was noch geht, denn der Tag ist bald zu Ende. Dann geht die Sonne unter und dann ist es zu spät, noch was zu machen." So ging sie bald zu diesen, bald zu jenen und nach einer kurzen Unterhaltung war das immer ihr Schlusssatz: „Wenn der Tag zu Ende ist, geht die Sonne unter und dann ist es zu spät."

Es gab schließlich ein Gerede im Dorf und die Leute fragten Mutter, warum ihre Tochter so etwas macht? „Ja, wenn ich das wüsste! Ich bin ja den ganzen Tag auf der Arbeit, ich kann sie nicht festhalten." Abends sprach sie mit dem Mädchen: „Nota, die Leute reden so vieles von Dir, warum tust Du das?" „Aber Mama", sagte diese, „die Leute müssen doch wissen, wie wichtig die Zeit ist! Und dass es einstmals zu spät sein kann." „Das ist schon wahr, aber das wissen die anderen Leute doch auch. Tue das doch nicht mehr, " ermahnte Mutter sie.

Anna wurde aber immer unruhiger und Mutter hatte große Mühe, sie zu Hause zu halten. Sie beschloss, das Kind nachts zu sich ins Bett zu nehmen, in der Hoffnung, die Kleine würde ruhiger werden und sich nicht so verlassen fühlen. Es brachte alles nichts. Und selbst wenn Mama ihren Arm über sie gelegt hatte, schlich sich Anna aus dem Bett und ging schon früh morgens ins Dorf, um die Leute zu warnen. Mutter war so übermüdet, dass sie nicht merkte, wie ihre Tochter sich wegschlich. Kurze Zeit später kam diese dann zurück und sagte, fast schon beruhigend: „Ich habe die und die Leute besucht und alles gesagt."

So war sie eines Morgens kurz nach vier Uhr bei Familie Lange gewesen, hatte am Fenster geklopft und gesagt: „Onkel Lange, es ist Zeit, aufzustehen. Bald geht die Sonne auf, da muss gearbeitet werden. Wenn der Tag zu Ende ist, geht die Sonne unter und dann ist es zu spät." Der Mann war Schmied in der Kolchose. Er war ein tiefgläubiger Mensch und nahm es Anna nicht übel. Das andere Mal ging sie zu Onkel David Wallmann. Der war Pferdewirt und musste ohnehin früh aufstehen. Anna hatte sich wieder mal früh morgens weggeschlichen, klopfte bei ihm an und hielt ihm ihre Predigt. Mit der Zeit gewöhnten sich die Leute daran und akzeptierten Annas Verhalten.

Am Samstagnachmittag, dem 31. Juli, brachten Anna, Tina und Maria wie immer die kleine Schwester Lena (also mich) zur Tenne. Es ging schon auf den Abend zu, da begann Anna zu betteln: „Mama, kommen Sie doch nach Hause. Kommen Sie heute doch etwas früher! Wir wollen doch noch baden." „Ja, meine lieben Kinder, wir wollen ja alle so gerne früher nach Hause. Diese anderen Mamas wollen alle auch gerne nach Hause. Aber sieh mal, diesen Haufen Weizen hier müssen wir noch durch die Maschine lassen, eher können wir nicht gehen." „Dann werde ich helfen" sagte Anna, nahm die hölzerne Schaufel und schaufelte den Weizen näher, damit es schneller ginge. Eine der Frauen wurde unwillig und nahm ihr die Schaufel ab. Dann nahm Anna einen Besen und fegte damit das Korn zusammen. Aber auch das wurde ihr verboten. Mutter sah, dass es nicht angebracht war und sagte: „Liebe Kinder, geht am besten nach Hause und sammelt was zum Heizen. Wenn ich komme, mache ich schnell das Wasser warm und wir können schön baden." Darauf Anna: „Das haben wir schon gemacht, aber das dauert mir zu lange." „Ich kann aber nicht früher gehen", meinte Mutter. Da nahm Anna wieder den Besen und kehrte alles schön sauber zusammen. Sie wollte eben nicht ohne Mama nach Hause gehen.

Da, mit einem Mal richtete sie sich auf, schlug die Augen nieder, legte die Hände an die Ohren, als ob sie was Besonderes hörte. Das machte sie immer, wenn der epileptische Anfall drohte. Sie hielt sich auch manchmal die Augen zu und sagte: "Jetzt kommt's." Kurz darauf ließ sie die Hände wieder sinken, so, als ob sie sehr müde wäre und sagte: „Mama, ich werde heute nicht mehr baden, es ist zu spät." „Aber Nota", sagt Mutter, „sieh doch, wir sind bald fertig. Und wenn wir nach Hause kommen, kannst Du als Erste baden." „Nein, nein", sagte sie, „ich bade heute nicht mehr".

Als die Arbeit endlich getan war, gingen alle gemeinsam nach Hause. Anna war still und traurig. Zu Hause angekommen, wollte Mutter sie noch aufheitern und sagte: „Ich mache schnell das Wasser warm und Du kannst als Erste baden." „Nein, Mama, es ist zu spät. Ich bade nicht, ich bin müde und krank und gehe ins Bett." So ging sie schlafen.

Als Mutter die anderen Drei gebadet hatte, ging sie nachsehen, ob Anna nicht doch noch baden mochte. Sie wusste ja nicht, wie schlimm es um das arme Kind stand. Als sie an Annas Bett gekommen war, sah sie, dass ihre Tochter bewusstlos war und nichts mitbekam, was um sie herum vorging. So verging die Nacht, ohne dass Anna aus ihrer Bewusstlosigkeit aufgewacht wäre. Sie lag steif wie ein Brett da. Mutter sagte die Arbeit ab und blieb bei ihrem todkranken Kind. Das ging so mehrere Tage. Manchmal wusste Mutter nicht, ob sie noch lebte oder nicht. Einige Frauen aus dem Dorf kamen vorbei, um zu schauen, wie es war, aber sie konnten alle nicht helfen.

Da kam Frau Janzen, sie war die einzige Ärztin in all unseren deutschen Dörfern. Sie schaute sich das Mädchen an und sagte: „Dein Kind hat einen Gehirnschlag, schau mal wie steif sie ist." „Ich weiß, dass sie steif ist", sagte Mutter. „Ich weiß aber nicht, was das bedeutet." Da hoben sie die Kranke bei den Füßen auf und der ganze Körper hob sich bis zum Scheitel. Wenn sie sie am Kopf aufhoben, dann hob sie sich bis auf die Ferse. Sie war völlig steif wie ein Brett. „Sie liegt so bewegungslos, ich weiß manchmal nicht, ob sie noch lebt oder nicht. Wie werde ich es merken, wenn es ans Sterben geht?" „Das werdet Ihr merken", sagte Frau Janzen. „Wenn es so weit ist, wird das Leben noch einmal mit dem Tod kämpfen. Eure Tochter wird dann erstmals ganz rot werden, das hält eine Weile an. Dann wird das Rot langsam abziehen und sie wird blass werden. Dann wird sie kurz darauf noch einmal rot werden, aber schon weniger als das erste Mal. Dann vergeht die rote Farbe wieder und sie wird wieder blass und das bleibt dann schon länger. Wenn die rote Farbe zum dritten Mal kommt, ist sie schon viel schwächer und vergeht auch schneller. Wenn die verschwindet, wird das Mädchen weiß, der Kampf ist aus, das Leben ist zu Ende und sie ist tot."

Nun war Aufmerksamkeit geboten, um das Wichtigste nicht zu verpassen. Mutter bekam tatsächlich frei von der Arbeit und konnte zu Hause bleiben. Freilich hatte sie auch viel zu tun, aber das Krankenbett konnte sie nicht verlassen.

Eines Abends kam unsere Cousine, Mutters Nichte, Elena Janzen vom Feld vorbei. Sie war etwa 15 Jahre und sagte: „Tante Helene, Sie sind bestimmt schon sehr müde. Ich werde heute Nacht bei Nota am Bett Wache halten." „Du bist ja müde von der Arbeit", meinte Mutter und musst morgen früh wieder auf." „Ich nehme mir ein Buch und dann werde ich schon nicht einschlafen", beharrte die Nichte. „Nein", sagte Mutter, „das geht gar nicht. Es ist so genau mit Nota, dass man sie ständig im Auge behalten muss, sonst merken wir nicht, wann es zu Ende geht." So ging Elena wieder und Mutter blieb allein.

Nach einiger Zeit merkte sie tatsächlich, dass Anna im Gesicht so rot wurde, wie sie es noch nie war. Sie dachte noch so bei sich: „Soll jetzt wohl eintreten, was Frau Janzen gesagt hat?" Also blieb sie am Bett stehen und betrachtete ihr Kind. Da sah sie, dass es langsam weiße Flecken gab, die sich allmählich vergrößerten. Gespannt schaute Mutter diesem Vorgehen zu und sah, dass das Kind blass wurde. Anna lag bewegungslos vor ihr, nichts rührte sich an ihrem Körper. Man kann sich überhaupt nicht vorstellen, wie es der einsamen, verlassenen Mutter zumute gewesen sein muss in dieser Situation! Dann sah sie, wie das Mädchen wieder rot wurde, aber nicht so stark wie zuvor. Und bald kamen auch schon wieder die weißen Flecken, stärker als das erste Mal. Und dann war sie wieder ganz blass. Mutter stand wie angewurzelt neben dem Bett in Erwartung der Dinge, die da kommen sollten. Ganz allein, den geliebten Mann entrissen, ohne Trost oder Mitleid. Es dauerte auch nicht lange, da kam die Röte wieder, aber schon ganz schwach, doch Mutter war so gespannt, sie wollte doch nichts verpassen und merkte auch sogleich, dass die Blässe wieder alles überzog und das Kind totenbleich wurde. Nun war der Kampf des Lebens mit dem Tode vorbei und der Tod hatte gesiegt. Es war der 3. August. Anna hatte volle drei Tage mit dem Tode gerungen!

Mutter blieb noch eine Weile am Bett stehen. Weil alles so gekommen war, wie Frau Janzen gesagt hatte, wusste sie, dass nun alles vorbei war mit ihrer Ältesten. Die Sonne war untergegangen für Anna, ihr kurzer, leidvoller Lebenstag zu Ende, wenige Wochen vor ihrem 9. Geburtstag. Nie wieder würde sie ihre Mitmenschen im Morgengrauen warnen, dass die Zeit kurz ist und es eines Tages zu spät sein wird. Anna hatte ihr Werk vollendet und genoss nun den Sonnenaufgang auf der anderen Seite, ohne Schmerzen und Begrenzungen, in vollkommener Freude! Währenddessen ging das Leid für ihre Lieben auf der Erde weiter. Wie Mutter diese Zeit des Wachens am Krankenbett überstanden hat, ohne sich auch nur auszuziehen, geschweige denn zu schlafen, ist mir unbegreiflich! Die anderen drei Kinder wurden nur nebenbei versorgt. Gut, dass Frau Schütz ihr so viel half. Das waren wirklich gute Leute!

Annas Beerdigung

Nun, da Anna tot war, gab es viel zu tun. Mutter brauchte jemanden, um die Leiche zu waschen und anzukleiden. Sie musste den Sarg bestellen. Frau Janzen musste gerufen werden, um eine Sterbebescheinigung zu schreiben über den Tod des Kindes. Dann musste das Dokument zur Verwaltung ins Nachbardorf Kitschkass gebracht werden, damit eine Sterbeurkunde ausgestellt werden konnte, ohne welche das Kind nicht beerdigt werden durfte.

In aller Frühe am 4. August fing Mutter mit dem Organisatorischen an, um allem nachzukommen. Frau Janzen hatte die Sterbebescheinigung geschrieben. Es war aber noch so viel zu erledigen. Da fiel ihr ein, dass die Frau Peter Bergen, die Briefträgerin, ihr vielleicht helfen könnte. „Wärst Du so gut und würdest an meiner Stelle mit dieser Sterbebescheinigung zum Sowjet (Behörde) gehen und mir den Totenschein mitzubringen? Mir wäre so viel damit geholfen. Du gehst doch sowieso dahin. Und ich habe noch so viel zu besorgen." Frau Bergen war sehr willig. „Ja, ja, das mache ich für Dich." Sie nahm das Schreiben und versprach Mutter, morgen das Gewünschte zu bringen. Das war ihr eine große Hilfe. Es ging schon auf den Abend zu und die anderen drei Kinder mussten nur immer warten, bis Mama endlich nach Hause kam. So ging dieser schwere Tag zu Ende und am Tag darauf, am 5. August um drei Uhr nachmittags, sollte die Beerdigung stattfinden. Es war sehr warm im Sommer, da konnte man nicht lange warten.

Aber die vielen schweren Gedanken ließen Mutter nicht zur Ruhe kommen. Da lag ihre Älteste tot auf dem Bett. Würde der Sarg rechtzeitig fertig werden? Würde alles wie geplant gehen? Hatte sie auch nichts vergessen? Doch auch die schwerste und unruhigste Nacht geht irgendwann vorüber. Morgens früh ging sie zum Schreiner, Johann Lind und erkundigte sich nach dem Sarg. „Der wird schon fertig werden", sagte dieser. „Ja", meinte Mutter, „der muss ja noch ausgelegt werden, und vieles mehr. Es braucht alles Zeit und nachmittags soll sie begraben werden." „Es wird schon alles werden", beteuerte Johann in aller Ruhe.

Dieser Johann Lind war Mutter nicht wohlgesonnen. Er war im Frühjahr bei ihr gewesen und hatte unter anderem von ihr Vaters gute Sachen verlangt. „Gib mir doch Deines Mannes Anzüge, Schuhe und Stiefeln. Du hast keine Söhne, die da hinein wachsen können. Wozu willst Du sie behalten?" Mutter hatte sich geweigert: „Nein, das tue ich nicht. Erstens geb ich die Hoffnung nicht auf, dass er doch noch zurück kommt. Und zudem, hat er sich das alles von seinem Verdienst angeschafft und wenn er dann kommt, hat er selbst nichts anzuziehen. Nein, seine Sachen behalte ich noch." Das hatte dem Herrn Lind gar nicht gefallen und er war verärgert gegangen. Er hatte gehofft, er würde alles bekommen und die schönen Anzüge des Lehrers tragen können. Nun war er sehr unzufrieden, dass es nicht geklappt hatte.

Als nächstes ging Mutter so früh wie möglich zu Frau Bergen, um den Totenschein abzuholen. Die Frau war ganz verlegen, wand sich hin und her, wusste nicht, was sie sagen sollte. Doch schließlich kam es heraus und sie sagte: „Ich habe den Schein nicht gebracht." „Na", sagte Mutter, „dann muss ich selbst noch hingehen". „Nein", sagte Frau Bergen, „das hilft Dir nichts, ich habe das Papier verloren, was Du mir mitgegeben hast und deswegen konnte ich nichts anfangen." „Dann muss ich wieder zu Frau Janzen, damit die mir noch eine Sterbebescheinigung schreibt." „Das geht auch nicht", sagte Frau Bergen. „Frau Janzen ist heute Morgen weggefahren. Wohin, weiß ich nicht, aber die ist nicht da." Da überkam Mutter eine furchtbare Angst. „Wie soll ich dann mein Kind begraben? Es soll doch nachmittags gemacht werden und ohne diese Sterbebescheinigung darf ich es nicht!" „Ja, es ist mir auch sehr peinlich, aber ich habe das Papier verloren", wiederholte die Briefträgerin.

Nun war die Familie Peter Bergen dabei, ihr Haus zu renovieren. Sie machten den Ofen neu. So hatten sie viel Dreck und Schutt in ihrem Zimmer. Gebrannte Ziegeln und Sand bedeckten den Fußboden. Mutter ging ganz entmutigt raus. Im Gehen stolperte sie über einen Ziegelstein. Sie guckte sich um, was das wäre. Da sieht sie unter dem Stein kommt ein gefaltetes Stück Papier zum Vorschein. Sie hob es auf, und siehe, es ist ihre Sterbebescheinigung! Zwar dreckig und voll Sand geklebt, aber noch alles gut zu lesen. Was war sie froh, das Papier gefunden zu haben! Nun musste sie aber schleunigst zum Sowjet damit. Eilends ging sie nach Hause, bat ein paar Frauen, sie mögen Anna doch bitte ankleiden und den Sarg fertig machen, wenn der kommt. „Schaut bitte auch nach den anderen Kindern!" bat sie und ging eilenden Schrittes davon. Es waren über fünf Kilometer, aber die hatte sie bald bewältigt und war kurz nach 11 Uhr am Ziel.

Dort angekommen fragte sie, wo sie sich hinwenden soll, da sie sich im Behördengebäude nicht auskannte. Ihr wurde eine Tür gezeigt. Sie klopfte an und trat ein. Das Zimmer war nicht groß, am Schreibtisch saß ein Mann. Mutter trat zu ihm heran und bat in ihrem gebrochenen Russisch, er möge ihr doch die Todesurkunde ausstellen, da für heute Nachmittag die Beerdigung ihres Kindes geplant sei. Der Mann nahm das Schreiben, zeigte ihr einen Stuhl und las das Papier in aller Ruhe durch. Dann stand er auf und ging raus, ohne auch nur ein einziges Wort an sie zu richten. Mutter dachte noch so bei sich: „Warum sagt er denn nichts? Aber bestimmt kommt er gleich wieder." Leider kam er aber nicht. Sie wartete und wartete und er kam nicht. Sie dachte: „Ich muss mal raus gehen und fragen, was ich weiter machen soll, vielleicht bin ich ja hier nicht richtig. Doch sie blieb noch etwas sitzen und wartete. Irgendwann dauerte es ihr zu lange, sie stand auf und ging zur Tür. Die Tür war zu! Was nun? Sie konnte nicht raus, sie war eingesperrt. In ihrer Erregung vorhin hatte sie nicht mitbekommen, dass der Mann den Schlüssel im Türschloss umgedreht hatte. Nun war sie eingeschlossen. Wozu und warum?? Sie konnte es sich nicht erklären. Zu Hause warteten die Menschen auf sie. Es gab ja noch so viel zu tun. Die Kinder mussten ihre Mittagsmahlzeit haben und sie saß hier. Noch einmal ging sie zur Tür und rüttelte, umsonst. „Also. Ich bin festgenommen!" Vor vier Monaten war ihr Mann abgeholt worden, ohne Grund und Ursache. Was hatte sie in diesen Monaten nicht schon alles durchgemacht!? Nun lag ihr ältestes Kind zu Hause auf der Totenbahre, wovon ihr armer Franz nichts erfahren würde, sie musste das Leid ganz allein tragen. Und nun das hier. Sie hatte keine Ahnung, ob oder wann sie hier heraus kommen würde. Sie hatte ja keine Vorstellung, was hier vorging. Im ganzen Haus wurde es still, man hörte keine Geräusche mehr. Vielleicht Mittagspause? Und was dann? Sie saß da und wartete. Als sie es uns viele Jahre später erzählte, sagte sie, sie könne das gar nicht wiedergeben oder in Worten fassen, wie ihr da zumute gewesen sei, und was sie alles durchdacht hatte in den Stunden! Sie konnte sich nicht vorstellen, wie das Ganze enden würde. Sie war eben eingesperrt und das war's. Wie sollte sie es sich auch anders erklären?

Wie viele Stunden sie da gewartet hat, wusste Mutter nicht zu sagen, ihr kam es freilich sehr lange vor. Da hörte sie auf einmal: der Schlüssel drehte sich im Schloss! Die Tür ging auf und ein Mann trat ein. Ganz ruhig und gelassen machte er die Tür hinter sich zu und kam etliche Schritte näher. Als er Mutter erblickte, blieb er wie angewurzelt stehen und schaute sie vom Schreck gebannt an! Dann seufzte er schwer und sprach sie an: „Ach, wie kommen Sie hierher, und was machen Sie hier?" Mutter konnte in ihrer furchtbaren Aufregung fast kein Wort hervorbringen. Der Mann setzte sich an den Tisch und sprach ruhig auf sie ein. Er hatte schon gemerkt, dass hier etwas Unrechtes vorgegangen war. „Beruhigen Sie sich", sagte er, „und dann erzählen Sie mir, wie Sie hier her gekommen sind, was Sie wollen und was das hier bedeutet?" Weil er so ruhig mit ihr redete, gewann auch sie wieder Mut und erzählte ihm möglichst deutlich ihr ganzes Anliegen. „So", sagte er, „Sie haben ein totes Kind zu Hause?" „Ja", sagte sie. „Und wann wollen Sie es beerdigen?" „Heute um drei Uhr." „Und warum kommen Sie so kurz davor noch mit all diesem hierher?" „Mir wurde gesagt, ich darf das Kind ohne diese Sterbeurkunde nicht beerdigen. Wenn ich das mache, komme ich ins Gefängnis." „Und wie sind Sie in dieses abgeschlossene Zimmer hinein gekommen?" „Als ich herkam, wurde ich hierher gewiesen. Hier saß ein Mann, der nahm mir mein Schreiben ab, stand auf und ging raus, ohne mir ein Wort zu sagen. Später merkte ich, dass er die Tür abgeschlossen hatte." „Wer war dieser Mann?" „Ich kenne ihn nicht." „Würden Sie ihn erkennen, wenn Sie ihn sehen würden?" „Nein, so genau habe ich ihn mir nicht gemerkt." „Na gut, ich schreibe Ihnen jetzt diese Sterbeurkunde und dann können Sie gehen. Eines will Ihnen aber noch sagen: Sollte nochmal so etwas passieren, es stirbt Ihnen ein Kind oder wer auch immer, dann halten Sie in aller Ruhe Ihre Trauerfeier und alles was dazu gehört. Und wenn Sie den Schmerz überstanden, sich ausgeweint haben und zur Ruhe gekommen sind, dann kommen Sie hierher und wir schreiben Ihnen die Sterbeurkunde. Dass Sie nicht noch einmal so was durchmachen müssen!" Nun konnte Mutter beruhigt nach Hause gehen.

Als sie zurück kam, war es schon nach drei Uhr. Die Leute waren zusammen gekommen, aber Mutter war nicht da. Es war in der Zeit, in der das Christentum strengstens verboten war. Es durfte nicht gepredigt werden, auch nicht gesungen. Zu alledem zog sich ein schweres Gewitter zusammen. Der Himmel war mit dicken schwarzen Wolken überzogen. So wurde noch schnell fotografiert, bevor der Regen kam. Und wer zufrieden war, das war ich! Endlich konnte ich bei Mama auf dem Schoss sitzen und mehr brauchte ich nicht. Denn es war für uns schon fast ein Fest, wenn wir die Mama bei uns hatten! Dann wurde aufgebrochen und es ging zum Friedhof.

So wurde unsere Anna ohne Sang und Klang begraben, während sie doch das Singen so sehr geliebt hatte! Der Sarg wurde offen getragen, der Deckel hinterher. Auf dem Friedhof angekommen, konnte man die Leiche noch einmal zum Abschied anschauen. Dann wurde der Sarg zugedeckt, hinuntergelassen und das Grab mit Erde gefüllt. Der Deckel hatte am Kopf- wie am Fußende in der Mitte einen hölzernen Stift, damit der Deckel nicht verrutschte. Er wurde nicht zugenagelt, wie das bei den Russen üblich ist. Nun nahmen einige Anwesende den Deckel und machten den Sarg vom Kopfende zu. Als sie am Fußende zumachen wollten, ragten Annas Füße auf den Rand des Sarges. Das ging ja nicht. Sie machten wieder auf, schoben die Füße hinein und deckten von unten zu. Als sie am Kopfende zumachen wollten, stand der Holzstift genau auf Annas Stirn. Das ging aber auch nicht! So wurde der Deckel wieder hoch gehoben und noch einmal vom Kopfende zugemacht. Da die Füße auch diesmal über dem Rand standen, schob jemand die Füße mit Gewalt hinein. Aber die Leiche war schon so steif von dem Gehirnschlag und dazu die Totenstarre, da knackten und knisterten die Knochen. Das war zu viel für unsere arme Mutter und sie fiel in Ohnmacht! Sie hatte ja eine furchtbar schwere Woche hinter sich, dann die Aufregung des letzten Tages, jetzt war es aus mit ihr! In dem Moment kam das Gewitter. Es donnerte und blitzte und die Leute mussten sich beeilen, das Grab zuzuschütten, bevor es voll Wasser lief.

5. August 1938. Annas Beerdigung.

Später besuchte Mutter den Hügel, unter dem ihr leidendes Kind zur Ruhe gebracht worden war. Sie wusste nicht mehr, wie sie damals vom Friedhof heimgekommen war. Aber Gott hat ja immer gute Menschen, die bereit sind, zu helfen, wo es nötig ist. Das hat sie in ihrem leidvollen Leben reichlich erfahren, aber auch das Gegenteil. Und doch hat sie sich gewünscht und gebetet, dass sie so etwas nie mehr erleben muss.

Später erfuhr Mutter, dass der Schreiner Johann Lind aus Rache den Sarg zu kurz gemacht hatte, weil Mutter ihm nicht Vaters Kleider geben wollte. Aber damit war sein Ärger noch nicht gestillt und im nächsten Jahr spielte er ihr noch einen gemeinen Streich.

Überraschende Nachricht von Vater

Bald nach dem überstürzten Umzug zu Familie Schütz träumte Mutter eines Nachts, wie sie in der Haustüre stand und sah, es kommen Gefangene über dem Berg vom Süden her. Eine unendlich lange Reihe! Alle müde und erschöpft. Sie gingen an ihr vorüber, über den Hof, über die Straße, dann herunter zum Fluss und sie sah schon jenseits des Flusses, wie die Reihe weiter ging. Also unzählig viele abgemagerte und gequälte Menschen! Dann fing sie an zu fragen: „Ist mein Mann dabei?" In kurzen Abständen fragte sie wieder und wieder: „Ist mein Mann dabei?" Aber sie bekam jedes Mal die gleiche Antwort: "Nein, er ist nicht dabei." So ist sie aufgewacht. Was sollte der Traum bedeuten? Lebte Vater nicht mehr? Wo war er? Was war mit ihm? Man kann sich gar nicht vorstellen, was die armen Frauen alles erleben mussten! Mit schmerzlicher Sehnsucht hatte sie auf ihren geliebten Mann und liebenden Vater ihrer armen Kinder gewartet, aber ohne Erbarmen musste sie allein weiter kämpfen. Seit Vater im März 1938 verhaftet worden war, war er weg. Es gab keinen Brief, keine Nachricht, jedenfalls nichts Offizielles und keine Kontaktmöglichkeit, außer der so sinnlos verpassten Gelegenheit mit den Lebensmittelpaketen. Nur einmal in dieser Zeit ist es ihm gelungen, einen Zettel heraus zu schmuggeln mit den folgenden Worten: „Belehre die Kinder so, wie Du es bis jetzt gemacht hast." Die Familien der Verhafteten mussten sich dem Schicksal ergeben, wie es eben kam. Das war für sie unsagbar schwer! Sie konnten nichts für ihre Lieben tun oder ihnen irgendwelche Hilfe bieten. Nichts! So beteten und grämten sie sich unsagbar! Aber die Zeit steht ja nicht still und so ging sie auch jetzt weiter. Allerdings bekam Mutter trotzdem eines Tages eine Art Nachricht von oder besser über unseren Vater…

Irgendwann im Sommer, als Mutter draußen beschäftigt war, kam ein junger Baschkire auf den Hof. Übers ganze Gesicht strahlend begrüßte er unsere Mutter. Und dann die erste Frage: „Wie geht es Ihrem Mann? Dem Franz Genrichovitsch?" „Na", sagte Mutter, „weißt Du nicht, dass er im Gefängnis ist?" „Ja", sagt er, „das weiß ich, aber er müsste doch schon längst zu Hause sein!" „Nein", erwiderte Mutter ganz traurig, „er ist immer noch nicht zu Hause." Da senkte der junge Mann seinen Blick zur Erde und wurde ganz traurig. Mit einmal sagte er ganz leise: „Dann kommt er auch nicht mehr." Mutter war sehr erstaunt über diese Worte und sagte: „Wie kannst Du das so sagen?" Da berichtete er ihr, was er erlebt hatte. Er und Vater hatten die erste Zeit in einer Zelle gesessen.

Die Gefangenen wurden nach der Ankunft im Orenburger Gefängnis in Zweierzellen verteilt, wobei darauf geachtet wurde, dass sie einander nicht kannten, ja möglichst von verschiedenen Nationen waren, damit sie keine Gemeinschaft miteinander haben sollten. Vater war mit eben diesem jungen Baschkiren in eine Zelle gesteckt worden. Die beiden hatten äußerlich betrachtet, nichts gemeinsam. Aber es kam wunderbar aus! Die Männer erkannten einander sogleich, denn sie waren schon seit längerer Zeit gute Bekannte und das war so gekommen. Der junge Baschkire hatte etwas verschuldet und sollte gerichtet werden. Da ging er zu unserm Vater und klagte ihm seine Lage. Daraufhin schrieb Vater ihm ein Zeugnis oder eine Art Lebenslauf. Darin stand, dass der junge Mann schon sehr viel Gutes in seinem jungen Leben geleistet hatte, auch in der Kolchose viel und hart gearbeitet habe, dass er ein sehr ordentlicher Mann sei u. v. m. Das Zeugnis war so gut ausgefallen, dass, als das alles in Betracht genommen wurde, ihm das Vergehen verziehen wurde und er frei kam! Seitdem war er Vaters Freund. Und jetzt saßen die Beiden in einer Zelle. Klar, dass sie sich gut unterhalten konnten, was sie auch taten. Zum Verhör wurden sie ja einzeln gerufen und dann gab es wieder viel zu erzählen. „Mich haben sie das gefragt", sagte der eine, und: „Mich haben sie was ganz anderes gefragt", sagte der andere z. B. Aber die Beamten merkten bald, dass die Beide gute Bekannten waren und sich so eifrig unterhielten, was ja nicht sein durfte. Da wurde Vater in eine Einzelzelle gesteckt und der Baschkire blieb auch allein. „Aber wenn im Flur Schritte zu hören waren, konnte ich immer durch das kleine Guckloch sehen, wer von den Gefangenen zum Verhör geführt wurde", erzählte er nun. „So sah ich auch Franz Genrichovitsch. Nach kurzer Zeit konnte er nicht mehr allein gehen. Da haben zwei Milizbeamte ihn unter die Arme gepackt und so zum Verhör gebracht. Das war aber nicht lange. Später hab ich ihn dann nicht mehr gesehen. Ich selbst wurde bald frei gesprochen, war aber nach all dieser Quälerei sehr krank und habe mehrere Wochen im Bett gelegen. Aber das Versprechen, dass ich Franz Genrichowitsch gab, habe ich nicht vergessen!" sagte er. Die beiden hatten abgemacht, wer zuerst nach Hause kommt, sollte so schnell wie möglich der Familie des andern berichten, wie die Sache stünde. Nun hatte er gehofft, unseren Vater bei guter Laune zu Hause anzutreffen! Aber leider war alles ganz anders. Und so konnte er nur noch sagen: „Dann kommt er auch nicht mehr." Damit sollte er recht behalten. So haben wir unsern lieben Vater nie mehr gesehen. Mutter hat nachher, ich weiß nicht mehr, wann, ein kleines Schreiben bekommen, da stand: „Verurteilt für zehn Jahre, verbannt in ein fernes Lager, ohne Recht auf Briefwechsel.[16]" Unsere Mutter hatte Vater immer geschont, ihn so gepflegt, weil er doch eine so schwache Gesundheit hatte. Er war lungenkrank und Mutter war eine starke Frau, so dass sie alles schaffte, ohne dass er sich anstrengen musste. Sie sagte: „Der ist in kein weiteres Lager gekommen als ins Totenlager. Er ist ganz bestimmt noch in Orenburg ge-

---

[16] Jahre später nach Stalins Tod stellte sich heraus, dass diese Formulierung eine Verschlüsselung für das Todesurteil durch Erschießen war http://statehistory.ru/646/10-let-bez-prava-perepiski/ (3.11.2016)

storben." Was sich später auch bestätigte, durch unsern Großneffen, Jakob Harms, einem Enkel von Heinrich Harms, des ältesten Bruders unseres Vaters. Somit wiederholte sich ihr eigenes Schicksal und das Schicksal ihrer Mutter in unserem Leben: wir mussten ohne die Liebe und Hilfe unseres Vaters aufwachsen.

Viele Jahre später war Jakob Harms, mein Großneffe in der Stadt Orenburg. Wie üblich, gingen er und seine Freunde zum Fluss Ural,

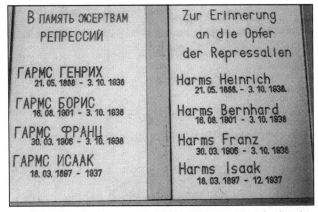

um zu baden. Wir haben das auch immer ausgenutzt, wenn wir in der Stadt waren. Auf einmal fiel Jakob ein alter Mann auf, der am Ufer entlang ging. Es hatte lange nicht mehr geregnet, wodurch das Wasser stark zurück gegangen war und ein breiter Streifen Sand frei lag. Nun ging dieser alte Mann am Strand entlang, bückte sich immer wieder, hob etwas auf und warf es ins Wasser. Jakob und seine Begleiter beobachteten ihn eine Weile, gingen dann schließlich näher und fragten, was er da mache? „Ach", sagte der Alte unter Tränen, „hier werden jedes Jahr Knochen aus dem Wasser ans Ufer gespült. Dort, wo man die politischen Gefangenen abgeschossen hat. Einfach ins Wasser hinein! Kein Grab, einfach so! Freilich, die Leichen sind längst verfault, aber im Sommer, wenn das Wasser so stark zurück geht wie jetzt, kommen immer wieder Knochen zum Vorschein. Es tut mir so leid um die unschuldigen Menschen! Ich kann aber nichts machen und damit die Leute nicht auf diesen Knochen herum trampeln, sammle ich die und werfe sie ins Wasser." So hat doch manch einer im Stillen Leid getragen über die Gräueltaten, die damals verübt worden sind.

In den 1950-er Jahren wurde über den Massengräbern ein Birkenhain als Gedenkstätte angelegt. 1993 kam noch ein Denkmal für die über

12.000 unschuldig ermordeten Menschen hinzu[17]. Zwischen den Bäumen stehen viele Namenstafeln, teilweise mit Fotos der hier umgebrachten Menschen. 2010 hat Jakob Harms zusammen mit seinen Brüdern und Cousins ein schlichtes Denkmal am Ufer des Ural Flusses aufgestellt. Eine Art Gedenkstein für seinen Großvater und dessen drei Brüder. Wir wissen nicht unter welcher Birke die sterblichen Überreste unseres Vaters ruhen, aber diese Tafel erinnert an ihn.

Mutter baut ein Häuschen

Insgesamt wohnten wir ein ganzes Jahr bei Erna und Gustav Schütz. Aber wir konnten nicht endlos da bleiben und so beschloss Mutter, dass es an der Zeit sei, für etwas Eigenes zu sorgen. 1939 begann sie mit ihrem Vorhaben. Vater hatte ja ein dickes Sparbuch angelegt. Sein Plan war es gewesen, 1938 ein Eigenheim zu bauen. Nun, da er verhaftet worden war, wollte Mutter das Geld abheben. Sie hatte das Sparbuch und die Heiratsurkunde, aber weil es noch keine Personalausweise gab, brauchte sie einen Zeugen dafür, dass sie die rechtmäßige Ehefrau war, um das Geld abheben zu können. Nur leider wollte niemand es riskieren, mit einem Volksfeind in Verbindung gebracht zu werden, noch nicht mal der beste Freund. Alle hatten Angst, dadurch selbst in die Schusslinie zu kommen. So verlor sie das ganze Geld. Später, als wir schon im fertigen Erdhäuschen lebten, ist uns das Sparbuch und die Heiratsurkunde gestohlen worden, und so hat jemand das Geld bekommen, ohne Vollmacht oder Unterschrift, das hat alles geklappt. Nur ihr war es nicht vergönnt. Also kratzte sie alles zusammen, was sie hatte, verkaufte, was sie konnte und versuchte, sich ein Häuschen zu bauen.

Mutter arbeitete hart, um sich was Eigenes zu schaffen. Weil sie von vielen als Frau eines Volksfeindes gesehen wurde, half man ihr ungern. Ihr

[17] http://www.mapofmemory.org/56-01,
http://www.oodb.ru/orenburjie/pamyatniki/16-2012-01-30-07-32-25/54

machte es viel zu schaffen, dass sie durch den Verlust ihres Mannes nun auch selbst zum Außenseiter abgestempelt wurde.

Zunächst brauchte sie ein Grundstück. Sie ging zur Behörde und fragte um Rat, ob es wohl möglich wäre, dass sie sich ein kleines Erdhäuschen bauen konnte. Die Beamten schmunzelten und sagten: „Wir haben kein Grundstück für ein Haus." „Ich brauche kein großes Grundstück", sagte Mutter, „denn ich kann ja kein großes Haus bauen." „Na, wir wollen mal sehen", meinten die Männer.

Kurze Zeit später ging sie wieder hin. Die Zeit drängte ja und es war ihr ernst. Die Antwort der Behörde war fast dieselbe. „Wir wissen nicht, wo wir Dir erlauben sollen, etwas zu bauen." Aber schließlich wurden sie sich einig und sagten: „Da, hinter den Häusern, in der Reihe, wo die Plumpsklos stehen, da kannst Du bauen". „Nein, das tu ich nicht!", sagte sie entschieden. „Dann geh ich nach Stepanovka. Die werden mir so viel Land zum Bauen geben, wie ich brauche." Das war der Heimatort unseres Vaters, auch Mutter selbst hatte dort viele Jahre als Magd gedient und kannte die Leute. Mit diesen Worten verließ sie die Kanzlei.

Unser Erdhäuschen unter der großen Pappel. Aus dem Gedächtnis gezeichnet. H. Rempel

Nach etlichen Tagen kam der Vorsitzende, Johann Isaak, zu ihr und sagte: „Frau Harms, hier ist ein Grundstück, das dem Martin Derksen gehört. Aber bis heute hat er noch nicht Hand ans Werk gelegt und wird es wohl auch nicht tun. Wir messen Dir von einer Seite etwas ab und so kannst Du bauen."

Mutter war damit zufrieden und ging mutig ans Werk. Sie bat Johann Bergen. ihr bei der schweren Arbeit zu helfen. Der war selbst ein armer Mann und sehr enttäuscht vom Leben. Eine Frau aus unserem Dorf hatte ihn von seiner Familie weggelockt. So hatte er seine Frau und Kind in Stepanovka verlassen und war zu ihr gezogen. Doch dann stellte sich diese Frau als raffiniert und habsüchtig heraus, sie bekam nie genug. Er konnte nicht so viel ins Haus bringen, dass sie zufrieden gewesen wäre. So suchte er immer noch nebenan etwas zu verdienen. Mutter wusste das und darum bat sie ihn um Hilfe. Johann machte zusammen mit anderen Lehmziegeln für die Kolchose und sorgte nun dafür, dass er Mutter welche beschaffen konnte. Er grub auch den Keller aus von Hand und vieles, was noch zu tun war. Da konnte Mutter Vaters Sachen gut gebrauchen. Sie hatte ja auch kein Geld, aber sie bezahlte ihn mit dem, was sie hatte und er war völlig zufrieden. Freilich stellte seine Frau manchmal Ansprüche. Vaters Kleidungsstücke waren ihr nicht genug und so ging die schöne alte Milchschleuder als Bezahlung drauf. Auch Mutters Kleider wollte die Frau haben. So gab Mutter was sie eben entbehren konnte, um ja ihr Häuschen fertig zu kriegen.

Es war aber schon August, als Mutter die Erlaubnis zum Bauen bekam. Nun hieß es eilen und schaffen! Auf dem Stückchen Land standen mehrere schöne, hohe Silberpappeln. Manche mussten abgeholzt werden, aber etliche blieben und eine stand gerade vor dem Fenster des größten Zimmers. Sie stand auch noch, als wir 1988 nach Deutschland auswanderten.

Die Arbeit ging gut voran. Es gab freilich nur ein einfaches Erdhäuschen, ungefähr fünf bis sechs Meter breit und zwölf oder 14 Meter lang. Am Ende zur Straße war ein Fenster, nicht ganz in der Mitte. An der Vorderseite waren zwei Fenster. Dann kam die Tür zum Stall, da sind wir immer durchgegangen, Sommer und Winter. Die Wände waren einigermaßen hoch, so dass wir uns nicht zu bücken brauchten. In der Mitte des Daches war ein dicker Tragebalken, da drauf lagen die dünneren, Rippen genannt. Im vorderen Teil, welches das erste Zimmer werden sollte, hatte Mutter Sperrholz über die Rippen gelegt. Da kam trockenes Reisig drauf und darüber Stroh. Dann wurde alles mit einer dicken Schicht Erde zugeschüttet, damit es nicht durchregnete.

Wie Mutter das alles geschafft hat, haben wir keine Ahnung. Sie musste ja täglich arbeiten. Auch Johann Bergen half ihr neben seiner Hauptarbeit. Und obwohl sie erst im August beginnen konnte, waren wir zum Winter unter eigenem Dach. Wie das alles zugegangen ist, weiß ich nicht. Ich war damals zwei, Maria vier und Tina noch nicht ganz acht Jahre alt. Wir waren ihr somit keine große Hilfe.

Der Schürhaken

Mutter war so froh, dass sie nicht mehr bei anderen Leuten zur Miete zu wohnen brauchte! Endlich war sie mit den drei ihr gebliebenen Kindern für sich allein und ihr eigener Gebieter.

Der Umzug ging wieder mit dem Schubkarren vonstatten. Da haben die ältesten Mädchen aber schon viel geholfen. Mutter packte den Karren voll, Tina steuerte mit der Deichsel und Maria schob tüchtig nach. So kamen sie gut voran. Eines Tages lud sie wieder den Schubkarren voll und dabei fiel ihr Blick auf den alten Schürhaken, mit dem die Glut im Ofen zurecht gestochert wurde. Der war über einen Meter lang, hatte oben einen runden Griff und unten zwei Zinken. In der Mitte war er durchgebrochen – Mutter wusste nicht mehr, wie das passiert war. „Nehmt den auch noch mit", meinte sie und steckte das Ding zwischen die anderen Sachen. Es waren nur etwa 400 Meter zum neuen Heim. Die Mädchen brachten den Schubkarren hin und weil es schon Abend war, ließen sie ihn einfach so stehen und gingen zurück.

Am nächsten Tag wurde alles herein getragen und noch mehr geholt. Als sie endlich alles an Ort und Stelle hatten, wollte Mutter den Ofen heizen, es war ja schon Herbst. Da merkte sie, dass sie keinen Schürhaken hatte. Ihren alten hatte sie ganz vergessen. „Ach", dachte sie, „den lass ich mir beim Johann Lind machen." Er war Schreiner und Schmied. So ging sie zu ihm – er wohnte nun in ihrer Nähe, nur ein Haus weiter – und fragte ihn, ob sie bei ihm einen Schürhaken bestellen könne. „Ja", sagte er, „komm morgen, dann hab ich ihn fertig."

Als sie am nächsten Tag von der Arbeit kam und bei den Linds vorbei ging, fiel ihr ihre Bestellung wieder ein. Sie ging herein und fragte nach. „Ja", sagte er, „hier hab ich einen, er war zwar in der Mitte mal durchgebrochen, aber ich habe ihn stark zusammen genietet und er wird halten." Mutter dachte sich nichts dabei. Er verlangte seinen Lohn, Mutter zahlte und ging nach Hause. Wie immer warteten wir schon auf Mama und waren voller Freude, als wir sie erblickten! Stürmisch empfingen wir sie mit der Frage: „Was haben Sie da mitgebracht?" „Kinder, das ist ein Schürhaken, ich habe ja nichts, um im Ofen zu stochern. Nun hat Onkel Lind mir den hier verkauft." Wir Kinder guckten ganz neugierig. Da sagte die kleine Maria, die ja erst vier Jahre alt war: „Mama, das ist ja unser Schürhaken. Der war ja in der Mitte gebrochen. Ich weiß es noch ganz genau, wie wir diese Stücke hergebracht haben. Wir ließen den Karren damals an der Ecke des Hauses stehen und später hat keiner mehr daran gedacht. Gucken Sie doch, genau wie unserer, der hatte genau so einen Griff oben wie dieser." Die Maria, so klein sie auch war, hatte immer ein gutes Gedächtnis. Nun sah Mutter es auch, dass es ihr eigener war. Also hatte der Mann ihn damals geklaut und nun wieder an Mutter verkauft. Aber was war zu machen? Sie konnte ihm nichts nachweisen und so blieb es. Unsere kleine Familie lebte sich in dem Erdhäuschen gut ein und wir waren sehr zufrieden.

Die Melkerin als Feldarbeiterin und Wächterin

Wie bereits erwähnt, musste Mutter nun alleine für uns sorgen und viel arbeiten. Bald nach Vaters Verhaftung wurde sie Melkerin im großen Kuhstall der Kolchose und war somit für zehn Kühe zuständig. Im Sommer gingen die auf die Weide, dann wurde sehr früh gemolken. Wenn die Melkerinnen damit fertig waren, mussten die meisten von ihnen aufs Feld, die Sonnenblumen und den Mais jäten. Mittags zurück, wieder melken. Dann gab's eine kurze Pause, wo sie in großer Eile etwas für ihre Kinder kochten. Nachmittags ging's wieder aufs Feld. Gegen zwanzig Uhr kamen die Frauen vom Feld und bald danach kam auch schon das Vieh. Dann hieß es wieder zehn Kühe von Hand melken.

Nach getaner Arbeit, wenn das Vieh an Ort und Stelle war, durfte Mutter nicht etwa nach Hause, sondern musste bei den Schafen Wache halten. Damals gab es noch manches Wild in unserer Gegend, unter anderem auch Wölfe. Die holten sich schon mal ein Schaf aus der Herde. Wenn das sogar tagsüber vorkam, wie viel größer war die Gefahr, dass sie nachts zum Schafspferch kamen und sich ein Tier holten. Mutter hatte in ihren Leben viel verschiedene Arbeit verrichtet, aber Nachtwächter war sie noch nie gewesen. Doch nun war es so weit. „Was soll ich denn machen, wenn wirklich ein Wolf kommt?" meinte sie. „Da sieh zu, wie Du damit fertig wirst. Und wenn der Wolf sich ein Tier nimmt, dann bringst Du Deins. Der Kolchose geht nichts verloren!" Also musste sie pausenlos beim Stall bleiben, denn zu Hause hatte sie kein Schaf.

So war sie nur eine kleine Weile mittags zu Hause gewesen und abends, bis sie melken ging. Dann kam sie früh morgens die eigene Kuh melken, dann in den Kuhstall und so weiter, jeden Tag dasselbe. Manchmal konnte sie sich mit jemanden absprechen und kam auch abends kurz heim, um die Kuh zu melken, aber sehr oft hat das unsere Nachbarin, Frau Abram Bergen, gemacht.

In der Heuernte mussten die Frauen das Heu zusammen legen. In der Erntezeit wurde das Stroh gesammelt als Futter für die Kühe im Winter. Dazu wurde am Rand des Feldes ein großer Strohschober gesetzt, wovon im Winter das Stroh zu den Ställen der Kolchose gebracht wurde.

Im Winter kam Mutter zwar auch spät nach Hause, aber sie konnte dann wenigstens zu Hause bleiben. Außer in den Nächten, in denen sie im Kuhstall Wache halten musste – da waren die Melkerinnen reihum dran. Dann hatten wir ab und zu einen gemütlichen Abend mit Mama auf der Ofenbank. Doch der Winter hatte auch seine Plagen. Die Melkerinnen mussten ihre jeweiligen zehn Kühe selbst füttern und tränken. Das Wasser wurde mit der Kurbel von Hand aufgezogen aus einem Brunnen, der sich im Stall befand. Sie mussten auch selbst ausmisten und den Mist mit einem Handschlitten von ca. 60-70 Zentimetern Breite, 60 Zentimetern Höhe und 80 Zentimetern Länge nach draußen auf einen großen Haufen schleppen. Das war echte Knochenarbeit! Das Stroh zum Füttern holten die Frauen abwechselnd vom Felde mit einem großen Kastenschlitten. Wenn dann andere Frauen das Stroh gebracht hatten, sagten sie zu Mutter: „Warte, bis wir für unsere Kühe genug haben und dann kannst Du Dein Teil nehmen." Wenn dann alle ihre Krippen gefüllt hatten, war nur noch das Zusammengefrorene am Boden übrig. Die Strohschober waren im Herbst vom Regen durchnässt und im Winter zusammen gefroren. In solchen Stücken von Eis und Schnee war wohl noch etwas Stroh mit eingefroren, aber zum Füttern war nicht mehr viel da. So musste Mutter oft viel Eis aus der Krippe schaffen, nachdem die Kühe das Bisschen Stroh heraus gefressen hatten.

Tina in der Schule und zu Hause

Im Herbst 1939 kam unsere große Schwester Tina in die Schule. Sie war froh und munter und lernte fleißig. Es waren damals nur wenige Kinder im Dorf, deshalb waren immer zwei Klassen in einem Raum zusammen. Die erste und dritte in einem Raum, im andern Raum die zweite und vierte. Es war dieselbe Schule, in der ich geboren wurde und wo Vater bis zuletzt Lehrer, ja Direktor war. Vor anderthalb Jahren war er verhaftet worden und als Tina jetzt in das Gebäude ging, das noch vor Kurzem ihr

Zuhause gewesen war, wo sie alles an ihren Papa erinnerte, da erfasste sie eine große Sehnsucht! Sie vermisste Papa so sehr! Der alte Lehrer, Onkel Könn, der jetzt den Unterricht leitete und den wir gut kannten, war immer sehr lieb zu uns. Er wollte mich, die Kleinste, sogar adoptieren, denn die Könns hatten keine eigenen Kinder. Aber ich wollte nicht. „Der Onkel Könn hat zu Hause bleiben können", sagte Tina einmal wehmütig zu Mutter, „aber unser Papa musste weg." Es beschäftigte sie sehr, sie wurde damit einfach nicht fertig.

So wurde es Frühling 1940. Die Arbeit verdoppelte sich wieder, morgens melken, dann aufs Feld und des Nachts wieder Wache halten. Tina erfüllte fleißig alles, was Mama ihr sagte und hat nie geklagt, dass ihr etwas zu viel war. Aber dass Mama immer weg war, das konnte sie nicht begreifen, genauso wenig, wie Anna es verstanden hatte. Eines Tages sagte sie: „Mama, als Papa zu Hause war, waren Sie auch immer zu Hause. Nun ist unser Papa weg – ich weiß nicht, warum er nicht mehr nach Hause kommt – und Sie lassen uns auch immer allein!" Sie konnte einfach nicht begreifen, was da vor sich ging, wer konnte es schon? „Mein liebes Kind", sagte Mutter, „wie gerne würde ich bei Euch bleiben! Aber ich muss, von mir wird verlangt, von früh bis spät zu arbeiten." Das konnte Tina nicht verstehen. Und Mutter wollte ihr nicht auch noch all das grässliche sagen, was man so hörte, wie es überall zuging.

Die Kleine wurde ernster und nachdenklicher und konnte nicht mehr so fröhlich sein, wie es einem Kind in ihrem Alter gebührte. Sie hatte die erste Klasse beendet, was ihr viel Freude und Spaß gemacht hatte. Nun war der schwere Sommer wieder da. Die meiste Arbeit zu Hause machte Mutter spät abends. Da musste der Garten bepflanzt werden. Maria kann sich noch gut erinnern, wie sie mit Mama Kartoffeln gesteckt haben. Es war heller Mondschein, Mama grub die Löcher und sie legte die Kartoffeln in das Loch. Anfänglich war der Garten noch klein, Mutter schaffte einfach nicht mehr. Da war viel Gebüsch, das gerodet werden musste und große Baumwurzeln. So machte Mutter jedes Jahr nach Kräften etwas dazu. Wir haben von unserer frühesten Kindheit mitgeholfen. So sind wir mit der Arbeit aufgewachsen.

Doch zurück zu Tina. Sie grämte sich immer mehr und wurde immer ernster. Trotzdem war sie fleißig und pünktlich in allem, was Mutter ihr sagte. Sie räumte alles auf, damit Mama zufrieden war, wenn sie kam. Im Sommer waren die Tage so lang, wir hatten uns müde gespielt und gelaufen. Wenn die Nachbarin dann die Kuh gemolken hatte, gab Tina, die ja selbst erst acht Jahre war, uns Milch zu trinken und wenn möglich noch ein Stückchen Brot. Dann half sie uns, die Füße zu waschen und brachte uns ins Bett. Danach wusch sie sich selbst, wartete, bis wir eingeschlafen waren und ging dann raus, setzte sich an den Gehweg in Erwartung der lieben Mama. Sie hatte auch großes Heimweh nach Papa. Ihr war so bange, sie sah keinen Ausweg, wie das noch mal werden würde. Käme der geliebte Papa doch endlich mal nach Hause! Dann würde sicher alles wieder gut werden. Oder würde er wirklich nicht mehr zurück kommen? Würde er sie ganz verlassen? So in ihren schweren Gedanken hat sie manchmal stundenlang da gesessen und vor Heimweh geweint.

Die meisten Frauen mussten arbeiten und nachts Wache halten, eine im Pferdestall, eine im Kuhstall, einige bei den Speichern. Die großen Häuser, die den reichen Leuten enteignet worden waren, wurden als Getreidespeicher benutzt. Die Frauen taten sich dann manchmal zusammen und gingen gemeinsam ihre Objekte kontrollieren. Mutter konnte von ihren Schafen nicht weg, das war zu gefährlich. Wenn die anderen Frauen dann bei uns vorbei kamen, haben sie oft Tina am Gehweg angetroffen, wo sie ganz verweint dasaß. „Aber Tina, geh doch schlafen!" wurde ihr gesagt. „Nein, ich warte auf unsere Mama", erwiderte sie. So ging das den ganzen Sommer. Manchmal gingen die Frauen dann zu Mutter und sagten ihr: „Du, Deine Tina sitzt am Gehweg und weint, sie wartet auf ihre Mama." Etliche Male hat Mutter die Frauen gebeten, doch kurz bei den Schafen zu bleiben, ist schnell nach Hause gelaufen, hat Tina aufgenommen, sie getröstet, ihr Mut gemacht und sie ins Bett gebracht, mit dem Versprechen, bald wieder zu kommen und nach ihr zu schauen. Tina ließ sich trösten und schlief dann ein. Es wurde aber nicht besser. Manchmal kamen die Wächterinnen zu Mutter und sagten: „Deine Tina hat sich müde geweint und ist im Straßengraben eingeschlafen. Aber sie schluchzt auch noch im

Schlaf." Dann lief Mutter wieder schnell nach Hause, während die Frauen bei den Schafen blieben. Sie nahm ihre Große auf den Arm, trug sie ins Bett und band die Tür von außen zu, damit Tina nicht raus konnte. Irgendwann bat sie die Frauen: „Wenn Ihr meine Tochter noch einmal so antrefft, dann seid bitte so gut und bringt sie ins Bett. Dann bindet die Tür von außen mit einem Strick zu. Ich kann diese Schafe nicht verlassen."

Für unsere arme Tina war das aber keine Hilfe. Es ging immer so weiter. Sie weinte sich in ihrer Sehnsucht dann eben im Bett in den Schlaf. Wie muss Mutter das Herz geblutet haben! Zu sehen, wie ihre Kinder zugrundegehen und nichts dagegen tun zu können!

Schöne Momente mit Mama

Wenn Mama im Winter spät abends nach Hause kam und keinen Wachdienst hatte, nahm sie sich so viel Zeit für uns, wie sie nur konnte. Dann heizte sie den Ofen an und wir setzten uns auf die Ofenbank: Mutter in der Mitte, auf einer Seite Maria, auf der anderen Tina und ich als Jüngste durfte bei Mama auf dem Schoss sitzen! Das waren für uns die besten Stunden des Lebens! Da hat Mama uns alles Mögliche erzählt. Und wir haben es alles in uns aufgesogen und behalten. Darum wissen wir manches von früher, wie es damals war. In solchen Stunden erzählte sie uns ihr ganzes Leben, alle ihre Erlebnisse und sehr viel auch von Vater. Das war für uns immer ein wichtiges Thema. Wir hatten damals keinen Strom, Petroleum war auch nicht zu bekommen, so saßen wir stundenlang im Dunkeln. Mutter erzählte uns von damals, als Papa noch zu Hause war, wie er die Lehrerkonferenzen durchgeführt hatte. Sie hat dann alles vorbereitet, viel gebacken für all die Lehrer, die zusammen kamen: Kuchen, *Twoiback* (das ist eine Art Brötchen, unser typisches plattdeutsches Gebäck), Streuselkuchen und vieles mehr. Da hab ich eines Abends gefragt: „Et dot en Jeschicht?" (Ist das eine Geschichte?) „Nein", hat Mama gesagt, „das war so." Dann fragte Tina: „Na, Mama, warum backen Sie denn jetzt nicht mehr so was Schönes für uns?" „Aber liebes Kind!" sagte Mama, „heutzutage habe ich nichts. Wie gerne würde ich Euch was Gutes zubereiten, aber es ist nichts da." In der Kindheit haben wir nie nach diesem oder jenem gefragt, zum Beispiel nach Bonbons oder Zucker. Wir wussten ja nicht einmal, dass es so etwas gab. Auch haben wir nie zu ihr gesagt: „Koche uns mal dies oder jenes!" Nein, wir wussten, dass Mutter uns das kochte, was sie hatte und wir freuten uns über jede Mahlzeit, die sie uns bieten konnte. Als wichtigstes wussten wir: die Mama liebt uns, sie tut alles Mögliche für uns! Und wenn sie vielleicht manchmal selbst nicht gegessen hatte, aber für uns sorgte sie mit all ihren Kräften, dass wir nicht hungers sterben sollten! Wie muss ihr doch oft das Herz geblutet haben, wenn sie sah, wie jämmerlich wir ins Leben gingen! Sie gab alles für uns hin und ich kann nur dem Sprichwort zustimmen: „Eine Mama kann vieles ersetzen. Aber niemand kann eine Mama ersetzen." Für diesen Ernst und starkes Bemühen unserer Mutter, für ihre Liebe danken wir unserm Himmlischen Vater-Gott, der uns alle durchgebracht und uns aus diesem großen Elend heraus geholfen hat! Und nun haben wir so ein ruhiges und schönes Alter! Wir freuen uns, sind versorgt, haben von allem, was wir brauchen.

Aber zurück zu den Abenden mit Mama. Uns Kindern wurde es nie zu lang, wenn Mutter erzählte, aber sie musste ja wieder früh morgens aufstehen. Manchmal sind wir auch alle zusammen am warmen Ofen eingeschlummert: Mutter vor Müdigkeit und wir, um in ihrer Nähe zu sein. Aber es war nicht so oft, dass wir so alle zusammen sitzen konnten, weil sie meistens doch sehr spät nach Hause kam und wir dann vor Hunger und Kälte eingeschlafen waren. Gerade deswegen waren es kostbare, unvergessliche Stunden! Als wir in den 50-er Jahren endlich etwas verdienten, hat Mutter uns manches Mal mit leckerem Gebäck, das sie ohne Rezepte gebacken hatte, überrascht. „Mama, wo haben Sie das her?" wunderten wir uns. Dann sagte sie nur: „Wenn ich was habe, kann ich auch was machen!"

Weihnachtsgeschenke

Ich kann es nicht oft genug sagen, dass unsere Mutter sich ganz für uns hingab! Sie tat, was sie nur konnte, sie schaffte manchmal unmögliches für uns herbei. So hatte sie einmal aus der Stadt Papier bestellt – so was gab es im Dorf nicht. Es waren Blätter, etwa 40 cm breit und 60 cm lang. Sie hatte für jede von uns ein Blatt zusammengefaltet wie ein Buch, ca. 15-20 cm und wie ein Dach über den Weihnachtsteller gestellt. Als ich morgens aufwachte, guckte ich doch als erstes in meinen Weihnachtsteller! Nun hatte sie von irgendwo etwas Mehl herbei geschafft und süßes Gebäck für uns gebacken. Es war so etwas wie eine Hefeschnecke und sah aus wie ein Herz oder eine Eule mit großen Augen. In meiner großen Freude rief ich laut aus: „En dann noch oine Jrill!" (Und dann noch eine Grille!) Ich kannte das Wort für Eule noch nicht. Freilich wurde darüber gelacht und wir hatten viel Freude an diesem Tag! Vor allem die Freude über den großen Bogen Papier hielt noch lange an! Jetzt konnte ich malen, soviel ich wollte! Von unserer Tante, Mutters Schwester, hatten wir ein paar Stifte bekommen und nun ging's ans Malen! Ich malte und malte, ein Bild nach dem andern. Mit einmal sah ich, meine Schwester malte ganz kleine Bildchen, auch eins ums andere, aber sehr klein. „Oh", dachte ich, „wenn ich so weiter mache, hab ich meinen Bogen schnell voll und sie wird immer noch malen können." Das ging nicht. Also hab ich mich eingeschränkt und sparsam gemalt, damit ich auch so lange malen konnte wie sie. Manchmal habe ich nicht mehr als ein Quadrat von 10x10cm am Tag vollgemalt, um länger eine Beschäftigung zu haben.

So war unsere Kindheit. Wir mussten immer mit Berechnung und Bedacht leben, von klein auf. Und das ist auch gut, es hilft uns heute noch, nicht alles selbstverständlich zu nehmen, sondern dankbar zu sein. Vorher, als wir noch kein Papier hatten, haben wir mal Mutters altes Kirchengesangbuch genommen. Das hatte schon keinen Umschlag, Anfang und Ende fehlten auch. So haben wir uns das einmal vorgenommen und gemalt. Nun, was sollten wir malen? Wir hatten noch wenig gesehen, und in dieser Winterzeit waren die Fenster zugefroren. Raus gucken konnten wir nicht, geschweige denn rausgehen. So wurden wir uns einig, mal unser Dorf zu malen. Wir malten zwei Reihen Häuser und eine Straße dazwischen. Das war aber noch alles so leer. Was könnten wir noch malen? Na, dann fiel uns ein, wir würden den Vorsitzenden malen. So malten wir einen Mann, der die Straße entlang ging, das war der Vorsitzende.

Mutter war nicht wenig erschrocken, als wir ihr unser Bild zeigten! „Kinder, was habt Ihr bloß wieder getan? Das geht doch nicht! Das darf aber keiner erfahren, sonst krieg ich noch mit denen zu tun!" So lernten wir schon früh, aufzupassen und vorsichtig zu sein. Das unschuldigste Vorhaben konnte nicht absehbare Folgen haben. „Nein, das zeigen wir niemand", versprachen wir. Und wir haben es auch niemandem gezeigt, ja noch nicht einmal davon gesprochen. Aber die Tage waren so lang für uns Kinder und wir mussten uns doch irgendwie beschäftigen.

Ein anderes Mal, auch noch in den 40-er Jahren, hatte Mutter nichts, was sie uns zu Weihnachten schenken konnte. Das Jahr ging zu Ende und auf einmal fiel ihr ein, sie hatte da noch einen alten Zuckersack. Das waren ja so große und sehr grobe Säcke. Nun ging sie mit diesem Sack zu einer Frau, die nicht zu arbeiten brauchte wie Mutter selbst und bat sie, davon drei Puppen zu nähen. So bekamen wir zu Weihnachten jede eine Sackpuppe! Wir haben viel mit ihnen gespielt, nicht nur einen Winter – im Sommer war ja genug anderes zu tun. Nun war es wieder Winter geworden und Mama hatte den Ofen angeheizt, bevor sie zur Arbeit ging. Wir hatten wieder mal mit unserem einzigen Spielzeug, den Sackpuppen, gespielt und als wir müde wurden, warfen wir sie unachtsam auf den Ofen, legten uns auf die warme Ofenbank und kuschelten uns zusammen.

Mit einem Mal merkten wir, dass die Luft im Zimmer irgendwie gräulich wurde. „Irgendwie kommt Rauch ins Zimmer", sagten meine Schwestern. Es wurde immer mehr und mehr. Wir machten die Tür auf, damit der Rauch raus ziehen konnte. Aber sobald wir die Tür schlossen, war sofort wieder alles grau und voller Rauch. Und es vermehrte sich so schnell, dass es keinen Unterschied machte, ob die Tür zu war oder auf. Das Zimmer war bis auf die untersten Fensterscheiben voll Rauch, darunter war nichts mehr zu sehen. Ich lag auf der Ofenbank, weinte und rieb mir die Augen, ich konnte nicht mehr gucken! Wir waren am Ende! Da fiel uns ein, dass wir ja beten könnten! Wir hatten große Angst, zu ersticken und dann wären wir alle tot, wenn die Mama nach Hause käme! So knieten wir alle drei an der Ofenbank nieder und beteten, der liebe Heiland möge uns doch helfen und erhalten, bis die Mama kommt! Als wir vom Gebet aufstanden, ruft Maria: „Auf dem Ofen brennt es!" Sie hatte kleine Flämmchen auf dem Ofen aufsteigen sehen. Beherzt sprang sie auf die Ofenbank, packte, was sie ergreifen konnte und warf es zu Boden! Mit Schrecken sahen wir, dass es unsere halbverkohlten Sackpuppen waren! In dem Moment kam Mutter zur Tür herein. „Was ist denn hier los?" fragte sie ganz aufgeregt. Und nun sah sie auch schon, was da los war. Wir waren so froh, dass der liebe Gott uns mal wieder bewahrt hatte!

Erst hinterher begriffen wir, was passiert war. Die Abdeckung unseres Ofens war sehr dünn und schwach, weil Mutter kein starkes Blech oder Eisenstangen hatte, als sie ihn baute. Nun war der Ofen auch schon nicht mehr neu und hatte viele Risse im oberen Teil. An der Stelle, an der der Rauch in den Schornstein zog, war das Blech so gerissen, dass da hin und wieder etwas Rauch durchkam. Das war aber noch nicht so viel, dass es uns aufgefallen wäre. Nun hatten unsere Puppen genau da gelegen, wo die Risse waren. Der heiße Rauch drang hindurch, unsere Puppen wurden heiß und fingen an zu schwelen. Vermutlich hatte die offene Tür das Feuer noch begünstigt.

Da sagte Mutter: „Als wir vom Kuhstall kamen, da haben wir schon den starken Rauch gerochen. Frau Löwen meinte: ‚Na, nun verbrennt sich mal wieder einer seine Kleider'." Weil die Armut so groß war, von Hygiene keine Spur, war auch das Ungeziefer sehr vertreten. Die Leute haben so gekämpft mit den Läusen und doch nahmen diese überhand. Ein Gegenmittel gab es damals nicht, ein jeder musste selbst sehen, wie er damit fertig wurde. So war ein praktisches Mittel, die Läuse auszubacken. Dazu wurde nach dem Heizen die Glut auf dem Ofenboden verteilt, dann stellte man den Vierfüßler, den man zum Backen brauchte, in den Ofen und legte die zusammengebundenen Anziehsachen drauf, um die Läuse zu backen und zu vernichten. Dabei hat sich manch einer seine letzten Sachen verbrannt. Nun hatten die Frauen gedacht, dass wieder jemand seine Sachen auf diese Art von Läusen befreite. Mutter konnte ja nicht ahnen, dass es bei uns war! Wir aber waren so froh, dass die Mama noch zur rechten Zeit nach Hause kam! So haben wir doch überall unseres Gottes Hilfe erlebt und können nicht genug danken für alle Wohltaten, die er an uns getan hat! Ihm wollen wir in Ewigkeit danken!

Nun ist alles ganz anders. Das liegt alles weit hinter uns und wir können uns jeden Tag unseres Lebens freuen!

Die Frau eines Volksfeindes

Die ersten Jahre nach Vaters Verhaftung litt Mutter sehr unter dem Ruf, die Frau eines Volksfeindes zu sein. Dadurch wurde sie gemieden und verachtet und war völlig auf sich selbst gestellt. Zusätzlich musste sie noch viele Schikanen aushalten. Einmal hatte sich eine ältere Frau, auch eine Melkerin in demselben Stall, in dem unsere Mutter arbeitete, einen bösen Scherz ausgedacht. Sie nahm einen alten, verrosteten, verbogenen Eimer, legte frischen Kuhmist rein und sagte: „Dies ist die Damentasche für die Lehrersfrau! Die müssen wir hier irgendwo aufhängen, dass jeder es sehen kann!" Und keiner hat den Mund aufgemacht, um unsere Mutter gegen solche Erniedrigungen zu verteidigen. Sie musste all diese Schwierigkeiten alleine tragen, denn wir waren noch zu klein, um sie zu trösten oder ihr Mut zuzusprechen. Erst später hat sie uns manches erzählt.

Eines Tages fragte sie den Vorarbeiter des Kuhstalls: „Sagen Sie mal, Onkel Kliewer, warum ist das so? Warum werde ich so behandelt wie keiner sonst? Ich tue alles, was von mir verlangt wird, arbeite nicht schlechter als die anderen und immer wieder sind alle gegen mich!" „Das will ich Dir gern erklären", meinte J. Kliewer. „Ich erzähle Dir ein Gleichnis. Stell Dir vor, da sind mehrere Hunde von den Nachbarhäusern. Sie spielen draußen zusammen, rollen sich und toben, alles ist friedlich, sie kennen sich ja alle. Auf einmal kommt ein fremder Hund, bleibt stehen und schaut zu. Sofort stehen all diese Hunde stramm und spitzen die Ohren…" Weiter kam er nicht, da sagte Mutter: „Nun weiß ich alles. Sie betrachten mich hier nicht anders als einen fremden Hund."

So was musste unsere arme Mutter alles hinnehmen und weiter arbeiten, um sich und uns am Leben zu erhalten. Wie sie das alles geschafft hat, kann man nicht begreifen! Ihr blieb nur eines, wie es im Liede „Machen Wolken dir den Himmel trübe" steht. Da heiß es immer wieder im Refrain: „Sage es Jesu allein!" Das war der stärkste Halt unserer Mutter in ihrem Leben!

In alledem sorgte sie für uns, so gut es ihr möglich war. So hat sie immer eine Kuh gehalten, obwohl auch das mit vielen Problemen verbunden war und nicht alle im Dorf waren bereit, diese Mühen auf sich zu nehmen. Schon Futter zu besorgen war nicht einfach. Und dann gab es Auflagen: pro Kuh musste eine bestimmte Menge an Fleisch und Milch dem Staat geliefert werden. Sie hat die Norm immer eingehalten, auch wenn es sehr hart war und manchmal fast nichts mehr für uns übrig blieb.

Im Frühjahr 1940 wollten die Leute ihre Gemüsegärten pflügen lassen. Die Verwaltung gab keine Ochsen dazu, was sie eigentlich hätte tun können. Stattdessen wurde ihnen gesagt: „Tut Euch zusammen, ein Nachbar mit dem andern, spannt eure Kühe ein und pflügt eure Gärten." Etliche Leute haben es gemacht. Aber die Kühe waren es nicht gewöhnt, im Joch zu gehen und so ist manch eine Kuh kaputt geschlagen worden. Als Mutter fragte, ob man ihr Stückchen Land nicht auch pflügen würde, wurde ihr gesagt: „Gib Deine Kuh her, dann wird Dein Garten gepflügt, wenn nicht, dann nicht." „Nein", sagte sie, „die Kuh gebe ich nicht her." „Dann wird Dein Garten auch nicht gepflügt". Und so war es auch. Also hat sie dann spät abends nach der Arbeit auf dem Feld ihren Garten von Hand umgegraben, manchmal bis in die Nacht hinein, oft bei Mondschein. Es war ja alles Wiese und Bäume, sie musste es also erst mal roden und urbar machen, wenn sie etwas anbauen wollte, um uns Kinder durchzubringen.

Da hat sie sehr viel an die Zeit gedacht, als sie und Vater noch zusammen waren. Sie waren auch nicht reich gewesen, weil Vater das Meiste aufs Sparbuch legte. Aber sie hatten von allem genug und sehr oft Gäste, es ging ihnen gut. Nun war alles anders geworden. Mutter war mit allem allein, die Kinder klein und hilflos. Die Leute hatten sich vorgenommen, der Lehrersfrau das Arbeiten zu lehren. Keiner dachte daran, dass sie von ihrem achten Lebensjahr bei fremden Leuten gedient und sich ihr Brot selbst verdient hatte, oft mit viel zu schwerer Arbeit.

Wie der Lohn in Naturalien ausgezahlt wurde

Die Schikanen und Erniedrigungen, die Mutter auszuhalten hatte, nahmen kein Ende. Wenn die Ernte von den Feldern eingebracht war, dann wurde in der Kanzlei eine Liste aufgestellt und alles zusammen gerechnet, wer was verdient hatte. Dann konnte man aus der Kanzlei, beim Buchhalter, einen Zettel bekommen, auf dem verzeichnet war, was und wie viel einem zustand. Hinter dem Namen auf der Liste wurde dann „erhalten" vermerkt. Mit diesem Zettel ging man zur Tenne, gab ihn dem Chef der Tenne und bekam sein Getreide. Nun hatte Mutter sich ihren Zettel geholt, hatte aber nichts, womit sie das Getreide abholen konnte. Also suchte sie sich ein paar alte Lumpen, nähte sie zusammen und ging zur Tenne. Es war ja kein Sack, aber sie meinte, es würde ihr reichen. Als ihr Anteil abgewogen wurde, war ihr kleiner Beutel genau voll. Es waren etwa 42-43 Kilogramm. Und das war ihr ganzer Jahresverdienst!

Nun waren aber noch andere Leute auf der Tenne, die auch ihr Getreide abholten. Da sagte Mutter zum Spaß: „Na, seht Ihr, ich habe doch einen Sack voll bekommen, wenn er auch nur klein ist!" Da lachten die anderen, weil sie verstanden, wie das gemeint war. Doch als die Ernte zu Ende war, wurde der Onkel Jakob Peters, der das Getreide verteilt hatte, ins Gefängnis gesteckt. Keiner wusste, warum. Es wurde nur gesagt: für ein Jahr. Gott war ihm gnädig und er kam wirklich nach einem Jahr zurück. Aber die Leute waren scheu ihm gegenüber und gingen ihn aus dem Weg, denn keiner wusste, was es für Folgen haben könnte, mit ihm zu verkehren. Er war aber ein aufrichtiger Christ und handelte nach Möglichkeit auch als ein solcher. Nach einer geraumen Zeit kam er uns besuchen. Unter anderem sprachen sie auch von seiner Gefangenschaft. „Ja", sagte er, „weißt Du eigentlich, warum ich dahin kam?" „Nein", sagte Mutter. „Ich habe von niemandem gehört, warum. Ich glaub, im Dorf weiß keiner was." „Aber ich weiß es", sagte er. „Es war wegen Dir." „Wie das?" wunderte sich Mutter. „Was hab ich verbrochen, oder was ist meine Schuld daran?" „Schuld hast Du keine daran", sagte er. „Aber kannst Du Dich noch erinnern, wer damals alles auf der Tenne war, als Du Deinen spärlichen Verdienst abholtest? Ich weiß es noch genau. Unter anderen war die H. H. da. Die hat mich angeklagt, dass ich Dir einen ganzen Sack Weizen geschenkt habe. Und das reichte aus, um mich für ein Jahr einzusperren." Zu der Zeit brauchte man keine Zeugen, ein Kläger klagte und der Mensch musste weg. Man musste jedes Wort erwägen und bedenken, was man sagen wollte oder konnte.

Ein anderes Mal, ebenfalls während der Ernte, hatte Mutter nicht rechtzeitig erfahren, dass die Listen fertig waren und man sich den Lohn abholen konnte. Sie hatte ja keine Zeit, nach der Arbeit noch ein wenig mit den anderen Frauen zu plaudern, sondern hatte es immer eilig, nach Hause zu kommen. Da sagten die Frauen zu ihr; „Du, hast Du Dein Getreide schon abgeholt? Wir haben unseres schon zu Hause." „Nein, ich wusste das noch nicht." Nachmittags ging sie gleich in die Kanzlei und fragte, ob der Buchhalter ihr den Zettel aufschreiben würde, damit sie ihren Verdienst abholen konnte. Dieses Amt hatte Abram Wiens inne. Er saß am Tisch und schaute sie an und sagte: „Ich schreibe Dir den Zettel, wenn Du mit mir ins Nebenzimmer kommst." Mutter stand da und verstand nicht, was das bedeutete. Sie glaubte, ihn nicht richtig verstanden zu haben. Nach einer kurzen Pause fragte sie noch einmal: „Werden Sie mir den Zettel schreiben?" „Ja", sagt er wieder, „aber erst, wenn Du mit mir ins Nebenzimmer kommst." Da hatte sie begriffen, was er meinte und was er wollte und sagte: „Nein, da habe ich nichts verloren, darum hab ich da auch nichts zu suchen." „Dann ist die Sache erledigt, Du kannst gehen. Ich schreibe hier,

„erhalten" und fertig." So hat er es dann gemacht, ohne Mutter den Zettel zu geben. Ihr blieb nichts anderes übrig, als unverrichteter Dinge zu gehen. Ohne diesen Zettel gab ihr niemand etwas.

Später begegnete sie dem Vorsitzenden Dietrich Janzen, der mit ihrer älteren Schwester Greta verheiratet war: „Du, Schwager, so und so geht es mir, kannst Du mir nicht irgendwie helfen? Ich möchte doch auch meinen Verdienst bekommen." „Na", sagt er, „was bist Du denn so dumm? Hättest doch mit ihm gehen sollen und alles wäre gut." Das waren nun der Trost und die ganze Hilfe! Damit musste sie zurechtkommen und auf alles verzichten, was ihr zustand.

Tina wird krank

In diesen Jahren war alles sehr knapp und es gab nichts zu kaufen. Was man noch hatte, wurde einem geklaut. Wir hatten da eine Familie Jakob Löwen. Die Kinder waren unberechenbar, sie klauten alles, was sie sahen und was ihnen unter die Finger kam. Mutter sagte öfters zu uns: „Kinder, passt auf!" Aber das war überhaupt nicht möglich. Wir haben redlich unser Spielzeug von denen zurück geholt, wenn sie es nicht versteckt hatten. So besaßen wir blaues emailliertes Puppengeschirr. Das hatte noch unser Vater für Anna und Tina gekauft. Nun spielten wir Kleineren damit und wir schätzten es sehr! Es wurde uns aber regelmäßig geklaut und wir mussten es immer wieder von den Löwen Kinder zurück holen. Außerdem besaß Mutter noch ein Stück Waschseife. Es war das letzte, was sie hatte und darum versteckte sie das. Wir hatten ein ganz einfaches Regal in der Küche, auf dem unsere letzten Habseligkeiten an Geschirr standen. Da ganz oben hatte Mutter die Seife hingelegt, damit sie nicht auch verschwand. Nun wollte Tina meine Schürze waschen und fand die Seife nicht. Mittags, als Mutter kam, um uns schnell etwas zu kochen, fragte sie: „Mama, wo ist unsere Seife? Ich wollte Lenas Schürze waschen und fand die Seife nicht". „Ach", sagt Mama, „die liegt ganz oben im Regal, da kannst Du nicht hin. Ich werde sie Dir gleich geben." Sie vergaß es aber in ihrer Eile.

Nach dem Essen wollte Tina endlich die Schürze waschen und da fiel ihr ein: „O, Mama hat die Seife gar nicht runter geholt." Aber sie wusste ja nun, wo sie war, sie würde sie selbst nehmen. So schob sie den Tisch ans Regal, stellte einen Hocker drauf und kletterte hinauf. Leider kam sie immer noch nicht dran. Sie kletterte runter, nahm sich eine kleine Fußbank, kletterte damit wieder hoch. Dann stellte sie die kleine Bank auf den Hocker und kletterte wieder da drauf. Nun war sie sich sicher, an die Seife dran zu kommen, richtete sich aber zu schnell auf und stieß mit dem Kopf an den Mittelbalken! Vor Schreck fiel sie rückwärts herunter von ihrer waghalsigen Konstruktion und stieß sich ganz schlimm den Kopf. Sie blieb liegen und weinte vor Schmerz. Als dieser nach einer Weile nachließ, hatte sie schon keine Lust mehr, noch was zu tun.

Abends als Mutter nach Hause kam, klagte Tina ihr Leid: „Mama, ich bin gefallen und habe mir sehr den Kopf gestoßen, es tut immer noch weh." „Wieso wie bist Du so schwer gefallen?" fragte Mutter. Da erzählte sie ihr, wie alles gekommen war. „Ach ja, ich hatte ja vergessen, die Seife runter zu nehmen. Na ja, wollen hoffen, dass es bald wieder besser wird. Und bis Du Großmama bist, ist bestimmt alles wieder gut!" Das war der erste Trost damals für Kinder, die weinten, wenn sie Schmerzen hatten. In den meisten Fällen stimmte es ja auch, aber dieser Sturz sollte nicht spurlos vorüber gehen.

Im September 1940 kam Tina in die zweite Klasse. Sie war sehr empfänglich und aufmerksam in der Schule und sehr interessiert am Lernen. Nicht umsonst hatte Papa immer gesagt: „Die ist so akkurat und klug, das gibt eine Lehrerin!" Er hatte auch für Maria einen Plan. Da sie sich von klein für vieles interessierte und alles untersuchen musste, meinte er, sie würde eines Tages Doktor werden. Tina war sehr genau bei allem, was sie tat und das hatte Papa schon damals immer sehr gefreut. Er machte so seine Pläne für seine Mädchen, aber es sollte alles ganz anders kommen.

Nun war Tinas Klasse mit der vierten Klasse in einem Raum. Der Lehrer der zweiten Klasse ihre Aufgaben im Rechnen oder Schreiben und wandte sich dann der vierten Klasse zu. Das Programm war wohl nicht besonders schwer und Tina war unterfordert, deshalb war sie immer schnell mit ihren Aufgaben fertig war. Dann saß sie, die Hand unters Kinn gestützt und hörte zu, was die vierte Klasse lernte. Dem Lehrer gefiel das gar nicht. „Mach Du Deine Aufgaben!", sagte er dann zu ihr. Sie erwiderte: „Das hab ich schon!" Wenn er dann nach ihr schaute, musste er feststellen, dass alles richtig und gut gemacht war. Da fing er an, es nachzuprüfen, ob sie was verstanden hatte von dem, was er der vierten Klasse erklärt hatte, da sie ja so aufmerksam zugehört hatte. Überrascht stellte er fest, dass das Mädchen alles begriffen hatte. Wenn dann ein Viertklässler seine Aufgaben nicht gemacht oder nicht verstanden hatte und nicht antworten konnte, dann sagte Onkel Könn: „Du hast nicht gut gelernt. Wenn ich die zweite Klasse fragen werde, die werden es uns sagen." Und dann rief er Tina Harms auf, die klar und deutlich antwortete, als ob es ihre Aufgaben gewesen waren. „Seht ihr, man kann es lernen, wenn man nur will!" meinte er dann.

So ging der September zu Ende. Im Oktober fing Tina an zu klagen, dass die Schüler manchmal in der Stunde über sie lachten. „Warum denn?" fragte Mutter. „Ich weiß es nicht", sagte sie. „Die beschuldigen mich, dass ich komische Grimassen ziehe, und dann lachen alle." „Und was tust Du da?" wollte Mutter wissen. „Ich tue gar nichts", sagte Tina. „Na dann werden sie auch noch aufhören zu lachen", meinte Mutter. Sie hatte keine Zeit oder Kraft, sich mit den Problemen der Kinder zu befassen. Weil sie den ganzen Tag arbeitete, konnte sie nicht zur Schule gehen und sich erkundigen, was da los sei. Sie war schon froh, wenn keiner krank im Bett lag, alles andere würde sich schicken.

So ging das wieder eine Weile. Eines Tages kam Tina aus der Schule, machte ihre Hausaufgaben, war aber sehr niedergeschlagen und still. Abends klagte sie der Mutter, dass jetzt auch schon der Lehrer sie beschuldigte, indem er gesagt hat: „Tina, so geht das nicht. Sicher werden alle über Dich lachen. Du musst damit aufhören". „Und Mama, glauben Sie mir, ich tue gar nichts!" weinte sie. Es war nämlich immer öfter vorgekommen, dass die Schüler im Unterricht lachten. Wenn sie ermahnt

wurden, sagten sie immer: „Tina ist schuld, die macht so komische Ge-
sichter." Wenn der Lehrer sie dann ansah, merkte er, dass sie tief durchat-
mete, als ob sie müde war und ihn mit trüben Augen anschaute. So konnte
er nichts merken. Da hat er sie nach vorne gesetzt, vor seinem Tisch, damit er sie beobachten konnte. Es konnte doch nicht sein, dass die fleißige
Schülerin solchen Unfug treiben würde! Sie war doch immer ruhig, still
und gehorsam. Da, mit einmal sah er auch, wie das Mädchen ihr Gesicht
zu einer Grimasse verzog Er konnte sich nicht vorstellen, was das bedeuten sollte, hatte auch keine schlechten Gedanken, es fehlte ihm einfach das
Verständnis dafür. Deshalb ermahnte er sie nur und sagte, sie sollte damit
aufhören. Das fand sie aber so beleidigend, dass sie es der Mutter unter
Tränen erzählte. Mutter hatte von alledem bisher nichts gemerkt. Tagsüber
war sie auf der Arbeit und abends hatte sie auch nicht viel Zeit für die
Einzelnen. Es gab ja immer so viel zu tun. So war ihr noch nichts an ihrer
ältesten Tochter aufgefallen.

Eine Tages fragte der Lehrer unsere Mutter: „Was ist das eigentlich mit
Tina? Es gefällt mir nicht, was sie da in der Schule macht." „Ich weiß es
auch nicht", entgegnete Mutter. „Sie hat schon oft geklagt, dass über sie
viel gelacht wird, während sie doch gar nichts tut." Der Herr Könn war
ein sehr guter Mann, entgegenkommend und verständnisvoll. So meinte
er: „Na, wir sehen mal, wie das weitergeht."

Eines Abends, als Mutter die beiden Kleinen versorgt und zu Bett gebracht hatte, setzte sie sich hin, um ihre Arbeitsjacke zu flicken. Tina, die
so gerne mit Mama zusammen war, blieb bei ihr sitzen mit ihren Hausaufgaben. Während sie so da vor ihr saß, merkte Mutter auf einmal etwas
Seltsames an ihr. Sie drehte die Hände, die Augen gingen hin und her, das
Gesicht entstellte sich zu einer fürchterlichen Grimasse, so als ob sie große Schmerzen hatte. Mutter guckte sie an und dachte, was soll das bedeuten? Im nächsten Augenblick war alles vorüber, das Mädchen atmete tief
durch, als ob sie etwas Schweres hinter sich hatte und guckte weiter in
ihre Aufgaben. Mutter schaute sie an und fragte: „Tina, was war das eben
mit Dir? Warum machst Du sowas?" „Aber Mama, nun fangen auch Sie
an, mich zu beschuldigen und ich tue doch wirklich gar nichts!" „Na, Ti-

na, das, was Du eben gemacht hast, was war das? Sicher, wenn Du so was in der Schule machst, ist es klar, dass die Schüler lachen." Da fing das Mädchen an zu weinen, sie war sehr beleidigt, dass nun auch Mama sie beschuldigte und beteuerte immer wieder, dass sie gar nichts tue!

Kurz darauf sah Mutter es wieder. Nun überkamen sie schwere Sorgen, was das wohl sei mit dem Kind. Ihr war klar, dass irgendwas dahinter stecken musste, es konnte nicht einfach so von ungefähr sein. Auch der Lehrer hatte es noch mehrere Male gesehen. Also beschlossen sie, Tina aus der Schule zu nehmen. Bis zum „Tag der Sowjetischen Revolution" am 7. November ging sie noch zur Schule und blieb von da an zu Hause. Es ging nicht mehr, das arme Kind war mit den Nerven am Ende. Wie sollte das weiter gehen? Und woher kam es? War es der Tatsache geschuldet, dass Mutter so viel arbeiten musste und kaum Zeit für ihre armen, vaterlosen Kinder hatte? Es ging ja wirklich ums Überleben. Oder hatte es etwas mit ihrem Sturz im Sommer zu tun? Niemand konnte etwas Genaues dazu sagen.

Es war aber nun doch nötig, einen Arzt aufzusuchen. Mit Hilfe fremder Leute fuhren Mutter und Tina zum Arzt nach Orenburg. Es folgte eine gründliche Untersuchung und das Ergebnis war: „Die Nerven sind überfordert". Die Anfälle kamen von den Nerven und wurden Veitstanz[18] genannt. Während der Anfälle war sie in einer Art Trance, so dass sie nicht mitbekam, was mit ihr vorging. Deswegen beteuerte sie immer wieder ihre Unschuld. Nun bekam sie Medikamente, sog. „Tigerblut", das sie Löffelweise einnehmen musste. In einem Jahr sollte sie wiederkommen.

Jetzt hatte Mutter wieder ein schwerkrankes Kind, welches sie dringend brauchte. Aber unsere Mama konnte nicht zu Hause bleiben, um sich um Tina zu kümmern. Deshalb bekamen wir Kleineren die Aufgabe, auf

---

[18] **Veitstanz** kann für verschiedene Erkrankungen stehen. In Tinas Fall handelte es sich höchstwahrscheinlich um die sog. „chorea minor", eine neurologische Erkrankung, bei der Betroffene unkontrollierte, blitzartig ausfahrenden Bewegungen der Hände, des Schlundes und der Gesichtsmuskulatur ausführen. Betroffen sind überwiegend Mädchen im Alter zwischen sechs und 13 Jahren.
https://de.wikipedia.org/wiki/Veitstanz
https://de.wikipedia.org/wiki/Chorea_minor

unsere Schwester aufzupassen. Wir halfen ihr, aufzustehen, wenn sie bei einem Anfall hinfiel und mussten generell in ihrer Nähe bleiben. Damit fing unsere gebundene Kindheit an. Maria war erst fünfeinhalb, ich dreieinhalb Jahre alt und nun waren wir für unsere neunjährige Schwester verantwortlich. Ende 1940 erhielt Tina zu Neujahr ein Abschiedsgeschenk von der Schule. Es war ein Buch, woran sie große Freude hatte! In diesem Buch habe ich von ihr lesen gelernt, obzwar ich fünfeinhalb Jahre jünger war als sie.

Was die Armut mit den Menschen macht

Das Leben wurde immer schwerer. Die Arbeit nahm zu, der Verdienst wurde geringer, falls es überhaupt eine Vergütung gab. Für unsere Mutter waren diese Jahre unsagbar schwer. Auch viele andere Menschen litten sehr, aber es waren auch einige wenige, die irgendwie besser zurechtkamen, häufig auf unehrliche Weise. Weil die Leute für ihre harte Arbeit so schlecht bezahlt wurden, dass sie davon nicht leben konnten, blieb ihnen oft nichts anderes übrig, als zu stehlen. Deshalb musste alles in der Kolchose bewacht werden: der Pferdestall, der Kuhstall, der Schafstall, alle Getreidespeicher und was es sonst an wichtigen Objekten gab. Und dennoch kam es vor, dass jemand etwas mitgehen ließ. Aber wehe, man wurde erwischt! Der Dieb wurde angeklagt und ohne Erbarmen gerichtet. So hatte sich eine Frau in einem anderen Dorf aus großer Not die Taschen ihrer Jacke mit Weizen gefüllt und von der Arbeit mitgenommen. Sie wollte die Körner für ihre hungrigen Kinder kochen. Dazu wurde der Weizen lange im Wasser gekocht, bis die Körner groß und weich waren. Zum Schluss kam etwas Milch dazu – wer welche hatte – und alles wurde noch einmal aufgekocht. Das schmeckte so gut! Nun hatte aber jemand die Frau gesehen und es sofort gemeldet. Die Beamten kamen und durchsuchten ihr ganzes Haus. Natürlich fanden sie den Weizen! Die arme Frau hat gebettelt und geweint: „Ich habe es ja nur aus meiner großen Not getan!

Seht es doch ein, meine Familie ist am Verhungern!" Es half alles nichts – der Weizen wurde gewogen und ergab zwei Kilo. Dafür musste die Frau für zwei Jahre ins Gefängnis.

Weil die Armut so lange anhielt und nichts dazu kam, hatte Mutter immer mehr zu tun. Irgendwann gab es keine Seife mehr zu kaufen und unser letztes Stück war aufgebraucht. Unsere wenigen Kleidungsstücke mussten aber doch gewaschen werden. Da machte Mutter Laugenseife. Dazu nahm sie einen großen geflochtenen Korb aus Ruten, legte ihn mit einer dünnen Schicht Stroh aus und drückte es schön fest. Jetzt wurde der Korb mit Asche aus dem Ofen gefüllt. Dabei drückte sie sie immer wieder fest. Es musste reichlich Asche sein, der Korb war manchmal fast voll. Dann stellte sie ihn auf einen Eimer und goss langsam heißes Wasser über die Asche. Diese setzte sich schnell und der Korb war nicht mal mehr halbvoll. Das Wasser aufschütten war ein langer Prozess. Wir mussten manchmal tagelang Wasser auf die Asche schütten, immer wieder ein bisschen. Das Ergebnis war dann eine dunkle, graugrüne Flüssigkeit, die langsam in den Eimer tropfte, sogenannte Lauge. Die war sehr stark, nur mit der Lauge konnte man nicht waschen, sie musste reichlich mit Wasser verdünnt werden. Einmal hatte Mutter den Korb auf die Ofenbank gestellt und als sie mit dem Eimer kam, schwelte das Holz der Bank bereits. Die Asche war wohl noch nicht ganz ausgekühlt gewesen und es muss etwas neben dem Korb gefallen sein. Zum Glück konnte sie es direkt löschen, aber seitdem hatten wir ein Loch in der Ofenbank.

Freilich, als Vater noch da war, brauchte Mutter so was nicht machen. Der hat für die Seinen gesorgt, so dass unsere Familie keinen Mangel hatte. Nun waren schon etliche Jahre dahingegangen. Mutter konnte nichts dazu kaufen, wir waren aus allem raus gewachsen und vieles war auch schon kaputt. Wenn die Armut so überhandnimmt, dann findet sich auch bald das Ungeziefer. Mutter hat sich immer bemüht, uns sauber zu halten. Aber es kamen die Nachbarkinder, deren Mütter manchmal nicht ganz so genau waren und so brachten sie uns die Läuse ins Haus, ohne dass wir es merkten. Mutter hat dann jeden Abend vor dem Schlafengehen unsere Hemdchen durchsucht und womöglich die Läuse heraus gesammelt, damit wir ruhig schlafen konnten. Wenn sie welche fand, drückte Mutter sie mit Daumennagel tot. Das gab immer ein „Knicks". Eines Abends saß sie wieder mit uns auf der Bank und war auf „Läusejagd". Da fand sie in meinem Hemdchen eine Laus, legte sie auf den Tisch, meine Schwester war so flink und machte sie tot! „Knicks!" Ich war so beleidigt, dass ich weinte! Da kam eine Nachbarin, Frau Wolf, vorbei und sah, dass ich weinte. Ich war nur knapp drei Jahre alt. „Na", sagt sie, „was haben sie Dir denn angetan, Kleine? Warum weinst Du?" „Ich hatte eine Laus und Maria hat die tot „genickst", (anstatt knicksen, sagte ich nicksen). Ich will auch mal eine Laus nicksen!" Da haben alle gelacht und Frau Wolf sagte ganz tröstlich: „Du liebe Kleine, wenn das so weiter geht, wirst Du noch viele Läuse ‚nicksen' können!" Und das war auch so. Die Armut wurde größer und die Läuse nahmen Überhand: nicht wir hatten die Läuse – die Läuse hatten uns! Das war eine grausame Plage! Und erst in den 50-er Jahren sind wir davon ganz los gekommen. Es gab mit einmal ein Gift, das nannte sich Dust (DDT). Damit wurde manches gebeizt, auch das Getreide wurde damit behandelt, damit es nicht vor Ungeziefer verkam. Dieses stinkende graue Pulver wurde auf den Kopf, in die Haare gestreut, dann ein Tuch fest umgebunden und so musste man den ganzen Nachmittag damit gehen. Vormittags gingen wir zur Schule, da konnte es nicht gemacht werden. Meine Schwester wurde einmal richtig krank davon. Mutter hatte ihr die Haare so voll geschüttet, weil sie so viele Läuse hatte und ein Tuch fest umgebunden. Es war dann wohl etwas zu viel, denn nach kurzer Zeit wurde Maria furchtbar unwohl. Es waren keine gewöhnliche Kopfschmerzen, das starke Gift wirkte so. Sie konnte es nicht so lange aushalten wie gewöhnlich und nahm das Tuch ab. Als sie sich den Kopf gewaschen hatte, wurde es wieder besser und die Kopfschmerzen verschwanden. Auch die Läuse waren weg.

Die Leute kämpften gegen dieses Ungeziefer auf alle erdenklichen Weisen! Manche erhitzten die verseuchten Kleider im Ofen, wie bereits erwähnt, um sich das lästige Läusesuchen zu ersparen. Aber oft genug geschah es dann, dass die Resthitze noch zu stark war und die Kleider versengt wurden. Wir Kinder haben das alles gar nicht so schlimm genommen. Wir steckten eben da drin und kannten nichts anderes. Uns war damals auch nicht bewusst, wie arm wir waren. Eine meiner ersten Erinnerungen neben dem Läuse „nicksen" ist folgende. Mutter war weggefahren, wohin weiß ich nicht. Da wir aber noch zu klein waren, um allein zu bleiben, passte unsere Cousine Elena Janzen und ihr Freund Artur Bensch auf uns auf. Als ich aufwachte, war Mutter schon weg und die beiden Jugendlichen saßen auf unserer Ofenbank. Wir schliefen damals alle zusammen unter einem alten, aber sehr warmen Federbett. Das war zwar schon ziemlich abgenutzt und stellenweise zerschlissen, so dass die Daunen herauskamen, aber es tat noch seinen Dienst. Ich wachte also auf, fröhlich und ausgeschlafen und kroch buchstäblich aus den warmen Federn. Dabei merkte ich, dass an mir einige Daunen klebten. Das erinnerte mich an unsere Hühner, so stelle ich mich in meinem kurzen ausgewachsenen Hemdchen auf die Bettkante, hob die Arme und schrie: „Kikerikii!" Da haben die Beiden aber nicht wenig gelacht! Und meine Schwestern gleich mit!

Mutters besondere Träume

In den ersten Jahren in unserem Erdhäuschen, als wir noch klein waren, hatte Mutter etliche wichtige Träume. Sie hatte es unsagbar schwer und war mit allem mutterseelenallein. Kein Zuspruch, kein tröstendes Wort einer Freundin, keine Ermutigung wurde ihr zuteil. Von nirgends hatte sie irgendwelche Hilfe zu erwarten außer von Gott. Auf den hat sie getraut und gebaut ihr ganzes Leben lang.

In dieser Zeit war es besonders schwer mit dem Brennstoff. Kuhmist war ein günstiges Brennmaterial, aber das Bisschen von unserer Kuh reichte nie und nimmer für den langen sibirischen Winter. So ging sie oft nach der Arbeit mit Beil und Strick Brennholz suchen. Weil der Schnee so tief war und manchmal noch locker, nahm sie ihre Holzpantinen unter den Arm, um sie nicht im tiefen Schnee zu verlieren und ging einfach in ihren

Strümpfen. Die waren sowieso den ganzen Tag nass. Bei alledem musste sie noch sehr vorsichtig sein, denn wenn sie beim Sträucher hacken ertappt wurde, konnte sie angezeigt und bestraft werden. Es war alles verboten. Niemanden kümmerte es, dass die armen Menschen von etwas leben mussten. Es wurde immer nur verlangt und verlangt. So suchte Mutter heimliche Stellen und konnte manchmal etwas mitbringen. Wenn sie dann gegen Mitternacht zurück kam, waren wir schon vor Müdigkeit und Hunger eingeschlafen. Da kann man sich denken, was wir von unserer lieben Mutter hatten, wenn wir den ganzen Tag auf sie warten mussten! Sie war völlig fertig, wenn sie endlich nach Hause kam. Aber selbst dann konnten wir sie nicht genießen. Es blieb ihr jedoch nichts anderes übrig, wenn sie uns am Leben erhalten wollte.

Für sie gab's aber noch keine Ruhe – sie machte sich nun ans Heizen. Obwohl man es kaum Heizen nennen kann. Was sie gebracht hatte, waren meist dünne Ästchen, die aus dem tiefen Schnee hervorragten. Zudem waren sie gefroren und mit Eis bedeckt. Das musste Mutter erst einmal abschlagen, etwas zerkleinern und dann mit einer Handvoll Stroh, das auch nicht trocken war, versuchen, ein Feuer zu machen. Wenn das dann endlich anfing zu brennen, da hat es an einem Ende etwas geflackert und vom anderen Ende tropfte das Wasser. Es musste nun auftauen und brennen in einem Gang. Mutter saß vor dem Ofen, um das bisschen Wärme, das da heraus kam, aufzufangen. Dabei versuchte sie, ihre Strümpfe zu trocknen, die Hände und Füße zu wärmen und hat ein wenig geschlummert, bis das Wenige niedergebrannt war. Dann hat sie das bisschen Glut an die Seite des Ofens geschart, wo unsere Ofenbank stand, damit morgens für uns der Ofen ein wenig warm war. Jetzt wurde alles dicht gemacht und sie musste wieder in den Kuhstall. So ging das tagaus, tagein. Der schwerste Monat im Jahr war der März. Der war so lang, und alle Vorräte gingen zur Neige. Der Keller war leer, das Heizmaterial aufgebraucht, nichts war mehr da. Es war aber noch immer kalt und oft gab es Schneestürme. So war es eine sehr schwere Zeit, wenn die Tage länger wurden, wir nichts mehr zu essen hatten und das Zimmer kalt war.

Eines Nachts träumte Mutter, dass Vater nach Hause gekommen war!

Er sah sehr müde und betrübt aus. Sie im Gegenteil war so froh gewesen und hat ihn mit Herzensfreude begrüßt: „Wie bin ich so froh, dass Du wieder da bist, mein Lieber! Jetzt werden wir wieder glücklich zusammen leben. Schau mal, Franz, sogar ein Häuschen hab ich gebaut, das ist jetzt unser eigenes. Da stört uns keiner!" Sie fasste ihn bei der Hand und führte ihn ums Haus. „Guck mal, wie ich hier lebe und nun sind wir wieder zusammen, wie gut wird es uns gehen!" Er hat sich still alles angeschaut, seine Blicke in die Runde geschickt und schließlich gesagt: „Ja, das ist nur ein irdischer Verbleib." Dann ist er hinaus gegangen, indem er sagte: „Ich muss fort, meine Zeit ist gekommen." Sie ist ihm gefolgt und hat ihn noch gefragt: „Wo willst Du hin, Franz? Willst Du nicht bei uns bleiben, gefällt es Dir hier nicht?" „Nein, ich kann hier nicht bleiben, ich muss fort", antwortete er. Als sie heraus kamen, war es draußen schon dunkel und vor der Tür stand ein Schlitten mit zwei großen schwarzen Pferden vorgespannt. Als er sich gerade in den Schlitten fallen lassen wollte, sah Mutter, dass die Pferde vor einem tiefen Abgrund standen. Tief unten sah sie, wie hohes Gras hin und her wogte. Da schrie sie auf: „Franz, sieh doch den Abgrund vor Dir! Du schlägst Dich kaputt!" Er schwang sich in den Schlitten und zog die Leine an. Sie schrie noch einmal auf wegen dieses grausamen Bildes und erwachte.

Dieser Traum hat ihr schwer zu schaffen gemacht. Sie konnte sich nicht erklären, was das zu bedeuten haben könnte. Man kann sich gar nicht vorstellen, wie der armen Mutter zu Mute gewesen sein muss. Mit Arbeit über und über belastet! Da war nie ein Durchblick oder Verschnaufpause. Kein nennenswerter Lohn, die Kinder hungrig im kalten Zimmer, sie selbst von Menschen beschimpft und unterdrückt. Also, von Menschlichkeit keine Rede. Sie konnte sich in dieses Elend nicht vertiefen, denn sonst hätte sie den Verstand verloren. Aber zum Nachdenken war sowieso keine Zeit, es ging ums reinste Überleben und immer nur hieß es: schnell, schneller und weiter! Mutters einzige Hoffnung war Gott. Ihm vertraute sie sich voll und ganz an, vom Staat war nichts zu erwarten. Dabei mussten wir Kinder in der Schule das Sowjetische Regime loben und verherrlichen, mit Liedern wie diesem:

„Für unsre so glückliche Kindheit,
Sei Dank dem Sowjetischen Land!"

Ein anderes Mal träumte Mutter, wie sie eben wieder etwas Reisig nach Hause gebracht hatte. Nun war sie dabei, es hinterm Haus zu zerkleinern. Sie stand an ihrem Hackklotz und vernahm auf einmal, dass jemand zu ihr sprach. Sie achtete aber nicht darauf, hackte weiter und schaute nicht mal auf. Die Person sprach weiter zu ihr und sagte: „Ich wollte Dich fragen, ob Du nicht mitkommen würdest." „Nein", sagte sie, „ich will nirgends hin mitgehen. Ich hab so viel zu tun, keine Zeit. Ich muss dieses hier fertig machen zum Ofen heizen. Dann muss ich für die Kinder was besorgen und schnell wieder auf Arbeit gehen." „Na", sagte die Person „eines Tages wirst Du gerne mit wollen." Das hatte er mit so einem besonderen Ton gesagt, dass es ihr durchs Herz ging. Da richtete sie sich auf und sah, wie die Person sich abwandte, um weiter zu gehen. Sie sah, es war kein gewöhnlicher Mensch. Seine Worte hatten einen ganz besonderen Klang. Im selben Augenblick war es über sie gekommen. „Das ist was anderes als sonst!" In diesem Moment schlug sie das Beil in den Klotz, ging ihm nach und sagte: „Ich will doch mitgehen!" Im Nu fiel alles von ihr ab. Sie dachte nicht mehr an ihre Arbeit, noch nicht einmal an ihre Kinder oder sonst etwas. Sie war so eingenommen von dem, was nun werden sollte! Sie ging ihm nach und dann redeten sie miteinander. Er sprach nur wenig, aber sie war aufgeregt und hatte viele Fragen an ihn, die er ihr beantwortete. Der Weg ging bergauf und er war ihr immer einen Schritt voraus, so dass sie ihm nicht ins Angesicht sehen konnte. Er hatte aber etwas an sich, dass sie an Jesus erinnerte, wie er in der Bilderbibel dargestellt ist. Er trug so etwas wie einen Mantel oder Umhang. Mutter war sehr wohl in seiner Nähe. Da fragt sie ihn: „Wie ist es eigentlich, wird der Weg noch schwerer werden?" „Demnach, wie Du gelebt hast, so wird der Weg sein", sagte er. „Mir wird es jetzt schon immer leichter", sagte sie da. „Und was ist das Ziel, wohin gehen wir?" fragte sie weiter. „Das wirst Du bald sehen", sagte er. „Ach", sagte sie, „es wird ja schon immer heller und mir ist so leicht, wie schön! Ich meine, wir sind bald da!" Und da hat sie mit Freuden ausgerufen: „Ich sehe schon unser Ziel! Ich sehe das goldene Tor! O, wie glänzt das! Ja, da will ich hin! Dahin hab ich immer gestrebt! Das war mein einziges Ziel!" Es war ihr, als ob es durch Bäume hindurch schimmerte. „Ach, wie wunderschön!" Da streckte er seinen Arm aus und versperrte ihr den Weg, sie konnte nicht weiter gehen. „So", meinte er, „das wollte ich Dir nur zeigen. Du solltest sehen, was auf Dich wartet. Damit Du nicht ermüdest in Deinem Lebenskampf und nicht den Mut und die Hoffnung verlierst. Auch, dass Du nicht verzagst in Deinem Leben." Da streckte sie ihre Hände aus und flehte ihn an, er möge sie doch da hinein lassen. Aber er hielt seine Hand vor ihr und sagte nur: „Noch nicht." Dann verschwand er und sie wachte auf.

Dieser Traum hat Mutter sehr ermutigt und getröstet. Sie war so dankbar, dass der Herr sie dieses Bild hatte sehen lassen! „So hat der Herr doch auf mich acht und erhält mich!" Das war ihr ein großer Trost für ihr ganzes Leben.

4. Kapitel: Der Krieg bricht aus!

Das Jahr 1941 kam und brachte keine Besserung für Tinas Gesundheit. Ihre Anfälle wurden nicht weniger. Im Sommer war es an der Zeit, wieder zum Arzt in die Stadt zu fahren. Trotz aller Arbeit und allem Stress wurde es Mutter ermöglicht, mit der kranken Tochter nach Orenburg zu fahren. Freilich mit einer zuverlässigen Person, die ihr in der Stadt helfen sollte. Diesmal fuhr Onkel Janzen mit ihr. Er war Fahrer eines kleinen LKW, eines Anderthalbtonners.

Sehr früh morgens am 23. Juni, es war mein 4. Geburtstag, aber so etwas wurde damals kaum beachtet, ging es los. Sie kamen zeitig an, stellten das Auto im Hof des Kolchose-Quartiers ab und machten sich auf den Weg zum Arzt. In der Klinik wurden sie von einer jungen Ärztin begrüßt. Diese fragte nach ihrem Begehr und untersuchte Tina dann gründlich. Sie schaute dem Mädchen in die Augen, maß den Kopf von oben, einmal von hinten nach vorne und einmal von links nach rechts. Dann sagte sie: „Ich weiß ganz genau, was ihr fehlt und was sie braucht. Ich weiß, woran sie leidet, kann aber leider nichts machen und kann ihr auch nicht helfen. Gestern ist Krieg mit Deutschland ausgebrochen. Die Ärzte sind alle in den Krieg einberufen worden. Die Schränke mit Arznei sind mit Plomben verschlossen, es bleibt alles für den Krieg. So kann ich Ihnen nicht die Hilfe gewähren, wie ich es gern möchte."

Das war eine riesengroße Enttäuschung! So mussten die Drei ohne jegliche Hoffnung auf Hilfe das Gebäude verlassen und zurückkehren. Als sie wieder zu ihrem Auto kamen, rannte die Wirtin, die das Quartier betreute, ihnen ganz aufgeregt entgegen und sagte: „Wenn Ihr nicht sofort unseren Hof verlasst, dann wird Euer Auto konfisziert! Ich habe Befehl bekommen, um zwölf Uhr mittags das Tor zu schließen und was dann da ist, geht in den Krieg!" Nun war Eile geboten, denn es war kurz vor zwölf!

Die Fahrt nach Hause verlief alles andere als angenehm. Unweit von Orenburg waren viele russische Dörfer, die sie passieren mussten. Es gab damals noch keinen Asphalt oder aufgeschüttete Wege, sondern die Straße ging immer von Dorf zu Dorf. Aber was da vorging, ließ sich mit Worten nicht beschreiben! Schon auf den Straßen der Stadt wurde das Auto viele Male angehalten. Es waren junge Studenten, die noch einmal nach Hause wollten, ehe sie zum Krieg mussten. Alle Unis, Institute, und technischen Hochschulen waren geschlossen. Nun suchten die armen Studenten eine Mitfahrgelegenheit. Hauptsache, aus der Stadt zu kommen, damit sie dort nicht noch geschnappt wurden! Sie waren noch gar nicht weit gefahren, da war die Ladefläche von Onkel Janzens LKW so voll mit jungen Männern, dass sie nur noch dicht nebeneinander stehen konnten, wie Streichhölzer in der Schachtel. Und immer wieder wurden sie angehalten. Die jungen Leute wussten aus Angst nicht, wohin. Sie liefen einfach aus der Stadt fort. In den russischen Dörfern war die Einberufung voll im Gange. Es war ein richtiges Chaos. Die Frauen schrien und klammerten sich an ihre Söhne und Männer. Die Männer und erwachsenen Söhne wurden in LKW geladen und abtransportiert. Die Kinder schrien ihren Vätern und Brüdern nach! Es war grausam anzuhören!

Sie mussten durch alle diese Dörfer fahren und überall das gleiche Bild und Geschrei. Und unterwegs noch immer die nach Hause laufenden Studenten. Das Auto war aber schon so voll, da konnte sich keiner mehr hinein quetschen. Da haben sich die Verzweifelten einfach am Auto festgehalten, um leichter laufen zu können und doch noch voran zu kommen. Der Fahrer konnte sowieso nur ganz langsam fahren, weil das Auto so stark überladen war. Irgendwie sind sie dann doch nach Hause gekommen. „Diese Reise vergesse ich nie!" sagte Mutter später.

Tinas erster Schlaganfall

Im Winter 1941 bekam unsere kränkliche Tina einen Schlaganfall. Das war eine traurige Sache! Ärzte gab es nicht. Freilich war Frau Janzen noch im Dienst, aber sie war für so viele Dörfer zuständig, dass man sie im Notfall nur schwer erreichen konnte. Ich weiß auch nicht mehr, ob die jemals bei uns gewesen ist und uns geholfen hat. Mutter musste täglich arbeiten gehen und wir waren noch sehr jung. Aber mit Gottes Hilfe und Mutters Fleiß, den Gott segnete, hat Tina sich wieder erholt. Dennoch hatten Maria und ich genug zu tun. Ich kann mir unsere Tina überhaupt nicht gesund vorstellen. Seit ich denken kann, war sie immer krank.

Sie erholte sich nur sehr langsam von dem Schlaganfall und konnte danach für längere Zeit nicht mehr allein gehen. Aber das Liegen ermüdete sie auch. Dann packten wir sie unter die Arme und gingen mit ihr langsam im Zimmer hin und her, damit sie doch etwas Bewegung hatte. Dann setzten wir sie wieder aufs Bett. Wir lasen ihr viel vor oder erzählten ihr etwas, um ihr eine Freude zu machen. Mit der Zeit wurde sie wieder etwas kräftiger und nach etlichen Monaten konnte sie auch wieder gehen. Aber die große Gefahr, dass sie jederzeit einen Anfall bekommen könnte, bestand nach wie vor – sie hatte inzwischen auch Epilepsie bekommen. Wenn so ein Anfall über sie kam, dann fiel sie ganz schwer hin und krümmte sich, was für uns ein ergreifendes, schmerzhaftes Schauspiel war, das wir hilflos mit ansehen mussten. Oft bekam sie einen Anfall draußen im Hof und fiel mal auf die harte Erde, mal ins Gras. Manchmal zerschlug sie sich dabei so schlimm das Gesicht, dass wir wochenlang noch zusätzlich mit der Versorgung ihrer Wunden beschäftigt waren. Wir konnten sie nicht halten, dazu waren wir zu klein und zu schwach. So standen wir neben ihr, bis die Krämpfe vorüber waren. Wenn sie dann wieder regelmäßig atmete, wussten wir, dass es vorbei war. Manchmal lag sie etliche Minuten ganz still da, als ob sie schlief, so erschöpft war sie von dem Anfall. Wenn sie dann ihre Augen öffnete, halfen wir ihr, aufzustehen und setzten sie auf eine Bank, einen Baumstamm oder eine andere Sitzgelegenheit. Dabei mussten wir aufpassen, dass sie nicht umfiel, weil sie keine Kraft hatte und sich nicht selbst halten konnte. Einmal bekam sie einen Anfall, nachdem sie gerade kochendes Wasser über ein zu rupfendes Hühnchen gegossen hatte. Zum Glück! Denn so konnte sie sich nicht mehr verbrühen. Aber während sie neben die Schüssel mit dem Huhn fiel, rutschte ihr der Grapen aus der Hand und platzte! Da war Mutter entsetzt, als sie abends nach Hause kam, denn es war unser einziges Kochgeschirr „Wie sollen wir jetzt unser Essen kochen?" Sie bat Onkel Lange, der damals Schmied war, um Hilfe. Der zog den Grapen wieder mit einem festen Ring zusammen und so diente uns dieser noch viele Jahre. Ein anderes Mal traf der Anfall Tina, als sie gerade am Herd stand und uns etwas kochen wollte. Dabei fiel sie so unglücklich, dass die Innenseite ihres linken Arms vom Krampf auf die heiße gusseiserne Platte gepresst wurde! Die Haut blieb am Herd kleben und Tinas Arm war wie gebacken! Sie litt wochenlang unter diesen Verbrennungen.

Wenn andere Kinder, die gerade bei uns spielten, einen Anfall mitbekamen, liefen sie vor Angst und Schrecken davon. Aber für uns gab es keinen Ausweg. Die Mama war nicht da und sie hatte uns streng befohlen, auf Tina aufzupassen. Wie sollte es auch anders gehen? Schon durch die Armut, von der ja die meisten anderen auch betroffen waren und den Hunger war unsere Kindheit nicht gerade unbeschwert. Aber die Krankheit unserer Schwester belastete uns noch zusätzlich. Deshalb guckten die Nachbarskinder, die zum Spielen kamen, erst scheu um die Ecke und fragten: „Ist eure Tina nicht wieder krank?" Trotzdem kamen sie gern zu uns und wir haben alle möglichen Spiele gespielt, reihum geschaukelt und vieles mehr. Wir hatten dicht an unserm Erdhäuschen einen sehr schönen, hohen Baum, die bereits erwähnte Silberpappel. Den untersten, dicken Ast hatte Mutter ein Stück abgesägt und an den Rest einen Strick angebunden. Somit hatten wir eine Schaukel. Mutter gab sich große Mühe, uns etwas zu bieten mit dem Wenigen, das sie hatte. So eine Schaukel hatte niemand im Dorf, deswegen kamen die Kinder gerne zu uns zum Spielen und Schaukeln. Dadurch hatten wir doch viel Gesellschaft, obwohl wir wegen der kranken Schwester zu Hause bleiben mussten.

Quer im Bett

Eines Morgens ging Mutter wie immer um vier Uhr in der Früh ihre zehn Kühe melken, füttern und ausmisten. Weil eine andere Frau an der Reihe war, Futter für den ganzen Kolchose-Stall zu holen, kam Mutter nach Hause, als Maria und ich noch schliefen. Im Schlaf hatten wir nicht mitbekommen, dass Tina wieder einen Anfall hatte. Die damit verbundenen Krämpfe verdrehten oft ihren ganzen Körper und brachten die einzelnen Gliedmaßen in eine unnatürliche, schmerzhafte Haltung. Sie wurde so durchgeschüttelt, dass sie häufig eine ganz andere Liegeposition hatte als vorher. Oft fiel sie aus dem Bett und verletzte sich dabei schwer. Ihr Gesicht trug fast ständig Spuren dieser Verletzungen und sah ziemlich schlimm aus. Aber auch an den Beinen und Armen hatte sie ständig blaue Flecken. Diesmal hatte es sie quer im Bett gedreht. Weil das Bett aber zu schmal war, hatten sich ihre Beine an der Wand entlang gestreckt und standen in die Höhe. Der Kopf war, nachdem die Krämpfe nachgelassen hatten, über den Rand des Bettes gefallen. So lag sie mit dem Genick auf dem Bettrand, den Kopf nach unten und war schon ganz blau angelaufen. Mutter erschrak! Schnell wollte sie ihre Tochter zurechtlegen, aber diese war so steif, dass es einige Zeit dauerte, bis Mutter das Manöver gelang. Sie wusste ohnehin nie, was sie zu Hause antreffen würde, wenn sie von der Arbeit kam. Da hatte sie eine Idee. Kurzentschlossen brachte sie reichlich Stroh in die Küche, verteilte es auf dem Fußboden, legte, was sie an alten Lumpen und deckenähnlichen Stoffresten hatte, darüber, verteilte ein paar Kissen am Rand und bettete Tina auf dieses Strohlager. Nun konnte sie wenigstens nicht mehr fallen. Freilich mussten wir doch aufpassen, damit sie nicht von ihrem Strohlager herunter rollte und sie auch wieder zurechtlegen nach ihren Anfällen. Wie sie dieses Lager bei ihren Krämpfen zerwühlte, spottet jeder Beschreibung! Wir haben den ganzen Tag hier und da geschoben, Kissen zurechtgerückt und unsere kranke Schwester immer wieder zugedeckt.

Das Strohlager auf dem Fußboden war nur im Sommer möglich, denn im Winter war es zu kalt. Und im Sommer quälten uns die Fliegen! Das war zu der Zeit eine große Plage und es gab kein Mittel gegen diese Biester. Tina konnte sich nicht wehren, weil sie ja keine Fliege verscheuchen konnte. So verdunkelten wir die Fenster mit alten Lumpen und hielten abwechselnd Wache bei Tina, vertrieben die Fliegen und gaben ihr zu trinken. Aber neben der Pflege unserer Kranken hatten wir noch andere Pflichten, z. B. den Garten unkrautfrei zu halten. Wenn Maria einen Teil gemacht hatte, kam sie herein und sagte: „Ich hab zwei Reihen Möhren gejätet, nun kannst Du gehen und Deine zwei Reihen machen." So ging das mit allem, alles musste gemacht werden und wir machten es gern. Wir haben nie über etwas geklagt, dass es uns zu viel war oder sonst was. Im Gegenteil, es hat uns riesig gefreut, wenn es dann im Sommer soweit war, und wir ab und zu mal eine junge Möhre ziehen konnten. Was waren die lecker! Aber noch größer war die Freude, wenn wir im Herbst die Ernte einbrachten. Im Winter durften wir täglich eine Möhre aus dem Keller holen. Damit haben wir die allerverschiedenste Spiele gemacht. Am Abend wurde die Möhre zu einem Ferkel gemacht, dieses wurde geschlachtet und gegessen. So verging der Tag im Winter. Tina schaute uns zu, manchmal lächelte sie, manchmal weinte sie auch vor Schmerzen.

Maria hat Typhus

Das Leben in den Kriegsjahren war unsagbar schwer! Im Sommer haben wir viel Gras gegessen und Wurzeln ausgegraben. Weil die Menschen so schlimm hungerten und beständig zur Kanzlei, dem Büro der Kolchose, gingen und bettelten, wurden den Arbeitern im Sommer 1942 einige Kilo Korn zugesagt. Es war aber kein Roggen, geschweige denn Weizen! Was ausgeteilt wurde, waren Unkrautsamen, die von der Reinigungsmaschine ausgeworfen wurden, winzige Körnchen, kleiner noch als Hirse. Man nannte es einfach Prosjanka (ru. Durchgesiebtes). Es waren grüne, gelbe, schwarze und rote dabei, die allerverschiedensten Farben und Sorten, auch Wermutsamen und es schmeckte furchtbar bitter! Diese Mischung wurde etwas gestampft, damit die Körnchen nicht so glatt waren und sich besser miteinander vermischten. Das Ergebnis war immer noch grober als Kleie. Davon wurde dann gebacken. Freilich nicht Brot, das gab es nicht. Mutter schaffte es irgendwie, aus dieser Mischung kleine Klumpen zu formen und daraus „Brötchen" von ca. 15 Zentimeter Durchmesser zu backen. Ich weiß nicht, wie sie das gemacht hat. Aber sie gab sich große Mühe, wenn sie nur etwas hatte, um für uns was anzufertigen. Nun waren die „Brötchen" fertig, aber Mutter verbot uns aufs strengste, von den heißen Dingern zu essen! „Die müssen erst ganz abkühlen, Kinder!" sagte sie ernst. Für uns waren das sehr schöne Brötchen, die sahen so lecker bräunlich und knusprig aus! Dazu waren wir so furchtbar hungrig… Maria hielt es schließlich nicht mehr aus. Sie ging heran, brach sich ein kleines Stückchen von der noch warmen Kruste ab und aß. Kurz darauf bekam sie starke Bauchschmerzen, krümmte sich und weinte. Als Mutter abends von der Arbeit kam, lag unser Mariechen im Bett und weinte. Mama erkundigte sich nach der Ursache und es stellte sich heraus, dass die Schmerzen nicht lange nach dem Stückchen „Brot", was ja gar nicht diesen Namen verdiente, begonnen hatten. „Also hast Du doch von dem Warmen gegessen", sagte Mutter, „ich hatte doch gesagt, es sollte erst abkühlen!" „Aber Mama, ich hatte doch so großen Hunger und ich liebe die frischen, knusprigen Krusten! Und ich habe ja nur ein klitzekleines Stückchen genommen", rechtfertigte sich Mariechen. Wenn dieses „Gebäck" abgekühlt war, dann war es nicht mehr ganz so bitter, aber warm konnte es sogar giftig sein. Darum wurden wir gewarnt.

Maria, die im Juni sieben wurde, hat von den Brötchen schon nichts mehr gegessen. Ich, damals fünf, kann mich noch schwach erinnern, wie sie im Schubkarren lag, nur Haut und Knochen, und ständig vor Schmerzen jammerte. Sie wollte nicht angerührt werden, was aber nicht möglich war, denn Mutter musste sie umbetten und aus dem Wagen ins Bett und aus dem Bett in den Wagen tragen. Manchmal wusste Mutter nicht mehr, was sie mit ihr anfangen sollte. Maria konnte nicht essen, hatte ständig Durchfall und große Schmerzen. Mutter wurde klar, dass es sich nicht von selbst wieder geben würde und so suchte sie einen Arzt auf.

Im Nachbardorf Rodnitschnoje (Nr. 10), das etwa acht Kilometer von uns entfernt lag, gab es ein Krankenhaus für Tuberkulosekranke. Der Arzt dort war Erich Eichhorst, der Mann unserer Cousine Anna, der Tochter von Peter Harms. Er war ein sehr guter Arzt. So fuhr Mutter zu ihm. Als er das kranke Kind untersucht und sich alles angehört hatte, wurde ihm angst. „Tante Helene", sagte er, „Ihre Tochter ist ganz furchtbar krank, sie hat nämlich Unterleibtyphus. Ich habe nichts da, womit ich ihr helfen könnte. Fahren Sie nach Hause und sagen Sie ja zu niemandem, dass Sie hier gewesen sind! Es ist nämlich sehr ansteckend und ich habe hier lauter lungenkranke Menschen. Wenn das jemand erfährt, werde ich bestraft. Und noch etwas: alles, was das Kind ausscheidet, muss sofort begraben werden, wegen der Ansteckungsgefahr!"

So hatte Mutter wieder ein todkrankes Kind und musste sehen, wie sie alleine mit allem fertig wurde. Maria brachte inzwischen nur noch Darmschleimhaut heraus, weil sie nichts mehr zu sich nehmen konnte. Die Gedärme schälten sich von innen heraus und sie hat sehr gelitten! Manchmal half unsere Nachbarin, Frau Wolf, Mutter mit der ganzen Belastung. Die hatte keine Kinder und war sehr lieb zu uns. Sie brachte uns sogar Bonbons, als wir noch keine Ahnung hatten, dass es so etwas überhaupt gab. Sie besuchte uns oft und hat viel geholfen. In diesem Sommer starb in unserem Dorf ein sechsjähriger Junge, Jascha Thiessen. Unsere Mutter hatte nichts anderes zu erwarten, als dass auch ihre Tochter das Leben aushauchen würde. Manche wunderten sich schon, wenn es hieß, Mariechen Harms lebt noch.

Weil niemand da war, um Maria zu pflegen, sagte Mutter die Arbeit auf dem Felde ab und übernahm eine Arbeit in der Nähe. Unser Nachbarhaus, ein solides Gebäude aus Stein, gehörte der Kolchose. Die Zimmer wurden als Speicher genutzt und im Stall wurde Jungvieh gehalten. Nun war im Hof auf einer großen Fläche der Mist verteilt – er wurde getrocknet als Heizmaterial für den Winter. Damit wurden die Schule und Behördengebäude der Kolchose, wie Kanzlei und andere, beheizt. Mutter übernahm die schwere Aufgabe, den angetrockneten Mist in Soden zu stechen, aufzurichten und nachher in Türme aufzuschichten zum Durchtrocknen. So hatte sie für lange Zeit Arbeit und war nicht weit von zu Hause. Maria nahm sie im Schubkarren mit, stellte sie im Schatten ab und wir beide, Tina und ich, waren selbstverständlich mit dabei. Denn für uns gab es nichts Besseres, als in Mamas Nähe zu sein.

So ging der Sommer vorüber. Als man die ersten Kartoffeln und Möhren aus dem Garten holen konnte, fing Mariechen wieder langsam an, zu essen. Zunächst nur krümelweise. Sie hatte nun selbst Angst, denn sie wusste ja, was es für Folgen haben konnte. Mehrere Monate war sie schwer krank gewesen, doch Gott hatte ihr das Leben erhalten. Dafür waren wir alle sehr dankbar!

Die Ausmusterung

Das Jahr 1942 ging zu Ende. Es waren viele Väter und junge Männer in den Krieg einberufen worden. Freilich wurden die deutschen Männer nicht an die Front geschickt, aus Angst vor Überläufern. Sie wurden im Hintergrund eingesetzt und mussten für die Armee arbeiten[19], z. B. in großen Baustellen oder Kohlengruben, Waffenfabriken und vieles andere mehr. In den Augen der russischen Bevölkerung waren sie genau solche Faschisten, wie die, die das Land überfallen hatten. Deshalb wurden sie in die Gruben geschickt und das war's dann – kaum jemand überlebte und kam zurück. Das wissen wir von unserm Onkel Jakob Redekop, Johann Vogt und vielen anderen. Die waren noch lebendige Zeugen jener Zeit. Für die zurückgebliebenen Frauen wurde es immer schwerer. Die ganze Kolchose lag auf ihren Schultern und auf denen der Kinder und Jugendlichen. Aber die Arbeit musste getan werden und es hieß, immer nur vorwärts!

---

[19] Manche waren jedoch so patriotisch eingestellt, dass sie gern gegen die Faschisten kämpfen wollten. Aber dafür war es nötig, ihre deutsche Identität zu verbergen. So hatte ein Jakob Penner aus unserem Dorf sich den Nachnamen Popov gegeben und war eingezogen worden. Niemand wusste es, erst viel später kam es heraus.

Im November 1942 waren dann die Frauen an der Reihe. Es kam eine Kommission aus dem Kreis mit mehreren Ärzten und alle Mädchen ab 16 Jahren und Frauen bis zum 50. Lebensjahr mussten sich einer Untersuchung unterziehen. Nur Schwangere und Mütter von Kindern unter drei Jahren waren ausgenommen. Nach der Untersuchung mussten sie fort in die Arbeitsarmee. Es war nur ganz selten, dass mal jemand als untauglich eingestuft wurde. Die meisten waren für jede Arbeit tauglich. Unsere Mutter musste sich auch dieser Untersuchung stellen. Sie war 35 Jahre alt, also stand sich auch auf der Liste. Mit den Kindern wurde überhaupt nicht gerechnet! Wenn ein Kind vier Jahre alt war, konnte es schon ohne Mutter auskommen. Es ging um Stalin und ums „Vaterland". Ich war damals schon fünf Jahre, Maria sieben und Tina elf. Also alle groß genug, um ohne Mutter zurechtzukommen. Dass Tina so krank war, kam überhaupt nicht in Betracht. Also gab es kein Hindernis, Mutter sollte weg. Aber es war für alle Frauen schrecklich, ihre Kinder dem Schicksal zu überlassen! Dafür gibt es einfach keine Worte.

Mutter war sehr vorbedacht und wollte uns das Allernötigste erklären. Das hat sie meistens mit Maria besprochen, die sich langsam vom Typhus erholt hatte. Sie war die Zuverlässigste von uns Dreien, wenn auch nicht die Älteste. Tina konnte Mutter mit so was nicht belästigen und ich war immer die Kleinste. So erklärte sie Maria sehr deutlich, wie wir auf Tina achtgeben sollten. Wir sollten sie nie irgendwo allein lassen. Und im Haus zeigte sie Maria das Allerwichtigste, was wir selbst tun konnten. Sogar, wie das Erddach zu reparieren sei und verschiedenes mehr. Maria hatte ja auch schon oft geholfen. Und dann gab sie ihr drei Broschen. Es waren ganz einfache Broschen. Die wurden bei einem sog. Lappenhändler gekauft, der durch die Dörfer fuhr und rief: "Knochen, Lappen, Lunzen dawaj." Er war ein Baschkire, der diese paar deutschen Wörter gelernt hatte und sie mit dem Russischen mischte. Weil es in all den Dörfern keine Geschäfte gab, kauften die Leute bei ihm, was er eben hatte. Und wir Kinder haben Knochen und alles Mögliche gesammelt. Im Austausch für die Knochen und Lappen kaufte Mutter Kleinigkeiten, wie eben diese Broschen. Sie hatte die bestimmt zu Weihnachten für uns besorgt, aber weil es nun so stand, dass sie wie die anderen Frauen weg musste, gab sie die Maria und sagte: „Hier hab ich ein kleines Geschenk für Euch. Wenn Ihr morgen erwacht, bin ich nicht mehr da. Behalte alles, was ich Dir gesagt habe, liebt Euch immer, zankt Euch nicht und betet viel, auch für mich. Dann gib jedem Deiner Schwesterchen eine Brosche und sag ihnen, das ist das letzte Geschenk von mir zum Andenken." Mit diesen Ermahnungen und Belehrungen sind sie dann zur Ruhe gegangen. Leider wurden uns die Broschen später gestohlen.

Morgens war Mutter nicht da, wie sie gesagt hatte, und keiner wusste, was kommen würde. Sie war eben zur Untersuchung gegangen und ihr war gesagt worden, alles Nötige mitzunehmen. Wer in der Untersuchung durchkam, wurde sofort abgeschickt. Die kamen dann schon nicht mehr nach Hause. Als Mutter die Untersuchung hinter sich hatte, wurde ihr gesagt: „Untauglich, wegen eines schweren Herzfehlers." Sie meldete das in der Kanzlei und war der Meinung und war nun froh, alles hinter sich zu haben und frei zu sein.

Wir waren unsagbar froh, als Mutter zur Tür herein kam! Da hatten wir doch wieder die liebe Mama! Aber die Leute im Dorf waren damit nicht zufrieden. Eine junge Frau und die kann zu Hause bleiben? Das gibt's doch nicht! Am nächsten Tag war die Kommission im Nachbardorf Kitschkass. So wurde sie dahin geschickt. Sie nahm ihre Unterlagen und ging. Als der Arzt sie untersuchte, kam ihm das seltsam vor. Das hatte er doch schon alles an einer Person gesehen! Dann guckte er auf ihre Papiere und fragte: „Waren Sie nicht gestern schon zur Untersuchung?" „Ja", sagte Mutter, „ich war da." „Na, es wurde Ihnen doch gesagt, dass Sie ein schwaches Herz haben und Sie werden für die Arbeitsarmee nicht zugelassen. Gehen Sie nach Hause und seien Sie ganz ruhig, Sie bleiben zu Hause." Da kam sie freudig nach Hause und wir waren alle noch so froh!

Anfang 1943 wurde sie in die Kanzlei gerufen: „Morgen sind die Ärzte in Stepanovka, geh Du dahin zur Untersuchung." „Ich bin ja schon zwei Mal", sagte sie, „die haben mich doch frei geschrieben." „Wir sagen Dir, Du sollst zur Untersuchung gehen, hast Du das verstanden?" So musste sie noch zum dritten Mal gehen. Die Leute in unserm Dorf hatten sich wohl vorgenommen, uns aus dem Dorf zu ekeln. Diesmal ist es Mutter sehr schwer gefallen und sie sprach wieder mit Maria allein. „Ich muss wieder zu Untersuchung und mir ist sehr bange. Die wollen mit Gewalt durchdrücken, dass ich wegkomme. Vieles habe ich Dir schon gesagt. Vieles wisst Ihr auch schon selbst. Wenn etwas allzu schwer ist, dann holt Euch Hilfe bei anderen Leuten. Die werden Euch helfen. Bleibt aber immer schön zusammen. Habt acht auf Tina, die darf sich nicht überanstrengen. Und vergesst nie zu beten, uns kann nur der große Gott helfen!"

Des andern Tages, ganz früh, als wir noch schliefen, ging Mutter nach Stepanovka. Als sie an die Reihe kam, schaute der Arzt sie fragend an. Dann verlangte er ihre Unterlagen, schaute sich diese an und sagte: „Warum sind Sie wieder gekommen? Wir haben Ihnen doch klar gesagt, aus gesundheitlichen Gründen können Sie nicht eingezogen werden. Gehen Sie nach Hause und kommen Sie nicht mehr hierher! Ist das klar?" Darauf sagte sie: „Ich würde ja nicht kommen, aber mir wurde strengstens befohlen, mich hier zu melden und nochmals alles durchzugehen." „Na, das brauchen Sie nicht mehr. Ich schreibe ihnen eine Bescheinigung, die zeigen Sie Ihrem Vorsitzenden und die Sache ist erledigt. Aber geben Sie die nicht ab. Zeigen Sie ihnen das Papier und behalten es für sich. Das ist ein Beweis für später."

Man kann sich gar nicht vorstellen, wie glücklich sie war! Mit leichten Füßen, wie auf Flügeln kam sie zu Hause an. Die Freude war wieder groß: Mutter hatte ihre Kinder und die Kinder ihre Mutter wieder! Endlich konnte sie ruhig sein, denn sie musste nicht weg. Nun ging alles weiter wie bis dahin. Leider waren manche Leute neidisch auf sie, dass sie zurück bleiben konnte, während andere, die noch kleinere Kinder hatten, doch weg mussten. So haben viele sie unfreundlich angeschaut und sie musste viele Erniedrigungen, Beleidigungen und Schikanen ertragen. Da war sie jedes Mal sehr dankbar und froh, wenn sie abends, obwohl oft sehr spät, in ihr eigenes Häuschen gehen konnte, wo sie von ihren Kindern mit Sehnsucht und Liebe erwartet wurde.

Der unerwartete Besuch

Eines Abends bekamen wir unerwünschten „Besuch". Das Vieh war schon von der Weide gekommen und Mutter melkte gerade unsere Kuh, als ein Einspänner auf den Hof fuhr und unterm Baum stehen blieb. Ein Mann stieg vom Wagen und kam auf die Tür zu. Mutter kam mit der Milch um die Ecke und ging in die Küche, um die Milch weiter zu versorgen. Da kam der Mann herein. Mutter erkannte ihn, es war der Milizbeamte, der für unsere Dörfer zuständig war. Sie bekam große Angst, denn sie hatte noch nie etwas mit so einem Menschen zu tun gehabt. Nun war er da und schimpfte laut! Er fluchte und ging mit erhobener Hand auf uns los. Mutter wollte nichts mit ihm zu tun haben und schon gar nicht drinnen. Sie hatte gemerkt, dass er völlig besoffen war und dabei fasste er sich immer an die Seite, an der seine Pistole war, die er ja von Amts wegen immer bei sich trug. Gerade, weil er nicht wusste, was er tat, war er sehr gefährlich! Geistesgegenwärtig schickte Mutter sofort Maria in die Kanzlei – jemand sollte kommen und Ordnung schaffen. Die Kanzlei war bei uns in der Nähe, nur ein Haus weiter. Währenddessen versuchte sie, den Mann heraus zu locken. Sie nahm mich bei der Hand und wir huschten zur Türe heraus, versteckten uns aber im Stall hinter der Tür. Das hatte der Betrunkene nicht gemerkt, als er heraus taumelte. Das war unser Glück, denn Mutter hatte große Angst, er würde weiter ins Haus gehen und unsere Kranke erschlagen oder erschießen. Er war ja völlig unberechenbar, besinnungslos besoffen. Nun war er draußen. Als wir aus unserem Versteck heraus kamen, schloss Mutter sofort die Tür. Da kam auch schon Maria angerannt und rief: „Die Kanzlei ist zu und niemand zu erreichen!" Als er uns nun wieder erblickte, ging er erneut auf uns los, schimpfte, fluchte und brüllte immer wieder: „Ich erschieße Euch! Ich erschieße Euch!" Dabei fasste er immer nach seiner Pistole. Ich hatte furchtbare Angst und schrie wie am Spieß, so dass Leute auf der Straße stehen blieben. Zum Glück hatte er keine Pistole bei sich, was wir aber nicht wussten. Auf einmal fiel ihm ein Knüppel in die Hände und er rannte damit hinter uns her. Freilich, weil er so besoffen war, konnte er sich kaum auf den Beinen halten. Wir liefen um die Ecke des Nachbarhauses und guckten, was er weiter machen würde. Hätte er seine Pistole bei sich gehabt, er hätte uns alle erschossen, einfach, weil er nicht klar denken konnte. In diesem Moment kamen zwei junge Burschen von der Straße, die diese Szene beobachtet hatten. Die packten ihn unter den Armen, warfen ihn in seinen „Tarantass" (Wagen), lenkten das Pferd bis zur Straße in Richtung Kubanka und ließen es laufen. Nun konnten wir endlich aufatmen, der Sturm war vorüber. Aber unsere Angst war noch lange nicht vorbei. Mutter musste ja in der Nacht auf der Tenne Wache halten. Wir waren dann allein – was, wenn er dann wieder käme??? Mutter tröstete uns und sagte: „Habt keine Angst, der ist weg und kommt nicht wieder. Er hatte ja auch keine Absicht gegen uns gehabt. Er war total besoffen und wusste überhaupt nicht, was er tat und wo er war. Er hätte genauso gut zu jemand anderem in den Hof fahren können und das Gleiche getan."

So ging Mutter auf ihren Posten und wir blieben zu Hause. Er kam auch wirklich des Nachts nicht mehr, aber die Geschichte war damit noch nicht zu Ende. Er war nämlich die Dorfstraße entlang gefahren und nach rechts abgebogen. Da ging der Weg runter zum Fluss. Dabei war er in seinem Taumel eingeschlafen. Das Pferd war mit dem Wagen auf die Wiese gefahren und hatte in der Nacht schön gegrast. Zwischen der Wiese und den Häusern waren die Gemüsegärten der Dorfbewohner. Nach Mitternacht, als es schon auf den Morgen zuging, hörte Mutter auf einmal seltsame Geräusche. Sie horchte und horchte. So was hatte sie noch nie gehört. Es kam aber immer näher. Da hört sie auch schon das Pferd schnaufen. Da, mit einmal kam das Pferd durch die Büsche. Der Wagen hinterher und der Mann auf dem Wagen schlief seinen seligen Schlaf und merkte nichts. Mutter hatte sich etwas versteckt, damit sie nicht sogleich zu sehen war. Das Pferd kam gerade auf die Tenne zu, blieb vor einem Wall Getreide stehen und fraß drauf los. Mutter sah, dass der Milizmensch fest schlief. Sie nahm das Pferd am Zügel, lenkte es bis auf die Straße und ließ es gehen. Wo er danach geblieben war, wusste sie nicht.

Morgens kamen mehrere Männer zu uns, seine Kollegen, und fingen an, im Gras herum zu wühlen, als ob sie etwas suchten. Wir wussten nicht, was da los sei. Da wurde Mutter gefragt: „War der Miliz gestern hier?" Was sollte sie anders sagen als Ja? Die zwei jungen Männer hatten ihn ja von uns weggelenkt, die wussten, dass er da war. „Hatte er seinen Revolver dabei?" fragten diese weiter. „Das weiß ich nicht", sagte Mutter. „Vermutlich nicht, sonst hätte er uns alle erschossen. Er drohte uns fürchterlich, aber er hatte nichts in der Tasche, auch nichts in der Hand." Da fragten sie ihn selbst, er war auch dabei."Weißt Du, dass Du hier warst?" „Ich weiß nichts, wo ich war oder warum. Ich weiß nur noch, dass ein Kind fürchterlich geschrien hat, mehr weiß ich nicht". Das war natürlich ich gewesen.

Die Männer haben alles durchgesucht und durchgewühlt, sogar der Kuhmist von der Nacht wurde durchgekratzt, aber nichts gefunden. Da kam Frau Peters und meldete, sie hätte die Pistole gefunden. Die Familie Peters hatte ihr großes Wohnzimmer vermietet und da war die Kanzlei eingerichtet. Das war der Arbeitsplatz des Beamten, da hat er sich immer aufgehalten, und da war auch seine Waffe. Wo hätte sie auch sonst sein sollen? Es gab da so manche Angeber, Kerle, die wer weiß was von sich hielten. Sie waren ja die Herrscher und wir Deutschen die Faschisten. Zum Glück hatte Frau Peters gesehen, wie stark besoffen er war und dass er zu allem fähig war, nur nicht zu etwas Gutem. So hatte sie ihm unbemerkt den Revolver abgenommen und weggelegt. Hätte sie das nicht getan, hätte er großes Unheil im Dorf angerichtet. Freilich sagte sie ihm nicht, dass sie ihm die Waffe abgenommen hatte, sondern, dass er diese bei ihr verloren hatte. Das kam erst Jahre später heraus. Aber nun kam er glatt davon und sie wurde noch als Finderin belohnt!

Wächterin der Getreidespeicher

„Tod und Leben stehen in der Zunge Gewalt;
wer sie liebt, wird ihre Frucht essen."
(Die Bibel, Sprüche 18,21)

Irgendwann Mitte der 40-er Jahre nahm Mutter eine zweite Arbeitsstelle an, weil es unmöglich war, die Familie allein durch die Arbeit in der Kolchose zu ernähren. Diese neue Arbeit bestand darin, die staatlichen Getreidespeicher zu bewachen. Auch wenn es eine große Zusatzbelastung bedeutete, so war sie doch sehr froh, diese Möglichkeit zu haben! Die Stelle bekam sie durch befreundete Russen.

Mit diesen Speichern verhielt es sich so: Zu Beginn der Kolchosen Anfang der 30-er Jahre wurde alles Getreide in Depots in die großen Städte gebracht. Diese waren aber nicht dafür ausgelegt und der Platz reichte nicht. Also schüttete man das Getreide einfach auf offene Tennen oder andere freie Plätze, wo es Wind und Wetter ausgesetzt war und sehr schnell verdarb. Tonnenweise wurde das durch schwere Arbeit geerntete und nun verrottete Korn entsorgt, während die Menschen in den Dörfern hungerten. Irgendwann ging man dazu über, zunächst nur einen Teil des Getreides in die Depots zu bringen und den Rest bis zum Frühling in den Dörfern zu lagern. Dafür wurden große Gebäude wie Kirchen oder ähnliches für den Winter zu Speichern umfunktioniert. Das darin gelagerte Getreide gehört dem Staat bis auf Abruf. Die Speicher waren versiegelt und mussten streng bewacht werden vor den verzweifelten, hungernden Menschen.

So hat sie viele Jahre die Speicher bewacht und wir haben ihr manchmal geholfen. Im Alter von elf oder zwölf Jahren haben wir redlich die Abende für sie gewacht. Sie konnte dann nach der Kolchosearbeit ein paar Stunden schlafen, bis sie uns gegen 23 Uhr auf dem Posten ablöste. Das Wachehalten war auch nicht ungefährlich, doch davon später mehr.

Im Frühjahr, wenn der Staat das Getreide einforderte und die Speicher geleert werden mussten, kamen ganze Kolonnen von LKW, die das Getreide wegtransportierten. Dann mussten die Frauen sich wieder tüchtig ins Zeug legen, denn es war ihre Aufgabe, die Lastwagen zu beladen. Es war harte Arbeit, denn es wurde alles von Hand gemacht, entweder mit Eimern oder mit Säcken. Und das war noch nicht alles: die Frauen als Getreidewächter mussten die LKW bis zum Abgabepunkt begleiten und die Ablieferung überwachen. Wenn sie von morgens früh die LKW beladen hatten, dann mussten sie nachmittags mitfahren und das Getreide abgeben. Wenn das Getreide nicht ordnungsgemäß ankam, wurden sie haftbar gemacht. Aus Erfahrung wussten sie, dass man den Russen nicht trauen konnte. Es war immer wieder vorgekommen, dass die Fahrer die erstbeste Möglichkeit nutzten, um ein paar Säcke zu verkaufen. Davon kauften sie sich Alkohol und dann stimmte das Gewicht natürlich nicht mehr. Um dem vorzubeugen, mussten die Frauen mitfahren. Das war für die alles andere als interessant. Die Russenmänner erlaubten sich so manches. Aber es musste so sein und so ging das Jahr für Jahr.

In einem Frühling kamen wieder die Kolonnen LKW und wie schon so oft, musste auch unsere Mutter einen LKW beladen und begleiten. Die Fahrer machten nur eine Reise pro Tag, was auch genug war, denn die Straßen waren damals noch sehr schlecht und die Fahrt ging nur langsam voran. Spät nachmittags oder abends kamen sie dann zurück. In der Zeit mussten wir alleine zurechtkommen und es ging auch immer einigermaßen. Also fuhren sie diesen Tag los wie immer. Wir warteten schon auf ihre Rückkehr, wenn sie gerade losgefahren waren. Nun ging der Tag zu Ende, aber sie kamen nicht! Der Abend schritt voran, die Nacht brach herein und Mama kam nicht! Betrübt und mit vielen Tränen gingen wir zu Bett, nachdem wir unsere Kranke nach Möglichkeit versorgt hatten. Morgens war die erste Frage: "Ist Mama da?" Nein! Wir waren so traurig und ratlos, wussten einfach nicht wohin. Und niemand sagte uns etwas. Die anderen Frauen waren wohl irgendwann spät zurück gekommen, aber keine wusste, was mit unserer Mama los war. Wir warteten also weiter. Jedes Geräusch eines LKW trieb uns auf die Straße, ob Mama jetzt gekommen war? Nichts!

So warteten wir den ganzen Tag. Nachmittags kam Frau Lange uns besuchen. Sie war eine hartherzige Frau. Den Langes ging es gut, sie schienen nie Mangel an irgendetwas zu haben, was jedoch nur auf Kosten anderer Leute möglich war. Darum hatte sie kein Mitleid mit den armen Leuten wie uns. Es hieß nur immer: „Die sind so dumm, darum sind sie so arm. Die verstehen einfach nicht zu leben." Frau Lange war nie selbst arbeiten gegangen, weil sie es nicht nötig hatte und so hatte sie kein Verständnis für uns. Nun war sie da, betrachtete unsere ganze Armut und fragte, wo denn die Mama wäre? Maria sagte ihr, wie es uns gehe. Und dass die Mama gestern mit dem Getreide gefahren sei und noch immer nicht zurück. „Na", sagt Frau Lange, „wenn die gestern schon gefahren und heute noch nicht zurück sind, dann kommt sie auch schon nicht mehr. Also, das könnt Ihr wissen, von heute an seid Ihr Euch selbst überlassen. Eure Mutter kommt nie mehr zurück, auf die braucht Ihr nicht mehr zu warten." Mit diesen Worten ging sie wieder, ohne dass ihr bewusst war, wie tief sie unsere Kinderherzen verwundet hatte! Anstatt uns Mut zuzusprechen, mit uns zu beten – sie hielt sich für eine sehr fromme Frau und ihr Mann war Prediger – oder uns eine Kleinigkeit zum Essen zu geben, hatte sie uns moralisch totgeschlagen. Was sollten wir anderes tun als beten und warten auf unsere liebe Mutter, da wir schon keinen Vater hatten? Maria und ich weinten beide bitterlich. Ich ging raus in den Garten unter die Johannisbeerenhecke, schluchzte und betete. Wie lange ich da so gebetet habe, weiß ich nicht mehr, aber ich hörte mit einmal meinen Namen. Jemand rief mich. Es war ein russisches Mädchen, Katja K., mit der wir oft zusammen spielten. Ihre Familie wohnte bei uns über der Straße und nun kam sie wieder zum Spielen und fand mich da tief im Gebüsch. „Was heulst Du da?" lachte sie. Ich wischte mir die Tränen ab, kroch hervor und wir gingen spielen. So verging der Tag und der Abend und Mama war immer noch nicht zurück. Nun waren wir die zweite Nacht allein, ohne auch nur das Geringste von unserer Mutter zu wissen. Wieder weinten wir uns in den Schlaf. Ich weiß nicht mehr, wer uns früh morgens geweckt hat, denn die Kuh musste ja doch gemolken und zur Straße gebracht werden, damit sie mit den anderen zur Weide getrieben werden konnte, aber irgendwie schafften wir alles. Wahrscheinlich hat Tante Bergen es für uns gemacht. Gott möge es ihr in der Ewigkeit belohnen!

Da, im Laufe des dritten Tages kam endlich unsere lang ersehnte liebe Mutter wieder zurück! Sie war so froh und dankbar, wieder zu Hause zu sein! Und wir freuten uns nicht weniger, sie endlich wieder zu haben! Natürlich hat sie uns nicht alles ausführlich erzählt, was vorgefallen war. Bestimmt waren wir noch zu jung dafür. Die kurze Version war, dass der LKW scheinbar kaputt gegangen war, und wer weiß was noch alles...Aber sie dankte Gott für alle Bewahrung. Nun hatten wir unsere Mutter wieder! Gott sei Dank!

Tinas 2. Schlaganfall

Im Sommer 1943 erlitt unsere Tina ihren zweiten Schlaganfall. Danach lag sie tagelang völlig bewegungslos und bewusstlos da. Wir konnten sie noch nicht einmal füttern. Also benetzten wir immer wieder ihre Lippen und versuchten, ihr etwas durch den geschlossen Mund einzuflößen. Weil sie ihr Bedürfnis nicht melden konnte, machte sie alles ins Bett und musste mehrmals täglich trocken gelegt werden. Wir brauchten Bettlaken oder zumindest Stoff, aber es war nichts da. Sie wurde auch öfters wund, durchgelegen von all dem groben Zeug und Stroh, auf dem sie lag. Und immer noch hatte sie ihre schlimmen Krämpfe.

Zu der Zeit gab es im Nachbardorf, ca. vier Kilometer entfernt, einen *Medpunkt*, eine Art Ambulanz oder Erste-Hilfestation. Frau Lepp, die ihn verwaltete, war mehr als eine Krankenschwester, aber keine Ärztin, wir nannten sie Feldscher, vielleicht könnte man sagen Arzthelferin. Sie war sehr erfahren und konnte vielen helfen. Mutter rief sie zu ihrer schwerkranken Tochter. Nach einer eingehenden Untersuchung konnte Frau Lepp jedoch nur feststellen: „Ich kann dem Kind nicht helfen. Außer Schmerzmitteln habe ich nichts, was ihr helfen könnte". Aber selbst das war schon viel und Mutter war froh, wenigstens etwas für die Kranke tun zu können. Frau Lepp jedoch hatte schwere Bedenken und ordnete genau an, wann und wie viel sie Tina von der Medizin geben konnte. „Frau Harms", sagte sie, „das ist ein starkes Mittel und ich gebe es nicht jedem in die Hände. Aber zu Ihnen habe ich Vertrauen, dass Sie es so machen werden, wie ich es Ihnen sage. Während Ihre Tochter in diesem Zustand ist, können Sie nicht alle paar Tage kommen und mit der Kranken schon gar nicht. Also befolgen Sie bitte genau meine Anweisungen."

Mutter hielt sich streng daran und langsam ging es Tina etwas besser. Mit der Zeit konnte sie wieder den Mund ein wenig aufmachen und wir flößten ihr ganz behutsam ein paar Löffel Suppe oder dünnen Brei ein. Insgesamt lag sie mehrere Monate zu Bett, was Mutter unsagbar schwer fiel. Tina war noch über die ganzen Feiertage, Weihnachten und Neujahr schwer krank. Es dauerte lange, bis Tina sich erholte. Sobald es irgend möglich war, übten wir mit ihr das Gehen. Und siehe da, im Sommer 1944 fing sie wieder langsam an zu gehen, aber nur unter unserer Aufsicht und mit Hilfe.

Da merkte Mutter auf einmal, dass es Tina doch wieder schlechter zu gehen schien und ihr fiel auf, dass die Arznei ausgegangen war. So ging sie wieder zu Frau Lepp und bat um Nachschub. „Für wen wollen Sie denn die Arznei?" fragte diese. „Na, für meine Kranke", sagte Mutter. „Das hat doch so geholfen und es kann ja auch noch weiter helfen!" „Was?" sagte die Frau erstaunt, „das kranke Kind lebt noch?" „Ja", sagte Mutter, „sonst wäre ich ja nicht gekommen, um danach zu fragen." „Aber sicher gebe ich Ihnen noch einmal die Arznei! Nur seien Sie weiterhin sehr vorsichtig, es ist nämlich Morphium. Na, Sie wissen schon, wie damit umzugehen ist. Ich dachte, das Kind sei längst gestorben."

Marias erste Schuljahre (1943-45)

Im Juni 1943 wurde Maria acht und am 1. September kam sie in die Schule. Da wurde es noch einmal schwieriger, denn wir hatten weder was Vernünftiges zu essen noch zum Anziehen. Im Herbst wurde es schon früh empfindlich kalt und Maria hatte weder einen Mantel noch eine Jacke. An manchen Tagen zog sie Mutters Jacke an, wenn diese vom Kühe melken zurück war und nicht aufs Feld musste, um Futter für den ganzen Kuhstall zu holen. Dann versank das schmächtige, halb ausgehungerte Mädchen zwar fast in Mutters großer Wattejacke, aber sie musste zumindest nicht frieren. Was Maria sonst angezogen hat, wenn Mutter auch weg musste, weiß ich nicht mehr. Schultaschen gab es auch keine, deshalb nähte Mutter aus einigen Lappen einen Beutel, in dem Maria ihre Schulsachen tragen konnte – es waren ja nicht viele. Bücher waren knapp und wurden der Reihe nach unter den Kindern ausgeliehen. Hausaufgaben gab es keine, weil es weder Papier noch Hefte gab. Deshalb wurde in der Pause an der Tafel geschrieben und gerechnet, was der Lehrer in der Stunde erklärt hatte und das waren die „Hausaufgaben". War ein Schüler fertig, wurde alles abgewischt und der nächste kam dran. Trotzdem lernten die Kinder rechnen und schreiben und es war gut!

Für mich wurde es dadurch wieder schwerer. Wenn Maria in der Schule und Mama auf Arbeit war, blieb ich mit Tina allein. Ich durfte nicht von ihrem Bett weggehen, musste immer aufpassen, dass sie nicht aus dem Bett fiel, denn damals konnte sie schon nicht mehr aufstehen. Wenn sie ihre Krämpfe bekam, musste ich allein mit ihr fertig werden. Nach einem Anfall tat ihr alles weh, ihre Glieder waren verrenkt und sie litt furchtbar. Dann gab ich mir größte Mühe, sie zu drehen, um es ihr bequemer zu machen. Mir, als Sechsjährigen, dazu noch kränklich und mager, reichten die Kräfte nicht aus, um meine doppelt so alte, große Schwester richtig zu betten. Ich muss ihr wohl manchmal Schmerzen zugefügt haben, denn sie war oft unzufrieden mit mir und wollte nicht von mir versorgt werden. Das hat sich bei ihr im Gedächtnis abgespeichert und auch, als ich schon erwachsen war, hatte sie immer noch Angst, wenn ich sie versorgte. Sie klammerte sich dann so fest an meine Arme und kniff so stark zusammen, dass auch ich Schmerzen hatte. Aber ich wusste ja, dass sie es aus Angst und Not tat. Wenn Maria erst wieder zu Hause war, kümmerten wir uns zusammen um Tina, dann war wieder alles gut. Zu zweit war es doch viel leichter.

1944 kam Maria in die zweite Klasse. Ich war sieben Jahre alt und nun schon den zweiten Winter tagsüber allein mit meiner kranken Schwester. Es fehlte immer noch an allem. In der Schule bekamen die Schüler manchmal Stücke graues Papier von Zementsäcken oder Reste von Zeitungen. Die unbedruckten Zeitungsränder eigneten sich hervorragend zum Schreiben, Rechnen und Malen, sofern es Stifte gab. In diesem Jahr gab es in der Schule für jeden Schüler zwei Hefte: eins für Schönschreiben und eins für Mathe, von je zwölf Blätter, also 24 Seiten. Das wurde so eingeteilt, dass es für das ganze Schuljahr ausreichen musste. Wenn die Schüler ihre Schreibarbeit hatten, durften sie nur ein paar Zeilen schreiben und mussten das Heft dann dem Lehrer geben. Der sah es durch, stellte die entsprechende Note und legte es weg bis zum nächsten Mal. So auch mit dem Rechenheft. Der Lehrer prüfte alles und bewahrte die Hefte bis zum nächsten Mal auf.

Die Steuern und der „Plan"

So kam der Frühling 1945. Der Krieg ging zu Ende, aber für uns änderte sich dadurch nicht viel. Maria hatte mit Mühe und Not die 2. Klasse beendet. Nun musste der Garten umgegraben werden. Weil Mutter unsere Kuh schonte, musste es von Hand geschehen. Nach der Arbeit grub sie oft noch fleißig ein Stückchen um. Es war wohl mühsam, aber es musste sein, und wenn es oft auch spät wurde und der Mond es erhellte. Der gnädige Gott hat die mühsame Arbeit immer reichlich gesegnet, so dass wir oft nur staunen konnten, was wir im Garten ernteten! Leider konnten es nicht für uns behalten, denn es gab verschiedene Forderungen des Staates, die zu erfüllen waren. Zu den Steuern für das Haus, die Kuh und den Garten kamen die sogenannten „Liefer-Pläne", was und wie viel jeder Bürger dem Staat von seinen eigenen Erträgen abzugeben hatte. So musste man als Besitzer einer Kuh 40 Kilogramm Fleisch liefern sowie 400 Liter Milch im Jahr. Das konnte man auch in Form von Butter ableisten. Für einen Garten mussten 40 Kilogramm Kartoffeln geliefert werden, von den Hühnern 100 Eier wobei die Anzahl der Hühner auch begrenzt war. Wehe, man hielt mehr Nutztiere als erlaubt! Wenn jemand ein Schaf hatte, musste er zusätzlich drei Kilogramm Wolle liefern. Das war sehr viel, denn bei dem schlechten Futter war auch die Wolle nicht gut.

Mutter bekam nicht jeden Monat ihren Lohn. Oft wurde erst im Herbst in Naturalien verrechnet, wenn die neue Ernte da war. Da gab es dann pro Arbeitstag ein paar Gramm Getreide, was jedoch so mickrig war, dass es noch nicht einmal für eine Person, den Arbeiter selbst, reichte, um durch den Winter zu kommen. So musste jeder zusehen, wie und wo er was dazuverdienen konnte, um zu überleben. Darum wurde auch jedes Ei und jedes Stückchen Butter, was nach dem der Lieferplan übrig blieb, verkauft, um etwas Geld für die Steuern zu haben. Für Lebensmittel blieb kein Geld, denn die Steuern waren sehr hoch.

Immer wieder fehlte es auch an Saatgut. Wir konnten von unserem kleinen Garten nicht so viel ernten, dass es den ganzen, langen Winter ausreichte und noch etwas für die Saat blieb. In einem dieser Jahre kaufte Mutter Kartoffelaugen. Das waren aus den Kartoffeln ausgestochene Keime, ca. drei Zentimeter im Durchmesser und etwa einen Zentimeter dick. Für eine Schüssel dieser Keime bezahlte sie den horrenden „Preis" von einem ganzen Kilogramm Butter!

Es gab auch Jahre, da fiel die Ernte nicht so gut aus. Ich erinnere mich an ein Jahr, da gab es kaum etwas, nur die Kartoffeln waren geraten, es waren besonders viele große dabei. Mutter sammelte die besten heraus, um sie abzuliefern. Es ging nicht darum, wie viel oder wenig man geerntet hatte oder ob man etwas übrig hatte. Als wir mit ansehen mussten, wie unsere schönen, großen Kartoffeln in einem Sack verschwanden und für uns nur die kleinen übrigblieben, bettelte Maria: „Mama, lassen Sie doch wenigstens so viele große da, dass wir einmal Buttersuppe (Kartoffelsuppe mit Nudeln) kochen können!" Da nahm sie ca. ein Kilogramm mittelgroße Knollen, etwa wie Hühnereier, heraus. Die restlichen kleinen waren zum Pellkartoffeln kochen. Jetzt legte sie den Sack in die Schubkarre und fuhr damit zum Geschäft, um sie abzuliefern.

Die Leiterin des Geschäfts war Frau Horn, eine Witwe mit zwei Söhnen. Sie schaute sich die Kartoffeln an und schickte Mutter in die Scheune zum Wiegen. Später wurden die abgelieferten Güter in die nächstgrößere Stadt der Kreisverwaltung gebracht. Mutter wog sorgfältig ihren Sack und schüttete die Kartoffeln vorsichtig in die Ecke, wie ihr befohlen war. Frau Horn war aber schon ins Geschäft zurück gegangen, um ihre Kunden zu betreuen. Während Mutter hier so beschäftigt ist, kam Frau Margarete Hübert mit einem Kastenwagen, zwei Pferde vorgespannt, der Wagen mehr oder weniger voll. Sie stieg ab, machte unten in dem Wagenkasten eine Schütze auf und die Kartoffeln rieselten nur so heraus. Da waren die Kartoffeln, so wie sie im Garten ausgegraben wurden: große, kleine, angestochene und schlechte und zudem noch viel Dreck und Erde. Mutter sah sich das an, staunte und fragte: „Kann man so Kartoffeln liefern?" „Ja", sagt Frau Hübert, „später weiß ja doch keiner, wer welche gebracht hat. Ich habe hier das Soll für die ganze Verwandtschaft und die sortiere ich nicht alle aus."

Nun ging Mutter ins Geschäft, um ihre Quittung abzuholen. Frau Horn war scheinbar beschäftigt, zwei Männer standen bei ihr an der Theke, mit denen sie nun verhandelte. „Frau Harms, ich habe jetzt keine Zeit, kommen Sie später noch mal, dann schreibe ich Ihnen die Quittung." Mutter ging nach Haus und wieder zur Arbeit. Und in all ihrem Stress vergaß sie ganz, die Quittung abzuholen.

Nun war schon eine geraume Zeit vergangen. Da ließ Frau Horn sie eines Tages rufen. Mutter ging hin und dachte noch bei sich: „Was kann das wohl bedeuten?" „Frau Harms", sagte Frau Horn. „Ich habe alle Listen sorgfältig durchgesehen, und Sie sind nicht dabei. Also haben Sie noch nicht Ihren Plan Kartoffeln geliefert. Das müssen Sie nun unbedingt nachholen." „Aber, Frau Horn", sagte Mutter entsetzt, „ich habe aufrichtig meinen Plan geliefert." „Davon weiß ich nichts", erwiderte diese. „Frau Horn", sagte Mutter, „ich habe alle meine besten Kartoffeln gebracht. Sie waren damit zufrieden. Es waren ausgelesene, gute Kartoffeln." „Warum können Sie das nicht beweisen?" Nun fiel Mutter alles wieder ein. „Sie haben mir damals keine Quittung geschrieben. Sie hatten keine Zeit für mich. Hier bei Ihnen standen zwei Männer, Onkel Jakob Lang und Onkel Isaak Born. Ich kann die als Zeugen holen." „Ich brauche keine Zeugen, ich muss die Kartoffeln haben. Von diesem allem weiß ich nichts." „Und ich habe später vergessen, die Quittung abzuholen", meinte Mutter. „Kartoffeln hab ich keine mehr." „Dann kaufen Sie sich welche." „Dafür hab ich kein Geld." „Dann können Sie das in Fleisch liefern." „Ja, wo soll ich denn noch Fleisch hernehmen?" Damals hatten wir noch kein Schwein, erst viel später. „Na", sagte Frau Horn, „dann können Sie Ihre Hühner schlachten und die liefern." Da war der Ausweg. Nun war Mutter gezwungen, ihre Hühner zu abzugeben. Es war aber schon Spätherbst und es nur die Hühner geblieben, die zum Überwintern gedacht waren. Das Futter war ja knapp und so konnten wir nicht viele davon durch den Winter bringen. Soviel ich weiß, hat Mutter neun Hühner geschlachtet und hatte nur noch drei oder vier und den Hahn für den Winter übrig. Das spielte ja auch wieder eine wichtige Rolle im nächsten Jahr, denn dann mussten Eier geliefert werden. Nun brachte sie also ihre schönen, fetten Hühner zum Geschäft. In diesem Moment kam Frau Abram Bergen, auch eine arme Witwe, die ebenfalls nichts hatte und mit der Frau Horn es genauso gemacht hatte. Die arme Witwe brachte ihre Hühner und weinte: „Nun habe ich all meine Hühner geschlachtet, ich habe nichts mehr!" Als Frau Horn die Hühner auf die Waage legte, reichte es nicht mal aus. Da wog sie Mutters Hühner und es war eins zu viel. Sie nahm das Huhn und legte es zu Frau Bergens, so reichte es für beide. Nun gingen die zwei armen Witwen traurig nach Hause. „Als Ersatz für Ihre Kartoffeln können Sie noch welche haben", rief Frau Horn ihnen nach. „Da sind einige zurück gekommen, aber nur schlechte und sehr kleine. Sie können sich heraus sammeln, wenn Sie noch was zum Essen brauchen." Mutter ging in die Scheune und sah den Haufen „Kartoffeln" da liegen. Genau der Abfall, den Frau Hübert damals ausgeladen hatte: schlechte, angestochene, sehr kleine und allerhand Dreck. Jetzt war ihr alles klar. Die Kartoffeln wurden über ein Sieb transportiert und alles, was durchfiel, wurde zurück gebracht. Aber das Gewicht musste ja stimmen. Weil so viel Abfall dabei war, musste nun nachgeholt werden. Und das mussten die armen Witwen verrichten. Die hatten keinen Schutz oder Beistand und konnten sich nicht wehren. So sammelte Mutter aus dem Haufen Dreck die besten von den kleinen Kartoffeln heraus und das war unsere Nahrung. Das war der Ersatz für unsere guten Kartoffeln. Und doch hat Gott immer wieder für uns gesorgt und uns durchgeholfen!

Nach vielen Jahren, als wir schon größer waren, kam Frau Horn zu uns, fragte Mutter, ob diese ihr nicht erklären könnte, was damals passiert sei. „Ich kann mich erinnern, dass Sie bei mir in der Scheune saßen und aus einem Haufen Dreck kleine Kartöffelchen raus sammelten und weinten." „Wissen Sie wirklich nicht, warum ich da saß, Frau Horn?" „Nein", sagte sie, „ich kann mir nicht zurecht denken, wie das gekommen ist und was das bedeutete!" „Das kann ich Ihnen erklären", sagte Mutter und erzählte ihr alles, wie es damals gewesen war. „Meine Kinder und ich haben sehr darunter gelitten. Anstatt ihnen mal was Gutes zu kochen, musste ich auch noch die Hühner hergeben. Das war sehr schwer für uns." „Von alldem weiß ich nichts", behauptete Frau Horn und ging. Damit war die Sache abgeschlossen.

Zusätzlich zu den Steuern und Lieferplänen hatte die Regierung eine **Regierungsanleihe** eingerichtet. Jeder Arbeiter wurde verpflichtet, zu den eigenen Schulden „freiwillig" eine Anleihe der Regierung zu kaufen, meistens in Höhe von 400 bis 600 Rubel jährlich[20]. Diese Anleihen wurden den Leuten mit Gewalt aufgedrückt, fast unter der Pistole. Es wurde mit so viel Strafe gedroht, dass die Leute um ihr Leben fürchten mussten, wenn sie sich weigerten. Dabei hieß es aber immer „freiwillig". Und niemanden interessierte es, wo die armen Leute das Geld hernehmen sollten. Sie verdienten ja ohnehin keins. Es musste alles von der Kuh und von den Hühnern, bzw. vom Garten kommen. Es musste alles der Reihe nach gehen. Nur das Sattessen kam nicht an die Reihe. An ein Butterbrot war nicht zu denken! Mal ein gekochtes oder gebratenes Ei? Gab's auch nicht. Das musste alles Stalin haben. Wenn der Plan in Naturalien abgearbeitet war, wurde gesammelt so viel eben ging, um es zu verkaufen, damit die Steuern bezahlt werden konnten. Wir wundern uns heutigen Tages, wie wir das alles geschafft haben! Wie wir nicht verhungert sind und unsere Mütter nicht den Verstand verloren haben! Das kann man richtig sagen: „Ein Wunder Gottes! Unsere Mütter hatten keine Zeit, an sich selbst zu denken, da war einerseits die unsagbar schwere Arbeit und zu Hause die hungrigen Kinder. Wahrlich, unsere Mütter sind mit Gold nicht zu bezahlen!

---

[20] Das waren horrende Summen, wenn man bedenkt, dass mein Gehalt 30 Jahre später 50 Rubel im Monat betrug.

Die große Steuersumme

In einem dieser Jahre, als wir noch recht klein waren – es muss wohl in den Kriegsjahren gewesen sein – passierte etwas Schlimmes! Mutter wurde mit über 1200 Rubel Steuern belegt! Sie konnte nicht begreifen, woher diese riesige Summe kam! Der Garten war ja ganz klein, das Häuschen winzig, die Kuh konnte es auch nicht sein. Woher kam nur diese Forderung? Und vor allem, woher sollte sie das Geld nehmen, um so viel zu zahlen? Sie konnte einfach nicht zahlen!

So verging ein Quartal und sie hatte nichts zum Zahlen. Und wenn sie die vorgeschriebene Summe nicht einbrachte, kamen noch Zinsen dazu und die Summe erhöhte sich. Das zweite Quartal ging vorbei, sie hatte immer noch nichts zum Zahlen. Da wurde sie in die Kanzlei bestellt und streng gefragt: „Warum zahlen Sie immer noch nicht Ihre Steuern?" „Ja, wovon soll ich zahlen? Wo soll ich das Geld her nehmen? Wenn ich das verdienen könnte, würde ich auch zahlen. Aber ich hab nichts." „Na, dann warte nur ab, mit Dir werden andere Leute reden als wir, dann wirst Du zahlen!" drohte man ihr.

Betrübt und geschlagen ging sie nach Hause. Keiner hatte Erbarmen, keiner wollte Verständnis haben für ihre Lage. Sie ging weiter täglich ihrer Arbeit nach, ohne dass sich auch nur das Geringste änderte.

Eines Tages, als sie in der Mittagspause zu Hause war, kamen zwei Männer von der Dorfbehörde und mit ihnen eine unbekannte Frau aus der Kreisverwaltung, wie wir später erfuhren. Die fremde Frau war gekommen, um nach säumigen Steuerzahlern zu schauen und das Geld einzutreiben. Sie ging auch sofort zur Sache: „Sind Sie die Frau Harms?" „Ja", sagte Mutter. Dann schaute sie sich das erbärmliche Erdhäuschen an und fragte: „Wie steht es bei Ihnen mit dem Steuerzahlen?" „Ich habe noch nichts gezahlt", gestand Mutter. „Warum nicht?" fragte die Beamtin weiter. „Es wäre doch besser, Sie würden in Raten zahlen, als dass Sie später alles auf einmal zahlen müssen." „Das weiß ich auch", erwiderte Mutter, „aber ich habe **jetzt** nichts und **später** auch nicht. Kommen Sie mal mit mir ins Haus und erklären Sie mir, wie und wovon ich zahlen soll!" Mutter ging voran, die Frau folgte ihr und die Männer kamen hinterher. Weil es in der Küche dunkel war, ging Mutter schnell bei der Kranken vorbei und machte den dunklen Vorhang vom Fenster ab. Frau Korsjewych war an der Tür stehen geblieben. Nun, da es hell wurde, schaute sie sich in dem kleinen Raum um. Als ihr Blick auf den Boden fiel und sie eine Menschengestalt erblickte, schrie sie vor Schreck und Angst auf: „Was haben Sie denn da? Und was machen Sie mit dem Kind?" Mutter erzählte ihr in aller Kürze, dass das Kind zwei Schlaganfälle durchgemacht habe, dass sie außerdem an Epilepsie leide, dass die Anfälle ihr schwer zu schaffen machen und sie unheilbar krank sei. Sie selbst sei von früh bis spät auf der Arbeit, wofür sie nichts bekomme. „Damit die Kranke in meiner Abwesenheit nicht immer wieder aus dem Bett fällt, habe ich sie hier so gelagert. Und das sind meine beiden Jüngsten, die noch dazu gehören." Jetzt war die Frau sprachlos. So etwas hatte sie noch nirgends gesehen. „Ihre Bleibe kann man ja nicht einmal Haus nennen. Aber Sie haben zwei Kühe?" „Nein", sagte Mutter „das ist nicht wahr. Ich habe nur eine Kuh und die ist alt. Leider kann ich mir keine jüngere Kuh kaufen. Darum hab ich das Kalb behalten, um mir eine junge Kuh anzuschaffen." Die Frau stutzte. Streng sah sie die Männer an und fragte: „Was geht hier vor? Was macht Ihr mit so einer armen Frau? Hier muss dringend einiges geklärt werden!"

Sie stellte Mutter noch ein paar Fragen und ging dann. Beim Weggehen wandte sie sich um und sagte: „Wir werden die Sache überprüfen."

Es vergingen nicht viele Tage, da wurde Mutter gesagt, sie solle zum Dorfsowjet gehen und alles richtig angeben, was sie hat. Das war wieder nach Kitschkass (Nr. 12), fünf Kilometer zu Fuß und wer konnte wissen, was da auf sie wartete? Mutter hatte ja schon ihre Erfahrungen gemacht. Annas Sterbeurkunde und das Eingesperrtsein waren ihr noch lebhaft in Erinnerung. So ging sie mit einem sehr mulmigen Gefühl. Aber diesmal wurde sie ernst genommen. Sie konnte alle Fragen beantworten und ihre Situation darstellen. So erklärte sie, dass sie dringend eine jüngere Kuh brauche und darum das Kalb behalten habe. „Glauben Sie mir, es ist hart genug, eine Kuh durch den Winter zu kriegen. Aber um der Kinder willen muss ich es machen, sonst verhungern die mir noch." Daraufhin wurde das Papier korrigiert und sie bekam eine Bescheinigung, dass sie nur eine Kuh habe. Der Rest war wie immer. Nun brauchte sie nicht den zweiten Milchplan zu liefern und konnte wieder Butter sammeln und etwas Geld machen. Und noch manches andere wurde geklärt, sodass die Steuersumme doch etwas herunter gesetzt wurde. Es war ja auch vollkommen unmöglich.

Der dritte Schlaganfall

So ging die Zeit weiter. Langsam wurden wir älter und konnten immer mehr helfen. Wir haben im Sommer sehr viel getrockneten Kuhmist gesammelt. Damit konnten wir im Herbst heizen, wenn es noch nicht sehr kalt war. Zum Essen kochen sammelten wir sowieso täglich, so viel wir nur fanden. Das war für unsere Mutter schon eine große Hilfe. Doch es blieb nicht so, es kam immer wieder was Neues dazu, meistens nichts Gutes. Und dann erlitt Tina ihren dritten Schlaganfall!

Es muss Anfang 1945 gewesen sein, als es passierte und es war furchtbar! Diesmal war es so schlimm wie noch nie! Sie lag steif im Bett, ohne jegliche Bewegung, ohne dass sie auch nur die Augen aufmachen konnte. Möglicherweise lag sie im Wachkoma, aber wir kannten uns ja nicht aus. Wir wussten nie, wann sie schlief und wann nicht, konnten sie nicht füttern, weil ihre Zunge so dick war, das nichts herunter ging. Wir haben sie mit einem nassen Lappen abgewischt, ihre Lippen angefeuchtet und das war alles. So ging das wochenlang. Jedes Mal, wenn Mutter nach Hause kam, war die erste Frage: „Wie steht es mit Tina?" So kam der Frühling und wir mussten raus in den Garten. Freilich, immer abwechselnd – eine wachte bei Tina, um die Fliegen zu vertreiben und ihr den Mund nass zu machen.

Nach vier Monaten gab es endlich eine Wende. Wir merkten, dass sie reagierte, wenn wir mit ihr sprachen. Ab und zu öffnete sie sogar die Augen. Aber das Füttern war noch schwierig. Die Zunge war immer noch so dick und auch das Schlucken fiel ihr schwer. Es wurde ein schwerer Sommer. Aber inzwischen waren Maria und ich schon älter geworden, so dass wir mehr helfen konnten. Im Herbst hatten wir die Freude, dass Tina wieder sprechen konnte, wenn auch mit großer Anstrengung! Freilich, andere Leute verstanden sie nicht. Ich kann mich noch gut erinnern, wie im Herbst etliche Mädchen aus Kubanka unsere Tina besuchen kamen. Es waren Anna Kröker und Alice Neufeld. Die kamen so heiter und fröhlich an und sagten zu Mutter: „Tante Harms, wir haben gehört, dass Eure Tina wieder reden kann!" „Ja", sagte Mutter, „da hat Gott wirklich ein Wunder getan!" So gingen sie ans Bett, begrüßten Tina und wunderten sich, dass es wieder so weit war mit dem armen Mädchen. Kaum jemand hatte erwartet, dass sie sich noch einmal erholen würde und so kamen viele, um sich davon zu überzeugen, dass es wahr sei. Denn es wussten ja alle Menschen im weiten Umkreis, wie es bei uns bestellt war. Mutter hat nie geklagt oder sich beschwert über all ihr Leid. Es sprach sich einfach herum, wie es in einem Dorf üblich ist. Tina war immer sehr froh, wenn sie Besuch bekam. Auch wenn sie nicht viel sagen konnte, aber wenn die Leute sich an sie wandten, mit ihr sprachen und sie vernahm, dass sie ihretwegen gekommen waren, hatte sie immer eine freundliche Miene.

Später, als sie wieder besser sprechen konnte, erzählte sie uns manches. „Es ist mir sehr schwer gefallen, diese Zeit, in der ich so krank war. Ich konnte mich nicht bewegen, kein Lebenszeichen von mir geben, aber ich habe doch viel mitbekommen. Ich hatte manchmal so großen Durst, aber ich konnte mich nicht bemerkbar machen. Und weil ich auch die Augen nicht aufmachen konnte, habt Ihr meistens gedacht, dass ich schlief. Aber ich hörte alles. Wie oft habt Ihr gesagt: ,wollen nur still sein, Tina schläft'. Ich hätte manchmal gern laut gerufen, aber ich konnte nicht." Das hat uns dann noch doppelt leid getan. Und so hat sie uns nach und nach mitgeteilt, was sie in ihrem kranken Zustand erlebt hatte. Eines Tages rief sie uns: „Mariechen und Lena, heute will ich Euch was erzählen. Als ich so krank da lag, hab ich was erfahren. Mir wurde gezeigt, dass wir alle einen großen Bogen wie Papier bei Jesus haben. Und wenn wir in den Himmel kommen wollen, muss der Bogen ganz weiß sein. Aber jedes Mal, wenn ihr ungehorsam seid, wird es da drauf aufgezeichnet. Mir wurde gezeigt, dass mein Bogen ganz weiß ist, mir hat der Heiland alles vergeben, ich bin sehr froh darüber! Nun müsst Ihr dafür sorgen, dass Eure Bögen auch weiß sind." Das war für uns eine gute Belehrung und Ermahnung.

5. Kapitel: Die Nachkriegsjahre

Der Deserteur

Die Kriegsjahre waren schwer, aber die Nachkriegsjahre kein bisschen leichter. Harte Arbeit ohne Lohn und zu Hause die hungrigen und vor Kälte zitternden Kinder, das war Mutters Los. Im ersten Sommer nach dem Kriegsende hatten wir ein aufregendes Erlebnis in unserm Dorf! Ja, es betraf mehrere Dörfer, fing aber in unserem Garten an, oder besser gesagt, in den Johannesbeersträuchern[21], die an unseren Gemüsegarten grenzten.

In den Kriegsjahren war es ja ganz besonders schwer, aber wir waren so froh und dankbar, dass bei uns wenigstens keine Bomben fielen! Allerdings ging alles Essbare und Materielle für den Krieg drauf, so dass wir bettelarm waren und fast verhungerten. Wenn im Frühling alles verzehrt war, keine einzige Rübe oder Möhre mehr da war, an Kartoffeln gar nicht zu denken, dann haben wir das frische, grüne Gras gegessen. Mit Sehnsucht warteten wir, wann denn endlich die Johannisbeeren reifen würden! Vor Ungeduld haben wir schon während der Blütezeit viele Blüten gegessen. Aber wir mussten uns enthalten, wenn die auch noch so süß waren und lecker schmeckten! Denn je mehr wir davon aßen, umso weniger Beeren gab es später. Manche Kinder aßen auch die unreifen, grünen Beeren. Davon wurden sie krank und bekamen die Ruhr. Die Mütter wussten schon nicht mehr, wie sie uns Kinder warnen oder ängstigen sollten, denn wir waren so ausgehungert, dass man es sich nicht vorstellen kann! Unsere Mama warnte uns eindringlich: „Kinder, esst ja nicht die grünen Beeren! Heute ist ein ganzer LKW voll kranker Kinder in die Stadt ins Krankenhaus gefahren. Wo soll ich mit Euch hin, wenn Ihr krank werdet? Wartet, bis die Beeren reif sind." Leider war sie den ganzen Tag auf der Arbeit

---

[21] Hierbei handelte es sich nicht um die üblichen schwarzen oder roten Johannesbeeren, die ja meistens nur etwa kniehoch werden, sondern um die sog. *rebis aerium*, auch Vierbeere genannt. Die Büsche konenn bis zu1,8 Meter hoch werden.

und wir allein zu Hause und hungrig. So vertrieben wir uns die Zeit, indem wir jeden Tag die Hecke nach den ersten reifen Beeren absuchten. Die größten Beeren wurden von den Vögel angepickt und bekamen dann eine gelbe Seite, die waren ja schon nicht mehr ganz grün und wir riefen uns zu: „Du, ich habe schon zwei gefunden!" Die andere sagte: „Ich habe schon vier gefunden!" Und so ging das Tag für Tag.

Eines Tages gingen wir wieder in die Hecke, reife Beeren suchen. Die erste Reihe, direkt neben unserem Garten, war eine saure Sorte, die reiften später. Weiter nach hinten waren vier Reihen von der süßen Sorte. Wir gingen immer zuerst bei den Süßen suchen. So auch an diesem Tag. Wir waren kaum da und hatten noch nichts gefunden, aber wir sprachen miteinander. Auf einmal schimpfte und fluchte jemand auf Russisch aus der Hecke! Wir verstanden es zwar nicht, bekamen aber einen solchen Schreck, dass wir schnell nach Hause liefen und die Tür verriegelten. Aus Angst sind wir etliche Tage nicht in den Garten gegangen! Uns stand immer wieder der Mann vor Augen, wie wir ihn gesehen hatten. Er hatte sich aus dem Gebüsch erhoben und gedroht, uns zu erschießen, soviel hatten wir verstanden. Außerdem hatten wir gesehen, dass er nicht sehr groß war, aber in Soldatenuniform gekleidet war und die Soldatenmütze auf dem Kopf trug. Freilich wurden wir ausgelacht, als wir davon sprachen, niemand glaubte uns.

Später stellte sich heraus, dass er ein Deserteur war. Er trieb sich überall herum, wollte nicht entdeckt werden, hatte aber nichts bei sich, um zu überleben. Nun versuchte er, etwas Essbares zu finden und ängstigte die Menschen in den ruhigen deutschen Dörfern, fernab der Frontlinie. Der Krieg war zwar zu Ende, aber die Soldaten wussten, dass sie für das kleinste Vergehen ins Gefängnis oder Arbeitslager kommen konnten.

Am Abend desselben Tages überfiel der Soldat Frau Born in ihrer Sommerküche. Die Frau war allein mit acht Kindern, ihr Mann in der Arbeiterarmee in der Stadt Tscheljabinsk. Nun kam dieser Taugenichts und verlangte von ihr was zu essen! „Ich hab nichts", sagte sie zu ihm. „Gib mir was zu essen oder ich erschieße Dich!" drohte er. Da kam die Frau Braun herein. Die meisten Frauen im Dorf waren Nachtwächter.

Diejenigen, die noch kleine Kinder hatten, teilten sich eine Schicht: Eine wachte die erste Hälfte der Nacht und für die zweite Hälfte war dann die andere Frau zuständig. Nun kam Frau Braun zu Frau Born, um zusammen zu ihren Objekten zu gehen und sieht, die Frau Born wird von einem fremden Mann in Uniform festgehalten! Diese sagte zu Frau Braun: „Geh bitte ins Dorf und suche irgendwo was zum Essen." Frau Braun sah, die Lage ist ernst, sie ging raus, aber wohin sollte sie gehen? Es war Nacht und die Leute hatten alle nichts. Sie ging auf die Straße und schaute sich nach allen Seiten um. Da fiel ihr die Frau Horn ein, die lebte einigermaßen gut, ihre Familie hungerte nicht so, wie die anderen. Wo sie das her hatte, wussten nicht alle. Also ging Frau Braun dahin, weckte sie und legte ihr die Lage vor. Da gab Frau Horn ihr etliche getrocknete Quarkbällchen. So schnell sie konnte, lief Frau Braun zurück und brachte diese der armen Frau Born! Da ließ der Deserteur sie los, steckte sich die Bällchen in die Tasche und verlangte noch mehr. „Mehr haben wir nicht", sagte Frau Born. Da ging er durch den Stall, griff sich eine Henne, drehte ihr den Kopf ab, steckte sie in seine Tasche und ging davon. Die Frauen waren wohl sehr aufgeregt, aber froh, dass es so geendet und er ihnen nichts angetan hatte.

Des andern Tages sah man ihn auf dem Felde in der Nähe von Stepanovka. Die Arbeiter hatten eine hölzerne Bude auf Rädern, die wurde immer Traktorbude genannt. Da bewahrten sie ihre Arbeitsgeräte auf und konnten damit von Feld zu Feld fahren. Jedes Dorf hatte so eine Bude. Manchmal haben die Arbeiter auch darin übernachtet, wenn das Feld weit weg vom Dorf war. Nun hatte der Mann da wohl geschlafen und als die Arbeiter morgens zu ihrer Arbeit kamen, schrie er sie an und verbot ihnen, die Bude zu betreten. „Nicht näher kommen! Ich erschieße Euch!" Die Arbeiter redeten ihm gutmütig zu: „Wir tun Dir nichts, so geht es doch nicht!" redeten sie aus einer sicheren Entfernung auf ihn ein. „Wir müssen doch arbeiten und haben unsere Geräte da drin, die brauchen wir." Der Fremde fluchte und schimpfte nur weiter und drohte, alle zu erschießen. Schließlich ging einer von ihnen zurück uns Dorf, um Hilfe zu holen. Daraufhin kam der Vorsitzende der Kolchose, auch ein Russe, zu Pferd aufs Feld und wollte mit dem Fremden vernünftig reden. Aber dieser schimpfte und drohte, er solle ihm ja nicht zu nahe kommen! Der Vorsitzende meinte: „Es muss doch alles zu bereden sein, wir sind doch alles Menschen." Aber der Fremde ließ nicht mit sich reden. Als unser Vorsitzender näher kam, drückte der Soldat ab und schoss den Mann vom Pferd! Damit ist er abgehauen, vermutlich waren ihm die Schießvorräte ausgegangen. Es waren noch etliche Männer mit dem Vorsitzenden gekommen, aber die standen weiter hinter ihm und so blieben sie verschont. Man ließ den Soldaten laufen und hat ihn nicht verfolgt. Es war für alle ein Schrecken!

Später fanden wir eine Schachtel Streichhölzer in einem Stachelbeerenbusch. Das war sehr gut für uns, denn damals gab es bei uns so etwas noch nicht. Nach all diesen Begebenheiten glaubten die Leute, dass wir den Mann wirklich gesehen hatten. Dieser Deserteur ist dann weiter gewandert. Damals gab es in den Dörfern noch keine LKW, es wurde alles mit Pferden transportiert – im Winter mit dem Schlitten, im Sommer mit dem Wagen. Aufgeschüttete oder befestigte Straßen gab es damals noch nicht. Der Weg ging von Dorf zu Dorf, und es dauerte mehrere Tage, bis so ein Pferdetreck nach und von der Stadt zurück war. Im Laufe dieses Tages kam ein Wagentreck aus Orenburg zurück und die Kutscher sahen, in der Nähe eines der Dörfer einen Mann an einem Strohhaufen gelehnt sitzen. Der sah irgendwie verdächtig aus, wahrscheinlich wegen der Uniform. Sie gingen zu ihm um mit ihm zu reden. Als er die drei Männer auf sich zukommen sah, nahm der Fremde Reißaus! Er wusste ja nicht, dass sie ihn nicht fangen wollten, nur mal sehen, wer er eigentlich war und was er wollte. Wahrscheinlich hatte er nichts mehr zum Schießen bei sich gehabt, sonst hätte er bestimmt geschossen. Stattdessen lief er davon und ließ in der Eile seinen Obermantel liegen. Und da in seiner Tasche entdeckte man einige Quarkbällchen, die die Frauen ihm des Nachts davor gegeben hatten. Weil das Ganze etwas so Ungewöhnliches war, sprach es sich schnell in unseren Dörfern herum. Da hat niemand mehr über uns gelacht, da sich alles bewahrheitet hatte.

Meine ersten beiden Schuljahre (1945-47)

Im diesem Nachkriegssommer wurde ich acht und arm, wie wir waren, musste ich doch zur Schule. Ob ich mich besonders darauf gefreut habe, weiß ich nicht mehr. Aber als ich erst in der Schule war, hatte ich große Freude und viel Spaß am Lernen! Auch wenn wir manchmal krank waren und zu Hause bleiben mussten, blieb ich nicht zurück. Ich lieh mir bei einem Mitschüler das Mathematikbuch aus, bei einem anderen das Lesebuch und lernte genau so gut wie die anderen. Lesen hatte ich schon bei meiner großen Schwester gelernt. Das erste Schuljahr ging so schnell vorbei, es war mir, als ob es nur etliche Wochen gewesen wären. Mir war es auch immer zu wenig, was wir lernten, vor allem im Vergleich zu dem, was meine Schwester Maria in der dritten Klasse lernte.

In der zweiten Klasse hatten wir eine russische Lehrerin, Anastasia Tichonovna Ikrjanikova, die hab ich richtig geliebt und sie mich auch! Sie war die Frau von Marias Klassenlehrer, einem Opernsänger. Die beiden waren jungverheiratet und hatten ein kleines Mädchen, eine Oletschka. Wenn ich mal früher zur Schule kam, ging ich gern in deren Zimmer. So lumpig und arm wir auch waren, sie war immer lieb zu mir. Da hab ich kurz mit der Kleinen gespielt, bevor es in die Klasse ging und der Unterricht begann. Später zog die Familie in die nächstgrößere Stadt und wir verloren uns aus den Augen. Kurz vor unserer Ausreise nach Deutschland traf unsere Tochter Tina Rempel diese Lehrerin in der Kreisstadt Perevolozk und sprach kurz mit ihr. Die ältere Frau lud uns herzlich ein, sie zu besuchen, was ich auch sehr gern getan hätte! Aber im Stress der Ausreisevorbereitungen war das leider nicht möglich.

In meinem zweiten Schuljahr hatte ich ein besonderes Glück: Mutter schenkte mir ein Lesebuch! Auf welche Art und Weise sie das zustande gebracht hatte, blieb mir schleierhaft, aber für mich war es ein unbeschreiblicher Reichtum! Allerdings hatte ich es bereits im ersten Halbjahr durchgelesen und sogar auswendig gelernt! Ich schloss das Schuljahr als Klassenbeste ab und wurde mit einem Preis belohnt: Ein neues Schulheft mit zwölf Blättern und einen Bleistift! Das war ein großartiges Geschenk! Erna Bruschinsky aus der ersten Klasse, die auch die Beste in ihrer Klasse war, bekam ebenfalls ein Heft und einen Bleistift. In der dritten Klasse war Hans Buller der Beste und in der vierten Waldemar Görzen. Die beiden Jungs bekamen etwas anderes. Erna und ich wurden richtig beneidet wegen unserer tollen Geschenke! Durch diese Auszeichnung kamen wir uns näher und wurden in den nächsten beiden Schuljahren richtig gute Freundinnen!

Menschengemachte Hungersnot und die „Nummerndörfer"

Im Herbst 1946 wurde eine Kollektivversammlung einberufen. Die Kanzlei war in der großen Stube bei Familie Peter Peters eingerichtet. Da kamen nun die armen Witwen zusammen. Die Ernte war vorüber, nun hofften sie doch, etwas Gutes zu erfahren, was sie wohl noch bekommen würden. Dietrich Janzen war in dem Jahr Vorsitzender. Zu Beginn der Versammlung stand er auf und sagte: „Ihr seid hierhergekommen und ich habe Euch nichts Gutes zu sagen. Ihr habt gearbeitet und Euer Verdienst beträgt 100 Gramm Roggen pro Arbeitstag. Und Ihr habt alle schon im Voraus so viel genommen, dass Euch nichts mehr zusteht. Das ist alles, was ich zu sagen habe." Es ging ein Seufzen und Stöhnen durch die Reihen. Es waren ja meistens Witwen, die bis aufs letzte ausgenutzt wurden. 100 Gramm am Tag – 30 Tage im Monat ergab drei Kilo pro Monat. In zwölf Monaten gab es dann 36 Kilogramm. Davon konnte freilich keine Familie am Leben bleiben und nun bekamen sie selbst das nicht! Die Frauen konnten kaum an sich halten. Aber es war gesagt und dabei blieb es. Wie konnte so etwas passiert sein? Der Grund dafür war, dass der Verdienst regelmäßig nicht ausreichte. Wenn dann im Sommer alles aufgebraucht war, das Gemüse im Garten aber noch nicht erntereif, liefen die kleinen Kinder mit geschwollenen Bäuchen und bettelten um Essen. Den Müttern blieb nichts anderes übrig, als zur Kanzlei zu gehen und zu betteln, ob man ihnen nicht doch etwas für ihre hungrigen Kinder zukommen lassen würde. Die Not war ja so groß! Da wurde ihr großzügig ein Kilo Mehl oder Hirsegrütze heraus geschrieben. Der Zettel aber wurde schön aufbewahrt und am Ende hieß es dann: „Ihr habt Euren Verdienst im Voraus bekommen." Aber wie lange konnte so ein Kilo Mehl oder Grütze ausreichen? So ging man in den Winter hinein ohne alles. Der Verdienst war ja auch nicht groß. So blieb den armen Menschen nichts übrig, als zu stehlen und zu betteln – es ging einfach ums Überleben. Manche kamen mit dem Stehlen gut durch, sie verstanden es, sich nicht erwischen zu lassen. Andere gingen den ganzen Winter hindurch betteln und sind auch nicht verhungert. Vor allem die 12-14 jährige Kinder gingen viel betteln.

Aber nicht überall war die Not gleich groß. In manchen Dörfern lebten die Menschen besser, weil die Vorsitzenden für ihre Arbeiter sorgten. Die sagten ganz einfach; „So einen hohen Getreideplan können wir nicht liefern, die Arbeiter müssen auch was haben, sonst geht die Kolchose ein." Die haben dann in der Erntezeit nach Vorschrift auch etliche Gramm auf den Arbeitstag verteilt, aber zusätzlich reichlich in die Speicher aufgeschüttet.

Ca. 1944-46. Mutter (3. v. re.) auf dem Kohlfeld. Ganz rechts steht ihre Schwester Greta, deren Mann Dietrich Janzen, Vorsitzender der Kolchose, ist in der Mitte.

Wenn die Kommission aus dem Kreis kam, alles kontrollierte und sich wunderte; „Wieso hast Du so viel Getreide im Speicher?" Dann sagte der Vorsitzende: „Ich muss doch reichlich für die Saat haben, damit wir im Frühjahr die Felder wieder gut bestellen können." Damit waren die Beamten zufrieden und ließen es gelten, auch wenn es ihnen zu viel vorkam. So wurde es vor allem in den sogenannten Nummerndörfern gemacht. In unserer Ansiedlung gab es einige Dörfer, die auf Deutsch nur nach Nummern benannt waren von 1-14. Auf Russisch hatten sie auch ihre Namen, z. B. war Romanovka (Nr. 8) und lag ca. 15 Kilometer von uns entfernt. Chortiza (Nr.1) war 33 Kilometer weg. Dazwischen nach allen Seiten waren die anderen Dörfer angelegt. Am nächsten waren Dobrowka (Nr. 11), nur vier Kilometer, Rodnitschnoje (Nr. 10), sieben Kilometer und Kitschkass (Nr. 12), fünf Kilometer. Anfang Winter, wenn alles abgeliefert war, verteilten die guten Vorsitzenden dieser Nummerndörfer reichlich Getreide an ihre Arbeiter. Das ging ganz still und ruhig zu, niemand sprach davon. Die Leute hatten zu essen und sogar noch etwas übrig für die armen Bettler. Aus unserm Dorf sind viele in die Nummerndörfer gegangen, um zu betteln. Sie waren manchmal tagelang unterwegs, obwohl es im Winter sehr kalt war. Sie wickelten sich einfach alles Mögliche um den Körper, die Holzpantinen banden sie sich an den Füßen fest und so ging es viele Kilometer. Wenn sie dann nach Hause kamen, hatten sie etliche Brotkrummen dabei. Sie blieben dann eine Nacht zu Hause und am anderen Tag ging es wieder los und immer in die Nummerndörfer. Bei uns im Dorf kamen viele Russen betteln, aber wir hatten ja selbst nichts.

Meine Schwester Maria ist einmal auf Bitten unserer Nachbarin mitgegangen. Die Frau Unger war so dringend und anhaltend, dass Mutter nachgab und Maria mitging. Aber es ist ihr so schwer gefallen, im fremden Dorf zu fremden Leuten hineinzugehen und zu betteln! Das konnte sie einfach nicht! Frau Unger, die das Betteln gewohnt war, nur arbeiten mochte sie nicht, sagte zu Maria: „Ich gehe diese Reihe Häuser durch, Du gehst die andre Reihe entlang. Am Ende des Dorfes treffen wir uns und besprechen, was wir weiter machen." So ging sie los, ihr war das bekannt, aber meine arme Schwester war ein sehr schüchternes und stilles Mädchen. Sie wusste nicht, wie sie es anfangen sollte. Für sie war es etwas ganz Furchtbares! So hatte sie hinter der Scheune eines Hauses erst einmal eine Zeit lang geweint. Wie lange, wusste sie nicht, hatte sich dann aber doch entschlossen, zu gehen. Weil ihr der Mut fehlte, in jedes Haus zu gehen, ist sie an manchen Häusern einfach vorbei gegangen. Als sie am Dorfende ankamen, übernachteten sie dort und kamen am andern Tag nach Hause. Da sagte sie zu Mutter: „Mama, betteln geh ich nie mehr! Wir werden auch anders durchkommen, ohne zu betteln." Was sie damals mitgebracht hat, wissen wir nicht mehr. Maria ist nie mehr betteln gegangen. Gott hat uns durchgebracht. Er hat genug seiner „Raben", wie bei Elia in der Bibel, die die Seinigen versorgen. Dem Herrn die Ehre!!! Obwohl die Leute in unserem Dorf furchtbar gehungert haben, ist, soweit mir bekannt ist, durch Gottes Gnade keiner verhungert.

Marias letztes Schuljahr (1946-47)

In der vierten Klasse (1946) hatte Maria einen guten Klassenlehrer, Alexander Alexandrowitsch Ikrjanikov. Er war ein Russe, aber sehr gut zu den Kindern. Da er aber auch ein berühmter Opernsänger war, fuhr er oftmals nach Moskau zu Konzerten. In seiner Abwesenheit wurde Marias Klasse durch Abram Neufeld aus Kubanka, dem Lehrer der 3. Klasse mit unterrichtet, der sehr streng war. Er war Soldat gewesen und meinte, er konnte die Kinder wie die Soldaten im Krieg behandeln. Er bedachte nicht, dass die meisten von uns in unserer großen Armut immer hungrig und fast nackt waren. Maria war zudem nach ihrer Typhuserkrankung ein kränkliches und schwaches Kind geblieben. Und wegen all der Armut und dem Hunger erholte sie sich nur langsam. Nun hatte sie noch Skrofulose (золотуха) bekommen, eine Unterernährungskrankheit oder auch Hauttuberkulose. Sie hatte den ganzen Kopf voller eitriger Geschwüre. Die Haut war eine einzige Kruste, unter der Blut und Eiter waren. Und dazu hatten sich auch noch Läuse eingefunden! Mutter wusste anfänglich nicht, dass es Läuse waren, es hat nur immer furchtbar gejuckt und Maria konnte sich nicht kratzen, denn dann kam sofort Blut. Schließlich mussten ihr die Haare kahl abgeschnitten werden und eine gute Ärztin hatte gesagt, Maria sollte unbedingt ein Tuch tragen.

Eines Tages, als ihr Klassenlehrer mal wieder in Moskau auftrat, war der Neufeld da. Er guckte die Klasse entlang und sah, dass Maria ein kleines Tuch umgebunden hatte. Da kam er zu ihr und schimpfte laut: „Was ist denn das noch? Mit dem Tuch im Unterricht?" Mit diesen Worten riss er ihr das Tuch vom Kopf und schickte sie hinaus. Im Korridor war es aber sehr kalt, da konnte sie nicht bleiben. So nahm sie ihre Jacke, streifte sich die auf über den Kopf und kam nach Hause.

1947. Maria (12), Tina (15) Mutter (40) und ich (10). Zu dieser Zeit konnte unsere Tina noch manchmal aufstehen.

Mutter war so erschrocken und fragte, was denn los sei? Als Maria ihr alles erzählt hatte, ging sie sofort zur Schule! Dort angekommen, fragte sie nach der Schultasche mit den Büchern. Da wunderte sich der Lehrer, dass sie so schnell da war! „Ja", sagte Mutter, „sowas hab ich noch nicht erlebt! Und noch kein Lehrer hat so etwas mit meinen Kindern gemacht! Damit bin ich überhaupt nicht zufrieden, ich gehe damit weiter!" Marias Schulbeutel lag da, aber er war komplett leer. Die Schüler hatten schon alles verschleppt und unter sich aufgeteilt. Die wenigen Bücher und Buntstifte, alles war fort! „Was?" sagte Neufeld, „Sie sagen, noch kein Lehrer? Bin ich etwa nicht ein Lehrer?" „Jedenfalls keiner, wie ich sie kenne. Und so was lass ich mir nicht gefallen!" sagte Mutter beherzt. Sie war zwar sehr eingeschüchtert und gefügig, aber wenn es um uns, ihre Kinder ging, konnte sie kämpfen! Sie zeigte ihm die Bescheinigung, dass Maria wegen eines wunden Kopfs ein Tuch zu tragen hatte. „Wenn das so weiter geht, lass ich mein Kind nicht mehr in diese Schule gehen." Danach beruhigte er sich und Maria konnte mit dem Tuch im Unterricht sitzen. In diesem Winter wurde sie aber so krank, dass sie lange gar nicht mehr in die Schule gehen konnte und dadurch viel verpasste. Schon zu Neujahr, als die Schüler ihre Zeugnisse bekamen, war sie nicht da und bekam somit auch kein Zeugnis.

Nach dem kalten Winter erholte sie sich langsam und ging wieder zu Schule. Am Ende des Schuljahres, als die Zeugnisse ausgeteilt wurden, bekam sie aber wieder nichts! Die anderen Kinder liefen froh nach Hause, um den Eltern zu berichten, wer durchgekommen war, während sie traurig im Korridor stand und nicht wusste, was sie machen sollte. Da kam ein Lehrer auf sie zu und fragte: „Warum stehst Du hier, Maria? Alle sind längst nach Hause gegangen!" „Aber Onkel Könn, ich habe ja kein Zeugnis bekommen. Was soll ich der Mama sagen? Ich weiß noch nicht mal, ob ich durchgekommen bin oder nicht." „Sicher bist Du durchgekommen", sagt er: „Komm, ich schreibe Dir ein Zeugnis." Daraufhin konnte sie ebenfalls fröhlich nach Hause gehen.

Im Frühling bekam Maria von Tante Greta, sie war die Witwe von Vaters Bruder Heinrich, einen alten getragenen Mantel geschenkt! Unser Cousin Gerhard war aus dem Mantel herausgewachsen. Damit war uns sehr geholfen, denn jetzt hatte Maria was für das nächste Schuljahr! Es machte ihr nichts aus, dass es ein Jungenmantel war, auf so etwas zu achten konnte sich damals niemand leisten. Leider hatten wir nicht lange Freude an dem Mantel.

Der böse Hund und der Mantel

In diesem Sommer war unsere Kranke etwas besser bestellt und konnte sich ein wenig bewegen, freilich nur mit unserer Hilfe. So nahmen wir sie manchmal unter die Arme und gingen langsam eine kleine Runde mit ihr. Für uns war das ziemlich schwer, denn sie hing in unseren Armen. Danach lag sie wieder im Bett und wir gingen unseren anderen Pflichten nach. Das wenige Geschirr, das wir hatten, musste gespült und an Ort und Stelle gebracht werden. Der Lehmboden musste immer sauber gekehrt werden. Manchmal haben wir ihn mit Lehm und Kuhmist verrieben, damit er schön glatt war. Und dabei immer ein Auge auf unsere Schwester, braucht die was? Auf sie aufzupassen, das war Nr. 1!

Wenn wir drinnen mit allem fertig waren, ging es raus, Unkraut jäten. Eines Tages beschlossen wir, Tina mit im Garten zu nehmen. „Dann können wir mehr machen und brauchen nicht immer ins Haus zu laufen und nach ihr schauen." Gesagt – getan. Wir hoben sie aus dem Bett, zogen ihr das einzige Kleid an, das sie hatte, packten sie unter den Armen und los ging's! Von Schuhen wussten wir nicht, dass man die im Sommer braucht. Sobald der Schnee auf dem Hof weggetaut war, gingen wir barfuß bis in den Oktober hinein, wenn der Schnee fiel. Im Garten angekommen, legten wir den Wintermantel von Tante Greta aufs Gras und setzten Tina da drauf. Der Mantel war das einzige warme Kleidungsstück, das wir im Hause hatten und er bedeutete uns viel! Aber da wir sonst nichts hatten, das wir der Kranken hätten unterlegen können, keine alte Decke oder etwas in der Art, blieb uns keine Wahl. So waren wir alle drei im Garten, Tina saß im Schatten an einen Baum gelehnt und freute sich, draußen sein zu dürfen, während wir beide mit dem Unkraut schufteten. Die Kranke war immer sehr froh, wenn sie in unserer Nähe sein konnte und nicht stundenlang allein in ihrem Bett liegen musste.

Wir waren noch gar nicht lange beschäftigt, da sahen wir bei unserm Haus am Stallende, zum Garten hin, drehte sich ein großer Hund. „Aber jetzt schnell!" sagte Maria. „Das ist ein sehr böser Hund und wir können uns gegen ihn nicht wehren!" Schnell packten wir Tina unter die Arme und rannten los, so gut wir konnten! Angst verleiht Kräfte! Wir kämpften uns durch die Hecke mit Johannesbeerensträuchern, dann an der anderen Seite runter zu unseren Nachbarn, Familie Bergmann. Sie waren Flüchtlinge und stammten aus der Ukraine. Als der Krieg ausbrach, waren sie von dort verschickt worden, weil man Angst hatte, dass die Deutschen Hitlers Soldaten unterstützen könnten. Die Bergmanns hatten drei Kinder, der Älteste war in meiner Klasse. Die Kinder kamen sehr gerne zu uns, wir teilten mit ihnen unser Essen, wenn wir selbst was hatten und gaben ihnen, was wir konnten. So wurden wir gute Freunde. Und jetzt liefen wir zu ihnen in unserer Not. Wir sind dann dort geblieben, bis unsere Mutter von der Arbeit kam, da wir so große Angst vor dem Hund hatten, dass wir uns nicht heraus wagten! Als wir sahen, dass Mutter da war, gingen wir nach Haus und erzählten ihr alles. „Und wo ist der schöne Mantel geblieben?" fragte sie uns. Ach, den hatten wir in unserer Angst ganz vergessen! Nun ging Maria in den Garten, um den Mantel zu holen. Leider war davon

1948. Maria (13), ich (11), Mutter (41) und Tina (16), lächelnd trotz allem Leid.

nicht viel übriggeblieben. Der große Hund hatte in seiner Wut den schönen, warmen Mantel total zerfetzt! Er hatte seine große Klauen eingesetzt und sie durch den Mantel gezogen. Was danach noch übrig war, hatte er mit den Zähnen zerfleischt, so dass da nur noch Fetzen herumlagen. Das war unsagbar schade! Aber es war vorbei. Wir hätten ihn doch mitnehmen können, aber in unserer großen Angst hatten wir nicht daran gedacht. Nun war er fort. Und Maria hatte wieder nichts für die Schule. Aber Mama tröstete uns und sagte: „Um den Mantel ist es freilich sehr schade, aber gut, dass Ihr weggelaufen seid! Sonst hätte das Tier Euch zerrissen und was dann? Das wäre ja noch viel schlimmer! Nun wollen wir dankbar sein, dass es so ausgegangen ist." So war unsere Mama, sie hatte immer das Wichtigste im Blick und machte uns nie Vorwürfe.

Ende der Schulzeit

1947 -1948 ging ich in die dritte Klasse, während Maria in die fünfte kam. Dazu musste sie nach Kitschkass (Nr.12), weil es bei uns im Dorf nur eine Grundschule gab. Aber aus Mangel an Kleidung und aus gesundheitlichen Gründen musste sie bald aufhören.

In der dritten Klasse konnte ich Marias Bücher nutzen. In dem Jahr davor hatte ein Nachbarsjunge sie benutzt und als ich in die nächste Klasse kam, nahm sein Bruder sie. So ging es von einem Kind zum anderen. Manche hatten auch keine Lust zum Lernen. Hungrig, in sehr schlechter Kleidung im kalten Winter frierend, blieb mancher ohne besonderen Grund zu Hause. Ich war in diesem Winter auch krank und musste einen ganzen Monat auf der Ofenbank verbringen. Ärzte gab es nicht, Medikamente auch nicht, man musste es einfach durchstehen. Kam man durch, war's gut, kam man nicht durch, musste es auch gut sein.

Da kam eines Tages der Lehrer zu uns und fragte, ob ich nicht morgen zur Schule kommen könnte, wir würden eine Mathearbeit schreiben. Ich war zwar schwach und entkräftet, versprach aber, zu kommen. Als Mutter am nächsten Morgen um vier Uhr zur Arbeit ging, war mir das noch zu früh zum Aufstehen. Ich schlief weiter, verschlief und ging dann doch nicht mehr zur Schule. Der Lehrer aber hat mir nie was deswegen gesagt. Er hat mir bestimmt angesehen, dass von mir nicht viel zu verlangen war in unserer großen Armut. Als ich wieder gesund war, holte ich alles nach und wurde in die vierte Klasse versetzt, dazu noch mit einem besseren Zeugnis als manch ein anderer.

1949. Meine 4. Klasse, ich stehe in der hinteren Reihe die 2. v. li. Unser Klassenlehrer, Galjuta Alexey Pawlowitsch, sitzt in der Mitte.

Die vierte Klasse war mein letztes Schuljahr, das ich wieder mit einem sehr guten Zeugnis in dem nur Vieren und Fünfen standen, abschloss! Die Fünf entspricht der Eins in Deutschland und Vier ist dann eben eine Zwei. Ich hätte gern weiter gelernt, aber daran war nicht zu denken! Ich sah das an meiner Schwester. Die war wohl noch einen Monat in die fünfte Klasse gegangen, aber da wurde es kalt, etwas Warmes anzuziehen gab es nicht und so musste sie die Schule verlassen. Ich habe schon gar nicht mit der fünften Klasse angefangen. So hatte ich mit der Schule abgeschlossen.

Im Sommer mussten alle Kinder arbeiten. Nun waren doch etliche, die die Möglichkeit hatten, weiter zu lernen, vor allem wenn sie Väter hatten. Einige dieser Kinder hatten im Sommer Schweine gehütet. Nun gingen die wieder zur Schule und ich musste mit einem anderen Mädchen, das etwas älter war als ich, die Schweine übernehmen. Unser Klassenlehrer aus der vierten Klasse hatte nach Dolinovka (Nr. 9) gewechselt. Eines Tages, als wir mit den Schweinen auf der Wiese waren, nahe der Brücke, kam dieser Lehrer mit einem Pferdewagen vorbei und erblickte mich. „Was?" sagte er. „Lena, was machst Du hier? So eine gute Schülerin, das geht doch nicht, dass Du nicht weiter lernst!" Es waren die ersten Tage im September. „Ich habe keine Möglichkeit, zur Schule zu gehen", sagte ich, „so muss ich eben Schweine hüten". „Das ist aber schade um Dich", meinte er und fuhr weiter. Diese Begebenheit traf mich wie ein Stoß ins Herz! Danach fiel es mir sehr schwer, mit dem zufrieden zu sein, was ich hatte und nicht dem nachzutrauern, was ich so gern wollte, aber nicht haben konnte.

Meine Freundin Erna Bruschinsky hatte das große Glück, dass ihr Vater nach zehnjähriger Haft nach Hause kam! Er war zugleich mit meinem Vater verhaftet worden, aber mein Vater hatte leider nicht überlebt. So hatte Erna das große Glück, dass sie weiter lernen durfte und ging nach Pretoria (Nr. 14) auf die Mittelschule. Das war 15 Kilometer von Klubnikowo entfernt. Somit konnte sie nicht mehr zu Hause wohnen und mietete zusammen mit einem russischen Mädchen ein Zimmer in dem Nachbardorf Karaguj. Freundinnen blieben wir trotzdem. Leider ereilte Erna in der 10. Klasse ein schreckliches Schicksal, aber dazu später mehr.

Ich habe die Schweine gehütet, bis der Frost kam. Für die Schweine gab es nichts mehr zu grasen und ich war barfuß. So war ich diesen Winter im 12. Lebensjahr und saß zu Hause.

Drei Brote

Den größten Teil meiner Kindheit litten wir Hunger. Einige Male standen wir am Rande des Hungertodes und sind nur durch Gottes wunderbares Eingreifen am Leben geblieben! Dabei sind mir *drei Brote* ganz besonders in Erinnerung geblieben, weil sie zu Zeiten großer Not kamen.

Brot Nr. 1, oder wie ich das Gehen verlernte
Es muss das Jahr vor meinem Schulanfang gewesen sein oder vielleicht noch eins davor? Genau weiß ich es nicht mehr. Mutter hatte mit Mühe und Not etwas Butter zusammen gespart und noch Möhren aus dem Garten. Das gab sie ihrem Schwager Janzen mit in die Stadt. Der sollte es für sie verkaufen und etwas für uns zum Anziehen kaufen. Da er wenig Ahnung hatte von unserer Armut, wusste er auch nicht, was am besten zu kaufen sei. Nun hatte er eine alte Flanelldecke gekauft. Die war wohl mal dicker gewesen, aber inzwischen abgenutzt, abgescheuert und glatt. Doch sie hatte noch keine Löcher. Davon nähte Mutter uns Hemdhosen. Oben war es wie ein Pulli, unten waren es Hosen. In der Taille zusammen genäht und damit waren wir nun wieder angezogen. Die Hose hatte sie so lang wie möglich gemacht, soweit das Zeug reichte, um die Beine besser zu wärmen. Nun waren wir nach unserer Meinung warm angezogen. Der sibirische Winter ist aber sehr kalt und die Heizung knapp. Mutter musste mit allem sparen, denn ungeheizt ging es schon mal gar nicht. Es musste im Zimmer andere Luft sein als draußen, denn die Kranke lag hilflos da. Für die Nacht wurde das Bett ausgezogen. Da schliefen wir alle da drin und wärmten uns einer am andern. Morgens krochen wir aus dem Bett und es war nur ein Weg – auf die Ofenbank. Das war meine ganze Bewegung,

die ich am Tage hatte. Alles, was da war, wurde auf die Kranke gelegt, damit sie warm blieb und wir saßen auf der Ofenbank. Mutter hatte vor dem Weggehen so viel sie konnte geheizt und die Glut an die Seite der Ofenbank geschoben. Nun saß ich stundenlang mit eingezogenen Beinen, den Rücken an die warme Stelle gedrückt auf der harten Bank. Zum Spielen hatten wir nichts und in so einem Zustand hat ein Kind auch keine Lust zu spielen. Wir hatten einzig eine Katze, mit der spielten wir, sie wärmte uns und so vergingen unsere Tage. Abends schleppten wir uns wieder ins Bett, ohne zu merken, was mit mir vorging. Wir hatten Mutter auch nichts zu klagen, denn wir wussten, dass Mama das Möglichste für uns tat. Man kann sich überhaupt nicht vorstellen, wie es so einer Mutter geht! Sie kommt todmüde von ihrer unsagbar schweren Arbeit heim, selbst hungrig, nass und kränklich, die Füße in Holzpantinen, dick voll Schnee. Sie konnte nicht an sich denken, sondern kam als erstes zu uns herein, fragte, wie es allen geht, sah bei der Kranken nach, dann sagte sie: „Wartet ein Weilchen, ich werde schnell die Kuh versorgen." Das lag ja alles auf ihr allein. Es war keiner, der ihr irgendwo helfen konnte und wir waren noch zu klein. Wir nehmen das als ein ganz großes Wunder Gottes an, dass die armen Witwen zu der Zeit bei Verstand geblieben und nicht durchgedreht oder von Sinnen gekommen sind, der große Gott hat sie erhalten!

In diesem Winter verlernte ich das Gehen, ohne es selbst zu merken. Wie gesagt, ich quälte mich morgens aus und abends ins Bett, das war meine ganze Bewegung. Tina lag stundenlang bewegungslos im Bett. Ob ich mich hin und wieder von der Ofenbank gequält und ihr zu trinken gegeben habe, weiß ich nicht mehr. Maria war vormittags ein paar Stunden in der Schule, vielleicht hat sie Tina gefüttert, wenn sie nach Hause kam. Mutter war selten da und klagen oder jammern gab's nicht. Über die Straße wohnte der Vorsitzende der Kolchose, Petin (das war bevor unser Onkel Vorsitzender wurde). Er war Russe oder Ukrainer und war im Krieg verwundet worden, dann hatte er eine Gehirnverletzung durchlebt, war also als Soldat nicht mehr geeignet. Aber bei den Deutschen konnte er noch herrschen. So wurde er in unserem Dorf in dieses Amt eingesetzt.

Als Mensch war er nicht schlecht und sorgte auch für die Arbeiter ganz gut. Aber er konnte sich fürchterlich aufregen und schimpfen. Es kam vor, dass einige Arbeiter sich beim Vorsitzenden eine Gunst verschaffen wollten, indem sie über eine Person, die sie nicht leiden konnten, Lügen erzählten. Dann ging dieser Vorsitzende zu der Person, welche bei ihm angeklagt worden war, schimpfte und fluchte, bis er selbst müde war. Und das alles, ohne mit der Person zu reden oder zu fragen, was eigentlich wirklich vorgefallen war. Das machten seine Nerven, die ließen ihn dann im Stich und er konnte sich nicht beherrschen. Später war es ihm dann sehr peinlich und es tat ihm leid, dass es so gekommen war. So hat er eines Tages unsere Mutter ausgeschimpft und sie wusste nicht, was los war. Schließlich hat sie ihn gefragt, womit sie sich so sehr verschuldet hatte? „Na", sagt er, „da im Kuhstall ist so und so was vorgegangen, das hast Du angerichtet!" „Nein", sagte Mutter, „so was ist da überhaupt nicht gewesen. Fragen Sie doch die anderen Melkerinnen, bei uns ist alles ordentlich zugegangen." Da hat er sich abgewandt und ist weggegangen. Später sagte er, wie peinlich es ihm war, die arme Frau Harms hatte so still vor ihm gestanden und sich alles sagen lassen. In diesem Fall hatte die Frau Löwen ihn soweit gebracht. Die war Vorarbeiterin des Kuhstalls und nahm sich mehr heraus, als ihr zustand. Sie hat sehr oft und furchtbar über die Frauen geschimpft.

Aber zurück zu meiner Geschichte. Der Petin hatte zwei seiner Enkelkinder bei sich. Ein Mädchen, Alexandra, die wir Schura nannten und einen Jungen namens Vitja. Schura war in meinem Alter und kam öfters zum Spielen, wie im Sommer so auch im Winter. Was oder womit wir gespielt haben, weiß ich nicht mehr, aber sie war immer da und wir spielten gern zusammen. Ihr ging es ja auch gut, im Gegensatz zu uns. Sie hatte gute Kleider, einen Wintermantel und immer genug zu essen. Deswegen hatten die Petins ihre Enkelkinder zu sich genommen, weil sie von allem genug hatten. Sie hatten an nichts Mangel. Nun war es Winter, ich hatte nichts anderes anzuziehen als meine Hemdhosen und saß auf der Ofenbank mit eingezogenen Beinen. Wenn Schura kam, stand sie vor mir an der Bank und so spielten wir. Doch ihr wurde es zu eintönig. Wir liefen nicht mehr herum, spielten nicht mehr Fangen oder was es auch war und so war sie seit etlichen Tagen nicht mehr gekommen. Wir machten uns auch keine Gedanken darüber, es könnte ja auch wegen des Schneesturms sein oder etwas anderem.

Eines Tages kam Schuras Oma zu uns. Es war eben so ein Moment, in dem Mutter zu Hause war und sie bot Frau Petin an, Platz zu nehmen. Diese setzte sich, war aber ziemlich ernst. Die beiden Frauen redeten so manches, obwohl Mutter die russische Sprache nicht so gut beherrschte. Wir Kinder konnten viel besser russisch. Da hörte ich plötzlich, die reden ja von mir! „Was?" sagte Mutter, „Du spielst nicht mehr mit Schura?" Das war für mich eine schwere Frage. „Wer sagt das?" fragte ich zurück. „Na, die Oma sagt, Schura hat sich zu Hause beklagt und gesagt: ‚die Lena spielt nicht mehr mit mir!' Seid Ihr Euch uneinig geworden oder woran liegt es, dass sie sowas sagt?" „Nein, wir sind uns nicht uneinig. Ich kann nicht mehr gehen und laufen mit ihr und deswegen kommt sie nicht mehr." „Was?" sagte Mutter. „Du kannst nicht mehr gehen? Komm mal runter von der Ofenbank!" „Ich kann nicht", protestierte ich. Da stellte sie einen Hocker neben der Ofenbank, damit ich mich aufstützen konnte. Ich krabbelte von der Ofenbank runter, stützte mich auf den Hocker und mit Not und Anstrengung zappelte ich um den Hocker und kroch wieder auf meinen Platz. Mir taten alle Gelenke so weh, die Knie konnte ich nicht mehr gerade biegen. Durch den beständigen Hunger und das Frieren war ich nun so weit gekommen.

Die Oma schaute sich alles still an und verstand sehr wohl, was die Ursache des Problems war. Mir war sie gleich, als sie herein kam, sehr dick vorgekommen. Sie war eine kleine Frau und hatte sich ein großes Kopftuch übergeworfen. Das war ein sehr warmes, großes Tuch, dicht und dick wie eine Decke, anderthalb Meter breit, auch so lang und rundum waren lange Fransen. Wer so was hatte, der war reich! Wo sie nun diese ganze Szene gesehen hatte und mich selbst sehen konnte, sagte sie zur Mutter: „Ich verstehe alles." Dann hob sie ihren Arm auf, schob das Tuch zur Seite und überreichte Mutter einen großen Laib Brot. Uns funkelten die Augen! Möge Gott es ihr in Ewigkeit vergelten! Ja, freilich, die Petins hatten immer genug zu essen! Er war Chef über alles und nahm sich aus dem Speicher oder dem Lager, so viel er wollte und brauchte. Dieses Brot vergesse ich nie! Es war eines der „drei besonderen Brote", die uns vor dem Hungertod retteten.

Bevor Schuras Oma ging, sagte sie noch zu Mutter: „Ich werde mit meinem Mann reden, hier muss Hilfe her." Etliche Tage später durfte Mutter aus dem Lager ein paar Kilo Mehl abholen, sowie zwei Kleider aus dem Kindergarten für Maria und mich. Damals hatten die Kinder im Kindergarten eine Uniform. Wir wurden da freilich nicht aufgenommen, denn wir waren ja die Kinder eines Volksfeindes.

Nach diesem Vorfall wurde es dann etwas anders. Ab und zu bekam Mutter Mehl oder Grütze. Aber ein guter Ausweg war es nicht, denn es wurde in der Erntezeit vom Jahresverdienst abgezogen und das war alles andere als erfreulich. Später arbeitete Mutter zusätzlich als Wächterin der Getreidespeicher und da wurde es etwas leichter. Sie bekam als Lohn zwei Kilo Mehl pro Person im Monat, also acht Kilo für unsere vierköpfige Familie und 200 Rubel. Was uns das bedeutet hat, kann man kaum in Worte fassen! Vor allem das Mehl linderte unsere Hungersnot. Das Geld war allerdings nicht sehr viel wert. In einem Winter, als uns wieder mal die Kartoffeln ausgingen, kauften wir im März ein Pud (16 Kilo) Kartoffeln für 150 Rubel. Weil es schon März war, schnitt Mutter dicke Stücke mit den besten Keimen als Saatgut ab. Dadurch blieb von den Knollen nicht viel zum Essen übrig. Aber es hat immer einen Ausweg gegeben. Wir haben allmählich unseren Garten vergrößert, indem wir immer mehr dazu gruben.

In einem anderen Winter hatten wir so schlechtes Futter für die Kuh und so wenig, dass sie uns fast kaputt ging. Als es gerade anfing, wärmer zu werden und wir meinten, sie würde das Gras schon nehmen können, ließen Maria und ich die Kuh raus und gingen mit ihr an den Heckenrändern, in der Hoffnung, sie würde was zu grasen finden. Leider war sie so kraftlos und legte sich bald hin. Aber da hatten wir unsere Mühe mit ihr. Sie konnte nicht mehr aufstehen und wir konnten ihr nicht helfen. Dann endlich, als Mutter abends von der Arbeit kam und eine Nachbarin zu

Hilfe rief, da haben wir der Kuh aufgeholfen und mit Geduld und Hilfe sie ganz langsam wieder in den Stall gebracht. Aber dann wussten wir, was unsere Pflicht war, nämlich fleißig Gras pflücken und die Kuh füttern, damit sie wieder auf die Beine kam.

Brot Nr. 2, in Novo Spasskoje

Ich habe schon erwähnt, dass hinter unserem Erdhäuschen lange Hecken leckerer Johannesbeeren wuchsen. Sobald die ersten Beeren reiften, pflückten wir so viel wir konnten und trockneten sie in der Sonne für den langen Winter. Aber alles konnten wir nicht verwerten und Zucker gab es nicht, um was einzukochen. Später, als schon der wunderbare Zucker zu bekommen war, hat Mutter uns leckere Marmelade gekocht! Dass wir die schweren Jahre überlebten, dafür können wir nur unserem gnädigen Gott dankbar sein, der uns immer durchhalf!

In diesen armen Jahren kamen im Sommer oft russische Frauen aus den umliegenden Dörfern zu uns, um Johannisbeeren zu pflücken. Auch Tante Aniska, Mutters langjährige Freundin war darunter. Die anderen Leute im Dorf verlangten immer die Hälfte von dem, was die Frauen gepflückt hatten. Unsere Mama tat das nie. Was die Frauen in ihren Eimern hatten, konnten sie alles behalten. So gingen sie manchmal schwer beladen, aber sehr froh von uns weg! Und weil Mutter nichts nahm, kamen sie nie mit leeren Eimern zu uns. Mal hatte die eine Frau etwas Mehl dabei, die andere einen großen Laib Brot, eine dritte noch etwas Essbares. Jede brachte uns etwas mit, außer dem Brot, das sie für sich selbst dabei hatten. Und wenn sie dann vollbeladen nach Hause gingen und von ihrem Proviant noch etwas übrig hatten, ließen sie es uns auch da. So konnten wir noch manch eine Mahlzeit genießen und hatten guten Kontakt mit den russischen Dörfern.

Aber zwischen der Zeit, in der die Beeren reiften und der, in der die Wintervorräte aufgebraucht waren, lagen lange hungrige Frühlingswochen. In dieser Zeit gingen viele aus unseren Dörfern in die russischen Dörfer betteln. Irgendwie bekamen die Russen mehr Getreide als wir, so dass sie nicht so viel Not leiden mussten. Eines Tages kam unsere Nachbarin, Maria August, und bat Mutter, mitzugehen zum Betteln nach Novo Spasskoje, dem Dorf in dem Aniska lebte. Mutter wollte nicht, aber Tante August ließ nicht locker und so fragte sie sich für einen Tag von der Arbeit los und ging mit.

Als die ersten Häuser des russischen Dorfes in Sicht kamen, war Mutter völlig fertig! Ihr taten die Füße weh von dem 17 Kilometer langen Fußmarsch. „Lass uns direkt mit dem Betteln anfangen", meinte Frau August. „Ich nehme die linke Seite und Du kannst die andere haben." „Ich gehe erst mal zu Aniska!" sagte Mutter entschieden. So schleppte sie sich bis zu deren Haus und als Aniska Mutter sah, war die Freude groß! „Ach wie schön, dass Du kommst!" rief sie aus. „Was bringt Dich hierher?" „Meine Nachbarin wollte betteln gehen und ich ging mit." „Komm, setz Dich erst mal bequem hin. Und vergiss das Betteln sofort! Du gehst nirgends hin", bestimmte die Russin resolut. Dann rief sie: „Wanjka! Dunjka! Schnell! Lauft und sagt unseren Freunden Bescheid, dass Helene Harms aus Klubnikowo hier ist!" Die beiden Kinder stoben davon in unterschiedliche Richtungen, während Aniska Mutter einen Tee kochte, die Suppe vom Mittagessen aufwärmte und ihre Freundin wie einen hohen Gast bewirtete. Schon bald kamen die anderen Frauen aus dem Dorf und alle brachten Geschenke mit für ihre deutsche Freundin! Die eine hatte ein Kartoffeln dabei, die andere ein paar Tomaten oder Gurken, ein Stück Butter und vieles mehr! Mutter konnte nur staunen!

Als Maria August einige Stunden später erschien, weil es Zeit war nach Hause zu gehen, war Mutters Beutel schwerer als ihrer. Und sie hatte nicht betteln müssen! Aber Mutter wollte auch noch ihre andere Freundin, die Frau Rybakova, kurz sehen. So klopften sie an deren Tür. „Kommt herein!" rief sie und als die beiden eintraten, sahen sie, dass die Frau gerade Brot gebacken hatte. Ein langes Blech mit sieben oder acht großen Laiben stand in der Küche. „Setzt Euch, ich bin gleich zurück", sagte die Russin und verschwand im Hof. Blitzartig steckte Maria August ein Brot vom Blech in ihren Beutel! „Maria! Wie kannst Du nur?" schimpfte Mutter. „Die hat noch so viel, die merkt es gar nicht", flüsterte ihre Begleiterin. In dem Moment kam die Frau herein. Sie trocknete sich die Hände an ihrer

Schürze ab und holte zwei Tassen aus dem Schrank. Der Samowar dampfte, wie das bei Russen üblich ist. Nachdem sie ihren Gästen Tee mit je einer dicken Schnitte Brot serviert hatte, unterhielten sie sich noch kurz. Dann war es aber wirklich Zeit, den Heimweg anzutreten! Mutter verabschiedete sich von ihrer Freundin und da nahm diese eins der frischen Laibe vom Blech und schenkte ihn ihr! Sie hatte bestimmt gemerkt, dass die andere Frau ein Brot gestohlen hatte, denn ihr gab sie keins. Das war **Brot Nummer zwei** aus meiner Erinnerung.

Als die beiden dann schwer beladen zurück kamen, war Mutter so unsagbar müde, dass sie knapp unser Heim erreichte! Aus Liebe zu uns nahm sie jedoch all diese unsagbaren Schwierigkeiten auf sich, um keines von uns durch den Hungertod zu verlieren. Gott belohne es ihr in Ewigkeit! Wir hatten eine sehr gute Mutter, sie war stark und mutig, trotz all dem Schweren, worin sie steckte und was sie umgab. Und ein starkes Vertrauen auf Gott hatte sie auch! Denn anders wäre sie verzagt in ihrem Elend. Sie hat uns den Weg zum Himmel gezeigt. Und obwohl das Leben so grausam schwer war und wir nichts zum Lesen im Hause hatten, hat sie uns alles gelehrt, was sie selbst auswendig konnte, das wenige, das sie als Dienstmädchen hatte lernen können. Aber sie hatte so wenig Zeit für uns, sie musste immer von früh bis spät arbeiten.

Das Brot Nr. 3 kam durchs Fenster

Wieder einmal war Frau August in die Russendörfer betteln gegangen. Es war noch früh im Jahr, der Winter grade vorbei, der Schnee noch nicht überall weggetaut. Vielleicht war es März oder Anfang April? Ich kann es nicht genau sagen. Unser Getreide war jedenfalls längst aufgebraucht und wir hatten schon mehrere Tage nichts als ein dünnes Süppchen mit ein paar Bohnen oder Möhrenstückchen gegessen. Uns knurrten die Mägen und wir hatten kaum noch Kraft, uns um unsere kranke Schwester zu kümmern. Die hungerte auch, zusätzlich zu ihren Schmerzen und Krämpfen. Woher Mutter noch die Kraft nahm, um arbeiten zu gehen, blieb mir ein Rätsel! Aber sie war nicht zu Hause, als wir auf einmal ein Klopfen an unserem Fenster hörten. Ich quälte mich von der Bank und ging nachsehen, wer es wohl sein mochte? Durch die Scheibe sah ich nur klobige Galoschen und einen dicken Rock. Das Fenster unseres Erdhäuschens war fast ebenerdig. Da kam das Klopfen wieder. Ich reckte mich und öffnete den kleinen oberen Teil, das sogenannte „Fortotschka". Da hörte ich Frau August sagen: „Hier, ein Brot für Euch von Aniska aus Novo Spasskoje." Und schon schob sie einen frischen, knusprigen Laib durch die kleine Öffnung! Das Brot passte gerade so hindurch, von der Kruste krümelten ein paar Bröckchen ab. Ich schloss das Fenster wieder und legte den Schatz auf unseren Tisch. Wir würden ihn nicht anrühren, bevor Mutter nach Hause kam!

Als Mama abends müde durch die Tür trat, roch sie sofort den Duft des frischen Brotes. „Wo habt Ihr das denn her?" wunderte sie sich. Wir erzählten ihr die ganze Geschichte und dann gab es für jeden eine dünne Scheibe Brot zum Abendessen! Mutter teilte dieses wertvolle Brot in kleine Teile auf und gab uns jeden Tag ein Stückchen davon. Nach heutigen Verhältnissen war es nicht sehr groß, aber damals rettete es uns das Leben und hielt erstaunlich lange. So sorgte der himmlische Vater immer wieder für uns und kam nie zu spät.

Ein schwerer Vorfall

Die letzten Jahre ihrer Arbeitszeit hat Mutter nur noch als Wächterin gearbeitet. Das war auch nicht ganz ungefährlich. Wir hatten uns einen kleinen Hund angeschafft, der Mutter treu bei ihren Schichten diente. Es war ein ehemaliger Kriegshund mit dem Namen Pulja (ru. Kugel). Der war so schlau, hörte das kleinste Geräusch und meldete es sofort. Unser Nachbarhaus war einer der Speicher, für die Mutter zuständig war. Die anderen standen weiter weg. Sie ging mehrmals pro Nacht an jedem Gebäude vorbei, kontrollierte die Schlösser und blieb am Ende ihrer Runde ein wenig stehen. Manchmal setzte sie sich auch auf die Schwelle, einen dicken Stock in der Hand. Auf den gestützt konnte sie hin und wieder sogar ein wenig schlummern. Wenn der Hund bei ihr war, konnte sie ganz ruhig sein.

Eines Nachts saß sie auch wieder so auf der Schwelle und träumte vor sich hin, da knurrte der Hund neben ihr. Sie schaute auf und sah, wie ein Mann sich an unserer Schaukel zu schaffen machte. Diese war an einem dicken Ast der Silberpappel festgebunden. „Hey!" sagt sie, „was ist da los?" Im gleichen Moment wollte Pulja auf ihn los! Mutter beruhigte den Hund und trat näher. Da sah sie, dass ein Baschkire die Kette abmachen wollte. „Was willst Du hier? " fragte sie streng. „Die Kette, die Kette brauche ich", sagte er. „Nein, nein", sagte sie, „das ist meine Kette und Du sieh zu, dass Du hier weg kommst!" Er sah, dass sie nicht einzuschüchtern war, ließ los und ging davon. Das war freilich noch harmlos. Aber manchmal war es auch gefährlich, dann musste sie den Hund beruhigen und im Versteck bleiben, um nicht gesehen zu werden und so am Leben zu bleiben. Im Herbst 1948 gab es einen ganz furchtbaren Vorfall in unserm Dorf.

Früh morgens am 28. November ging Mutter wie immer noch einmal alle ihre Speicher ab, um sich zu vergewissern, dass alles in Ordnung war, bevor die Schicht zu Ende ging. Schon bald würden die Arbeiter kommen und dann konnte sie nach Hause gehen. Als sie den letzten Speicher, ganz am Ende des Dorfes gerade verlassen wollte, hörte sie weit hinterm Nachbardorf einen Schlitten. Im Winter, wenn es still war, konnte man einen Schlitten von Weitem hören, weil der Schnee laut knirschte unter den Kufen und auch unter den Hufen der Pferde. Mutter ging die Straße entlang auf ihr Erdhäuschen zu und hörte, dass das Gefährt näher kam und dass die Männer darin sich laut unterhielten. Sie hörte immer deutlicher die aufgeregten Stimmen. Genau in dem Moment, als sie zu Hause angekommen war, kam der Schlitten die Straße entlang. Sie konnte sich eben noch in den Schatten stellen, um nicht bemerkt zu werden, denn es war eine mondhelle Nacht. Da fuhr der Schlitten an ihrem Hof vorbei. Die Männer trieben ihre Pferde mit Peitschenhieben an und schimpften, weil es ihnen nicht schnell genug ging. Die Pferde gaben ihr letztes und wurden immer noch geschlagen und angetrieben. Als sie an unserm Haus vorbei waren, ging Mutter langsam zur Straße und schaute ihnen nach. Sie fuhren durchs Dorf Richtung Stepanovka. Nun ging sie ins Haus, für sie war diese Nacht zu Ende. Die Arbeiter würden nun ihrer Arbeit nachgehen und es regte sich wieder Leben auf der Straße. Es klang ihr nur noch immer in den Ohren, wie die Männer so aufgeregt und wütend ihre Pferde angetrieben hatten. So was hatte sie noch nicht gehört. Meistens fuhren die Menschen in so kalter Zeit im Pelz eingekuschelt und still durch die Gegend. Nur gut, dass man sie nicht gesehen hatte! Denn solchen Menschen allein zu begegnen, war gewiss nicht ungefährlich. Sie legte sich noch ein Weilchen hin, dann versorgte sie die Kuh, weckte uns für die Schule und der Tag nahm seinen gewöhnlichen Lauf.

Später ging eine Schreckensnachricht durchs Dorf: „Onkel Heinrich Hooge ist umgebracht worden!" Das war etwas Grausames! So etwas war in unsern Dörfern noch nie vorgekommen! Anfänglich konnte keiner genau sagen, wie es passiert oder zugegangen sei. Man wusste nur, er war tot.

Heinrich Hooge arbeitete in der sogenannten „Roten Mühle". Die Mühle stand in einem kleinen Wäldchen am Fluss Uran, denn es war eine Wassermühle. Hooge wohnte am Ende des Dorfes Kubanka, welches sich unmittelbar an Klubnikowo anschloss und ging jeden Morgen um fünf Uhr die etwa anderthalb bis zwei Kilometer zur Mühle, um alles in Gang zu bringen. Dann konnte er, wenn die Leute kamen, sofort das wenige Getreide für sie mahlen. Er hatte einen Gehilfen, Onkel Siemens, einen gläubigen Mann, der mit seiner Familie in dem neben der Mühle stehendem Haus wohnte.

Am Tag zuvor, dem 27. November, war die Familie Hooge zusammen gewesen. Seine jüngste Tochter Klara aus der ersten Ehe wollte heiraten. Nun hatte die Familie alles in Ruhe besprochen und die Hochzeit geplant. Alle waren zufrieden und glücklich in Vorfreude auf das Fest! Auch an dem Schwiegersohn, Kornelius Penner, hatte Onkel Hooge Gefallen gefunden. Dann meinte er: „Ich muss noch unbedingt zur Kanzlei, man hat mich gerufen." Kurz darauf kam er ganz niedergeschlagen nach Hause. Der Vorsitzende hatte wohl mit ihm geschimpft, er solle mehr arbeiten. „Aber ich fange ja ohnehin schon immer um fünf Uhr an", hatte er erwidert. „Das ist nicht genug, von nun an fängst Du um vier Uhr an", befahl der Vorsitzende. So kam er ziemlich bedrückt zurück.[22]

---

[22] Ich habe heute, am 27. April 2012, noch mit Tante Klara gesprochen, der Toch-

Klaras Schwester Anna war eben aus der Arbeitsarmee nach Hause gekommen und die Beiden teilten sich ein Bett. Dadurch konnten sie sich noch lange unterhalten. Als sie so im Bett lagen, kam der Vater rein, kniete an seinem Bett nieder und betete. Sie schwiegen und horchten. Vater betete so ganz anders als sonst. Er betete für alle seine Kinder, die Erwachsenen und die Kleinen, mit der zweiten Frau hatte er sechs Söhne. Er betete für seine Frau und für sich selbst, als ob ihm was Schweres bevorstünde. Er betete so von Herzen und unter so vielen Tränen, dass den beiden Mädchen auch die Tränen kamen. Sie wussten nicht, was ihren Vater so schwer bedrückte...

Des andern Tages war er um vier Uhr morgens in der Mühle. Seinen Gehilfen wollte er noch nicht wecken, er würde ihm später sagen, dass sie früher mit der Arbeit beginnen sollten. Die Gauner hatten sich schon längst genau erkundigt, wann die Mühle anfing zu arbeiten und waren sicher, bis fünf Uhr mit allem fertig zu sein. Und genau an diesem Morgen musste der Mann eine Stunde früher kommen und da passierte das Unglück!

Onkel Hooge wurde bald von den Arbeitern entdeckt, die jeden Morgen aus Rodnitschnoje (Nr. 10) nach Kitschkass (Nr. 12) in die große Maschinen- und Traktorenwerkstatt fuhren. Dort wurden im Winter die Arbeitsmaschinen wie Traktoren, Mähdrescher, etc. gewartet. Der Weg führte von Berg herab, drehte dann rechts den Fluss entlang und ging bei der Mühle vorbei bis. Die Arbeiter waren daher mit dem Geräusch der Mühle vertraut. An diesem Morgen hörten sie etwas ganz anderes! Bestürzt hielten sie an und gingen nachsehen. Als sie die Mühle betraten, hörten sie, dass die Mühle im Leerlauf ging. Die Trommel schlug im leeren Rumpf laut herum. Sie verstanden nicht, was hier vorging und riefen: „Onkel Hooge! Onkel Hooge!" Aber ihnen antwortet niemand und es schien niemand da zu sein. Das konnte aber doch nicht sein! Die Mühle war ja in Gang gesetzt worden, das große Tor stand weit offen, es musste

---

ter, die damals heiraten wollte. Sie wohnt noch in Kubanka und wir sind gute Freundinnen. Sie hat mir das noch einmal alles erzählt. (Anm. Sie starb 25.09.2015)

doch jemand da sein! Während die Arbeiter sich umschauten, sahen sie die Leiche des Müllers zwischen den Säcken grausam zugerichtet. Da kam auch schon Onkel Siemens, er hatte ebenfalls den Lärm der Trommel gehört und sich gewundert, da sie die Mühle so früh doch nie in Betrieb gesetzt hatten.

Die Mühle wurde angehalten, nun gab es anderes zu tun. Die Familie bekam Nachricht von dem Unglück, aber mit all den Untersuchungen und Protokollen von Seiten der Behörde und der Miliz konnte die Leiche erst abends nach Hause gebracht werden. Das war ein Jammer und ein unsagbares Elend!

Es dauerte auch nicht lange, da hatte man die Mörder gefunden. Es war ein Baschkire aus Kutlumbetowo und ein Jakob Fröse aus dem Dorf Nr. 13. Sie mussten aussagen und alles kam heraus, wie es gewesen war. Die Beiden wollten sich etwas Getreide aus der Mühle zu holen. Es war ja noch mit allem knapp. Sie hatten nicht vorgehabt, jemanden umzubringen und da sie sicher waren, dass die Arbeiter nicht vor fünf Uhr kamen, planten sie ihren Raub entsprechend. Nun kamen sie dahin und der Müller war schon da, was sie aber nicht wussten, da sie ihn nicht sofort gesehen hatten. So schnell wie möglich luden sie etliche Säcke auf den Schlitten, als sie mit einem Mal sahen, wie der Müller sich bei einem Trichter erhob. Er war nämlich damit beschäftigt, den großen Trichter, in den das Getreide hineingeschüttet wurde, in Ordnung zu bringen. Und weil er da unten beschäftigt war, hatten sie ihn nicht gesehen. Und er hatte auch nicht gemerkt, dass sich Gauner hereingeschlichen hatten. Nun richtete er sich auf und wurde mit Schrecken gewahr, was da vor sich ging! Die Diebe waren aber nicht weniger erschrocken, als sie den Mann erblickten. Sie hatten jedoch ihr Gewehr parat und feuerten auf ihn. (Unsere Mutter sagte immer: wer auf Stehlen ausgeht, der ist auch bereit zu töten, weil er nicht gesehen werden will.) Onkel Hooge fiel um und die Gauner meinten, ihn beseitigt zu haben. Sie beeilten sich, den Schlitten voll zu machen. Nun war es aber nur eine Schrotflinte, aus der sie geschossen hatten und der Mann war nicht tot. Er erhob sich und taumelte herum, wahrscheinlich nicht bei Bewusstsein. Da bekamen die beiden Männer Angst. Wenn der am Leben bleiben würde, dann verklagt er uns! Das „Werk" musste zu Ende gebracht werden. Sie überwältigen ihn, legten ihn auf den Rücken und schlugen drauf los. Weil der arme Mann vom Schuss schon blutig war, war es ihnen egal, wo sie ihn trafen, Hauptsache, er war tot. Dazu benutzen sie auch den in der Ecke stehenden Spaten. Und so fanden die Arbeiter und Onkel Siemens den übel zugerichteten Mann.

Die beiden Mörder hatten sich danach so schnell wie möglich davon gemacht und niemand hatte sie in der Nähe der Mühle gesehen. Aber es musste eindeutig ihr Schlitten gewesen sein, den Mutter gehört und gesehen hatte, der mit den Männern, die ihre Pferde so brutal angetrieben hatten. Die Mörder waren auf dem Wege hinter dem Fluss gekommen. Dort befand sich zwischen Kubanka und Klubnikowo eine Brücke. Kurz darauf gabelte der Weg sich und führte in diese beiden Dörfer. Neben der Brücke stand eine Käserei, da mussten sie nun vorbei. Bei der Käserei wachte Frau Penner. Die war auch im Begriff gewesen, nach Hause zu gehen, aber als sie das laute Schimpfen hörte, blieb sie noch stehen, um zu erfahren, was das wäre. Da der Weg ganz nahe an der Käserei vorbei führte, sahen die Diebe sie, zielten und schossen, weil sie keine Zeugen ihrer Tat gebrauchen konnten. Aber das Gewehr ging nicht los, es hatte nicht sein sollen. Die beiden wollten aber keine Zeit verlieren und so hielten sie nicht an, sondern fuhren so schnell wie möglich durchs Dorf. Da war Mutter aber froh, dass sie ihnen nicht auf der Straße begegnet war! Dann wäre sie mit Sicherheit auch dran gewesen. Sie sagte nichts davon, dass sie die Männer gesehen hatte, sonst hätte sie noch als Zeuge aussagen müssen und wer weiß, welche neuen Feinde sie sich damit geschaffen hätte? Die Mörder wurden auch so gefasst und gerichtet. Aber die Familie blieb ohne Vater und Versorger. Damals gab es nichts für Witwen, keine Rente oder irgendeinen Ausgleich bzw. Hilfe. Wer konnte da besser mitfühlen als unsere Mutter! Auch uns ist das sehr nahe gegangen. Wir freuten uns mit allen, die noch einen Vater hatten, denn wir wussten, was es heißt, ohne Vater zu leben. Nun waren wieder viele Kinder Waisen geworden, der jüngste war kaum vier Jahre alt. Es hätte nicht sein müssen...

„Weil ich Jesu Schäflein bin…"

1948 begann für mich die vierte Klasse. In diesem Winter kam es schon vor, dass Einzelne zusammen kamen, um zu singen und zu beten – es waren die ersten christlichen Treffen, allerdings heimlich. So etwas verpasste Mutter nicht! Im Nachbardorf Kubanka war eine Familie Heinrich Unrau und bei denen fanden diese Treffen statt. Hin und wieder durften Maria und ich mit, obwohl Kinder nicht erwünscht waren, wegen der Verfolgung. Wir gingen abwechselnd mit, weil immer eine bei der Kranken blieb. Eines Abends im Februar 1949 war ich wieder an der Reihe und freute mich, mitzudürfen! Ich kann mich auch an kein anderes Mal erinnern, vielleicht weil dieser Abend für mich so wichtig war. An diesem Abend waren außer mir noch zwei Jungs da, 16 Jahre und 13 Jahre. Erwachsene waren die Familie Unrau, Mutter und unsere Nachbarin Tante Bergmann.

Bruder Unrau sprach über den 23. Psalm. Er machte es so klar und deutlich, wie wichtig es war, den Herrn Jesus zum Hirten zu haben. Wie oft geraten wir in große Schwierigkeiten und in aussichtslose Verhältnisse, so dass wir nicht aus noch ein wissen! Wie gut ist es dann, einen solchen Hirten zu haben, der uns auf grüne Auen und zum frischen Wasser führen will. Der Psalmist sagt: „Mir wird nichts mangeln." Ist das wohl nicht gut? Ich weiß nicht mehr, was er noch alles gesagt hat, aber mir war das alles so wichtig, als ob es nur für mich gesagt war. Bevor wir zum Schluss beteten, fragte er die Jungs, ob der Heiland schon ihr Hirte sei? „Ja", sagte der älteste, Peter Fast. „Das ist ja gut!" sagt Bruder Unrau. Dann stellte er auch mir die Frage: „Und wie ist es bei Dir, bist Du auch schon Jesu Schäflein?" Ich musste es verneinen. „Aber möchtest Du es werden?" fragte er weiter. „Ja", sagte ich. Wir knieten uns hin zum Gebet und ich betete als erste. Ich hatte solch ein Verlangen nach diesem Hirten! Ich wollte unbedingt zu ihm gehören! Was die anderen gebetet haben, weiß ich nicht. Ich weiß nur, mein großes Verlangen war, mit diesem Hirten in Verbindung zu kommen. Als alle gebetet hatten, betete ich nochmals, aber mit großer Freude und Dankbarkeit. Als wir uns vom Gebet erhoben, kam der Bruder auf mich zu und sagte: „Hier ist schon zu merken, was soeben passiert ist." Er begrüßte mich und wünschte mir Gottes Segen zu meinem weiteren Leben. Ich war so froh und glücklich, dass ich es nicht in Worte fassen konnte! Auf dem Nachhauseweg unterhielt Mutter sich mit Tante Bergmann. Ich merkte überhaupt nichts von dem, was um mich her herum vorging. Wir waren schon beinah zu Hause, da drehte Frau Bergmann sich um und sprach mich an: "Na", sagt sie, „die Lena ist heute überglücklich, nicht wahr?!" Ich konnte nicht sofort antworten. Mir war, als ob ich von irgendwo herunter kam und fühlte nun, dass ich auf der Straße war. Der Mond schien voll und hell vom Himmel. Alles um mich her war so hell und klar, als ob ich mich erst besinnen musste, wo ich war. Ich konnte die Frage nur mit einen kräftigen, glücklichen „Ja!" beantworten.

Von dieser Zeit an hatte ich einen Halt und ein Ziel. Diese große Freude hat mich manchmal festgehalten in schweren Zeiten, von denen es in unserm Leben nicht wenige gab. Gott sei gedankt! Er hat uns erhalten. Seit diesem Abend war ER mir Vater, Bruder und Freund, das habe ich erlebt. Auch wenn es meinen Schmerz um meinen leiblichen Vater nicht aufgehoben hat – der fehlt mir bis heute. Und doch habe ich es oft im Leben erfahren, wie mein himmlischer Vater helfen kann. Viele Jahre später schrieb ich in Erinnerung an all das Gute eines Nachts das folgende Gedicht.

Du bist mein Vater

Ich komm zu Dir, mein guter, treuer Vater,
ich bin Dein armes Kind in dieser Welt.
Sei Du mein Führer und stets mein Berater
wenn alles untergeht und alles einst zerfällt.

Die Welt ist groß und ich ganz klein und nichtig
ganz abhängig von Deiner Kraft und Macht;
drum lehr' mich gehen den Lebensweg hier richtig
um nicht zu bleiben in der finster'n Nacht.

Ein'n Vater hab ich nicht gekannt in meinem Leben

drum will ich angehören Dir allein,
Du kannst mir stets das Nötigste hier geben
drum nenn ich Dich mein Vater nur allein.
Ich war ein Kind, und noch kein Jahr auf Erden
Da wurde mir der Vater schon geraubt--
So musst' ich eine arme Waise werden
und so hab ich die Kindheit zugebracht.

Nun bin ich reich, ich darf Dich Vater nennen!
Denn Einer bürgt für mich in Deinem Reich,
ich will es froh vor aller Welt bekennen
mit Freuden- es verkünden, allen gleich.

In meinem Leben bist Du alles mir geworden
gleich Freund und Bruder – Vater noch dazu;
von Kindesbeinen stets für mich gesorget
und füllest mich mit Deiner Fried und Ruh.

Ich bin so dankbar, dass Du mich gerufen
in meinen jungen Jahren schon zu Dir!
Einst will ich steh'n vor Deines Thrones Stufen
für alles loben, preisen, danken Dir!

Erhalte mich und hilf mir überwinden
das Schwere, das die Lieb' verdunkeln will,
die uns beschwert und uns will niederdrücken
und uns verdunkeln will das sel'ge Ziel.

Hilf mir beharren bis ans sel'ge Ende
Lass nichts ablenken mich, ob auch Versuchung viel
Um zu erleben diese sel'ge Wende
und zu gelangen einst ans ew'ge Ziel! (30.10.14)

6. Kapitel: Mein Arbeitsleben

Unser Alltag und Arbeitsleben in den Jahreszeiten

Im Winter waren wir mit Flicken, Strümpfe stricken, Stopfen und ähnlichem beschäftigt. Irgendwann um diese Zeit haben wir mit Malen angefangen. Zunächst ganz im Kleinen, denn es fehlte an allem: Buntstifte, Papier – alles war Mangelware. Und zudem mussten wir immer noch den Hafer auslesen. Wir hatten also keine Langeweile und gar nicht so viel Freizeit, wie man denken könnte.

Das Haferauslesen war eine ganz schwere, sehr lästige Arbeit. Die Haferfelder waren stark verunkrautet, teils mit wildem Hafer, der schwarze Körner hatte, aber auch mit Wermut und vielen anderen Wildkräutern. Leider gab es keine Maschinen, um den Hafer zu reinigen, der wilde Hafer war von der Körnergröße sehr ähnlich und konnte nicht ausgesiebt werden. Deshalb musste das Saatgut von Hand verlesen werden, damit nicht alles Unkraut mit ausgesät wurde. Das nahm viele Winterabende in Anspruch. Wir schütteten den uns zugeteilten Hafer hoch auf dem Tisch auf, soviel, wie drauf passte, glätteten die Spitze des „Berges" etwas, damit dort das winzige Öllämpchen stehen konnte und machten uns an die Arbeit. In dem schummerigen Licht galt es, den Hafer von allen Beimischungen zu reinigen. Dabei mussten wir sowohl den reinen Hafer als auch die Unkrautsamen aufheben – beides wurde am Ende gewogen, um sicher zu gehen, dass wir kein Körnchen für ein Hafersüppchen abgezweigt hatten. In einem Winter lieh unser Vetter uns heimlich ein Buch, es hieß *„Sieghardus, der Hauptmann der beim Kreuze stand"*[23]. Niemand durfte es erfahren, denn alles Christliche war streng verboten. Wir überredeten Mutter, uns vorzulesen, während wir fleißig Hafer auslesen würden. Davon hatte dann auch unsere Tina was, die im Bett lag und zuhörte.

---

[23] „Sieghardus, Der Hauptmann Der Beim Kreuze Stand" William Schmidt, https://www.amazon.de/Sieghardus-Hauptmann-Beim-Kreuze-Stand/dp/1144383110

Mutter hatte uns irgendwie eine alte Gitarre gekauft. Das war für sie alles andere als einfach, denn obwohl ganz alt und gebraucht, war die Gitarre trotzdem noch teuer und zudem ohne Saiten. Als unsere Cousine Elena Janzen davon erfuhr, schickte sie uns Saiten für die Gitarre und Buntstifte. Sie war in die Arbeitsarmee eingezogen worden und befand sich in der Stadt Orsk. So brachten wir das Instrument in Ordnung und konnten nun spielen, was uns große Freude machte!

Der Winter verging und im Frühling wurde das Nachbarhaus, welches den Winter über als Getreidespeicher genutzt wurde, wieder als Kindergarten umfunktioniert. Ich wollte so gerne da mithelfen! Kinder mochte ich immer gern und darum hatte ich große Lust, da zu arbeiten. Zumal Mutter noch immer auf dem Feld und im Kuhstall arbeiten musste, wäre es für uns so passend gewesen, wenn ich in der Nähe hätte arbeiten können. Ich hätte dann oftmals herüber laufen und nach meiner kranken Schwester schauen können. Aber leider wurde es mir nicht erlaubt, mit dem Vorwand, es wäre für mich zu schwer, ich sei noch zu jung dafür.

So war ich diesen Sommer zunächst ein paar Wochen zu Hause. Mutter arbeitete und Maria war mit ihren 14 Jahren von früh bis spät ebenfalls mit den anderen Erwachsenen auf der Arbeit. Als die Erntezeit kam, fehlten wieder Arbeiter und da kam auch ich dran. Da war ich nicht mehr zu jung und auch nicht zu schwach, um den ganzen Tag auf dem Feld zu arbeiten. Erst kam die Heuernte und später musste das Stroh eingebracht werden.

Da wir nun alle arbeiteten, lag unsere Tina stundenlang alleine, ohne dass jemand nach ihr sah. Nur in der Mittagspause konnte sie trocken gelegt werden, gefüttert und vor dem Gehen nochmals nachgeschaut. Dann musste sie bis zum Abend warten. Das ging auf Dauer nicht, denn sie musste immer wieder gedreht und umgelagert werden, was nicht geschehen konnte, weil wir alle arbeiteten. In wenigen Wochen war Tina so durchgelegen, dass sie tiefe Wunden an den Hüften hatte. Es gab keine Unterlagen zu kaufen und es war jämmerlich, wie sie dalag. Oft weinte und jammerte sie vor Schmerzen. Uns blutete das Herz, wir konnten es nicht ertragen, unsere kranke Schwester so zu vernachlässigen, aber was blieb uns übrig? Außerdem wurde unsere Abwesenheit von manchen gewissenlosen Menschen genutzt, um uns zu bestehlen. Mal verschwanden Eier aus dem Stall oder der Schmand, den Mutter kümmerlich zusammen gespart hatte. Nicht selten war alles leer, wenn wir nach Hause kamen. Im Jahr darauf fanden wir eine Lösung, aber dazu später.

Die Erntezeit dauerte bis spät in den Herbst hinein, aber in diesem Winter konnte ich noch einmal zu Hause bleiben. Es gab jedoch, wie bereits erwähnt, auch zu Hause viel zu tun. Zunächst musste wieder der Hafer verlesen werden und vieles nachgeholt werden, was im Sommer liegen geblieben war. Und dann waren da die Kuh im Stall und die Hühner, die versorgt werden mussten. Mutter hat auch viel Wolle für andere Leute gesponnen. Wir halfen ihr, die Wolle zu verziehen, weil es ihr das Spinnen erleichterte. Zwischendurch ging es mit unserer Malerei weiter. Wir machten kleine Ziehkästchen. (Das war eine Sammlung von Kärtchen mit Bibelversen, von denen man sich jeden Tag eins ziehen konnte.) Das Papier war immer noch knapp, deshalb machten wir kleine Blättchen, etwa 8x6 Zentimeter. Dann malten wir ein Blümchen drauf, schrieben einen Bibelvers dazu und fertig war's. Aber wie freuten sich die Leute, wenn sie ein solches Ziehkästchen bekamen! Bald hatten wir Bestellungen, so gerne wollten die Leute diese Sprüche haben. Wir besaßen zu der Zeit ein neues Testament, das uns jemand geschenkt hatte. Das Büchlein war nur klein, ca. 16x12 Zentimeter und in keinem guten Zustand. Am Einband und an den Seitenrändern war es rund herum ganz schwarz verbrannt. Aber es hatte wohl nicht sein sollen, dass es ganz kaputt ging, sonst hätten wir nichts zu Lesen gehabt. Von innen war es einigermaßen erhalten und recht gut zu lesen. Es war in der altdeutschen, gotischen Schrift gedruckt und anhand dieses Neuen Testaments hatte ich mir selbst in der dritten Klasse das Lesen auf Deutsch beigebracht. In der Schule lernten wir ja nur Russisch.

Ein neuer Chef macht vieles besser!

1951 kam endlich eine Wende zum Besseren! In diesem Jahr wurde die Kolchose vergrößert, wozu die Dörfer Klubnikowo und Kubanka zu einer Kolchose zusammengelegt wurden. Wir in Klubnikowo, Kolchose namens „Karl Liebknecht", waren immer benachteiligt gewesen. Das hätte nicht sein müssen und lag einzig und allein an der Behörde. Das Leben der Arbeiter hing stark davon ab, wie der Vorsitzende und seine Beamten waren. Die hatten Mittel und Wege genug, um die Arbeiter zu versorgen, wenn sie es denn wollten. Aber oft genug sorgten sie nur für sich. Sie nahmen alles aus den Speichern, was sie brauchten und wollten, hatten immer genug Kartoffeln bis zur nächsten Ernte, genug Brot, Honig, Butter und auch Geld, während die Arbeiter nichts hatten und hungerten. Dann hieß es nur: „Die sind so dumm, deswegen sind sie so arm, die verstehen einfach nicht, zu leben." Aber dass sie selbst es waren, die den Armen das Letzte aus den Zähnen rissen, das sahen sie nicht. Es erschien ihnen auch nicht als Unrecht, den Arbeitern jahraus jahrein keinen Lohn zu zahlen. Mit der Zusammenführung der Dörfer hörte das auf und die Menschen fingen an zu leben, denn jetzt wurde Onkel Olfert, wie wir ihn immer nannten, ein Freund unseres Vaters, Vorsitzender über beide Dörfer. Er war bis dahin Vorsitzender über die Kolchose „Pobeda" (ru. Sieg) gewesen und so hieß nun auch die neue Kolchose.

Auf irgendeine Weise war Jakob Olfert in den schweren Jahren verschont geblieben und diente nun den Menschen. Er war ehrlich darum bemüht, dass die Leute wenigstens einigermaßen leben konnten. Deshalb ging es den Bewohnern von Kubanka auch viel besser als uns. Nun hatte er über beide Dörfer das Sagen, was uns sehr freute! Und wir wurden nicht enttäuscht! Wenn er auch nicht alles so schnell ändern konnte, wie er es wollte, so merkten wir doch sofort, dass er für uns alle da war. Inzwischen waren auch schon mehr Arbeiter herangewachsen, welche die vielen Männer, Frauen und Jugendlichen ersetzen konnten, die während des Kriegs in die Arbeitsarmee eingezogen und dort umgekommen oder auch schon vor dem Krieg Stalins Repressalien zum Opfer gefallen waren. Damals gab es im Dorf nur alte Menschen und ganz junge Kinder, die mittlere Generation fehlte. Nun waren die Kinder herangewachsen und arbeiteten fleißig. So ging es allmählich voran und wenn man dann noch etwas Lohn für die Arbeit bekam, war man umso mehr motiviert. Onkel Olfert war immer gut zu Maria und mir. Manchmal stellte er uns an eine Arbeit, die er nicht allen anvertrauen konnte. Einmal fragte er Maria: „Weißt Du, warum Du hier angestellt bist?" Sie hatte das schon gemerkt und sagte: „Ja, ich weiß." „Na, dann ist gut, also weißt Du, was ich von Dir verlange und dass ich mich auf Dich verlasse." Das ging so leise zu, dass die andern nichts merkten, aber sie wusste, dass sie dafür verantwortlich war, dass die Arbeit ordentlich gemacht wurde.

Im Sommer darauf, noch vor der Ernte, als die Vorräte schon zur Neige gingen, ließ er bekannt geben, dass alle Arbeiter noch einmal Mehl holen konnten aus dem Speicher. Was war das für eine Freude für uns! Es gab aber nicht bloß für die Arbeiter was, sondern immer pro Person. So sorgte der Vorsitzende für seine Leute. Chef in dem Speicher war Johann Krüger, ein aufrichtiger Christ, dem es eine Lust war, uns Armen etwas zukommen zu lassen. Er gebrauchte wohl die Waage, aber er schüttete immer noch eine Schippe dazu, so dass das Gewicht immer überwog. Außerdem bekam unsere Tina ein Bettlaken von der Kolchose gestellt, sowie ein paar Kilo Mehl extra und sogar ein halbes Kilogramm Honig!

Im Winter stellten wir in diesen Jahren Schneewehren auf. Es war sehr kalt, manchmal bis zu 40 Grad, aber die Arbeit musste gemacht werden. Wir zogen alles an, was wir hatten und trotzdem war uns kalt. Schon während des drei Kilometer langen Fußmarsches zum Feld froren uns manchmal die Wangen und Nasen an. Dann hieß es: „Du, Deine Wange ist angefroren." Das erkannte man an einem weißen Flecken, der etwa so groß sein konnte wie ein Hühnerei. Dann wurde gerieben und gedrückt, bis er wieder rot wurde, dann war der Frost raus. Aber er hinterließ einen dunklen Fleck, den wir bis zum Frühling behielten, mit der Gefahr, dass diese Stelle schneller wieder anfrieren konnte. Bei der Arbeit ging es besser, da wurde uns warm. Wir mussten aus dem Schnee Quadrate von 40x40 Zentimetern ausstechen und sie wie eine Wand aufstapeln. Diese wurde etliche Meter lang und über einen Meter hoch gemacht. Wenn dann der nächste Schneesturm kam, blieb an diesen Schneewänden viel Schnee liegen und das verbesserte die Ernte. Aber da gab es nicht viel still zu stehen oder sich umzugucken, denn dann konnten auch noch die Finger steif frieren und die Füße, nicht nur das Gesicht. Da hieß es, sich bewegen und immer wieder bewegen. Der Tag im Winter war ja auch nicht lang.

Um vier Uhr nachmittags gingen wir dann zurück. Müde von der Arbeit, bewältigten wir kaum diese drei Kilometer nochmal und waren dann gegen fünf Uhr völlig entkräftet und hungrig endlich zu Hause. Wir waren dann ja von morgens 7:30 fort und das ohne Mittagspause. Was zum Essen mitzunehmen lohnte sich nicht: Es wäre ja hart gefroren und man hätte es nicht essen können.

So verging der Winter. Im Sommer waren wir wieder auf dem Feld bis zum Herbst. Als es dann kalt wurde, mussten wir junge Mädchen das Jungvieh versorgen, die jungen Kälber von vorigem Winter. Die Arbeit machte Spaß und es ging uns gut. Freilich mussten wir sehr früh raus, schon um 5:30 Uhr. Die Arbeit war auch nicht leicht. Wir mussten das Wasser zum Tränken selbst aus dem Brunnen holen, das heißt eimerweise mit der Kurbel von Hand hochdrehen. Dann wurde jedes Kalb aus dem Eimer getränkt. Das Stroh zum Füttern wurde mit großen geflochtenen Körben von draußen herein getragen. Den Mist schaufelten wir in große Kastenschlitten, die dann von Pferden herausgefahren wurden. Das war schon viel besser als noch bei unseren Müttern, die es selbst von Hand hatten machen müssen. Auch das Stroh mussten sie noch vom Feld holen, während wir nur zum Strohlager zu gehen brauchten. Die zusätzlichen Arbeiter machten sich bemerkbar. Es waren viele von den Waisenkindern herangewachsen und die wurden alle beschäftigt, jeder verdiente nun sein Brot.

Irgendwie sprach es sich herum, dass ich recht gut malen und schreiben konnte. Wie das kam, weiß ich nicht mehr. So wurde ich beauftragt, die Nummernschilder der LKW der Kolchose zu beschriften. Die hatten zwar alle ein kleines Nummernschild hinten, aber das reichte nicht aus. Durch das schlechte Wetter, die sehr schlechten Straßen, Regen und

Schnee hielt die Farbe nicht lange. So mussten die Fahrzeuge jedes Jahr mit der entsprechenden Farbe angestrichen werden. Wenn diese getrocknet war, kamen die Nummern drauf, und das war nun meine Arbeit. Wenn ich morgens die Kälber versorgt hatte, ging ich zur Werkstatt, wo ich den ganzen Tag schrieb und malte. Mittags füllten die anderen Mädchen meinen Kälbern die Krippen mit Stroh und abends war ich wieder selbst da zum Füttern und Tränken. So ging das wochenlang, bis all die Autos beschriftet waren. Die jeweilige Nummer malte ich dann drei Mal auf jedem LKW: von beiden Seiten und auf die Rückseite. Da haben wir manch einen Spaß gehabt. Der eine Fahrer sagte: „So, wie Lena die Ziffern schreibt, gefällt es mir!" Der andere meinte: „Nein, ich will sie eckiger haben!"

Wenn der Frühling verging und der Schnee weg war, wurde das Vieh auf die spärlichen Weiden getrieben und wir gingen wieder an andere Arbeiten. Zuerst mussten die Stallungen renoviert werden, Pferdestall, Kuhstall, Schweinestall, Kälberstall und vieles mehr. Was war da nicht alles während des langen Winters kaputt gegangen! Wir junge Mädchen waren für die Wände zuständig. Manch einen großen Trog Lehm haben wir mit den Füßen getreten, die schweren Eimer mit dem fertigen Lehm hochgereicht zu denen, die oben auf dem Gerüst standen und die Löcher zuschmierten. Manchmal waren wir mit dieser Arbeit noch nicht fertig, da mussten wir schon aufs Feld. Die Sonnenblumen waren aufgegangen und mussten gejätet werden. Wenn wir damit fertig waren, hatten die älteren Frauen manchmal schon die Stallungen zu Ende repariert. Dann wurde Kuhdung gemacht zum Heizen. Es gab einen sehr großen Misthaufen von den Pferden und Kühen der Kolchose. Zum Verarbeiten des Dungs wurden Holzwagen angefertigt mit einem breiten Boden, an jeder Seite ein breites Brett, ca. 50 Zentimeter. Da wurde der Mist drauf geschaufelt. Die Wagen wurden von 12-14-jährigen Jungs auf einen vorbereiteten Platz gefahren, ausgekippt und zurück gebracht. Das war eine harte und sehr unangenehm dreckige Arbeit! Der ausgekippte Mist ergab eine große Fläche, die als nächstes mit Pferden und Eggen geradegeschoben wurde. Danach mussten wir mit es mit den nackten Füßen dicht bei dicht glatt treten. Nachdem die Fläche angetrocknet war, wurde sie in Soden zu 30x30x15 (dick) Zentimeter gestochen. Sie mussten immer wieder gewendet und gedreht werden, damit sie trocknen konnten.

Endlich Urlaub oder was?

Wenn die Stallungen fertig waren, die Sonnenblumen gejätet, der Mist gemacht, dann gab es mal ein freies Wochenende! Freitagvormittag arbeiteten wir noch, mittags wurde schnell gewaschen, etliches zum Umziehen eingepackt und los ging's in die große Stadt, Orenburg! Wir bekamen jeder 20 oder 25 Rubel aus der Kanzlei, was uns jedoch vom nächsten Lohn abgezogen wurde. Die Fahrt in einem offenen LKW dauerte zwei bis zweieinhalb Stunden. Wir saßen auf der Ladefläche, die von dicken Brettern umgeben war, an denen mit großen eisernen Haken schmale Bretter befestigt waren, die als provisorische Bänke dienten.

Bis zu sechs Personen hatten auf einer Bank Platz. Während der Fahrt waren wir der heißen Sonne, Wind und Staub ausgesetzt. Der ganze Weg war über 100 Kilometer, wobei das letzte Stück durch einen Wald führte. Es kam uns so schön vor, im Schatten zu fahren! Freilich war der Wald nicht grün, sondern schwarz. Die Äste mit ihren Blättern hingen tief herab durch die Last des Staubes, die auf ihnen lastete. Aber Staub war für uns nichts Neues, davon hatten wir jeden Tag genug und wir waren froh, mal raus zu kommen. Am Ende der Fahrt kamen wir dick mit Staub bedeckt, so dass wir einander fast nicht mehr

Ende 1950-er Jahre bei einer Fahrt nach Orenburg. Das war eine Gelegenheit, mal zum Fotographen zu gehen.

erkannten, im Quartier der Kolchose in Orenburg an. Jetzt hieß es, erst mal waschen, doch wie? Eine Dusche gab es nicht. Im Hof, der recht groß und umzäunt war, gab es einen einzigen Händewäscher (Rukomojnik). Wenn wir uns da alle waschen wollten, würde es bis in die Nacht hinein dauern! Also nahmen wir eine große Schüssel, einen Eimer Wasser und einen großen Becher. Damit gingen wir in eine Ecke des Hofes oder hinter ein Auto und wuschen uns, freilich nur bis zur Taille. Die ersten wuschen sich in der Schüssel, dann wurde aufgegossen, also immer in die aufgehaltenen Hände und so wurden wir den Staub doch noch los. Danach gingen wir noch in einen Park oder irgendwohin. Damit war der Freitag vorbei.

Am Samstag ging's in die Stadt zu den Geschäften. Jeder hatte einen Plan, was er besorgen wollte. Die meisten kauften sich Eintrittskarten zum Zirkus oder fürs Theater. Wenn man einmal in die Stadt kam, dann wollte man auch was genießen. Maria und ich suchten in erster Linie etwas Weiches als Unterlage für unsere kranke Schwester. Wenn wir davon reichlich gekauft hatten und noch Geld übrig war, kauften wir uns Stoff für ein Kleid, aber möglichst billig. Wir hatten ja auch unsere Ersparnisse von zu Hause mitgenommen. Mutter vertraute uns, dass wir nichts Unnötiges kaufen würden. Sie selbst ist nie in die Stadt gefahren, um einzukaufen oder mal was zu sehen. Solange wir klein waren, hat sie das bei anderen Leuten bestellt und nun machten wir es. Vom letzten Geld kauften wir Brot und wenn möglich noch eine Wurst. Manch einen Laib Weißbrot haben wir von der Stadt mitgebracht und zu Hause war es immer eine große Freude! Einmal haben wir Mama Stoff für ein Kleid gekauft, war die aber froh! Es war teurer Wollstoff. Aus Freude hat sie es der Nachbarin mitgeteilt. Die wurde so traurig und sagte: „Unsere Mädchen bringen nichts dergleichen mit. Die haben sich Sommerschuhe, Riemchenschuhe gekauft, die nach ein paar Mal anziehen kaputt gingen und etliche Flaschen Limonade, das war alles. Die bringen uns auch kein Brot mit."

Samstagabend und Sonntagmorgen gingen wir zum Gottesdienst. Zu Hause hatten wir ja keine Treffen der Gläubigen, da war es uns doch wichtig, diese Treffen in der Stadt mitzuerleben. Nur wenige kamen mit, die meisten gingen in den Zirkus oder ins Theater. Sonntagnachmittag fuhren wir wieder nach Hause. Dann war die Freude groß, wenn wir unserer Tina so ein Laib Brot vorlegten. Sie freute sich herzlich! Am liebsten hätte sie sich einen Krümel abgebrochen, aber das konnte sie nicht. Später fütterten wir sie dann mit dem leckeren „Stadtbrot". Damit war unser „Urlaub" beendet und vorbei.

Jetzt mussten wieder die Sonnenblumen gejätet werden, das machten wir drei Mal jeden Sommer. Dann kam die Heuernte. Die war noch nicht völlig weggeräumt, da ging schon die Getreideernte los. Und so ging es bis in den Winter hinein – kein einziger Sonntag frei! Tagein tagaus! Anfang September wurden die Kartoffeln geerntet. Dazu wurden die Schüler aus den Schulen geholt, damit es schneller ging. Die Kartoffeln wurden wie sie vom Felde kamen in eine große Scheune geschüttet und später, Ende Oktober oder Anfang November, wenn es regnete und draußen nichts mehr zu machen war, verlesen und eingekellert. Dazu wurden die Hausfrauen rausgeholt und alle, die nur konnten. Wir, jungen Mädchen waren zu der Zeit schon wieder beim Vieh. Jedem wurde eine Gruppe Jungvieh zugeteilt, die wir dann den Winter hindurch betreuen mussten. Ein Stall hatte acht Abteilungen, für jede davon war ein Mädchen zuständig. Wir arbeiteten von 6-9 Uhr morgens, dann von 11-13 Uhr mittags und wieder von 17-19 Uhr abends. Dann kam der Nachtwächter. Tagsüber musste eine von uns in den Pausen als Wächterin da bleiben, damit nichts Schlimmes passierte. So war jede alle acht Tage einmal dran.

Zu Hause halfen wir Mutter mit allem, was Nötigen, unter anderem den verhassten Hafer auslesen. Sie musste ihre Arbeitstage immer noch ableisten, auch wenn sie zu Hause blieb. Als das mit dem Hafer aufhörte, musste sie im Sommer Kartoffeln und Rüben jäten. Das war nicht weit auf dem Felde und sie konnte zwischendurch nach Hause gehen, um nach Tina zu sehen. Später kamen die künstlich ausgebrüteten Küken, die es aufzuziehen galt. Das war ziemlich riskant. Wenn man damit kein Glück hatte, dann hatte man keinen Verdienst und nur Schaden. Die Küken waren wenige Stunden alt, wenn sie in großen Kartons ausgeliefert wurden und sehr empfindlich, was Temperatur und Nahrung anging. Sie durften nicht unterkühlen und mussten alle paar Stunden gefüttert werden. Oft fing sich so ein kleines Ding etwas ein, fraß nicht mehr und war binnen Stunden tot. Pech, wenn sich dann viele anderen ansteckten. Jeder Hof bzw. Haushalt musste 50 Küken nehmen und zu Fleischhähnchen (Broilers) großziehen. Im Herbst mussten 80% davon abgegeben werden, der Rest war der Lohn für die Mühe. Wenn viele eingingen, hatte man selbst den Schaden zu tragen. Gott segnete unseren Fleiß, wir konnten immer die 80% abliefern und es blieben auch noch mehrere für uns selbst übrig. So hatten wir unseren Verdienst und noch Hähnchen dazu.

Die Raupenplage

Im Sommer 1949 oder 1950 hatten wir ein schweres Ereignis zu durchleben und zwar ging es diesmal um unsere Silberpappel. Der Baum war eine Zierde für unser Haus und Hof. Viele machten sich ihn außerdem zum Merkmal und konnten uns leichter finden, wenn sie sich nach dem Baum richteten. Da merken wir eines Tages, etwas stimmt nicht. Überall, wo die Äste aus dem Stamm wuchsen, hatten sich graue Nester gebildet, wie Spinngewebe, nur dichter und grau. Wir machten uns Gedanken, was das sein konnte? So was hatte es an unserem schönen Baum noch nie gegeben!

Es war Anfang Sommer und wir beobachteten den Baum jeden Tag. Dieser hatte seine Triebe wie immer, aber die Blätter waren noch klein. Da, eines Tages merkten wir, die Nester waren aufgegangen und zogen sich zusammen. Es waren ganz große Nester zwischen den Ästen, ca. 30 Zentimeter. Nun gingen sie auf und es kamen viele kleine Raupen heraus! Die waren so grau wie der Baum und bewegten sich ganz schnell. Innerhalb weniger Tage wurden sie groß, ca. fünf Zentimeter lang, ein Zentimeter breit und voller Haare. Die fraßen am Baum und krabbelten den Stamm rauf und runter. Alle Äste waren voll von ihnen und es schien, als ob die Baumrinde sich drehte, so voller Raupen war der Baum! Die Blätter verschwanden mehr und mehr, unser schöner Baum war in Gefahr!

Aber was konnten wir machen? Leute kamen, sahen sich das an und gaben uns einen Rat, wie wir die Plagegeister los werden konnten. Scheinbar hatte es jemand ausprobiert. Wir sollten in einem gewissen Abstand vom Stamm Müll ausschütten, es anzünden und schwelen lassen. Die Raupen würden von dem Rauch kaputt gehen und wir wären sie los. Als wir auf der Arbeit waren, machte Mutter es so. Sie schüttete einen Kranz von Müll um den Baum und steckte ihn an. Nun musste sie aber aufpassen, dass der Müll nicht in Flammen aufging, denn es war sehr trocken, es hatte schon längere Zeit nicht geregnet. Es dauerte aber eine Weile, bis der Rauch hoch kam, der Baum war ja groß. Als der Baum in Rauch gehüllt war, wurde es den Raupen unbequem und sie fielen herunter. Nun war der Kreis von dem Müll jedoch nicht groß genug, oben war der Baum viel breiter und so fielen die Viecher über den Kreis ins grüne Gras. Das war ja für sie noch besser! Sie bedeckten die ganze Wiese und krabbelten dem Hause zu! Dann gingen sie die Wand hoch und aufs Dach. Aber da war nur Erde, Lehm und Asche und so kamen sie wieder herunter. In diesen Tagen waren wir zu Hause nur damit beschäftigt, die Raupen mit einem großen Besen wegzufegen, alles zum Baume hin. Wenn wir auf der Arbeit waren, war Mutter allein mit den Kriechtieren. Wir hatten den rauchenden Müll schon nass gemacht und weggetragen. Mutter sagte: „Wenn Gott solche Plage zulässt, können wir nichts dagegen machen." Sie hat dann die Schwelle mit Petroleum bespritzt, damit die Viecher wenigstens nicht ins Haus kommen sollten. Die Fenster hatten wir auch dichtgemacht, denn die Wände waren immer wieder voller Raupen. Und doch fanden wir auch manchmal drinnen welche. Wir hatten die größte Befürchtung, dass, wenn sie ins Haus kamen, sie bis zu der Kranken gelangen konnten und die konnte sich gegen nichts wehren. Aber Gott sei Dank kam es nicht soweit! Sicher war es unter anderem Mutters Fleiß zu verdanken, die die Biester unablässig zurück fegte. Mit der Zeit krochen die Raupen wieder alle den Baum hoch. Freilich, die Pappel wurde kahl und leer. Die Raupen fraßen alles auf! Nicht nur die Blätter, auch die jungen Triebe, alles verschwand. Unsere Silberpappel sah aus wie ein alter, trockener Baum. Und als nichts Genießbares mehr dran war, verschwanden die Raupen von selbst. Es ist vielleicht auch ihre Zeit gewesen, wir wissen es nicht. Dieses war Anfang Sommer und Ende Juli – Anfang August hat es gut geregnet. Der Baum erholte sich wieder und bekam doch noch Blätter. Wir hatten unsere Freude an ihm, bis wir 1988 nach Deutschland auswanderten.

Die Zuchtbullen

Im Winter von 1950-51 versorgte Maria schon Jungvieh. Ich konnte noch zu Hause bleiben und half Mutter bei allem, was nötig war. Maria hatte die jungen Kälber mit solcher Mühe und solchem Fleiß versorgt, dass sie im Frühling alle als Zuchttiere angesehen wurden!

Nun waren es zwölf Zuchtbullen, die uns beiden zur weiteren Betreuung übergeben wurden. Wir haben sie geweidet, getränkt und gefüttert. Im Sommer, in der heißen Zeit, blieben sie wegen den Stechfliegen jedoch nicht auf der Weide. Die Insekten waren bis zu 3 Zentimeter groß, summten wie Bienen und stachen fürchterlich! In der heißesten Zeit, schon kurz vor Mittag kamen sie aus ihrem Versteck und trieben ihr Unwesen bis fünf Uhr nachmittags.

In dieser Zeit war mit den Bullen nichts anzufangen. Sie brauchten nur das Summen zu hören, dann standen ihre Schwänze hoch und es ging irgendwo in die Büsche, ins Wasser oder in den Stall. Die waren einfach nicht zu halten! Deshalb trieben wir sie ganz früh morgens aus und um elf Uhr brachten wir sie wieder in den Stall. Dort war es ruhig und kühl. Wir konnten die Bullen aber nicht so lange ohne Futter lassen. Deshalb gingen wir dann in der Hitze Gras pflücken, um die Rinder zu füttern. Schubkarrenweise haben wir Gras besorgt und geschleppt. Wir machten ihnen die Futterkrippe voll, so dass sie im Stall ruhig und ungestört fressen konnten. Die sollten ja wachsen und zunehmen. Wenn die Kranke ruhig schlief, kam Mutter uns zur Hilfe beim Gras pflücken. Es war eine schwere Arbeit.

Nachmittags, um fünf Uhr trieben wir die Bullen dann wieder auf die Weide bis spät abends. Das war alles nicht einfach. Wir waren jung,

1951. Maria mit den Zuchtbullen, ich ganz hinten.

durchgehungert und kraftlos. Maria war in diesem Jahr besonders schlecht dran. Sie hatte große Probleme mit ihrem Magen und konnte fast nichts essen. Immer wieder krümmte sie sich vor Schmerzen. Das war unsere Pubertät. Zudem hatten wir noch immer sehr knapp zu essen, es war ja noch vor der Zusammenlegung der Kolchosen und wir hatten nach wie vor die Milch-, Eier-, Fleisch- und Kartoffelquoten zu liefern. Für uns selbst blieb kaum etwas übrig. Weil wir morgens sehr früh mit den Tieren rausgingen, wechselten wir uns später ab, um frühstücken zu gehen. Wir hatten für unsere kleine, aber gefräßige Herde kein extra Weideland. Die Hauptweide außerhalb des Dorfes war für die Kühe der Dorfbewohner reserviert. So mussten wir jedes Fleckchen bei den Gemüsegärten der Leute ausnutzen, um unsere Tiere satt zu kriegen. Dadurch waren wir oft in der Nähe unseres Hauses. Eines Morgens, als Maria vom Frühstück zurückkam, sagte sie zu mir: „Geh nur schnell essen, mir ist so schlecht zumute, ich kann nicht allein auf die Tiere aufpassen." Ich lief nach Hause, aß schnell eine Kleinigkeit und lief wieder zurück. Als ich kam, sah ich schon, Maria lag im Gras und krümmte sich vor Schmerzen. Aber ich konnte ihr ja nicht helfen. So habe ich dann allein auf die Herde aufgepasst, damit sie ihre Ruhe hatte. Manch ein Tag verging so ähnlich. Es stellte sich heraus, dass Maria keine Milch vertragen konnte, das ist bei den Harms im Blut. Nun wollte Mama ihr etwas Gutes tun, und trotz all der Knappheit hatte sie ihr paar Löffel süßer Sahne gegeben. Und das konnte Maria nicht vertragen. Später ging sie mit ihren Beschwerden zu Frau Lepp, unserer Arztassistentin. Die stellte bei Maria großen Eisenmangel fest und gab ihr etwas dafür. Damit hat sie ihr sehr geholfen.

Freilich waren unter den Tieren etliche, die es nicht vertragen konnten, wenn fremde Leute vorbei gingen. Wir waren ja meistens in der Nähe des Dorfes. Dann stellten sie sich breit auf, den Kopf zur Erde geneigt, mit den Füßen scharrten sie in der Erde, dass der Staub wer weiß wie weit in die Luft flog und brummten dabei wütend! Wenn wir das hörten, dann eilten wir schnell herbei, um sie zu beruhigen. Uns kannten sie ja und gehorchten uns auch.

Wir hatten im Sommer noch 42 Schafböcke zu unserer Herde dazu nehmen müssen. Das war verhängnisvoll, denn es trieben sich immer noch Wölfe herum. Und wie wir auch aufpassten, einen Bock hat der Wolf sich doch geholt. Aber uns geschah nichts deswegen, wir mussten ihn nicht ersetzen.

Eines Morgens, als der Sommer sich schon zum Ende neigte, besuchte uns ein hoher Beamter aus dem Kreis auf die Weide, der Vertreter der staatlichen Zuchtbehörde. Er interessierte sich, wie die Zuchtbullen denn aussähen und was aus ihnen geworden war. Als er uns begrüßte, waren wir freilich schockiert und benommen, ja, vielleicht auch verängstigt. Denn von solcher Kontrolle hatten wir keine Ahnung, uns hatte auch niemand etwas gesagt. Er sprach sehr freundlich und höflich mit uns und erklärte, warum er gekommen sei. Also fassten wir Mut und beantworteten alle seine Fragen. Er interessierte sich, was wir für Weideland hatten. Da mussten wir sagen, dass uns kein Weideland zusteht. Wir weideten eben an jeder Ecke und auf jedem Streifen, wo es nur ging. Es war für uns in der Hinsicht schwer, da wir immer auf der Hut mussten sein, dass die Tiere nicht in die Gärten der Leute gingen und Schaden anrichteten. Wir konnten die nicht einen Moment aus den Augen lassen. „Was?" sagte er, „Ihr habt kein extra Weideland und die Tiere sehen so gut aus?! Da habt

Ihr aber viel Fleiß an den Tag gelegt!" Wir erzählten ihm, wie wir in der heißen Mittagszeit Gras pflückten und die Tiere damit versorgten. Er hat sich darüber sehr gewundert und war mit unserer Arbeit voll zufrieden. Er lobte es, wie die Bullen aussahen und sagte: „Das gibt richtige Zuchtbullen!" Dann schenkte er Maria da auf der Weide 20 Rubel für unseren Fleiß und gute Arbeit! Das war für uns eine große Sache! Dann wünschte er uns noch viel Erfolg für die weitere Arbeit und fuhr weg. Wir aber waren sehr ermutigt und erfreut über diesen Besuch und bemühten uns weiter, unsere Arbeit gut zu machen!

Im Herbst wurde es nochmal schwerer, bis uns die Tiere abgenommen wurden. Manch einen Tag haben wir von früh bis spät im Regen gestanden. Ja nicht nur gestanden, sondern die Tiere geweidet! Als die Leute aus den Gärten ihre Ernte eingebracht hatten, durften wir auch da weiden. Aber das war sehr schwer, weil man in der aufgeweichten Erde tief versank! Wir kamen vom Kopf bis Fuß und bis auf die Haut durchnässt, voller Dreck und Matsch, so müde nach Hause, dass wir kaum die Füße bewegen konnten. Regenmantel gab's zu der Zeit noch nicht. Wir können es bis heute nicht begreifen, wie wir nicht todkrank geworden sind. Aber wir mussten uns an alles gewöhnen. Abends trockneten wir unsere Kleider und Jacken am Herd, so auch die Schuhe. Morgens ging es wieder los. Aber da können wir sehen, wie groß Gottes Gnade ist! Nur der große Gott hat uns durchgebracht! Ihm sei die Ehre!

Der Winter kam wie immer. Im Oktober fiel der erste Schnee. Da haben wir die Bullen noch im Stall versorgt, bis sie verteilt und verkauft wurden. Ach, was waren es prächtige Tiere! Die Kolchose hatte gute Einnahmen durch diese Bullen und wir haben dem entsprechend auch gut verdient.

Eine Verfolgungswelle

1951 ging eine Verfolgungswelle über unsere Dörfer hinweg. Es war ein Brief eingetroffen, in dem verschiedene Ereignisse bekannt gemacht wurden, die in Kürze geschehen sollten, eine Art Prophetie. Freilich, das sollte geheim bleiben, denn alles Christliche war nach wie vor streng verboten! Ich weiß nicht mehr, wer den Brief zuerst erhalten hatte. Aber es wurde doch dem einen oder anderen mitgeteilt. Dieser Brief war den Leuten so wichtig, dass mancher ihn abgeschrieben hat, um ihn heimlich weiterzugeben. Scheinbar sollte das nur unter Gläubigen, die es interessieren würde, geschehen. Auch unsere Mutter wollte den Brief gern haben, hatte aber wenig Zeit und konnte schlecht schreiben. Deshalb bat sie Onkel Kornelius Matthies, der ein pensionierter Lehrer war, ihn für sie abzuschreiben. Er hatte schwere Bedenken und sagte: „Frau Harms, das ist kein einfacher Brief. Ich möchte in nichts verstrickt werden und nichts mit den Folgen zu tun haben." „Nein", sagte sie, „es wird keiner erfahren, wer mir den Brief abgeschrieben hat." Als er ihn fertig hatte, schrieb er den Brief noch einmal für seine Frau ab. Da kippte sein Tintenfässchen um und traf auf den Brief, der meiner Mutter gehörte. Onkel Matthies hat sich sehr entschuldigt! Mutter sagte, das mache ihr nichts aus, sie würde das

1951. Maria (re., sitzend) und ich (stehend) mit unserer Freundin Susanne Rempel.

schon lesen können und bedankte sich innig für die Hilfe. Nun hatte ihr Brief einen großen Tintenfleck.

Wie es so ist mit den Sachen, die geheim bleiben sollen, klappte es doch nicht. Jemand hatte nicht still halten können und hatte sich verplappert. Am Ende kam es bis zu den Kommunisten und dann ging's los! Auf einmal kamen KGB-Männer aus der Kreisverwaltung oder sogar aus Orenburg, ich weiß nicht mehr genau, und haben die armen Frauen verhört und bedroht ohne Erbarmen. Sie wollten herausfinden, wer den Brief bekommen und verbreitet hatte. Eines Tages ist Mutter an der Reihe, sie wird zu einem Verhör gerufen. Ich muss dazu sagen, dass unsere Mutter große Angst vor den Kommunisten hatte! Es ist ja auch verständlich, denn sie hatte so unsagbar viel durchgemacht von deren Seite, dass sie am ganzen Leib zitterte, wenn es hieß: „Du sollst zum Verhör kommen!" Nun ging sie hin in ihrer Angst, ganz allein. Wir waren auf der Arbeit, aber wir hätten Mutter ohnehin nicht beistehen können. Beim Verhör ging es einzig um den Brief. „Wo hast Du ihn her? Wem hast Du ihn gegeben? Wie viele Male hast Du ihn abgeschrieben, wem gegeben?" und, und, und. Mutter konnte nur schlecht Russisch und verstand dadurch bei weitem nicht alles, was die Beamten von ihr wollten, geschweige denn konnte sie so schnell all die Fragen beantworten. Die KGB-Männer drohten ihr, sie hart zu bestrafen, weil sie den Brief verbreitet hatte. „Das habe ich ja gar nicht getan!" verteidigte sie sich. „Wieso?" meinten die Männer. „Hier haben wir einen Deiner Briefe, die Du verteilt hast!" „Das ist nicht mein Brief", sagte sie. „Wie kannst Du das so entschieden sagen?" fragten die KGB-Leute. „Mein Brief hatte einen großen Tintenfleck und dieser hier nicht, darum ist es nicht mein Brief!" Die Männer schauten sich an und wussten nichts mehr zu sagen. Sie blieb dabei, dass sie den Brief nicht abgeschrieben hatte und schon gar nicht verteilt. Nach etlichem Hin und Her wurde sie dann frei gelassen und kam ganz aufgeregt nach Hause. Da hatte die Kranke wieder eine Zeitlang allein gelegen. Mutter war ganz aufgewühlt, hier so ein Verhör und wer wusste, was noch folgen würde? Sie konnte sich einfach nicht beruhigen. So sammelte sie alles Christliche, was sie fand – wir hatten ein kleines Heft mit etlichen schönen russischen Liedern und noch manches andere – und warf es in den Ofen. Als wir von der Arbeit kamen, erzählte sie es uns. Freilich, uns war das verbrannte Heft sehr schade, aber wir wussten und verstanden, aus welcher Angst heraus sie das getan hatte. Wie die Sache damals ausgegangen ist, weiß ich nicht mehr, aber das war noch nicht alles.

Im Sommer des gleichen Jahres starb bei Familie Willi Dickmann ein Söhnchen, nur wenige Monate alt. Die Eltern wollten so gut wie möglich eine Trauerfeier gestalten. Aber es fand sich keiner, der es riskierte, eine Ansprache zu halten. Es musste ja nichts Großes sein, aber doch wenigstens ein paar Worte. In unserm Dorf machte es also keiner, so fuhren sie nach Stepanovka. Dort war ein Onkel Dietrich Rempel, ein sehr demütiger Bruder. Er war nicht sehr gesund und hatte ein hölzernes Bein. Aber er war mutig, kam zur Beerdigung und hielt eine kurze Ansprache. Die Leute waren ermutigt, mal wieder was zu hören, was ganz verboten war. Aber es wurde alles notiert, wie sich später herausstellte.

1952 schnappte die Falle zu und alle Prediger wurden verhaftet, auch Bruder D. Rempel. Mehrere Monate dauerte die Untersuchung, bis die Behörde ihrer Meinung nach alles von allen schwarz auf weiß hatte. In dieser Zeit wurden viele Menschen verhört, um so viel wie möglich auszukundschaften. Unsere Mutter musste auch zum Verhör nach Orenburg fahren, zu dem Gefängnis, in dem die Prediger eingesperrt waren. Es wurde eine Begleitperson mitgeschickt, um für Mutter zu dolmetschen, weil sie so schlecht Russisch konnte. Nun saßen sie in einem Empfangszimmer und warteten. Da hören sie im Flur: tuck, tuck, tuck. Als die Tür aufging, kam Onkel Dietrich Rempel herein mit seinem hölzernen Bein, abgemagert und so kraftlos, dass er sich kaum bewegen konnte. Nun sollte Mutter aussagen, was er als Prediger bei der Beerdigung von Dickmanns Kind alles über die Obrigkeit und vieles mehr gesagt hatte. Mutters Dolmetscher war eben der Willi Dickmann, dessen Söhnchen damals beerdigt wurde. Er und Mutter waren sich einig in der Aussage, ohne je eine Unwahrheit zu sagen. Bruder Rempel durfte ohne Aufforderung nichts sagen. Wenn der KGB ihn nicht beobachtete machte er nur mit seiner Handbewegung deutlich, dass er Bauchbeschwerden hatte, was ihm auch anzusehen war. Dann musste er wieder in seine Zelle zurück und die beiden wurden entlassen. Weil nun alles was diese beiden Zeugen aussagten mit dem überein stimmte was Bruder Rempel selbst ausgesagt hatte, brauchten sie nicht mehr als Zeugen aufzutreten.

Wir hatten in unserm Dorf einen P. Unrau, der liebte es, sich bei der KGB schön zu machen und andere reinzulegen. Er hat manch einen unschuldigen Menschen auf seinem Gewissen. Es waren auch noch andere da, an solchen Spitzeln fehlte es niemals.

Die Prediger, die aus allen Dörfern der deutschen Ansiedlungen verhaftet worden waren, wurden noch im gleichen Jahr gerichtet und bekamen 25 Jahre! Es waren auch ältere Frauen dabei. Eine davon war Katharina Pätkau aus Rodnitschnoje (Nr. 10), schon über 50 Jahre alt. Sie hatte in ihrer Jugend eine Bibelschule besucht und konnte manches aus ihrem Leben und aus ihrer Erfahrung mitteilen. Das wurde ihr letztlich zum Fallstrick. Aus Romanovka (Nr. 8) wurde Frau Helene Warkentin verhaftet. Die war schon um die sechzig, vielleicht auch älter, genau weiß ich es nicht. Wir kannten sie gut, denn sie kam gerne zu uns. Wenn sie eine Mitfahrgelegenheit bekam, besuchte sie uns und blieb dann längere Zeit. Sie konnte nur noch am Stock gehen und nicht ohne Begleitung, denn sie war blind. Aber sie wusste so viel zu erzählen, was für uns sehr wichtig und spannend war und wir hatten sie sehr gern! Es gab jedoch auch für sie kein Erbarmen. Soviel ich weiß, war dies Stalins letzter großer „Fischzug".

Nach solchen massenhaften Verhaftungen wurde es wieder still in den Dörfern. Man war sehr vorsichtig, selbst im eigenen Hause. Erst schaute man über die Schulter, bevor man einen Satz sagte. Es könnte ja jemand unerwartet eintreten. „Die Wände haben Ohren", hieß es oft. Ein solches Leben ist nicht einfach, aber wir waren ja von klein auf so erzogen, dass wir still zu sein hatten. Und durch all diese Schwierigkeiten hat uns nur der große Gott hindurch geholfen. Von den Gefangenen kamen nur selten Nachrichten und so blieb alles still.

Endlich geht es aufwärts!

Im Nachhinein sehe ich, dass wir gar keine Zeit zum Nachdenken hatten. Wir waren so eingespannt mit Arbeit, dass wir überhaupt an nichts Besonderes dachten. Arbeit war in der Kolchose, Arbeit zu Hause. Wir brauchten immer wieder viel Lehm, um unser Haus auszubessern. Die Wände weichten im Frühling von all dem Schnee und Regen so auf, dass überall große Löcher entstanden, vor allem unter den Fenstern. Wir hatten ja nur Einzelfenster. Die waren im Winter dick voll Schnee und Eis gefroren. Wenn es dann im Frühling taute, sogen sich die Wände voll mit Tauwasser, weichten auf und große Stücke Putz und Lehm fielen heraus. Diese Löcher mussten aber bis zum Winter unbedingt wieder geschlossen werden. Dazu holten wir nach der Arbeit oft noch einen Schubkarren voll Lehm aus einer Lehmgrube, etwa einen Kilometer entfernt. Der Lehm lag dort auch nicht fertig für uns, wir mussten ihn erst in der Grube losgraben. Dann schleppten wir ihn eimerweise hoch. Das alles dauerte seine Zeit. Wenn wir dann nach Hause kamen, war der Abend gelaufen. Wir konnten nur noch eine Kuhle voll Lehm einweichen, damit er am Morgen fertig war. Das Wasser dafür und auch für den täglichen Gebrauch mussten wir von einem Brunnen zwei Häuser weiter holen. Am nächsten Tag – wieder erst nach der Arbeit – konnten wir dann den Lehm fertig machen, indem wir ihn mit Stroh mischten. Dazu stieg eine von uns in die Kuhle und „knetete" den Lehm mit den Füßen, bis es eine geschmeidige, gleichmäßige Masse ergab. Die andere wusch in der Zeit die Wäsche für unsere Kranke, da gab's auch immer genug von. Danach ging eine von uns den Lehm verarbeiten und die andere jätete im Garten Unkraut. Manchmal machten wir auch zusammen erst die eine Arbeit und dann die andere.

So ging das den ganzen lieben Sommer, ja das ganze Jahr hindurch. Zu Hause, das war alles nebenbei, die Kolchose war die Hauptaufgabe. Aber immer noch war der Verdienst nicht genug, um davon leben zu können. Er reichte gerade mal für die Steuern, die Staatsanleihen und ähnliche Ausgaben. Um unser Essen, Gemüse und Fleisch mussten wir uns selbst kümmern, denn das konnte man nirgends kaufen. Freilich wurde es für uns viel leichter, als die Dörfer vereint wurden. Da konnten wir schon mal Gummistiefel kaufen! So gingen und kamen wir mit trockenen Füßen von der Arbeit, wenn auch manchmal sehr verfroren. Aber es war doch viel besser als Mutter es zu ihrer Zeit hatte, als sie in Strümpfen im Schnee laufen musste, damit sie ihre Holzpantinen nicht verlor. Sie hat uns manchmal gesagt: „Wie freue ich mich für Euch! Wenn es auch manchmal sehr kalt ist, aber Ihr habt wenigstens trockene Füße!"

Seitdem die Dörfer vereint waren, bekamen wir immer wieder etwas Weizen und Mutter konnte wieder richtiges Brot backen! Man kann es gar nicht in Worte fassen, was das für uns bedeutete, wenn wir abends müde von der Arbeit kamen und Mutter neben ihrer Krankenpflege Brot gebacken hatte! Dann wurde die Kuh gemolken, wir nahmen einen Becher frische Milch und eine gute Scheibe frisches Brot – das war für uns ein Festmahl! Aber natürlich ging das nicht jeden Abend. Wir mussten immer noch den Milchplan erfüllen und alles andere abliefern. Trotzdem konnten wir uns schon satt essen, was wir bis dahin nicht gekannt hatten. Tina bekam oft Milchbrocken, was sie auch immer sehr gerne aß. Da kann man sagen, fing unser Leben an!

Einmal gegen Ende des Sommers kam die Nachricht, dass Honig verteilt wurde! Jeder konnte sich seinen Anteil holen. Dazu mussten wir immer nach Kubanka gehen, aber das war uns niemals zu weit, wenn wir nur etwas bekamen. Ich weiß nicht, ob wir bis dahin schon jemals Honig gesehen hatten, aber wir hatten noch nie Honig gegessen. Es waren ja auch nur wenige Gramm auf einen „Arbeitstag". So schickte Mutter mich mit einem kleinen Gefäß den Honig holen. Nun, der Chef über das alles war immer noch Johann Krüger, ein ernster Christ. Dem war es ein richtiges Vergnügen, uns armen Kindern etwas zukommen zu lassen! Wie immer wog er alles reichlich ab, nun bei diesem Honig genauso. „Warum hast Du so ein kleines Gefäß mit? Da geht ja nicht viel rein", meinte er. Er machte es mir so voll, bis nichts mehr hineinpasste! Ich bedankte mich und ging. Als ich auf der Straße war, merkte ich, dass der Honig immer über dem Rand wollte. So konnte und musste ich Honig lecken, damit es nicht auf die Erde tropfte. Das kann ich sagen, war ein süßer Gang! ☺

Und ob es schon viel besser geworden war, hatten wir doch durch all unseren Stress und Überlastung keine Zeit, um an die Zukunft zu denken, irgendwelche Pläne zu machen oder Wünsche zu äußern. Wir waren schon zufrieden, wenn wir, wenn auch spät, zur Ruhe gehen konnten. Denn morgens um 4:30 Uhr war die Nacht zu Ende und wir mussten wieder auf und an die Arbeit. Wir waren nur eine Arbeitskraft und galten nicht als Menschen. Ja, alles kann man nicht erzählen, aber eins können wir immer dazu sagen: „Gott hat uns durchgebracht! Dass wir nicht umgekommen sind, ist seine Gnade! Ihm sei ewig Lob und Dank!!"

7. Kapitel: „Machtwechsel" auf höchster Ebene und die Auswirkungen

Stalins Tod

1953 war wieder ein besonderes Jahr. Begonnen hatte alles wie immer. Das Leben wurde von Jahr zu Jahr ein wenig besser. Wir konnten uns schon hin und wieder etwas Stoff kaufen, um für unsere Kranke Unterlagen oder Laken zu nähen. Die war oft so durchgelegen an den Seiten, dass sie wunde Stellen von der Größe eines Zweimarkstücks hatte! Aber nun wurde es langsam besser. Dann durchbrach am 5. März eine ungeheuerliche Nachricht unseren Alltag: „Stalin ist gestorben!"

Wir haben zu Hause nie von der Obrigkeit gesprochen. Unsere Mutter lebte in einer solchen Angst, dass sie nie etwas von Politik sagte. Sie wusste, die Wände haben manchmal Ohren und man kann reinfallen, ohne es zu merken. Nun war der „LANDESVATER", wie er genannt wurde, weg. Ich muss sagen, wenn ich auch nicht mehr so jung war, aber bei mir ist das nirgends angekommen. Na, ist er gestorben – so ist er eben gestorben und das war's. Aber da hörten wir von etlichen Leuten ein Jammern und Klagen: „Ja, unser Landesvater ist weg! Wer wird jetzt unser Land so gut regieren wie er?" Es waren etliche, die besessen von ihm waren. Viele dachten wohl, dass Stalin keine Ahnung hatte, was im Land passierte. Oder sogar, dass er als der „Vater" der einzige war, der das Land vor dem Untergang bewahrte und die Not noch halbwegs begrenzte. Deshalb hatten viele echte Ängste, dass es nun wieder schlimmer werden würde.

Eines Morgens, als wir wie immer zur Arbeit kamen, sagte Onkel W. Dickmann, unser Brigadeführer: „Wir werden heute später arbeiten. Vorher werden wir was im Radio anhören." Auf dem Dach des Kulturhauses war ein großer Lautsprecher angebracht, der brüllte übers ganze Dorf. Nun mussten wir alle da hin. Es waren schon ganz viele Menschen dort versammelt. Wir standen auf dem Bürgersteig oder auf der Straße: Arbeiter, Lehrer, Schüler, Hausfrauen, wer nur konnte war gekommen. Und da mussten wir uns die aus Moskau übertragene Trauerfeier anhören. Es wurden viele große Worte gemacht, wie unser Land nun in so große Trauer gehüllt sei und welch ein großer Verlust unser Land getroffen hatte durch den Tod dieses Herrschers! Ich habe wenig davon aufgenommen. Im Stillen wunderte ich mich nur sehr, dass die Lehrerin Anni Olfert weinte und sich oft die Tränen abwischte. Ich dachte bei mir: „Was ist hier denn zu weinen? Aber die Kommunisten müssen ja ein trauriges Gesicht zeigen." Ich konnte mir nicht vorstellen, dass es echte Trauer war. Dieser sogenannte „Landesvater" hatte Tausende und Millionen von Kindern vaterlos gemacht und ihre Mütter zu Witwen, sofern er sie nicht auch hatte umbringen lassen. Nein, um den trauerte ich nicht!

Bald zeigte sich, was wir wirklich „verloren" hatten, nämlich einen Räuber, einen Würger, einen Tyrannen, einen Blutsauger, der uns bis aufs Letzte ausgesogen und ausgequetscht hatte! Es war ihm doch nie genug, was er aus den armen Leuten presste! Denn es hieß immer nur zahlen, zahlen und wieder zahlen. Doch nun, als Malenkow an die Regierung kam, wurde das ganze Land umgekrempelt. Im **Handumdrehen** wurde es anders und wir merkten es bis ins kleinste Dorf! Sobald er das Regiment in der Hand und das Sagen hatte, wurden wir von all den unsinnigen Lieferplänen befreit! Die Staatsanleihen blieben zwar noch, die wurden erst viel später abgeschafft. Es war überhaupt nicht zu begreifen! Wir brauchten von da an keine Eier, Kartoffeln, kein Fleisch oder keine Milch mehr zu liefern!!! Wie er das zustande gebracht hat, verstanden wir alle nicht! Wie? War das Land nun plötzlich reich genug, dass wir das Wenige, was wir erwirtschafteten, für uns behalten konnten? Das kann sich keiner vorstellen, was es bedeutet, von einem so schweren Joch frei zu werden! Aber es war so, wir waren wirklich befreit. Freilich, unsere Steuer für Haus, Garten und Kuh mussten wir weiter zahlen, aber das war ja schon erträglich. Die Leute konnten endlich mal richtig aufatmen. Und wir konnten unsere Erträge aus dem Garten selbst verwalten. So normalisierte sich langsam unser Leben.

Freilich kamen Maria und ich nicht mit den andern Mädchen im Dorfe mit. Die sagten auch öfter zu uns: „Wie kommt es? Wir arbeiten ja alle gleich und wir haben schon alle schöne Blusen und Kleider von den modernen Stoffen und Ihr habt immer noch nichts davon?" Ja, die gingen auch Tanzen und ins Kino und vieles mehr, da wollten sie ja schön aussehen. Bei uns war das nicht der Fall, Kino und Tanzen interessierten uns nicht. Außerdem konnte sich keiner vorstellen, wie viel Bettzeug ein schwerkranker Mensch braucht! Unsere Tina hatte in den schweren Jahren, wo wir nichts hatten, so furchtbar gelitten. Nun gaben wir alles, um ihr das Leiden leichter zu machen. Wir machten ihr das Bett so schön wie möglich. Sie brauchte sehr viele Laken, weil sie alles ins Bett machte, denn sie konnte sich nicht melden. Sprechen konnte sie nur sehr schwer, aber daran lag es nicht. Vermutlich hat die Krankheit dazu geführt, dass sie keine Kontrolle über ihre Ausscheidungen hatte und es auch gar nicht wahrnahm. Einwegwindeln gab es keine, noch nicht einmal für Babies, so etwas lernten wir erst viele Jahre später in Deutschland kennen. Darum musste sie oft umgebettet werden. Die Kissenbezüge hielten ebenfalls nicht lange. Weil sie Tag und Nacht da drauf lag, war der Stoff bald völlig verschlissen, wie durchgebrannt. So ging unser Verdienst meistens für solche Dinge drauf. Aber zumindest war Tina nicht mehr durchgelegen und fühlte sich in ihrem Bett wohl. Das war für uns auch schon eine Erleichterung!

Eines Tages, als wir Tina mal wieder umbetten wollten, hob ich sie aus dem Bett und nahm sie auf den Schoß. Mutter saß neben uns und Maria machte das Bett frisch. Ich sprach zu ihr und machte Spaß. Sie fing auch an zu lachen, drehte sich zu mir und sagte: „Franz, sei Du nicht immer so „dummheitig"!" Da sagte Mutter: „Jetzt hat sie in Dir unseren Papa gesehen! Du ähnelst ihm am meisten und sie meint ihn gesehen zu haben." So etwas waren für uns kostbare Momente, wenn wir merkten, dass sie noch etwas in Erinnerung hatte. Tina liebte es auch sehr, wenn wir sangen und Mama gefiel es auch. Sehr oft haben wir abends gesungen. Ich spielte Akkordeon, Maria Gitarre und es ging uns gut! Eines Sommerabends sangen und spielten wir wieder mal bei offenem Fenster. So schallte es weit hinaus. Da es schon spät war, kamen die Jugendlichen vom Tanzen im Klub auf ihrem Weg nach Hause bei uns vorbei. Als sie unser Musizieren hörten, blieben sie unterm Fenster stehen und lauschten. Wir wussten nichts davon, da es ja schon dunkel war. Als wir am nächsten Morgen zur Arbeit kamen, fragten die anderen: „Na, bei Euch war gestern wohl Versammlung?" Die meinten eine christliche Versammlung, da wir geistliche Lieder gesungen hatten und das war ja noch alles verboten. Wir verneinten es, denn wir waren ja unter uns gewesen. „Na", ließen die anderen aber nicht locker, „wir haben es ja gehört, als wir bei Euch vorbei gingen. Wir standen still und hörten Euch singen." Wir blieben aber bei unserem Nein und so ist es diesmal nicht im Dorfsowjet gemeldet worden.

Im Sommer haben wir unsere Kranke, soweit es möglich war, in die Schubkarre gelegt, damit sie draußen bei uns sein konnte. Aber in den letzten Jahren ging das nicht mehr. Sie war so verkrüppelt und so krumm geworden, nicht ein Gelenk hielt noch am anderen. Die epileptischen Krämpfe hatten sie so auseinander gerissen, dass es sehr schwer geworden war, sie umzubetten. Aber wenn sie dann wieder bequem gebettet war, war sie zufrieden. Überhaupt war sie nie unzufrieden. Wenn die Krämpfe vorüber waren und wir sie wieder zurechtgelegt hatten, war sie wieder freundlich. Maria sagt: „Oft, wenn ich sie zum Abend füttern wollte, hörte ich schon im Flur, wie sie alleine das Gebet ‚Lieber Heiland, mach mich fromm' betete." So wussten wir, dass sie mit guten Gedanken gefüllt war. Sie freute sich sehr, wenn wir ihr was von früher erzählten, von Tante Greta und anderen Menschen, die sie kannte, oder wie sie selbst draußen gespielt hatte, als sie noch klein war. Daran konnte sie sich gut erinnern.

Die Typhus-Epidemie

Es war in diesem Sommer 1953 sehr heiß! Als die Erntezeit im vollen Gange war, wurde ein Erntearbeiter, David Fröse, krank und kam ins Krankenhaus. Kurz nach ihm auch sein Gehilfe. Es wurde vermutet, dass es wegen der Trockenheit und der großen Hitze sei. Doch da wurde eine Hausfrau krank. Dann Tante Aganeta Bergen und ihre Tochter, beide kamen ins Krankenhaus. Es wurden immer mehr Menschen krank. Und nach kurzer Zeit starb Frau Bergen, auch ihre Tochter Mariechen. Da waren die Leute aufgeregt, was das wohl wäre? So konnte es nicht weiter gehen! Viele Leute erkrankten, das Krankenhaus war übervoll und keiner wusste, was es eigentlich war. Da wurde es weiter gemeldet und nun kamen Ärzte aus dem Gebietszentrum, Orenburg. Die führten dann eine gründliche Untersuchung durch und es stellte sich heraus, dass bei uns eine Typhus-Epidemie ausgebrochen war! Der zuständige Arzt, der das Krankenhaus bis jetzt betreut hatte, wurde abgesetzt. Und diese fremden Ärzte haben anstelle unserer örtlichen Ärzte gearbeitet. Unter anderen war darunter eine Ärztin, Klara Woljwowna, eine Jüdin, die hat sehr viel geleistet! Ich wurde später auch noch von ihr behandelt. Jetzt mussten alle Dorfbewohner ein Gegenmittel einnehmen oder sich spritzen lassen. Dazu wurde in jedem Dorf eine Stelle eingerichtet, wo wir hinkommen mussten, um unsere Portion in Gegenwart der Krankenschwester austrinken. Das wurde notiert und wer nicht kam, zu dem ging sie hin und derjenige musste sich eine Spritze gefallen lassen. So wurde die Krankheit gestoppt und keiner ist mehr gestorben. Es wurde aber ein schwerer Herbst, weil so viele Arbeiter krank waren.

Der Tod „huckepack"

1954 war ich schon groß mit meinen 17 Jahren und konnte, ja, musste jede Arbeit mitmachen, auch mit den älteren Frauen, die 20 Jahre und älter waren, mein Seil mitziehen. Es fiel mir aber oft sehr schwer. Ich war wohl schon fast erwachsen, aber die Kraft war nicht da. Oft war ich müde und kraftlos, dazu mager und dünn, an mir war nichts dran. Ich habe mich diesen Sommer so gequält und bemüht, denn ich musste ja, genau wie all die anderen, meinen Beitrag leisten. Eines Tages, als ich einfach nicht mehr konnte, nahm ich all meinen Mut zusammen und fragte den Brigadeführer, ob er mir nicht frei geben würde, damit ich zum Arzt gehen konnte.

Er erlaubte es und ich ging. Es waren nur fünf Kilometer bis Kitschkass, wo sich ein kleiner Erste-Hilfe-Punkt befand. Dort arbeitete eine Ärztin, die im letzten Krieg Verwundete vom Schlachtfeld verbunden und versorgt hatte. Sie behandelte ihre Patienten sehr gut und alle waren mit ihr zufrieden. Nun hörte sie mich gründlich ab und stellte fest, dass es bei mir mit den Lungen sehr schlecht stand. Ich sollte so schnell wie möglich zum Röntgen gehen, die würden besser wissen, wie mir zu helfen sei. Mit dem Ergebnis sollte ich wieder zu ihr kommen.

Nach ein paar Tagen fragte ich mich wieder los und ging zum Röntgen nach Rodnitschnoje (Nr. 10). Dort war ein Krankenhaus für Schwindsüchtige und darum hatten die ein Röntgengerät. Nachmittags um zwei Uhr ging ich los. Als ich die sieben Kilometer bergauf in Sand und Hitze bewältigt hatte, war ich so müde und erschöpft, dass ich keinen Schritt mehr hätte tun können! Trotzdem war ich noch zu früh angekommen – die Ärztin nahm erst nach vier Uhr Patienten von außerhalb an. Nun waren noch einige andere da und so mussten wir warten. Termine gab es keine, es ging der Reihe nach. Als ich dann endlich dran war, schaute die Ärztin sich, ihrer Meinung nach, alles genau an und sagte zu mir: „Bei Dir ist alles in Ordnung, Du bist gesund, kannst gehen." So machte ich mich auf den Weg nach Hause. Ich war wohl enttäuscht, denn ich hatte auf irgendeine Hilfe gehofft, aber nichts bekommen! So ging ich die sieben Kilometer durch Hitze, Staub und Sand zurück – zu trinken gab es nirgends was – und kam völlig entkräftet in unserem Dorf an. Am Dorfeingang begegnete mir ein Mann. Er schaute mich prüfend an, dann sagte er: „Na, Lena, wie siehst denn Du aus? Wo kommst Du überhaupt her? Du siehst aus, als hättest Du den Tod huckepack!" Ich konnte nichts darauf erwidern und ging weiter. Aber in meinem Innern war ich so gekränkt und beleidigt, dass ich mit den Tränen kämpfend zu Hause ankam. Todmüde, erschöpft und kraftlos kam ich herein und setzte mich. Mutter sah mich prüfend an und fragte: „Warum bist Du so traurig, was ist denn passiert?" „Ich weiß nicht, wie es weiter gehen soll", sagte ich. „Na, wieso?" fragte sie weiter. „Was haben sie Dir dort gesagt? Ist es so schlimm mit Dir?" „Nein", sagte ich, „das Röntgen dort zeigt nichts, die Frau sagte, ich sei ganz gesund.

Nun komm ich ins Dorf, da sagt Onkel P. Thießen zu mir, ich trage den Tod huckepack! So sehe ich also aus. Wie soll ich das alles verstehen? Ich bin todmüde und morgen muss ich wieder zur Arbeit!"

So ging ich den nächsten Tag wieder zur Arbeit und fragte mich noch einmal los, um zum Arzt zu gehen. Mein Vorgesetzter hatte Einsicht mit mir und ließ mich gehen. Nun ging ich wieder die fünf Kilometer zu der Ärztin, die mich zum Röntgen geschickt hatte. Ich musste wieder ziemlich lange warten, denn diesmal behandelte sie einen Mann, der vor ein paar Tagen auf dem Feld mit der Hand in den Pflug geraten war. Ihm waren die Finger von oben auf der Hand bis auf die Knochen abgeschnitten. Der Mann stöhnte und krümmte sich vor Schmerzen, während sie ihn behandelte. Die Wunde war mit Erde und Dreck verklebt, aber die Frau Doktor gab sich alle Mühe, ihm zu helfen. Mir wurde schlecht und ich ging für eine Weile raus. Als ich dann an der Reihe war, fragte die Ärztin gespannt, was ich für ein Ergebnis brachte, denn ich sah wohl wirklich sehr schlecht aus. „Und was kannst Du mir nun sagen?" fragte sie. „Die Ärzte wissen nichts", sagte ich bitter. „So darf man über Ärzte nicht reden", ermahnte sie mich. Das war ja auch sehr unbedacht von mir, denn mit „Ärzte" konnte ja auch sie selbst gemeint sein. So hatte ich es natürlich nicht gemeint, denn sie war mir viel wert! Aber ich war so enttäuscht von dem Röntgen und so kam es bei mir eben so heraus. „Die sagten gestern zu mir, ich sei ganz gesund", sagte ich trotzig. "Was?" rief sie entsetzt aus, „sowas haben die zu Dir gesagt? Hat denn das Röntgenbild nichts gezeigt?" „Das weiß ich nicht, ich weiß nur, dass die Frau zu mir sagte, ich sei ganz gesund." Diese Ärztin, Claudia, hieß sie, hat sich wohl verwundert, aber so war es. „Dann werde ich Dir eben helfen, so gut ich kann", sagte sie. Da hat sie mir einen Trunk angefertigt, es war hellgrün wie Molke und schmeckte leicht süßlich nach Anis. „Davon nimmst Du drei Mal am Tag einen Esslöffel vor dem Essen. Und wenn die Flasche leer ist, komm sofort wieder!" So hab ich das getan und wie ich mich erinnern kann, habe ich drei solcher Flaschen eingenommen. Dabei habe ich beständig gearbeitet. Später habe ich nie mehr Probleme mit den Lungen gehabt. Ich war damals 17 Jahre. Unsere Mutter sagte, dass dies ein schweres Lebensjahr für Lungenkranke sei. Sie hatte viel erlebt mit unserm Vater, der hatte die Schwindsucht. Und sie meinte, ich hätte das von ihm geerbt. Aber nun ging es mir wieder gut und ich konnte in diesem Sommer zum ersten Mal mit der Jugend zur Stadt fahren.

Die Heuschreckenplage (man glaubt es ja kaum!) 1955

Das Jahr 1955 kam wie all die anderen Jahre. Im Winter beim Jungvieh, vom Frühling an aufs Feld, alles wie immer. Anfangs Sommer freuten wir uns als alles so recht schön in Blüte stand und auch der Garten gedieh! Da kam eines Tages vom Süden eine Menge Heuschrecken den Berg herunter. Es waren kleine, schwarze Tierchen, etwa drei bis vier Zentimeter lang. Als sie ankamen, sah es aus, als ob eine schwarze Welle über den Garten rollte. Die waren in Bewegung, sprangen 60-70 Zentimeter hoch und es ging sehr rasch vorwärts. Hinter ihnen war alles schwarz. Bei ihren Sprüngen fraßen sie alles weg, was ihnen in den Weg kam. Die Horde kam auf einer Seite des Gartens herunter. Dann war ein schmaler Grasstreifen, danach eine Art unbefestigter Bürgersteig. Der war nicht breit, da gingen die Insekten locker drüber. Danach kam noch ein Grasstreifen und dann die etwa vier bis fünf Meter breite Dorfstraße. Diese war trocken und sandig und weil es da nichts zu fressen gab, machten die Heuschrecken kehrt. So gingen sie die andere Seite des Gartens hoch. Denn da, wo sie einmal drüber gegangen waren gab es nichts mehr zu fressen. Die Wiesen waren schwarz. Unser Garten war glatt, kahl und schwarz. Es standen nur noch kleine Stümmelchen von den Kartoffeln ungefähr sechs-acht Zentimeter, die ihnen wohl zu hart waren. Das war alles. Kein grünes Kräutlein war im Garten mehr zu sehen!

Den Leuten wurde angst und bange! Wie sollte das noch werden? Aber keiner konnte etwas dagegen tun. Wir mussten es so hinnehmen, wie es eben kam. Unser Cousin im Nachbardorf, der Traktorfahrer war, meinte sich vor den Heuschrecken zu schützen. Er hängte drei Walzen an seinen

Traktor und fuhr damit in die Welle von Heuschrecken hinein. Aber nach ein paar Umdrehungen musste er aufhören. Die Walzen waren so vollgeklebt, dass sie sich nicht mehr drehten. So musste er es aufgeben.

Aber der große Gott erbarmte sich unser auch dieses Mal. Ende Juli und Anfang August hatte es stark geregnet und wir konnten doch noch etwas aus den Gärten ernten. Freilich gab es eine Missernte, denn die Heuschrecken hatten auch auf den Feldern der Kolchose viel Schaden angerichtet und dafür kam der Regen zu spät. Das Getreide auf dem Felde war so niedrig, dass es keine Maschine mähen konnte. Und zudem waren die Ähren leer geblieben. Die Kolchose brauchte aber Futter fürs Vieh. So wurde eine große Gruppe Arbeiter aus unserer Kolchose und von den Nachbardörfern organisiert. Die fuhren mit LKW und viel Proviant in eine weit entfernte Gegend, in Richtung Wolga, um Futter zu machen. Durch viel Suchen und Forschen hatte man ausgekundschaftet, dass es da eine gute Ernte gegeben hatte und die Russen brauchten das Stroh nicht. So ging es mit all ihrem Hab und Gut mit der Fähre über die Wolga nach Saratow.

Erweckung und die erste Taufe

Aber vor allem erlebten wir Anfang Sommer dieses Jahres noch ein ganz wichtiges Ereignis. Wie schon gesagt, Gottesdienste kannten wir nicht. Dennoch waren wir irgendwie unbewusst auf der Suche danach, etwas Geistliches oder Christliches zu erfahren. Es begann schon im Winter. Uns wurde mitgeteilt: „Es kommt ein Reiseprediger nach Nr. 10 und es wird eine Versammlung stattfinden!"

Sowas brauchte uns nicht zweimal gesagt zu werden! Nach der Arbeit schnell waschen und los ging's, die sieben Kilometer in die Berge hoch, nach Rodnitschoje (Nr.10)! Es waren etliche Zuhörer da, aber keine große Versammlung. Was gepredigt wurde, weiß ich nicht mehr. Aber es berührte uns tief, denn der Prediger sprach sehr ernst. Nach dem Schluss stellte er die Frage, ob auch Jugendliche dabei seien. Er würde nachher gern mit ihnen reden. Sicher blieben wir interessiert sitzen in Erwartung der kommenden Dinge! Als die Meisten gegangen waren, setzte er sich zu uns. Wir waren aus unserem Dorf sechs Mädchen. Aber es blieben auch noch andere sitzen, Jungverheiratete, denn jeder war interessiert, was es geben würde. Er fragte als erstes, ob wir bekehrt seien und ob wir Fragen hätten. Wir konnten freilich nicht viel dazu sagen. Dann erklärte er uns manches vom Christenleben, unter anderem auch die Taufe. Na, davon hatten wir noch gar keinen Begriff! Das Christentum war Anfang der dreißiger Jahre aufs strengste verboten worden und damit so gut wie ausgerottet. Nun hatten wir 1955, gut 25 Jahre waren vergangen. Die Gläubigen waren in Verbannung geschickt, umgebracht worden oder umgekommen. Wir wurden in diese geistliche Öde hineingeboren. Dann war noch der Zweite Weltkrieg dazu gekommen, von dem sich die Menschheit nur langsam und schwer erholte. Wir wussten nichts anderes, als was Mutter uns erzählt hatte. Damals konnte sie noch nicht alles sagen, was sie wohl gerne getan hätte, denn sie schwebte ja ständig in der Gefahr, ertappt zu werden. Nicht auszudenken, wenn uns jemand belauscht hätte!! So waren wir sehr unwissend und wussten nur, es gibt einen Gott, der uns immer sieht und hört. Wir waren gelehrt worden, nicht zu stehlen, nicht zu lügen und alte Menschen zu ehren. Gebetet haben wir immer beim Essen und vor dem Schlafengehen, doch am besten, wenn es keiner sah oder hörte, so dass uns das Wort Taufe völlig fremd war. Aber der Onkel Einbrecht, so hieß der Mann, konnte es uns so deutlich machen und ans Herz legen, dass in uns das Verlangen aufstieg, es zu erleben! Die Unterhaltung dauerte an und wir kamen erst um vier Uhr morgens nach Hause. Unterwegs sagte Frieda Bergen zu ihrer Schwester: „Sara, zum ersten Tauffest werden wir nicht fertig werden, aber wollen uns bemühen, dass wir zum zweiten bereit sind." „Na", meinten Maria und ich, „es ist ja noch keine Aussicht davon. Wir haben ja noch keine Ahnung, wann, oder ob überhaupt ein Tauffest stattfinden wird!" Aber sie blieb bei ihrer Meinung.

Ab da wurden in Rodnitschnoje Abendstunden abgehalten. Es war so etwas wie Gebetsstunden, es gab nur manchmal eine kurze Ansprache, wenn jemand mutig genug war. Danach erklärten die älteren Brüder die Taufe. Wir waren so eingenommen davon und bemühten uns, so viel wie möglich, bei diesen Stunden dabei zu sein. Wenn es auch schwer war für uns, immer nach der Arbeit die sieben Kilometer zu Fuß bergauf zu gehen, aber wir waren dabei. Zurück war es dann bergab schon leichter und zudem war das Herz voller Freude und guter Hoffnung! Wir kamen meistens in der dritten Stunde, also morgens, nach Hause, aber irgendwie fing es.

Nach einigen Monaten wurden wir geprüft und zur Taufe zugelassen. Freilich, ich wusste sehr wenig zu sagen. Weil wir nichts zu Lesen hatten und zudem auch keine Zeit. Aber ich wurde auch zugelassen. Uns wurde gesagt, dass wir zu jeder Zeit bereit sein sollten, denn keiner wusste, wann die Gelegenheit sein würde und wann sich jemand entschließen würde, die Taufe zu vollziehen. Es war ja immer noch Vorsicht geboten.

Mitte Juni, als wir wieder mal zu einem Gebetsabend nach Rodnitschnoje kamen, wurde zum Schluss gesagt: „Geschwister, für den 20. Juni planen wir ein Tauffest. Aber bitte, sagt es noch niemanden, damit es nicht zerstört wird." Wir waren gespannt! Solche Freude in uns zu tragen und nichts davon zu sagen oder zu verraten, das war nicht leicht! Wir konnten es nur unseren nächsten Verwandten oder besten Freunden sagen und das auch erst am Sonntagmorgen, kurz bevor es soweit war. Das Vieh wurde um fünf Uhr auf die Weide getrieben und dann durften wir es ihnen mitteilen, dass um sieben Uhr beim Roten Ufer ein Tauffest sein würde. Das war in der Nähe der Roten Mühle, nur jenseits des Flusses. Wir machten uns fertig, packten unsere Sachen zum Umziehen und gingen los. Es waren ca. zwei Kilometer und wir wollten rechtzeitig da sein. Als wir an dem angesagten Ort eintrafen, sahen wir, dass außer uns noch einige von Rodnitschnoje und von Kitschkass (Nr. 12) dabei waren. Davon hatten wir nichts gewusst.

Leise unterhielten wir uns, denn es durfte kein Lied gesungen werden – das könnte uns verraten! Es war ein herrlicher Sonntagmorgen im Sommer! Nur schade, dass es nicht bekannt gemacht werden durfte, damit sich auch andere daran freuen konnten! Während wir uns unterhielten, kam ein Motorrad herbei gefahren. Von hinten stieg ein älterer Mann ab, nicht groß von Gestalt. Die Brüder nahmen ihn in Empfang und gingen sofort zur

Seite. Uns Schwestern wurde gesagt, dass wir uns umziehen sollten. Ein Bettlaken wurde ausgespannt und dahinter zogen wir uns um. Für den Bruder und die männlichen Täuflinge machten sie es genauso. Dann stiegen wir ins Wasser. Auf der einen Seite standen die Brüder, auf der anderen die Schwestern und so wurden wir nacheinander getauft. Wir zogen uns wieder hinter dem Laken um und fertig war die Sache. Der ältere Bruder wurde wieder mit dem Motorrad weggebracht, ohne dass wir erfahren hatten, wer er war. Und das war auch gut so für uns! Wenn das ins Gerede kommen sollte und wir zur Verantwortung gerufen würden, konnten wir mit freiem Gewissen sagen: wir wissen nicht, wer er war. Nachmittags sollte in Rodnitschnoje die Einsegnung vollzogen werden.

Nun gingen wir fröhlich nach Hause! Auf dem Rückweg begegneten wir manchen Leuten, die zum Tauffest kamen. „Das ist schon vorbei", sagten wir. „Wie? So schnell? Wir wollten auch mal sehen, was ein Tauffest ist! Nun sind wir zu spät gekommen." Es war ihnen so schade, dass sie zu Tränen gerührt waren. Sie hatten gemeint, nach dem Vieh austreiben noch ein Weilchen zu schlafen und dann hinzugehen. Nun war es zu spät. „Ja", meinten manche, „wir wussten es und sind zu spät gekommen. So wird es auch sein, wenn der Herr wieder kommen wird. Wenn wir nicht Ernst machen, kommen wir auch da zu spät." In solchen Situationen fällt den Menschen ein, woran sie sonst nie denken. So haben sich da auf der Wiese etliche bekehrt. Die Leute wurden so angeregt und wollten nun ein anderes Leben anfangen. Als wir nachmittags zur Einsegnung nach Rodnitschnoje gingen, kamen schon viele Leute mit und manche bekehrten sich noch dabei. So gab es eine große Erweckung in unseren Dörfern, die trotz allem Drohen und Verbieten nicht mehr zu stoppen war.

Wegen der Heuschrecken mussten viele Arbeiter weg nach Saratow. Weil keiner wusste, wann sie zurück kommen würden, wurde auf Wunsch und Verlangen etlicher Personen, die auch wegfahren sollten, noch ein Tauffest vollzogen, mit drei Täuflingen. Es war Anfang August und diesmal war Sara Bergen dabei.

Die Erweckung nahm jedoch ein so großes Ausmaß an, auch in den umliegenden Dörfern, dass es Ende August noch ein drittes Tauffest gab, mit 46 Seelen. Da waren aus Rodnitschnoje, aus Kitschkass, aus Stepanovka und aus unserem Dorf, Klubnikowo, Täuflinge dabei. Aus dem Dorf Susanowo in der Samara-Ansiedlung war ein Sängerchor gekommen und diente mit Gesang. Bei denen war das geistliche Werk schon viel weiter als bei uns. Eine große Menschenmenge kam nach der Feier vom Fluss. Die Geschwister Unrau hatten ihr Haus für die Gottesdienste zur Verfügung gestellt. Nun strömten wir alle ins Haus hinein, um alles mitzuerleben. Da drängte der Vorsitzende sich durch die Menge, blieb direkt neben mir stehen und sagte zu unserem Leitenden, Erwin Petkau: „Erwin, dass Ihr sofort auseinander geht! Es ist nicht erlaubt, was Ihr da veranstaltet!" „Onkel Olfert", sagte nun Erwin, „wir werden es nach Möglichkeit abkürzen. Erlauben sie uns eine halbe Stunde, dann gehen wir." Der Petkau war Hauptbuchhalter und hatte jeden Tag mit dem Vorsitzenden zu tun. Es war für ihn auch nicht einfach, aber er war mutig. Nun wurde der Gottesdienst abgekürzt und nach einer halben Stunde gingen wir auseinander. So schnell musste die Einsegnung gemacht werden. Aber wir, die Gläubigen unseres Dorfes, kamen immer wieder bei Familie Unrau zusammen.

Folgen der Heuschreckenplage

In der Kolchose gab es viel zu tun. Weil es eine Missernte gegeben hatte, gab es für die Arbeiter kein Stroh von der Kolchose, wie sonst. So mussten wir selbst Stoppeln sammeln, um die Kuh durch den Winter zu bringen, wie die Kinder Israel in Ägypten. Das Feld, auf dem Hirse gesät worden war, wurde gemäht und dann wurde es an die Arbeiter verteilt. Jede Familie bekam einen Streifen. Da konnten wir die Stoppeln ausreißen, zum Futter für die Kuh. Es war etwas ganz Neues, so was hatten wir noch nicht erlebt in all unseren schweren Jahren. Leute machten es mit Freunden oder Nachbarn zusammen, ich war zu allem allein. Maria war nach Saratow mitgefahren, Mutter musste am Krankenbett bleiben. Da hat der alte Onkel Jakob Lang mir sehr geholfen. Er gab mir seinen Schieber. Das ist wie eine Hacke zum Unkraut jäten, nur andersherum, zum Schieben. Der war über 30 Zentimeter breit und es gab immer einen guten Streifen, wenn ich mit dem über die Reihe fuhr. Außerdem gab er mir noch eine Harke mit hölzernen Zinken, die etwa fünf bis sechs Zentimeter auseinander standen. Sie nahmen die Stoppelstängel so gut mit und die Erdstücke blieben liegen. Nun hatte ich so sauberes Futter, dass sich alle wunderten, die es sahen. „Mensch, wie machst Du das?" wurde ich gefragt. Mir ging es so wie der Dichter sagt:

"Fragt ihr: Mensch, wer hilft Dir so?"
Gott mit mir, des' bin ich froh!"[24]

Die Tierärzte hatten schon gewarnt, dass man vorsichtig sein sollte, denn die Hirsewurzeln waren für das Vieh giftig. Etliche Leute rissen es einfach mit den Wurzeln aus und fertig! Bei mir waren die Wurzeln ganz knapp abgeschnitten. So hatte ich durch diese guten Werkzeuge schönes, sauberes Futter. Ich brachte es nach Hause und der Kuh hat es gut geschmeckt.

Im August, kurz bevor Maria weg musste, schlachtete Mutter unser Schweinchen. Wie knapp und schwer es auch war, aber sie war immer bestrebt, so viel wie möglich selbst voran zu kommen. So hatten wir im Frühling ein kleines Ferkel gekauft, um etwas Fleisch zum Winter zu haben. Wir pflückten viel Gras, um es zu füttern. Später haben wir es mit einem Seil im Grasstreifen neben der Straße angepflockt, da hatte es Gras genug und wir brauchten es nur noch zu tränken. Später besorgten wir uns noch etwas Futter dazu. Als dann abzusehen war, dass es keine Ernte gab, das Futter zur Neige ging und es nichts mehr zu kaufen gab, da haben wir das kleine Schweinchen eben geschlachtet. Es war erst drei oder vier Monate alt. Freilich war noch nicht viel dran. Mutter schnitt das Fleisch in kleine Stückchen und briet es zusammen mit dem Fett. Dann tat sie es in ein Gefäß, das Fleisch wurde nach unten gedrückt, so dass alles bedeckt war. Auf diese Art konnte man es wochenlang im Keller aufbewahren.

---

[24] Gottesgemeinschaftslied, Autor: Christian Heinrich Zeller (1779 – 1860).

Maria bekam etwas davon mit auf die Reise. Von Zeit zu Zeit nahmen wir ein wenig von dem eingekochten Fleisch und so wurde es langsam und sparsam verbraucht. Aber zum Winter hatten wir wieder kein Fleisch mehr.

Die Arbeiter in Saratow fuhren das Stroh auf dem Felde zusammen und pressten es in Ballen. Diese wurden zur Bahn gebracht, in Transportwaggons geladen und nach Hause geschickt. Wenn die Waggons ankamen, mussten wir zur Station fahren um sie auf LKW umzuladen. Wenn gerade keine LKW da waren, mussten wir es beiseite aufstapeln, damit wir wieder Platz hatten, wenn die nächste Ladung ankam. So ging das bis weit in den Winter hinein. Manchmal blieben wir mehrere Tage hintereinander am Bahnhof. Wir arbeiten in Schichten Tag und Nacht. Und in dieser Zeit war unsere arme Mutter ganz allein mit allem. Gut, wenn die Nachbarn mal was helfen kamen. Ich war mit zwei anderen Mädchen und einem älteren Mann in der Nachtschicht. Es war sehr schwer, die Strohballen hoch über die Wand des Waggons zu werfen. So zu arbeiten war viel anstrengender und verhängnisvoller als zu Hause die Ernte einzubringen, da es mit so viel Fahrerei und Abwesenheit verbunden war. Und trotz all dieser schweren Arbeit verdienten wir nicht unser täglich Brot. Wir bekamen so wenig Getreide, dass wir es uns einteilen mussten. Da horchten wir auf, wenn jemand zur Stadt fuhr, um Brot zu bestellen. Die Leute brachten Säckeweise frisches Brot aus der Stadt mit. Wir waren immer herzlich froh, wenn wir auch was bestellen oder kaufen konnten.

Im Winter wurde das Fahren weniger bis es ganz aufhörte. Maria hatte zudem genug Stroh verdient, so dass wir unsere Kuh zusammen mit den Hirsestoppeln gut durch den Winter brachten. Durch unsere Sparsamkeit konnten wir sogar noch was von dem Stroh verkaufen! Der Winter war schwierig, aber wir bekamen ein paar Mal ein Glas Reis für unsere Kranke. Das blieb dann auch streng für sie. Und so mit allerhand Hilfe kamen wir durch die Schwierigkeiten dieses Winters hindurch. Zu Beginn des neuen Jahres ereilte uns ein dann ganz anderer Schrecken.

Der schreckliche Schneesturm, der Menschenleben forderte

Am 8. Februar 1956 hatten wir eine Jahresabrechnungsversammlung. Da wurde alles aufgezählt, was man im vorigen Jahr erreicht hatte, wie weit der Plan er- und übererfüllt war und vieles mehr. Als wir nach dieser Versammlung nach Hause gingen, war ein furchtbarer Schneesturm aufgezogen! So etwas gab es bei uns in der Orenburger Steppe häufig und es konnte richtig gefährlich werden! Nicht selten kam es vor, dass Menschen in diesen Stürmen völlig die Orientierung verloren. Es war alles weiß, man konnte nur wenige Schritte weit sehen oder gar nicht.

Auf dem Weg nach Hause von der Versammlung riefen wir einander immer wieder zu: „Bist Du noch auf dem Weg?" Der andere schrie dann in den Sturm hinein: „Ich kann nichts sehen, aber solange ich was Hartes unter den Füßen habe, meine ich, noch richtig zu gehen!" So kamen wir mit Mühe und Not doch noch wohlbehalten zu Hause an.

Am nächsten Tag ging die Nachricht durchs Dorf: „Zwei Mädchen aus der Mittelschule in Pretoria (Nr. 14) haben sich im Schneesturm verirrt und sind spurlos weg." Es waren meine Freunde Erna Brushinsky und ihre Mitbewohnerin.

Die Sache hatte sich so zugetragen. Als der Unterricht an diesem Mittwoch beendet war, machten sich die Schüler wie immer auf den Weg nach Hause. Da sahen die Lehrer, was für ein furchtbarer Schneesturm vor dem Fenster tobte! Sie schalteten sofort überall das Licht an, auch draußen vor der Schule und riefen die Schüler zurück. Dazu hatten sie schnell einen Lautsprecher auf dem Dach eingeschaltet, um ja auch alle zu erreichen. Erna war mit vier anderen Mädchen auf dem Weg nach Hause. Plötzlich sagte eine von ihnen: „Wartet ein Weilchen! Der Sturm reißt mir das Tuch vom Kopf, ich muss es mir fester umbinden." „Ach", sagte Erna, „Ihr holt uns noch ein." So gingen die zwei, Erna und ihre Mitbewohnerin, schnell weiter. In diesem Moment hörten die anderen drei den Ruf von der Schule. Sie riefen ihren beiden Mitschülerinnen noch nach, aber die waren schon nicht mehr zu sehen. Vermutlich haben sie es nicht gehört, denn so ein Sturm ist sehr laut.

Die drei gingen zurück zur Schule. Währenddessen gingen die beiden Mädchen schnellen Schrittes voran. Bei so einem Sturm dreht man sich automatisch, ohne es zu wollen oder gar zu merken, mit dem Wind, so dass der Wind von hinten kommt. Man versucht zwar, eine bestimmte Richtung beizubehalten, aber sehr oft gelingt das nicht. So war es auch den beiden ergangen. Sie hatten es gar nicht weit bis zu ihrer Wohnung, nur etwa anderthalb Kilometer über den Fluss. Aber in ihrer Eile hatten sie nicht gemerkt, dass sie sich mit dem Wind gedreht hatten und nach rechts statt nach links zu ihrer Wohnung abgebogen waren. So gingen sie aus dem Dorf heraus und aufs offene Feld. Wie sich später herausstellte, waren sehr weit gegangen, vermutlich in der Hoffnung, doch noch irgendwo anzukommen. Aber sie fanden nichts. Kein Haus, kein Dorf, keinen Menschen. Stattdessen fanden sie den Tod.

Als die beiden am anderen Tag nicht zur Schule kamen und bekannt wurde, dass sie am Abend zuvor nicht in ihrem Quartier angekommen waren, benachrichtigte man die Eltern. „Wir werden suchen und alles Mögliche tun!" hieß es als Zusage. Ernas Vater fuhr sogleich nach Pretoria und erkundigte sich in der Schule aufs Genaueste nach allem. Dann fuhr er aufs Feld, um zu sehen, ob er irgendetwas entdecken konnte. Leider sah er nichts, denn der Sturm hatte sich noch nicht richtig gelegt.

Nach ein bis zwei Tagen, als sich das Wetter beruhigt hatte, wurden wir Arbeiter aus unserer Brigade geschickt, die Verirrten zu suchen. Es war ja klar, dass sie nicht überlebt haben konnten, denn nach dem Schnee kam starker Frost. Es sei denn, dass sie sich in ein entlegenes Dorf verirrt hätten oder jemand sie gefunden und aufgenommen hatte. Ansonsten wollte man wenigstens die Leichen bergen. Warm angezogen mit Filzstiefeln und Mänteln und mit langen Stöcken bewaffnet, wurden wir nach Pretoria gebracht, wo wir uns am Dorfende in eine lange Reihe aufstellten, etwa fünf bis sechs Meter auseinander. Und dann ging die Suche los. Wir durchkämmten die schneebedeckte Fläche in die gleiche Richtung, in die der Wind damals gestürmt hatte. Mit dreißig Personen deckten wir eine große Fläche ab. Es war ein klarer Tag, die Sonne schien hell, aber es war sehr kalt.

Nun gingen wir los und stachen in alles, was uns verdächtig vorkam, mit unseren Stöcken ein, in jeden noch so kleinen Hügel oder in eine ungewöhnliche Erhebung. Mit einem Mal sahen wir Spuren auf dem Schnee! An dem Tag des Sturms waren die Temperaturen mild gewesen. Die Mädchen hatten den Schnee mit ihren Filzstiefeln fest eingedrückt und so waren die Spuren geblieben. Der Schnee drum herum war verweht worden, somit standen die Spuren leicht erhaben. Man konnte sogar sehen, dass ein Paar versohlte Filzstiefel waren – die hatte Erna angehabt, und das andere Paar war neu, die von ihrer russischen Freundin. So folgten wir nun den Spuren. Doch diese verloren sich bald in einem tiefen Graben, einer Art Schlucht, von denen es in unserer Gegend viele gab – sie entstanden im Frühjahr vom Tauwasser. Ernas ein Jahr ältere Schwester Anna war auch dabei. Nun meinte sie: „Vielleicht sind die beiden in diesem Graben im Schnee versunken?" Sie stieg einen Schritt weiter, brach durch die Schneekruste und versank bis unter beide Arme! Wir mussten nun alles dransetzen, um sie da heraus zu ziehen. Den Graben konnten wir unmöglich durchsuchen. Also gingen wir weit um den Graben herum und als wir auf der gegenüberliegenden Seite ankamen, sahen wir die Spuren wieder! Die Beiden hatten es also durch den Graben geschafft! Vermutlich war der erst durch den Sturm voll Schnee geweht. So gingen wir weiter und suchten bis zum Abend. Die Spuren ließen sich bis auf ein gepflügtes Feld verfolgen und verloren sich dann. Wahrscheinlich war die Erde auf dem Feld zu uneben und so konnten die Spuren nicht erhalten bleiben. Wieder durchstocherten wir jede noch so kleine Erhebung, aber es waren nur Schneewehen. Es gab nichts Verdächtiges, keinen noch so kleinen Hinweis auf den Verbleib der Mädchen. Als es dunkel wurde, mussten wir aufgeben und unverrichteter Dinge nach Hause fahren.

Die schreckliche Kunde erreichte alle Dörfer in unserer Gegend und darüber hinaus. Dass sich jemand im Schneesturm verirrte, kam gar nicht so selten vor. Seltener war es, dass die Menschen dann tatsächlich erfroren, weil sie meist doch noch eine menschliche Siedlung fanden, wenn auch nach einem langen Fußmarsch, der sie zwar entkräftete, aber warm hielt. Wenn die betroffenen Personen denn nicht aufgaben! In den späten 60-er Jahren erfroren auf diese Weise zwei Kinder. Es waren drei Jungs, alle mit dem Namen Heinrich, die an einem Neujahrstag mit ihren neuen Ski spielten. Ein leichtes Schneetreiben war tagsüber kein Problem und sie sausten zusammen mit den anderen Kindern vom Dorf den langen Berg hinter Alisowo herab. Die Ski trugen sie fast zum Fluss. Nur war der Rückweg auf den Hügel immer so lang. Allmählich setzte die Dämmerung ein und die Kinder gingen nach und nach zu ihren Familien. „Nur noch einmal runter sausen und dann gehen wir auch heim", meinte einer der drei Freunde. Auf dem Weg nach oben verloren sie in der einsetzenden Dunkelheit und dem stärker werdenden Schneegestöber die Orientierung. Der Älteste von ihnen begriff schnell, in welcher Gefahr sie sich befanden und als die beiden anderen nicht mehr konnten, lief er allein in das nächstgelegene Baschkirendorf, um Hilfe zu holen. Leider verstanden ihn die betrunkenen Männer nicht – sie feierten Neujahr. Inzwischen hatten ihre Familien angefangen, nach den Kindern zu suchen. Leider blieb die Suche erfolglos und nur der älteste der drei Freunde überlebte. Die Leichen der beiden anderen Jungs fand man am nächsten Tag. Dass jedoch jemand einfach so verschwand und nicht gefunden werden konnte, das war schlimm! Ernas Vater ist noch oft dorthin gefahren und hat alleine gesucht. Er hatte keine Ruhe, aber auch er fand nichts. Erst im Frühjahr, als die Arbeit auf den Feldern wieder begann, wurden die beiden entdeckt und das kam so.

Eine Brigade aus Kunakbaj, einem Baschkirendorf, das zur Kolchose Pretoria (Nr.14) gehörte, fing an, die Felder zu eggen, die im Herbst gepflügt worden waren. Die Arbeit ging Tag und Nacht, es waren je zwei Männer in einer Schicht. Der Traktorist musste gerade fahren, während der zweite Mann hinten stand und aufpasste, dass die Eggen ebenmäßig über das Feld gingen. In der Nacht vom 21. auf den 22. April war es noch recht kalt. So hatte sich der Gehilfe zum Traktoristen in die Kabine gesetzt und schaute immer nach hinten, um zu prüfen, dass alles richtig ging. Mit einem Mal schrie er auf: „Halt schnell an! Die eine Egge hob sich über etwas Großes! Wir müssen nachschauen, was das ist." So hielten sie an und stellten mit Schrecken fest, dass die Egge einen Menschen umgedreht hatte! Die beiden Arbeiter begriffen sofort, dass sie die Leichen der verirrten Mädchen entdeckt hatten. Sie ließen alles stehen und liefen ins Dorf. Noch in der Nacht weckten sie die Menschen und fuhren wieder dorthin, wo sie den schrecklichen Fund gemacht hatten.

Die Neuigkeit sprach sich blitzschnell in der Gegend herum! Und da meldete sich ein alter Baschkire aus Kunakbaj. Am besagten Tag im Februar war er mit seinem kleinen Schlitten zum Pferdestall gekommen, um Stroh für sein Vieh zu holen, es war ihm ausgegangen. „Wir haben keins vorrätig", sagte der Vorarbeiter. „Und bei diesem Wetter schicke ich niemanden aufs Feld! Wenn Du es so dringend brauchst, dann fahr doch selbst. Du weißt ja, wo die Strohschober sind." So hat der alte Mann sich dann auf den Weg gemacht und mit Mühe und Not die Strohvorräte am Rande des Feldes gefunden. Gegen den Sturm ankämpfend, hatte er mit seiner Heugabel gerade erst ein paar Büschel in seinen Schlitten gepackt, als er auf einmal ein seltsames Geräusch hörte. Etwas zwischen Jammern und Jaulen, so grässlich, dass es ihm durch Mark und Bein ging! Er schaute in die Richtung des Getöses und sah durch das Schneegestöber etwas Dunkles, das langsam auf dem Boden kroch und dieses seltsame Geräusch von sich gab. „Das ist der Schaitan (Satan)!" Vor Panik ergriffen, warf er seine Heugabel in den Schlitten, saß auf und machte sich so schnell er konnte fort von dieser schrecklichen Stelle! Nachdem man die Leichen auf eben diesem Feld, unweit des besagten Strohschobers, gefunden hatte, war ihm klar, dass es die beiden Mädchen gewesen sein mussten, die er für ein Schreckgespenst gehalten hatte. Die Mädchen müssen zu dem Zeitpunkt schon so erschöpft und verzweifelt gewesen sein, dass sie sich nicht mehr auf den Beinen halten und um Hilfe rufen konnten. Deshalb die seltsamen Laute. Vielleicht hatte er aber auch wegen des Sturmgeheuls ihre Hilferufe nicht verstanden. Hätte der abergläubische, alte Mann nicht solche Angst gehabt und wäre er nachsehen gegangen, hätte man die Schülerinnen wohl retten können. Ob die Beiden ihn und sein Pferd gesehen haben und sich vielleicht auf ihn zubewegten, weil es ihre letzte Hoffnung war, kann niemand wissen. Insgesamt hatten sie in dem Schneesturm über 20 Kilometer zurückgelegt, bis sie der Naturgewalt erlagen.

Als man Ernas Leiche nach Hause brachte, war ich auch da. Es war grausam anzusehen! Die Mädchen hatten sich wohl Schulter an Schulter hingesetzt, als sie nicht mehr weiter konnten und waren so zusammen gefroren. Später war der Schnee weggetaut und die Leichen fielen um. Erna war nach hinten gefallen und das andere Mädchen nach vorne. Bei ihr war das Gesicht sehr entstellt, die Augen ausgefressen, es waren nur noch Löcher geblieben, keine Haut mehr auf den Wangen. Weil Erna auf dem Rücken gelegen hatte, war ihr Gesicht sehr stark von Sonne und Wind verbrannt, so dass es ganz schwarz war. Der Mund stand weit offen und große Käfer krabbelten heraus. Die Nase war vertrocknet und fast ganz weg.

Dabei war Herr Bruschinsky erst am Tag zuvor, dem 21. April, wieder mal auf der Suche nach seiner vermissten Tochter gewesen. Er hatte mit einem Feldstecher eben dieses Feld abgesucht, wo die Leichen in der Nacht darauf gefunden wurden – es war ja klar, dass sie nur dort sein konnten. Dabei war ihm aufgefallen, dass über dem einen Ende des Feldes viele Raben kreisten. Aber er konnte selbst mit dem Fernglas nicht erkennen, was die Raben angezogen hatte. Die Überreste der beiden Mädchen hatten sich bereits der dunklen Erde angeglichen. Ihre Kleidung war von der Sonne verbrannt und vom schmutzigen Tauwasser dreckig geworden. Wie hätte er auch auf die Idee kommen sollen, dass die Raben um die Leiche seiner Erna kreisten?

Ich habe meine Freundin dann ausgezogen. Dabei konnte man sehen, was im Leben gefroren war – das war schwarz – und was nachher gefroren war – das war weiß geblieben. Also die Knie bis zu den Stiefeln waren schwarz, weiter unten waren sie weiß. Freilich, die Stiefel mussten wir hinten aufschneiden, anders bekamen wir die Füße nicht frei. Die Hände waren auch schwarz. Im Sarg wurde sie weiß angezogen, Gesicht und Hände wurden dick mit Salbe belegt und dann mit weißem Puder beschüttet, so dass das Schwarze nicht so sehr zu sehen war.

Weil ich so viel mit der Vorbereitung der Leiche zu tun hatte, auch den Spruch auf dem Sarg zu schreiben, was immer meine Aufgabe war, stand mir das furchtbare Bild noch lange vor Augen. Es war so schlimm, dass ich mich nicht mehr traute, im Dunkeln allein raus zu gehen. Aber mit der Zeit verblasste auch dieses schreckliche Erlebnis und das Leben ging weiter.

Die Bruschinskys sind dann bald nach Kirgisien gezogen. Ernas Vater sagte: „Ich kann hier nicht mehr leben. Ich werde meine Familie dorthin bringen, wo ich sicher sein kann, dass kein Schneesturm mir ein weiteres Kind raubt." Vielleicht war es auch einfach zu schmerzhaft, all das zu sehen, was ihn an seine verstorbene Tochter erinnerte.

Eine neue Fertigkeit angeeignet

Im Sommer 1956 arbeitete ich als Verputzer oder Stuckateur. Im Frühjahr hatten wir Mädchen Steine und Ziegeln gefahren. Daraus wurde ein Kanzleigebäude gebaut. Als der Rohbau fertig war, wurde ein Spezialist aus dem Nachbardorf angestellt, eine ältere Frau, die in der Arbeitsarmee den Beruf des Verputzers gelernt hatte. Die war sehr genau und machte ihre Arbeit wirklich gut. Wir waren drei Mädchen als Handlanger bei ihr. Unsere Aufgabe war es, den Sand zu sieben, den Kalk zu löschen, ihr den Putz mit Alabaster einzurühren und bereit zu stellen. Deswegen kam sie schnell voran und verdiente gut. Eines Tages kam Onkel Olfert herein, um zu sehen, wie es voran ging. Er schaute sich das alles an und fragte dann: „Verputzt Ihr auch mal eine Wand oder wenigstens einen Teil?" „Nein", sagten die Mädchen, „das können wir nicht." „Ihr seid dazu da, um es zu lernen", sagte er. „Wir werden nie mehr einen Meister von außerhalb einstellen. Das nächste Mal seid Ihr dran! Lena, hast Du mich verstanden?" Ich sagte ja und so ging er. Aber nun wusste ich, woran ich war und ging ans Werk! Wo ich nur dran kam, verputzte ich, so viel ich konnte. Anfänglich war die Meisterin nicht immer zufrieden mit meiner Arbeit. Dann musste ich es ausbessern, bis sie zufrieden war. Sie wollte sich ja auch nicht nachreden lassen: „So eine berühmte Stuckateurin und hat buckelige Wände hinterlassen!" Also übte ich so lange, bis sie mit meiner Arbeit zufrieden war. So habe ich es gelernt und es war sehr gut für mich! Denn ich habe nachher noch manch ein Haus im Dorf verputzt. Später sogar ein großes Gebäude in Alisowo. Da waren wir zu viert: Neta Wiebe und Margarethe Petkau aus Dolinovka, Agnes Funk aus Kubanka und ich. Es war ein großes Kaufhaus und überall war man mit uns und unserer Arbeit zufrieden.

Ein schwerer Unfall

1956 gab es noch einen schweren Fall, diesmal in unserer Verwandtschaft. Unser Cousin, Johann Harms, aus dem Nachbardorf Stepanovka, war ein großer Meister der Technik. Wenn auch manchmal keiner sonst es schaffte, aber der Johann brachte das kaputte Gerät oder Fahrzeug wieder ans Laufen. Er hatte sich ein altes Motorrad gekauft, eine deutsche Marke, BMW. Es war völlig außer Betrieb und keiner wusste was damit anzufangen. Aber Johann brachte es in Schwung. Er fertigte sich die notwendigen Teile selbst in der Schmiede, baute alles zusammen und fuhr damit zur Arbeit. Nun hatte man in der Nachbarkolchose eine alte, kaputte Mähmaschine zum Silo mähen. Die war eigentlich schon ausrangiert, doch nun bekam Johann Harms sie zum Silo mähen. Er brachte sie in Ordnung und mähte auf dem Felde in der Nähe eines Baschkirendorfs. Ihm standen zwei LKW zur Verfügung, die das Gemähte aufnahmen und zu den großen Kuhlen brachten, wo es aufgeschüttet wurde, fest getreten und zugemacht fürs Vieh im Winter. Als Gehilfe hatte er einen jungen Baschkiren, der weder von der Arbeit was verstand noch von Technik. Die beiden mussten junge Sonnenblumen und jungen Mais mähen. Weil aber die Maschine so abgenutzt war, ging öfter was kaputt und Johann musste zur Werkstatt, das Teil reparieren. Nun war ihm wieder was zerbrochen und er fuhr mit seinem alten Motorrad zur Werkstatt. In dieser Zeit stand alles still auf dem Felde. Aus Ungeduld setzte der junge Baschkire sich ans Steuer des LKW und wollte mal nachsehen, wo der Johann so lange blieb.

Er war nur eine kurze Strecke gefahren, da sah er Johann kommen. Er wendete auf der Wiese gerade als Johann an ihm vorbei fuhr. Nun wollte er auch nicht zu spät da sein und drückte kräftig aufs Gaspedal, dem Johann hinterher. Und weil er keinen Führerschein und keine Ahnung vom Fahren hatte, konnte er den LKW nicht beherrschen. Auf einmal sah er Johann nicht mehr vor sich und das Auto fuhr auch nicht mehr... Er stieg aus und sah, er war Johann von hinten drauf gefahren! Dessen Brust war auf dem Benzinbehälter eingedrückt, das Vorderteil vom LKW stand auf seinem Rücken. Das Motorrad war platt auf der Erde und seine Füße waren mit den Zehen tief in die Erde gedrückt. Ohne jemandem was zu melden, lief der Junge voller Angst zum Fluss in die Büsche und weg war er! Als die Leute sahen, dass der LKW dastand und nicht näher kam, gingen sie hin und sahen, was da passiert war. Sie befreiten Johann vom Auto und brachten ihn sofort ins Krankenhaus, welches ganz in der Nähe war. Aber nach anderthalb Stunden starb er. Das war ein großer Schreck für unsere Dörfer! Er hinterließ eine junge Frau von 25 Jahren, ein Söhnchen, Hänschen, vier Jahre und ein Töchterchen, Katja, zwei Jahre alt. Die Frau war im sechsten Monat schwanger und gebar später noch einen Sohn, Jakob. Dieser Jakob hat die Gedenktafel für unsere Lieben in Orenburg aufgestellt.

Nach etlichen Tagen, als wir alle versammelt waren zur Beerdigung, kamen zwei Milizbeamte und wollten die Leiche zur Untersuchung abholen. Johanns ältester Bruder, Isaak Harms, ließ das aber nicht zu. Der Tote war angekleidet im Sarg, alles sehr ordentlich zusammen gelegt. Ihm war bei dem Unfall ein Bein ganz abgequetscht worden und der Rücken unten auseinander gerissen, Brust und Bauch zusammengequetscht und manches mehr. Aber im Sarg war das alles nicht zu sehen. Da sagte Isaak zu den Beamten: „Wir sind nicht solche Menschen, dass wir Rache üben werden. Der Mensch ist weg und wir werden den Jungen nicht verklagen. Aber die Leiche geben wir nicht ab, wir haben heute Begräbnis." So gingen die Beamten dann auch weg, weil Isaak ihnen entschieden absagte.

Unser Erdhäuschen gibt den Geist auf

Obwohl seit Stalins Tod manches leichter geworden war, nahmen die schweren Jahre noch immer kein Ende. Zwar waren die Lieferpläne abgeschafft, was uns schon sehr viel bedeutete, aber es war noch immer mit allem knapp. Obwohl wir jeden Tag von früh bis spät arbeiteten, war unser Verdienst nach wie vor sehr gering. Zu alledem wollte unser Erdhäuschen uns nicht mehr den nötigen Schutz bieten. Das Dach war so schlecht geworden, es war alles verfault und morsch, so dass wir nicht mehr da drauf treten konnten. Zudem regnete es überall durch. Schon etliche Jahre kroch Maria regelmäßig aufs Dach, legte sich flach hin, während Mutter und ich ihr von unten Asche und Lehm in Eimern reichten. Sie verteilte es da oben, schob alles mit Händen glatt und so hielt es nochmal ein Jahr. Wir taten, was wir konnten, aber irgendwann ging es nicht mehr weiter.

1956. Vor unserem zerfallenden Heim, im Sommer vor dem Abbruch. Tina vorne neben Mutter, vor Schmerzen konnte sie kaum lange genug sitzen für das Foto.

Ein weiterer Nachteil des kleinen Erdhäuschens war, dass wir keinen Platz hatten, um das Getreide, welches wir als Jahreslohn bekamen, aufzubewahren. Deshalb mussten wir immer bei den Leuten nach Platz auf dem Speicher fragen, wo wir unser verdientes Getreide aufschütten konnten. So hatten wir ein Eckchen bei Frau Klassen und ein Plätzchen bei Familie Matthies. Als Maria in einem Frühling den Rest nach Hause brachte, sagte sie: „Frau Matthies hat sich sehr gewundert, als sie sah, wie wenig da geblieben war. Sie fragte mich: ‚Wie wollt Ihr eigentlich durchkommen bis zur Ernte? Dieses Wenige reicht ja nicht für lange.' Das weiß ich noch nicht", habe sie darauf geantwortet. Sie hatte die Stelle auf dem Speicher schön sauber gemacht und kam mit dem Rest nach Hause.

Nach der Missernte im Jahr zuvor, gab es in diesem Jahr 1956 eine gute Ernte und wir bekamen auf unsere Arbeitstage zu dritt insgesamt 17 Zentner Weizen! Also 1700 Kilogramm (in Russland rechnete man mit 100 Kilogramm pro Zentner)! Unsere Mutter war so froh, sie fand keine Worte, um ihren Dank auszusprechen! „Kinder", sagte sie mit Tränen der Freude, „so viel haben wir noch nie im Leben gehabt! Nicht einmal, als Vater noch zu Hause war!" Nicht, dass sie damals Mangel gehabt hatten, aber viel auf einmal war ja nicht nötig. Nun hieß es, alles gut besorgen. Für diese Menge hatten wir nun erst recht keinen Platz. Da fragten wir nochmals die Familie Matthies. Die hatten ein Haus mit einem hohen Dach und auf dem Dachboden allerhand aufgeschüttet, damit es im Winter nicht so kalt war. Die gaben uns Platz, wir machten es sauber und schütteten unser Getreide darauf. Wir brachten mehrere Säcke zur Mühle, so dass wir zum Winter genug Mehl hatten und auch Kleie für Kuh und Kalb. Die Hühner konnten die ganzen Körner futtern. Und so verbesserte sich unser Leben mit schnellen Schritten! Nun waren wir versorgt und zufrieden und dankten unserm Gott und Vater, der so gut für uns gesorgt hatte!

Im Herbst, als es schneller dunkel wurde und die Arbeit nicht weniger war, blieb umso weniger Zeit, um etwas am Häuschen zu machen. Zudem regnete es viel. Unser Dach konnte nicht mehr standhalten. Wir machten, was wir konnten, aber oben drauf zu treten war nicht mehr möglich. Wir hofften jetzt nur noch, dass bald der Frost käme und wir noch diesen einen Winter aushalten würden.

Irgendwie hatten wir auch in diesem Sommer ein Schweinchen gefüttert. Es wurde nach Möglichkeit, wenn das Futter reichte, bis zum Winter gehalten, dann konnten wir das Fleisch im Schnee einfrieren. Anders gab es keine Möglichkeit, das Fleisch aufzubewahren. Nun kam im November der erste Schnee. Mutter lud ein paar Leute ein und am dritten Dezember sollte die Schlachtung vorgenommen werden. Maria hatte sich losfragen können von der Arbeit, aber ich durfte nicht zu Hause bleiben. Als ich morgens zur Arbeit ging, regnete es, auch den Tag vorher hatte es schon geregnet und die ganze Nacht. Im so entstandenen Schneematsch kam ich mühsam voran. Das war aber nicht das Schlimmste. Ich machte mir Sorgen um unser Häuschen und das Dach. Auf dem Dach lag schon ziemlich viel Schnee, der weichte jetzt auf durch den Regen, mischte sich mit dem Regenwasser und lief in das Dach hinein. Es wurde so nass und kam überall durch, lief die Wand entlang, so dass diese von außen schon zur Hälfte durchgeweicht war. Als ich mittags von der Arbeit kam, waren die Leute anstatt mit der Schlachtung damit beschäftigt, das Fenster im Flur zu stützen. Genau über diesem Fenster verlief eine Rippe der Dachkonstruktion. Diese war verfault und abgebrochen und hatte das Fenster durchbrochen. Nun wurde im Fenster eine Stütze aufgestellt, daneben ein Eimer und das Wasser lief herunter wie ein kleiner Rinnsal. Freilich wurde uns bange, aber es war nichts mehr zu machen, es war Winter. Bald darauf gab es wieder Frost. Unser aufgeweichtes Häuschen fror wieder zusammen und so haben wir noch einmal darin überwintert.

Hausbau mit Hindernissen

So ging der Winter auch wieder vorüber und der Frühling trat in seine Rechte. Und jetzt versagte unser Erdhäuschen in allem. Es sah jämmerlich aus und wir merkten ganz deutlich – das ist das letzte Jahr, länger können wir nicht drin wohnen. Da haben wir, sobald es möglich war, angefangen, vom hinteren Ende, wo der Stall war, abzubrechen. Es war ein jämmerliches Unterfangen. Was wir losmachten und was von selbst zusammenfiel, brachten wir in einer Schüssel oder mit dem Schubkarren weg. Alles musste neben oder nach der Arbeit gemacht werden, dazu der Garten und vieles mehr. Und zu allem waren Maria und ich zu zweit. Unsere Tina brauchte ihre Pflege und Mutter hatte in diesem Jahr so stark Rheuma, dass sie manchmal nicht in der Lage war, den Löffel zu halten, um die Kranke zu füttern. Wir haben sie dann früh morgens versorgt und dann musste sie warten, bis wir mittags von der Arbeit kamen. Deswegen sah Mutter es als unmöglich an, was wir vorhatten. Sie hat so viel geweint und gejammert, indem sie immer wieder sagte: „Mädchen, was denkt Ihr bloß und was macht Ihr? Wir bleiben ohne Obdach, es ist nicht so einfach, ein Haus zu bauen!" Wir mussten immer wieder all unseren Mut zusammen nehmen, die arme Mutter trösten und selbst vorwärts gehen.

Als wir bis zum letzten Zimmer kamen, in dem wir bis jetzt noch geschlafen hatten, baten wir den Vorsitzenden um ein Zimmer in unserem Nachbarhaus, das im Winter als Speicher und im Sommer als Kindergarten genutzt wurde. Man erlaubte uns, den großen Flur zu benutzen, dazu noch kostenlos, was sehr gut für uns war! Unser weniges Hab und Gut passte alles hinein. So waren wir mit unserer Kranken alle unterm Dach und ganz in der Nähe der Baustelle. Als es im Sommer so recht warm wurde, ging es auch besser mit Mutters Rheuma, sie hat dann doch noch viel mitgeholfen.

Maria musste im Sommer mit einer Gruppe Arbeiter für die Kolchose Lehmziegel machen. In diesen Jahren wurde viel gebaut, die Leute schöpften Mut und es ging voran. Man schloss sich an den Sonntagen zusammen, um für den eigenen Bau Ziegel zu machen. Wir konnten das nicht. Unsere Verwandtschaft war klein und wir beide schafften das nicht. Da haben wir mit Onkel Olfert, dem Vorsitzenden der Kolchose gesprochen, der ja ein Freund unseres Vaters gewesen war, ob es möglich wäre, dass Maria ihren Lohn in Ziegeln bekommen könnte. Das wurde uns gewährt und so konnten wir mit neuen Ziegeln ein Haus bauen. Als der Schutt weggetragen war, fingen wir sofort mit dem Fundament an. Die Steine hatten wir bereits mit Eimer und Schubkarre zusammen geschleppt. Das neue Haus sollte breiter und länger werden. Die Ziegel hatten wir auch schon neben der Arbeit nach Hause geschafft, mal mit dem Schubkarren, mal mit einem Ochsengespann. Johann Neufeld mauerte uns die

Wände in der Mittagspause und abends nach der Arbeit. Wir langten ihm zu, die Ziegel und den Lehm. Diesen weichten wir über Nacht ein, dann mauerten wir in der Mittagspause zwei Reihen Ziegel und abends wieder zwei Reihen. Die Nächte waren zwar sehr kurz für uns, aber es musste gemacht werden.

Außer Ziegeln brauchten wir aber auch Holz: Balken, Sparren und Bretter. Nun gab es aber große Schwierigkeiten, wie das Holz zu beschaffen sei. Weil wir nur zwei junge Mädchen waren, ohne Bruder und Vater, wurden wir oft so betrogen, dass uns der Mut sinken wollte und wir einfach nicht wussten, wie es weiter gehen sollte. So kam es auch mit dem Holz. Der Vorsitzende stellte uns einen Lkw zur Verfügung und sagte: „Die Ladung, die auf dem LKW ist, wenn die von Baschkirien kommen, ist Euer Holz zum Bauen." Als das Holz kam, versuchten einige Leute, es uns madig zu machen und meinten, es sei überhaupt sehr schlechtes Holz. Da wir keine Ahnung hatten, wussten wir nicht, ob das stimmte oder nicht, ob das Holz brauchbar war. Aber es gab auch aufrichtige Menschen und jemand sagte, wir sollten bloß schnell das Holz nehmen, so schlecht sei es gar nicht, die anderen wollten es nur für sich nehmen, wenn wir es ablehnen würden. Freilich, einen großen Teil von dem Holz hatte der Mann, der es brachte, für sich behalten und zwar das Beste, das haben wir später erfahren. Doch der Herr hat uns das gesegnet, was wir bekamen und es reichte, zwar sehr knapp, aber es ging.

Ein schlimmer Unfall und große Bewahrung!

Im Sommer, bevor die Ernte losging, mussten wir immer das alte Stroh, welches vom vorigen Jahr übrig war, aus den russischen Dörfern in unsere deutschen Dörfer fahren. So schafften wir Platz für die neue Ernte. Die Russendörfer gehörten schon zu unserer Kolchose, sie hatten aber viel mehr Weideland und auch mehr Ackerland als wir Deutschen. Freilich mussten wir im Frühling auch ihren Teil einsäen und alles machen, was damit zusammenhing: Die ganze Heuernte einräumen, auch das Getreide einbringen. Die Russen sagten ganz einfach: „Die Deutschen kommen und werden das schon machen."

Wir fuhren in einem nicht sehr großen LKW mit einem Anhänger. Die Ladefläche war ca. 4,5 Meter breit und sieben bis acht Meter lang. Dazu waren wir vier Mädchen. Zwei beförderten das Stroh mit der Heugabel nach oben und zwei waren oben, um das Stroh anzunehmen und fachgerecht auf der Ladefläche zu verteilen. Ich war oben mit Anna Wallmann. Wir legten es schön zurecht, die Kanten richtig, damit die Fuhre nicht ausrutschen konnte, traten alles gut fest und glätteten die Oberfläche. Obendrauf wurde dann ein dünner Balken gelegt, genannt Basstrick. Der wurde vorne und hinten befestigt und so wurde das Stroh transportiert. Die beiden Mädchen, die das Stroh nach oben schafften, waren meine Schwester Maria und Sara Bergen. Es war freilich keine Frauenarbeit, aber wir mussten sowieso alle Männerarbeit machen – da gab es keinen Unterschied. Sara und Maria saßen beim nach Hause fahren beim Fahrer in der Kabine, Anna und ich blieben oben auf der Fuhre, weil in der Kabine nicht genug Platz war.

1960-er Jahre, bei der Feldarbeit. Ich sitze in der hinteren Reihe, 3. v. links.

Eines Tages fuhren wir hoch beladen nach Hause. Dazu mussten wir durch Alisowo. Dann ging es ziemlich bergab nach Stepanovka und da geschah es! Es waren ja alles nur Feldwege, Löcher und Rillen genug, es ging schräg, bald zur einen Seite, bald zur anderen, so dass wir uns am Balken festhalten mussten. Es war nicht ungefährlich, so zu fahren. Nun ging es aber abschüssig und sehr schnell den Berg herunter. Da, ein großer Stoß, das Auto drehte nach links vom Weg ab und stand plötzlich still! Alles geschah in Sekundenschnelle, so dass wir oben nicht zum Denken kamen, und so fiel ich vorne von der hohen Fuhre kopfüber auf den harten Weg. Meine Knochen knackten und knisterten alle! Mir kam es so vor, als ob ich keine heilen Knochen mehr hatte und im ersten Moment konnte ich nicht atmen und verständlicherweise auch nichts sagen. Die anderen umringten mich und wollten mir helfen, aber ich wehrte ab, es ging nicht. Als ich dann wieder Luft bekam und mich bewegen konnte, richtete ich mich auf – und wirklich, ich konnte stehen. Aber mein Genick, Kopf und Rücken schmerzten unsagbar! Nach einer Weile ging ich langsam los nach Stepanovka, es waren nur etliche Kilometer bis dahin. Wenige Häuser vom Ende des Dorfes, wo ich jetzt herkam, wohnte unser Cousin, Bernhard Harms. Der brachte mich mit dem Motorrad nach Hause – an Arbeiten war nicht mehr zu denken. Ich wusch mich so gut es ging, zog saubere Kleider an und Bernhard brachte mich nach Alisowo, wo wir eben durchgefahren waren. Dort lebte Peter Görzen, ein wunderbar begabter Mann! Er war zwar ein Tierarzt, aber er hatte die Gabe, auch Menschen zu helfen und das hat er redlich getan, möge Gott es ihm in Ewigkeit belohnen! Er konnte die kompliziertesten Brüche bei Menschen richten, so dass der Betroffene später nie merkte, dass bei ihm je was gebrochen war. Deshalb kamen alle von weit und breit zu ihm und er half ihnen und das ohne Bezahlung! Es hätte wohl unsagbar viele Krüppel gegeben, wenn Onkel Görzen nicht gewesen wäre. Und nun war ich auch da. Ich musste ihm den ganzen Vorgang erzählen. Bei einem Rad vom Anhänger war das Kugellager kaputt gegangen und nun senkte sich die ganze Fuhre auf die Seite und drohte, umzukippen. Deshalb hatte der Fahrer so schnell nach links gedreht und plötzlich angehalten. Dadurch war alles passiert. Als

Onkel Görzen mein Genick betastete, sagte er: „Weißt Du was? Dass Du hier sitzt, ist ein Wunder! Das Deutlichste und Verständlichste wäre, wenn Du jetzt tot auf dem Wege liegen würdest. Es ist ein Wunder, dass Du Dir nicht das Genick gebrochen hast! Ich mache heute, was ich kann, aber es geht nicht alles auf einmal. Es bleibt auch nicht so, wie ich es heute richte, es muss noch mal gerichtet werden. Wenn Du merkst, dass Du nicht mehr gut sehen kannst, dann komm wieder." Dann brachte Bernhard mich nach Hause. Ich konnte mich nur mit Mühe bewegen.

1960-er Jahre. Auf der Tenne, ich in der Mitte.

Am nächsten Tag konnte ich nicht aufstehen. Mutter und Maria hatten die Kuh gemolken und ausgetrieben. Später kam Mutter die Kranke versorgen – sie musste umgebettet und gefüttert werden und ich lag da. Mir war es so peinlich! Die Tränen liefen, aber wie ich mich auch krümmte, ich konnte meinen Kopf nicht bewegen. Ich hatte furchtbare Schmerzen im Genick, aber mein Kopf lag unbeweglich da. Ich habe geübt und versucht, nach Möglichkeit das Genick zu bewegen, aber es ging nicht. Ich konnte Arme und Beine bewegen, was ich nach Möglichkeit auch tat. Endlich konnte ich die Schultern ein klein wenig heben, aber weiter kam es nicht. Erst um die Mittagszeit, kurz bevor Maria von der Arbeit kam, hatte ich mich unter großen Schmerzen und viel Anstrengung aus dem Bett geschafft. Es war alles sehr mühsam.

So ging das etliche Tage. Da merkte ich, wie der Mann gesagt hatte, dass ich schlechter sah. Deshalb setzte ich mich eines Morgens, als ich mich wieder mit viel Mühe und großen Schmerzen aus dem Bett gequält hatte, an die Straße, wie der blinde Bartimäus in der Bibel (Markus 10,46-52) und schaute aus nach Hilfe. Onkel Görzen fuhr manchmal wegen seiner Arbeit durch unser Dorf nach Kitschkass. Und wirklich, ich saß noch nicht lange da, als er gefahren kam! Er hatte ein kleines, graues Pferd vor einen kleinen Wagen gespannt – wir sagten immer, ein Baschkirenpferdchen – so sah ich ihn schon von weiten. Ich hielt ihn an und klagte ihm meine Lage. Er verstand mich gut und versprach, auf dem Rückweg bei uns anzuhalten. Abends kam er bei uns auf den Hof und richtete meine Knochen wieder. Sogar bei Mutter schaute er sich Genick und Arme an und brachte einiges in Ordnung. Sie war so kaputt und verrenkt von der schweren Krankenpflege. Mit einmal sagte Mutter: „Wie sind die Bäume auf der anderen Straßenseite heute so hell grün! So waren sie schon lange nicht mehr!" „Ja", sagte der Arzt, „Euer Genick ist so kaputt und deshalb seht Ihr so schlecht." Ich weiß nicht mehr, wie lange ich damals zu Hause war, aber schon bald musste ich wieder auf Arbeit.

Der Bau geht weiter

Zu Hause gab es währenddessen immer mehr zu tun. Der Bau musste ja weiter gehen. Als die Wände standen, musste so schnell wie möglich die Decke gemacht werden. Die so schwer erstandenen Bretter reichten für ca. 12 Meter Decke. Das Haus hatten wir so geplant, dass vorne über die ganze Hausbreite ein großes Zimmer war. Dann kamen ein Krankenzimmer und eine Küche, die sich eine Hausbreite teilten. Danach kam die Diele. Nun reichte das Holz nur bis zur Hälfte der Diele. Der Vorsitzende hatte zwei Schreiner geschickt, damit sie uns die Zimmerdecke machten: „Die Mädchen können das nicht allein, darum geht hin und macht das." Als die Männer nun die Bretter verarbeitet hatten, war im Flur die halbe Decke noch offen. Da sagte der alte Schreiner: „Die Balken liegen hier so dicht, da könnt Ihr jeden Knüppel oder Stock drauf legen, Lehm darüber und fertig ist die Decke." Der jüngere Schreiner, Bernhard Matthies, kam oft nach der Arbeit und half uns in manchen Sachen, so auch mit der Decke. Es wurde alles zusammen gesucht, was irgendwo übrig geblieben war und so bekam unsere Diele doch noch eine vernünftige Decke.

Die Bretter für die Decke mussten alle eingefügt werden, so dass ein Brett ins andere passte. Das hatten Mutter und Maria in der Zeit gemacht, als ich krank war. Später haben wir den Raum noch einmal mit einer Wand geteilt und im hinteren Teil eine Küche mit Herd und einem großen eingelassenen Grapen (gusseiserner Kessel) von zehn Eimern Volumen eingerichtet. Das war sehr gut, wenn wir im Herbst unser Schwein schlachteten. So konnten wir alles zu Hause machen, wie Fett ausbraten, Rippen kochen, Eingeweide waschen, Wurst machen und vieles mehr.

Sobald die Decke fertig war, machten wir den Estrich drauf. Aber nach etlichen Tagen regnete es stark und die ganze Decke war mit Wasser bedeckt! Es gab keinen Abfluss, die Decke war eben und so blieb das Wasser stehen. Zum Glück war der Lehm doch schon soweit getrocknet und hart genug, um drauf zu treten. So gingen wir aufs Dach und fegten das Wasser mit großen Besen herunter. Dadurch bleib uns der Estrich erhalten.

Wir brauchten aber noch Holz für den Dachstuhl. In der Kolchose gab es nichts. Da hat unsere Tante, Mutters Schwester, uns angeboten, die Latten von ihrem Gartenzaun zu nehmen. Wir brauchten sie nur abzuholen. Nun bat ich den Vorsitzenden um einen LKW. Der sagte mir: „Unsere LKW sind alle unterwegs und kommen erst in den nächsten Tagen. Aber einer ist mit Frauen zu den russischen Dörfern Beeren pflücken gefahren. Wenn der zurück kommt und willig ist, mit Dir zu fahren, dann kann das gemacht werden." „Aber wir brauchen noch einen Anhänger dazu", sagte ich. „Warum das denn?" wollte er wissen. „Wir wollen Latten holen zum Dach decken." „Nun, Anhänger haben wir keine, die sind alle nach

Baschkirien gefahren, um Holz zu holen." Was nun? Ich fuhr mit dem Fahrrad zum Nachbardorf, da war unser Cousin Vorsitzender. Er sagte mir: „Einen Anhänger kannst Du haben, aber ich hab kein Auto." Ich wieder zurück zu unserem Vorsitzenden: „Nun hab ich einen Anhänger gefunden, wenn der Mann mit den Frauen zurück ist, können wir dann noch die Latten holen?" Der guckt mich erstaunt an und sagt: „Das ist mal wieder ein Harms mit einen Willen! Sicher kannst Du das Auto haben, wenn es zurück ist."

So sind wir dann nach der Arbeit die 55 Kilometer hin und zurück gefahren, um unsere Latten zu holen. Was ich vorher mit dem Fahrrad an Kilometern gefahren bin, bis ich dieses alles erwirkt hatte, weiß ich nicht. Maria hatte nie das Fahrradfahren gelernt, so blieben solche Sachen an mir hängen. Allein bis Rodnitschnoje (Nr.10), wo ich das Auto bestellte, waren gut sieben Kilometer – da war ich zwei Mal gewesen, also 28 Kilometer. Nach Stepanovka, wegen des Anhängers, waren gut drei Kilometer und auch da war ich zwei Mal hingefahren, machte 12 Kilometer. Als die Latten dann da waren, hat sich eines Abends spät, ein Mann, der zwei Häuser weiter wohnte, etliche davon geholt. Das sagte uns später die Nachbarin. Als wir die Latten brauchten, reichte es nur knapp – wir mussten ein wenig erfinderisch sein, aber es ging.

Beim Bau gab es immer wieder vieles zu entscheiden und zu besprechen, was oft nicht einfach war, vor allem, da es an allem fehlte und wir sehr erfinderisch sein mussten. Als wir eines Abends so zusammen saßen und überlegten, was zu tun sei, schlug ich etwas vor. Da fuhr Maria mir regelrecht über den Mund: „Du hast hier nichts zu sagen, bist noch viel zu jung!" Oh, wie weh mir das tat! Mutter schützte mich und sagte: „Aber Maria! So etwas darfst Du nicht sagen! Ihr macht doch alles zusammen und Lena ist nur zwei Jahre jünger als Du!" Doch meine Schwester verhielt sich mir gegenüber nicht selten in dieser Art. Daran hat sich über die Jahre leider nicht viel geändert, was ich sehr schade finde, da sie ja meine einzige Schwester ist...

Nun ging es mit Zubereiten des Lehms und Verputzen los. Die Wände brauchten viel Lehm. Sie wurden zweimal mit grobem Strohlehm abgedichtet und ausgeglichen. Das isolierte gut und war im Winter wärmer. Mit dem Strohlehm hat Mutter auch noch viel geholfen und es war gut für sie, der Lehm war fast so etwas wie eine Kur. Ihr Rheuma verschwand und so hat sie noch viel geleistet. Das dritte Mal wurden die Wände mit feinem Lehm verputzt. Das hab ich dann allein gemacht, von innen und außen.

Zum Dachdecken hatten wir leider auch nichts. Da hat unser Cousin Bernhard sich wieder bemüht und uns geholfen. Er sprach mit einem Russen aus dem Nachbardorf und der schnitt uns Schilf in ihrem kleinen Fluss. Wir hatten in diesem Jahr unser Kalb behalten und es nach Möglichkeit gemästet. Es sollte uns etwas weiter helfen, weil es noch immer an vielem fehlte. Nun mussten wir diesen schönen Bullen hergeben für das Schilf und es reichte nur sehr knapp! Ein älterer Mann, Onkel David Wallmann, verstand es, so ein Schilfdach zu machen. Er zeigte mir, wie das ging und so bin ich manch eine Stunde mit ihm zusammen und auch allein auf dem Dach gesessen und habe Schilf gebunden. Oben die Spitze musste ich dann allein machen. Maria reichte mir das Schilf hoch und ich machte die Spitze zu.

Das Dach war aber sehr dünn und im Winter kalt. Im Sommer, wenn es sehr heiß war, konnten wir überall hindurch gucken. Die Schilfblätter trockneten und rollten sich zusammen. Wenn es aber zu regnen anfing, dann wurden die Blätter wieder breiter und es regnete nicht durch, das war schon mal gut. Aber im Winter, wenn ein Schneesturm aufkam – und der war nicht selten bei uns – dann rieselte der Schnee durch das Schilf auf den Dachboden, so dass alles weiß wurde. So konnte es nicht bleiben! Da wurde uns geraten, wir sollten noch eine Schicht Stroh darüber machen. Das haben wir dann auch getan. 1958 war wieder eine gute Ernte, es gab viel Stroh, auch war es lang gewachsen. Auf unsere Bitte bekamen wir etwas mehr Stroh als nur für die Kuh und konnten so unser Dach verbessern. Dieses Mal half uns Kornelius Wölk.

Als Anfang Oktober 1957 der erste Schnee kam, hatten wir noch keine Fenster. Damals konnte ich noch nicht Glas schneiden. Später kaufte ich mir einen Glasschneider mit einer Diamantspitze und habe sehr viel auch bei anderen Leuten Fenster eingeschnitten, (d.h. aus großen Rohglasscheiben die passende Größe zugeschnitten). Nun war der Schnee durch die offenen Fenster herein geweht und es lag entlang eine ziemlich dicke Schicht des Ofens im großen Zimmer. Da kam unser Cousin Bernhard und schnitt uns die Fenster zurecht, so war dieses Problem behoben. Unsere Cousins haben uns doch sehr viel geholfen! Sie sahen, dass wir nur zwei Mädchen waren und zudem noch jung, aber wir hatten Ziele und ließen uns nicht davon abbringen. Wir waren auch für jede Hilfe und jede Arbeit, die beendet war, sehr dankbar! Nun konnten wir mit unserem Hab und Gut, sowie mit unserer Kranken in das neue Heim einziehen! Das war für uns ein großes Ereignis! Wir hielten sogar eine Einweihungsfeier mit den Gläubigen aus dem Dorf. Ich hatte ein Gedicht geschrieben, das ich leider nicht mehr habe. Der Anfang war so:

Wir bauten, ihr Lieben, ein neues Haus
Das Alte zerbrach, wir zogen hinaus;
Doch mussten wir wieder `ne Wohnung haben
darin uns zu bergen und Gottes Gaben.

Und das hatte Gott uns auch gegeben. Wir haben in dem Hause viel Segen erlebt. Im ersten Winter 1957-58 gab es bei uns kleine Zusammenkünfte, so etwas wie Hauskreise. Es waren sogar etliche aus den Nachbardörfern dabei, aus Dolinovka (Nr. 9), Rodnitschnoje (Nr. 10) und Dobrowka (Nr. 11). Die Erweckung von 1955 war ja schon wieder gedämpft und verboten, deshalb mussten diese Zusammenkünfte ganz im Stillen gehalten werden. 1959 wurden die Gläubigen dann etwas mutiger. Es gab wieder Versammlungen und es ging uns gut. Bald darauf wurden sie aber wieder verboten. Es ging immer wie auf Wellen, so wie es im Lebensmeer ist. Bald hob die Welle uns hoch, dann ging es uns gut, bald sank die Welle runter – dann war es wieder schwer. Zu der Zeit wurden wir noch nicht bestraft, das hatten die Verfolger damals noch nicht erdacht! Aber uns wurde beständig mit dem Gefängnis gedroht.

Doppelter Betrug

1957 wurde in unserem Dorf Radio eingerichtet. Dazu war eine Arbeiterbrigade mit der nötigen Ausrüstung aus Orenburg gekommen und sie hatten in jedem Haus eine Radioleitung gelegt. Weil unser Haus aber noch nicht fertig war, konnten sie uns nicht anschließen. So blieben wir ohne Radio. Im nächsten Jahr fragten wir, ob uns das nachgemacht werden könnte. Denn das Radio wurde inzwischen für alle möglichen Bekanntmachungen genutzt. Also, wann eine Brigadeversammlung war, wann der Lohn ausgezahlt wurde, wann irgendwo ein Unglück geschehen war, usw. Deshalb war es für uns wichtig und nötig. Zur Antwort bekamen wir, die Kolchose habe nicht den benötigten Stahldraht zur Verfügung, welchen die Arbeiter damals hatten. Wenn wir so was irgendwo bekommen könnten, würde man uns ein Radio einrichten. Da erbarmte sich unser Cousin, Johann Vogt – er war Elektriker und konnte uns den Draht beschaffen. Freilich wohnte er über 55 Kilometer weit von uns entfernt. Wir stellten den Karton mit dem Draht Anfang 1958 auf den Dachboden und wollten es im Sommer machen lassen. Nun, wo Kornelius Wölk uns das Strohdach machte, während wir auf Arbeit waren, konnte es den ganzen Dachboden durchschnüffeln und hat dabei auch diesen Karton gesehen. O, das war was Begehrenswertes! Obzwar er seiner Meinung nach fertig war, kam er am nächsten Tag, stieg auf den Dachboden, raschelte bald mit diesem, bald mit jenem und stieg herunter. Dabei hatte er den Karton mit dem Draht in der Hand und sagte: „Frau Harms, das habe ich gefunden und ich denke, sowas brauchen sie gar nicht. Kann ich das haben?" Unsere liebe Mutter wusste überhaupt nicht, was das war. Sie hatte völlig vergessen, dass wir es mit Mühe und Sorge herbeigeschafft hatten. So ließ sie ihm die wichtigen Sachen. Er war, versteht sich, sehr froh! „So", sagte er, „dann bezahlen Sie mir das Dach. Es ist bis oben fertig. Die Spitze dem Dach entlang können Sie schon selbst machen, ich komme nicht mehr." Mutter bezahlte ihn, er nahm das Geld, den Karton und ging. Wir waren wohl enttäuscht, als Mutter uns es erzählte. Es war abgemacht dass er das ganze Dach machen würde. Nun hatte er sich für die volle Arbeit bezahlen lassen und den schwierigsten Teil, was ihm nicht gefiel, hoch oben die Spitze zumachen, übrig gelassen! Das mussten wir nun selbst machen!

Unsere Nachbarin, Frau Abraham Bergen, hatte schon etliche Male zu uns gesagt: „Der Mann macht Euch das Dach, aber oben die Spitze, das werdet Ihr selbst machen." „Nein", sagte Mutter, „wir haben ihn beauftragt, dass er uns das ganze Dach macht." „Nun", sagte sie, „Ihr werdet sehen..." Genau so war jetzt gekommen. Maria war aber vor allem entsetzt, dass Mutter ihm den Draht gegeben hatte! Aber sie hatte das wirklich aus Unwissenheit getan, darum hatte der Mann sie auch gefragt, als wir nicht da waren. So geht das, wenn man keinen Vater oder Bruder hat, die Mädchen und Frauen kann man betrügen, wie man will! Nun gingen wir an die Arbeit. Ich kletterte hoch, setzte mich rittlings aufs Dach, Maria reichte mir das Stroh und so machten wir unser Dach zu. Ein Radio bekamen wir später doch noch.

Rückblick zwischendurch

Ich komme immer wieder zurück auf die schweren Jahre. Nicht, dass ich darüber jammere, aber es ist einfach so viel in dieser Zeit vorgefallen. Freilich kann man gar nicht alles beschreiben, aber etliches möchte ich hier noch mitteilen.

In den schweren Jahren, als die Armut so groß war, waren wir auch öfters krank. Wenn wir jetzt mal davon erzählen, da staunen wir selbst und können überhaupt nicht begreifen, wie wir das alles überlebt haben! Tagaus – Tagein nichts zu essen, fast nackt, nur etliche Lumpen auf dem Körper, so verging unsere Kindheit. Aber in der Schule mussten wir singen: „Für unsre so glückliche Kindheit, sei Dank unserm heimischen Land." Einmal hatte ich eine Mandelentzündung. Morgens kroch ich aus dem Bett auf die Ofenbank, abends von der Ofenbank ins Bett. Mutter war auf der Arbeit und wir allein. Ich konnte nichts herunterschlucken, der Hals war so dick und voll, dass ich fast keine Luft bekam. Ich wollte auch nichts essen oder trinken. So verging eine Woche. Ärzte gab es nicht, Arznei auch nicht und so quälten wir uns durch. Eines Tages hatte Mama weiße Bohnen gekocht. Es dauerte mehrere Stunden, bis die gar waren.

Mama musste den Topf in die Glut im Ofen stellen, weil die Bohnen sonst nicht gar wurden. Als sie den Topf aus dem Ofen nahm, waren alle froh, die Bohnen waren so dick aufgekocht, es sah so lecker aus! Da konnte ich mich nicht länger enthalten! Der Hunger war so unsagbar groß! Ich nahm eine kleine Untertasse und bat um etliche Bohnen. Da legte Mama einen Esslöffel voll darein, ich ging zur Seite und versuchte, zu essen. Anfänglich wollte es nicht gelingen, doch mit der Zeit konnte ich doch was herunter kriegen und schließlich hatte ich alles aufgegessen, den ganzen Löffel voll! Ich war so froh, dass ich diesen Löffel geschafft hatte! Und von dem Tage an wurde es wieder besser. Da kann man sehen, was ein wenig Essen an einem hungrigen, kranken Menschen bewirkt.

Das andere Mal, es war auch noch vor der Schule, da hatte ich sehr hohes Fieber und Schüttelfrost. Ich hatte so starke Schübe, meistens einmal am Tag, dass ich meinte, ich müsste erfrieren. Es hat mich geschüttelt und gerüttelt, dass ich dachte, ich würde sterben! Gut, wenn der Schub spät nachmittags kam – dann war Mama zu Hause. Die legte alles auf mich, was sich im Hause noch an Lumpen fand. Und schon allein der große Trost: Mama ist da! Dadurch war ja alles viel leichter zu erdulden. Und es ging alles viel besser! Manchmal schlief ich ein, wenn der Frostschub nachließ. Einmal wachte ich langsam auf, blieb aber regungslos liegen. Da hörte ich, wie Mama sich mit jemandem unterhielt und vernahm die Stimme unserer Nachbarin, Frau Bergen. Sie war auch eine Witwe, ihr Mann war in die Arbeitsarmee einberufen worden und spurlos verschwunden. Sie hatte sechs Kinder und war selbst sehr krank, aber eine fromme Frau und treue Beterin. Da hörte ich, wie unsere Mama unter Tränen zu ihr sagte: „Heute war es so schlimm mit ihr (also mit mir), dass sie betete, der liebe Heiland möge sie doch sterben lassen!" Ich wusste es nicht, demnach hat mein Bewusstsein mich verlassen, als ich dies gesagt habe. So lagen wir diesen ganzen Sommer zu zweit mit der kranken Tina in einem Bett und krümmten uns auf Stroh und Lumpen. Aber wie heißt es so schön, „alles nimmt einmal ein Ende" und so ging auch dieser schwere Sommer zu Ende. Wir wurden größer und die Zeit ging weiter.

8. Kapitel: Das Leben ist ein Abenteuer!

1959 – die erste Fernreise, Motorradkurse, neue Freunde und mehr!

1959 war wieder eine gute Ernte und darum fiel auch unser Verdienst gut aus. Das Dach war nun dichter und viel besser, so dass wir doch manches auf den Dachboden verwahren konnten. Der Sommer ging dahin, wir verdienten nun unseren Lohn monatlich. Doch gespart wurde an jeder Ecke und an jedem Teil, das wir kauften. Unsere liebe Mutter hatte sich auch etwas erholt. Durch all das Gute, das wir nun genießen konnten an Wärme, gutem Essen, mehr Platz im Hause, war ihre Gesundheit wieder stabiler geworden. So konnte sie die Kranke wieder besser versorgen, sie füttern und umbetten, wenn wir nicht da waren. Freilich, wenn wir zu Hause waren, nahmen wir Mutter das alles ab. Nur den Ofen, der zwei Mal am Tag geheizt wurde, besorgte sie selbst und es war immer angenehm warm, wenn wir nach Hause kamen. Nun brachten wir die Ernte aus unserm Garten unter Dach und Fach und dankten für alles unserem himmlischen Vater! Es war jetzt alles unser, wir brauchten nichts mehr abzugeben. Kein Plan plagte uns mehr, es war wahrlich wunderbar!

Im Oktober 1959 gab es eine Gelegenheit, nach Kirgisien zu fahren. Es war damals nicht ganz einfach, aber da war ein zuverlässiger Mann, Peter Töws, und er war bereit, mich mitzunehmen. Wir berechneten zu Hause alles genau und siehe da, es reichte für eine Reise nach Kirgisien, Leninpol! Vier von Mutters Schwestern wohnten in Leninpol und ich besuchte sie drei Wochen lang. Es ging mir sehr gut! Während dieser Zeit machte ich Bekanntschaft mit der christlichen Jugend und so hatte ich ab da viele liebe Freundinnen, Schwestern im Herrn, in Kirgisien. Später sind wir noch etliche Male hingefahren und haben unsere Verwandten sowie die neuen Freunde besucht.

1960-61 wurde im Nachbardorf Kitschkass (Nr.12) ein Krankenhaus gebaut. Das war etwas Wunderbares aus unserer Sicht! Sonst mussten wir immer die 60 Kilometer zum Kreiskrankenhaus. Ich durfte beim Bau als Verputzerin mitarbeiten. Und nachher alles andere, was so anfiel auf einem großen Bau: Wände streichen, die Fußböden, Decken, kurz gesagt, alles, was dazu gehört, bis das Gebäude bezugsfertig war. Mein Cousin, Isaak Harms, war Vorarbeiter und Bauleiter, er packte überall mit an, wo Not an Mann war und war sich für nichts zu schade.

Als der Bau fertig war, wurde uns gesagt, dass alle Mädchen und junge Frauen, die an dieser schweren Arbeit beteiligt waren, nun als Sanitäter einsteigen konnten. Und wer interessiert war, konnte nebenbei den Beruf der Krankenschwester erlernen. Es gab eine Entbindungsstation, einen OP-Raum, die entsprechenden Patientenzimmer dazu und alles sehr gut eingerichtet. Manche Mädchen nahmen das Angebot des Arztes an. Ich hatte auch große Lust, diesen Beruf zu erlernen und war nicht die Letzte, die sich dazu meldete! Leider ließ Mutter es nicht zu. „Nein", sagte sie, „dann musst Du immer ins Nachbardorf gehen und bist so lange weg von zu Hause, nichts davon!" Ich hätte auch wirklich lange weg sein müssen, denn die Sanitäter hatten 24-Stunden Schichten. Aber danach hatte man 48 Stunden frei, also hätte ich zwei volle Tage zu Hause sein können! Mutter gab ihre Einwilligung jedoch nicht. So musste ich diese wunderbare Gelegenheit absagen und wieder Vieh betreuen, wo ich nur mit Dreck und Mist zu tun hatte, während ich eine saubere, ordentliche Arbeit hätte haben können! Aber gegen die Mutter gehen, das gab's nicht! Wir hatten schon keinen Vater, den wir um Rat fragen konnten, so gehorchten wir eben der Mutter. Im Nachhinein denke ich, dass Vater es mir bestimmt erlaubt hätte! Mutter schien allem Lernen eher misstrauisch gegenüber zu sein. Sie hatte ja gesehen, was mit ihrem Mann passiert war, der gern und viel lernte. Da war schwere körperliche Arbeit sicherer. Aber wenn Vater da gewesen wäre, dann wäre unser ganzes Leben völlig anders verlaufen.

Als das Krankenhaus fertig war, wurde es feierlich eröffnet. Der Arzt Ivan Pawlovitsch Tscherneij, der aus Perewolozk kam, war ein sehr guter Arzt, freundlich und kompetent. Er stürzte sich voll und ganz in seinen Beruf und tat seine Arbeit mit vollem Einsatz. Er hat unsagbar viele Menschen operiert, unter denen auch ich war. Bei mir hat er die Mandeln heraus genommen und ich habe danach nie mehr Halsschmerzen gehabt. Leider wurde er nicht alt und ist an Krebs gestorben.

In diesen Jahren habe ich neben dem Vieh versorgen sehr viel gemalt, überwiegend mit Ölfarbe, die es damals schon zu kaufen gab. Ich malte biblische Sprüche auf Glasscheiben, ein Rosenstrauß dabei, fertig war es! Diese Bilder wurden dann eingerahmt und an die Wand gehängt. Aber ich bemalte auch All-tagsgegenstände, wie weißes Plastikgeschirr. Vor allem aber malte ich große Wandscho-ner mit hübschen Landschaften. Dazu be-nutze ich Wachstuchtischdecken, deren geleimte Rückseiten wie eine Art Leinen funktionierten. Ich breitete sie auf dem Fußboden aus, weil ich keinen großen Tisch hatte. Leute haben so viel bei mir bestellt, dass ich nicht nachgekommen bin, es lag noch Stoff zum Bemalen da, als wir nach Deutschland ausreisten.

Anfang 1960-er Jahre.

1961 wurden Motorradkurse angeboten. Wir hatten zwar kein Motorrad, aber ich war schon oft mit dem Fahrzeug unseres Nachbarn gefahren, der selbst keinen Führerschein hatte. Nun erlaubte Mutter mir, diese Kurse mitzumachen. Mir war anfänglich alles so unverständlich. Uns wurden die Verkehrsregeln aus der Stadt erklärt. Wir hatten ja keine Ahnung, wie dort zuging. Damals gab es selbst in der Stadt keine Ampeln. Auf jeder größe-rer Kreuzung stand ein Milizmann, der den Verkehr regelte. Wenn wir an eine Kreuzung kamen und der Miliz steht mit dem Gesicht oder mit dem Rücken zu uns gewandt, bedeutete das „stehen bleiben". Wenn er mit der Schulter zu uns gewandt war, konnte man durchfahren. Also Brust und Rücken bedeuteten Rot, die Schultern bedeuteten Grün. Streckte er seinen Arm nach vorne, bedeutete das rechts oder links, je nachdem, welchen Arm er benutzte. Es war eine ganz komplizierte Sache, aber ich kam bald dahinter und konnte anderen helfen, denen es noch schwerer fiel. Am Ende hatten doch viele den Lernstoff bewältigt, sogar die älteren Leute im Kurs.

Fahrstunden gab es keine, jeder musste selbst sehen, wie er vorankam. Unser Nachbar ein Russe, arbeitete als Agronom und hatte für seine Arbeit ein ganz kleines Motorrad. Manchmal fragte ich ihn und er erlaubte mir abends oder in der Mittagspause, etliche Runden damit zu fahren. Wir mussten für die Fahrprüfung eine Acht ausfahren, die acht Meter lang und sechs Meter breit war. Wer das schaffte, war glücklich! Nun wollten wir im Frühling 1962 die Prüfung ablegen. Dazu sollte ein Inspektor aus der Kreisverwaltung kommen, doch es kam keiner. Wir warteten und warteten, fragten oft nach, wann er denn endlich kommen würde. Nichts! Anfang Sommer bekamen wir einen Tag frei, um die medizinische Untersuchung zu machen. So ging die Heuernte vorbei, die Getreideernte kam und wir warteten immer noch auf die Kommission aus dem Kreis. Erst im Oktober kam dann endlich jemand und wir bekamen unsere Führerscheine.

Meine Anfrage nach Moskau oder Vater posthum rehabilitiert

Im Sommer 1962 wurde ich als Vermessungsbeauftragte angestellt. Das war für mich etwas Wunderbares und höchst interessant! Da gab es so viel zu messen und zu rechnen. Eines der Russendörfer, in denen ich eingesetzt war, hatte ein Feld von 333 Hektar! Wenn dann drei oder vier Mähdrescher kamen, um es zu abzumähen, hatte ich ganz gut zu laufen, bis ich jedem sein Teil zugemessen und verrechnet hatte. Jeder wollte wissen, wie viel Hektar er am Tag geschafft hatte. So war es auch im Herbst beim Pflügen, alles musste nachgemessen und dokumentiert werden. Da konnte man zählen und rechnen den ganzen Tag und ich hatte meine Freude daran! Es machte mir großen Spaß! Wenn ich vom Felde kam, alles ordentlich ausgemessen hatte, dann saßen wir im Büro, um es zu verrechnen und jedem das Seine anzuschreiben. Leider durfte ich diese spannende Arbeit nur bis zum Hebst tun und musste sie dann abgeben. Eine ältere Person meinte, ich sei noch jung und könne auch andere Arbeiten verrichten und so drängte sie mich aus diesem Amt. Glücklicherweise konnte ich danach auf die Post wechseln.

(Eckiger Stempel mit Stern: Kriegsgericht des Volgaer Militärgebiets, 23.11.1962, Nr. 254/62, S- Kujbyschev (Gebiet))
Das Verfahren gegen HARMS Franz, Sohn des Heinrich, geb. 1906 im Dorf Stepanovka, Kreis Kitschkass, Gebiet Orenburg, der bis zum 26. März als Lehrer in der Schule in Klubnikovka, Kreis Perevolozk, Gebiet Orenburg gearbeitet hat, wurde am 22. November 1962 vom Kriegsgericht des Volgaer Militärgebiets überprüft.
Das Urteil in Bezug auf HARMS Franz, Sohn des Heinrich vom 3. Oktober 1938 wurde außer Kraft gesetzt und das Verfahren gegen ihn wegen erwiesener Unschuld eingestellt. HARMS F. H. ist posthum rehabilitiert.
(Runder Stempel: Der Vorsitzende des Kriegsgerichts des Volgaer Militärgebiets Oberst der Justiz / Adrianov/ Unterschrift)

Aber während ich dieser Aufgabe nachging, sprach mich eines Tages der Buchhalter an, der mit mir in einem Raum arbeitete. Er fragte mich, ob ich schon mal überlegt hätte, Nachforschungen in Bezug auf meinen Vater anzustellen. „Die vielen Menschen, die in den 30-er Jahren verhaftet und nie zurückgekommen sind, waren ja alle unschuldig. Damals konnte man nichts dagegen tun, aber heute haben wir eine ganz andere Zeit. Stalin ist nicht mehr da. Versuchs doch mal, was sie Dir berichten werden." Er hat mir auch geholfen, die Bittschrift aufzustellen und so machte ich es. Ich schrieb alles auf, was ich wusste, wie mein Vater gelebt hatte, dass er sein Leben lang Lehrer gewesen war und allen Menschen geholfen hatte, wo er konnte. Kein Mensch konnte ihm etwas nachsagen, womit er sich denn so schwer verschuldet hätte, dass es so gekommen war! Ich schickte das Ganze nach Moskau zu Mikojan, der zu der Zeit Innenminister war. Nun wartete ich gespannt, was man mir antworten würde!

Einige Zeit später, wie lange weiß ich nicht mehr, bekam ich einen Brief aus Orenburg von Militärstaatsanwalt. Ich staunte nicht schlecht, denn da hatte ich ja nicht hin geschrieben! Aber in Moskau wusste man nichts von unserem Vater. So war der Brief nach Orenburg geschickt worden und von da kam nun eine Antwort. Man würde sich der Sache annehmen und mir Bescheid geben. Nach einer Weile kam noch ein Brief, wieder vom Militärgericht in Orenburg. Darin hieß es, dass sie die Bittschrift nach Kujbyschev geschickt hatten und die mir antworten würden. Es dauerte auch gar nicht lange, da kommt ein Brief aus Kujbyschev. Gespannt öffnete ich den Umschlag und wurde sehr froh über die Nachricht! Da stand, dass das Verfahren gegen meinen Vater, Franz Harms, geb. 1906, verhaftet am 26. März 1938 und am 3. Oktober 1938 verurteilt, vom Kriegsgericht überprüft worden war. Infolge dieser Prüfung wurde das Urteil außer Kraft gesetzt und das Verfahren gegen ihn wegen erwiesener Unschuld eingestellt. Später bekamen wir noch eine *Todesbescheinigung* und eine *Todesurkunde.*

In einem dieser Papiere stand, dass unser Vater am 3. Oktober 1944 an *Herzversagen* gestorben war. Laut dem anderen Dokument war er am gleichen Tag in einem Lager ohne Ortsangabe, an einem *Lebergeschwür* gestorben. Wir haben die Bescheinigungen aufbewahrt, ja, ich habe sie noch heute. Aber wir haben keiner der beiden geglaubt. Die Todesbescheinigung ist ein einfaches Blatt und in Perevolozk ausgestellt unter der Nr. 59. Die Todesurkunde ist in Novosergievka ausgestellt, trägt die Nr. 57 und sieht formeller aus. Beide Eintragungen sind im September 1956 gemacht worden, *zwölf* Jahre nach dem Ereignis. Wir haben auch nie die Bescheinigung vom 20.09.1956 bekommen, wie es in dem einen Papier heißt. Vielleicht

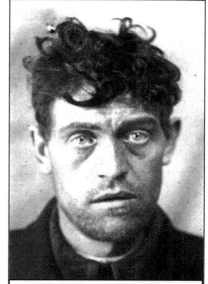

Franz Harms als Gefangener, Foto aus der Gefängnisakte, 1938.

wurde sie aus Versehen an eine andere Adresse geschickt, denn irgendwann in diesen Jahren bekamen wir eine Todesurkunde von Onkel Isaak, Vaters älterem Bruder, der schon im November 1937 verhaftet worden war. Wir gaben das Dokument seiner Familie.

Ich hatte damals große Lust, nachzufragen, wo man Vater diese sechseinhalb Jahre von März 1938 bis Oktober 1944 festgehalten habe? Unsere Mutter konnte jedoch das unsagbare Elend, das sie hatte durchmachen müssen, nicht vergessen und hatte immer noch große Angst vor der Obrigkeit. So ließ sie es nicht zu, dass ich noch weiter forschte. „Das kann Dich noch ins Gefängnis bringen!" sagte sie voller Angst. „Und ich will Dich nicht auch noch verlieren!" So hab ich mich damit abgefunden und von weiteren Nachforschungen abgelassen.

Später erfuhren wir, dass an den Aussagen in den „offiziellen" Papieren nur der Tag stimmt: 3.10., alles andere ist frei erfunden. Mein Vater wurde zusammen mit seinen beiden Brüdern an diesem Tag zum Tode verurteilt und erschossen[25]. Aber dieses Datum ist ein Eckpunkt und am 3.10.2008 hielten wir – schon in Deutschland – ein großes *Harms-Treffen* ab, zu dem alle heute lebenden Nachkommen der drei Brüder eingeladen waren. Wir gedachten unserer Väter, Großväter, Ur- und Urugroßväter, ihres Lebens und ihres gewaltsamen Todes vor 70 Jahren. Und wir freuten uns, in einem freien Land leben zu dürfen!

Etwas später wurde ich in die Kreisverwaltung bestellt, um eine Entschädigung zu empfangen. Als ich in der Kreisschulbehörde ankam, fragte die Frau im Empfang mich, aus welcher Schule ich sei und welches Fach ich unterrichte? Ich sagte, ich sei keine Lehrerin, sondern habe ein Anliegen für den Chef. Da musste ich eine Weile wartenund als er kam, hat er sehr vernünftig mit mir gesprochen. Manchmal sind wir wie der letzte Dreck behandelt worden und mussten uns alles gefallen lassen.

Aber dieser Chef, der ein hoher Beamter war, behandelte mich sehr nett und freundlich. Ich hatte ja auch was in der Hand, denn durch die Rehabilitation meines Vaters wurde einiges zurechtgerückt. Nun kamen die Schuld des Staates und unsere Unschuld an den Tag. Hier stand es schwarz auf weiß, dass Leute wie mein Vater unschuldig ermordet worden waren. Der Chef schrieb mir einen Zettel, damit ging ich zur Kasse und mir wurden Vaters zwei letzte Monatsgehälter ausgezahlt. Es waren 260 oder 280 Rubel, genau weiß ich es nicht mehr und entsprach dem Gehalt der Lehrer zur Zeit seiner Verhaftung. Für die Untersuchung wurde immer zwei Monate veranschlagt, dann ging es ins Gefängnis und für die Zeit zahlte keiner.

Wenn ich so denke, wie wir beraubt worden sind dadurch, dass uns der Vater entrissen wurde, was wir alles haben entbehren müssen, das ist nicht mit etlichen Worten gesagt und mit keinem Geld der Welt wieder gut zu machen! Aber wir hatten das große Glück, uns blieb noch die Mutter und dafür können wir Gott nicht genug danken! Viele verloren beide Eltern.

---

[25] Anmerkung der Herausgeberin, K. H. Später haben wir noch mehr spannende Details zu meinem Großvaters, Franz Harms gefunden. Ich habe diese im Anhang II. aufgeführt. Dort stelle ich sein Schicksal in den größeren historischen Zusammenhang.

ОРЕНБУРГСКАЯ ОБЛАСТЬ, ПЕРЕВОЛОЦКИЙ РАЙОН
КИЧКАССКИЙ СЕЛЬСОВЕТ, село КЛУБНИКОВО
ГАРМС Елене Францевне

    Сообщаем, что Ваш отец ГАРМС Франц Генрихович, 1906 года рождения, был осужден на 10 лет ИТЛ и находясь в заключении, умер 3.Х.44 г. от абсцесса печени, смерть зарегистрирована в Переволоцком райЗАГСе в 1956 году за № 59, о чем Вам было сообщено 20.IX.56 г.

    Ваше заявление вместе с архивным делом по обвинению ГАРМС Ф.Г. направлено прокурору для проверки обоснованности его осуждения.

НАЧАЛЬНИК ГРУППЫ УПРАВЛЕНИЯ КГБ
ПРИ СМ СССР ПО ОРЕНБУРГСКОЙ ОБЛ.
/СТЕЦЮК/

(Stempel: UdSSR, Die Leitung des Komitees für Staatssicherheit (KGB)
Im Ministerrat des Orenburger Gebiets, 30. VII, 1962, Nr. 6/3780)
GEBIET ORENBURG, KREIS PEREVOLOZK, DORFSOVJET KITSCHKASS, Dorf KLUBNIKOWO
An: HARMS JELENA Tochter des FRANZ
Wird mitgeteilt, dass Ihr Vater, HARMS Franz, Sohn des Heinrich, geb. 1906, wurde zu 10 Jahren in einem Arbeitsstraflager verurteilt und ist während seiner Gefangenschaft am 3. Oktober 1944 an hepatophyma (Lebergeschwür) verstorben. Der Tod wurde im Standesamt in Pervolozk 1956 registriert mit der Nr. 59, worüber Ihnen am 20. September 1956 Mitteilung erstattet wurde.
Ihre Anfrage ist zusammen mit den Archivunterlagen zum Verfahren gegen HARMS F. H. an den Staatsanwalt zur Überprüfung der Begründung seiner Verurteilung geschickt worden.
GRUPPENLEITER DES KGB ORENBURG / STEZJUK/
(Unterschrift)

277

TODESURKUNDE
II-UTsch Nr. 053903 (Stempel: *Kopie*)
Bürger *Franz, Sohn des Heinrich*, ist gestorben *am 3.10.1944*.
Todesursache: ***Herzversagen*** worüber im Standesamt im Jahre 1956 am18. September eine entsprechende Eintragung mit der Nr. 57 vorgenommen wurde.
Todesort: Stadt, Wohnort: *in Haft*
Kreis …… Gebiet ………….. Republik ….
Ort der Registrierung: *Kreis Novosergievskij, Büro des Standesamts.*
Ausstellungsdatum: *25.01.1965*
Stellvertreter im Büro der Eintragungen des Standesamtes *Unterschrift* (unleserlich)

278

Es ist schon viel von unserer Mutter gesagt worden. Als Waise von acht Jahren musste sie bei fremden Leuten arbeiten und ihr eigenes Brot verdienen. Nur elfeinhalb Jahre hat sie im glücklichen Ehestand gelebt, wobei auch diese Zeit viel Schweres mit sich brachte, denn sie musste ihre beiden erstgeborenen Kinder früh abgeben. Mit 31 Jahren verwitwet, da ging das Elend von neuem los, schlimmer denn je. Jetzt hatte sie vier kleine Kinder von neun Monaten bis acht Jahre ohne Obdach oder Sicherheit. Wir können nur von Gottes Wundern und seiner Gnade reden, dass sie nicht den Verstand verloren hat, in all dem Elend, in dem sie steckte!

Meine Mutter unter der Silberpappel, Anfang 70-er Jahre.

Mutter war noch keine 60 Jahre alt, als sie in Rente gehen konnte. Wir hatten zu der Zeit einen plattdeutschen Vorsitzenden, der hat das alles eingerichtet. Freilich bekam sie nur lächerliche sechs Rubel im Monat, davon konnte kein Mensch leben. Zusätzlich bekam sie noch drei Zentner Weizen pro Jahr. Der Weizen kostete zu der Zeit zwölf Rubel pro Zentner (in Russland rechnet man 1 Zentner = 100 Kilogramm). Im 2. Jahr bekam sie schon acht Rubel im Monat. Unsere Tina bekam als Invalide 1. Gruppe die gleiche Rente. Leben konnte davon keiner, aber da Maria und ich unser verdientes Getreide bekamen, wir zudem unsere Hühner und Eier hatten, die wir nicht mehr abgeben mussten, kamen wir zurecht. Und wir hatten auch noch die Kuh und der Milchplan war ebenfalls weggefallen. So hatten wir Butter und alles, was von der Kuh kommt. Außerdem hielten wir ein Schweinchen, freilich nur über den Sommer, denn wir hatten keine Möglichkeit, eins über den Winter zu halten. Aber wir mussten auch nicht mehr Fleisch liefern. Wir kamen uns so glücklich vor, dass wir mit

Freuden zur Arbeit gingen! Mutters Rente stieg sehr langsam – bald waren es zwölf Rubel und zuletzt gab es schon 28 Rubel. Freilich, zum Leben reichte es immer noch nicht. Überleben konnten wir nur, weil wir die Lebensmittel selbst anbauten. Im Geschäft kauften wir nur das, was wir nicht selbst produzieren konnten, wie Zucker, Salz oder Reis.

Postträgerin

Diese neue Arbeit war für mich auch sehr interessant! Ich übernahm sie von einem Ehepaar, dem es zu schwer geworden war. Die Frau war kränklich und der Mann schaffte es allein nicht. Doch ich war glücklich! Nun gab es wieder viel zu zählen und zu rechnen und ich hatte meine Lust daran. Meine Pflicht bestand darin, alles, was auf die Post kam, so schnell wie möglich den Leuten zuzustellen. Damals gab es bei uns noch kein Telefon, nur in der Kanzlei war eins und deshalb hatten wir auch oft Telegramme auszuhändigen. Außerdem gehörte zu meiner Aufgabe, die Abonnements für Journale und Zeitungen zu verwalten. Manche Journale waren sehr begehrt, aber es gab davon nur eine begrenzte Anzahl pro Dorf, 5-10 Stück, manchmal aber auch nur ein Exemplar. Wer es schaffte, sie zuerst zu abonnieren, der bekam sie auch. Ich hatte eine große Posttasche, da waren alle Zeitungen, Zeitschriften, Geldüberweisungen, Kindergeld für Mütter mit vielen Kindern, Rente für die alten Leute und die allermöglichsten Briefe drin. Briefumschläge und Briefmarken musste ich auch immer dabei haben, so dass, wenn die Leute etwas brauchten, sie es bei mir kaufen konnten. Im Dorf gab es keine Postabteilung, so musste ich immer alles mit mir herumtragen. Die Briefträger mussten auch eine gewisse Anzahl an Lotteriescheinen[26] verkaufen. Das war eine Plage, denn nie-

---

[26] Das hat nichts mit den Lotteriespielen im Westen gemein. Ein Schein kostete 30 Kopeken und es war im Grunde verlorenes Geld, denn gewinnen konnte man damit so gut wie nichts. Trotzdem wurden die Scheine in Massen gedruckt und mussten unters Volk gebracht werden. Sie wurden auch im Laden mit verkauft.

mand wollte sie haben. Meine Aufgabe war es auch, die Leute zu agitieren, mehr Zeitungen und Zeitschriften zu bestellen. Und so wurde meine Posttasche immer schwerer. Den breiten Riemen über den Kopf geschlagen, die Tasche, die meistens 20 Kilogramm und mehr wog, auf der linken Schulter, ging ich durchs Dorf. Aber die Leute waren zufrieden, jeder bekam pünktlich das Seine und mir ging es gut! Im Sommer musste ich zusätzlich zu meiner Arbeit auch noch meinen Anteil an Rüben- und Kartoffelbeeten in der Kolchose jäten, wie alle anderen Frauen im Dorf.

Eines Tages bemerkte ich Schmerzen vorne oben an der Brust. Ich machte mir keine besonderen Gedanken darüber. Es tat ja schon manchmal was weh, aber man musste vorwärts und es würde auch wieder vergehen. Leider tat es das nicht. Die Schmerzen nahmen immer mehr zu, ich musste also was machen. Da fuhr ich mal wieder zu Onkel Görzen, dem Tierarzt mit der wunderbaren Gabe, Menschen zu helfen. Ob Knochenbrüche, Sehnenverrenkungen, Verstauchungen, was auch immer, jedermann ging zu Onkel Görzen und er richtete alles. Ich weiß nicht, ob es je einen Menschen in all unseren umliegenden deutschen Dörfern gegeben hat, der nicht wenigstens einmal bei ihm gewesen ist. Als er mich untersucht hatte, sagte er: „Warum hast Du so schwere Lasten immer nur auf der linken Schulter getragen? Was ist Deine Arbeit?" Da sagte ich ihm, dass ich Postträger sei, und die Tasche so voll und schwer sei und wie ich die trage. Da sagte er, ich solle das nicht weiter machen. „Teile die Post in drei oder vier Teile. Besser Du gehst mehrmals nach Hause, die Tasche nachfüllen und hängst sie auf die andere Schulter. Denn so geht es nicht, bei Dir sind drei Rippen eingebrochen. Im Moment kann ich nichts daran machen, doch es kann schlechte Folgen haben." Nun es war gerade Frühling, der harte Winter war vorbei. Ich schnallte mir die schwere Tasche auf den Gepäckträger meines Fahrrads und ging damit von Haus zu Haus. Die Arbeit abzusagen, weil ich meinte, ich kann nicht mehr, das gab's nicht! An meinem Fahrrad hatte ich einen Kilometerzähler. An einem normalen

---

Wer irgendwelche seltene Waren wie Stoffe, Handtücher, Bettwäsche oder ähnliches kaufen wollte, musste unbedingt einen Lottoschein dazu kaufen.

Tag kamen locker zehn Kilometer zusammen. Im Winter nahm ich einen Handschlitten für die Tasche. Nur im Herbst und im Frühling blieb mir nichts anderes übrig, als die Tasche umzuhängen und weiter zu machen. Für mich war die Hauptsache, dass die Leute zufrieden waren, dann mochte die Arbeit auch schwer sein, es machte aber Spaß und brachte Freude.

9. Kapitel: Mein geistliches Leben

Etwas Neues bahnt sich an

Die Erweckung von 1955 wurde bald wieder durch Verbote erstickt und die Versammlungen mussten eingestellt werden. Aber wir Jugendliche, die zum Glauben gekommen waren, konnten uns damit nicht abfinden und so fingen wir an, uns heimlich zu treffen. Mal irgendwo im Graben, mal in einer dichten Hecke, denn wir wurden immer beobachtet. Wir durften auch nicht singen, denn damit hätten wir uns selbst verraten. So haben wir uns leise unterhalten, Gebetserhörungen mitgeteilt, Gedichte auswendig vorgetragen und manches mehr, etliche Male auch ganz leise ein Lied gesungen, wenn wir weit genug weg waren vom Dorf. Das hielt uns aufrecht und half uns, auf dem schmalen Pfad zu bleiben. Die Treffen genoss ich sehr! Es war der Höhepunkt der Woche, wenn wir uns nach einem langen Arbeitstag etwas frisch machen und gleichgesinnte Freunde treffen konnten! Da wir aus Sicherheitsgründen immer den Treffpunkt ändern mussten, waren diese mal näher an unserem Dorf und mal weiter weg, in der Nähe eines der anderen Dörfer.

An einem warmen Spätsommerabend hatten wir uns für ein Treffen in der Nähe von Dolinovka (Nr. 9) verabredet. Von dort kam ohnehin der Großteil unserer Gruppe: die vier Rempels Geschwister, Willi, Katharina, Aganeta und Maria. Ich fuhr mit dem Fahrrad hin, das aber kein Licht hatte. Den Weg kannte ich gut, Autos gab es kaum und sie fuhren nicht auf diesen Feldwegen, so dass es kein Problem war. Auf einmal, als ich gerade einen trockenen Bachlauf überquerte, hörte ich einen entsetzlichen Schrei und sah, wie etwas Graues, größer als eine Katze, vom Vorderrad meines Fahrrads davon sprang! Es musste ein Hase gewesen sein, der es sich dort gemütlich gemacht und mich nicht gehört hatte. War ich ihm gar über die Pfote oder den Schwanz gefahren? Nach der ersten Schrecksekunde musste ich herzhaft lachen!

Wir waren etwa zehn Personen aus den vier nahgelegenen Dörfern, die sich regelmäßig trafen, neun Mädchen und ein junger Mann, Willi Rempel. Er war sehr schüchtern und still, aber er war immer mit dabei. Die meisten von uns waren zwar älter als er, bis auf seine Schwestern, aber er hatte dennoch eine reiche „Auswahl". Mir war es egal, wen er sich aussuchen würde, denn ich hatte nicht vor, zu heiraten. Die Angebote, die ich hatte, sagte ich alle strikt ab, denn das war für uns eine unmögliche Sache! Wie sollte das auch zugehen? Konnte ich heiraten, ein eigenes Heim gründen und die kranke Mutter mit ihrem Elend allein lassen? Nein, das gab es nicht! Deshalb hoffte ich im Stillen, der einzige junge Mann in unserer Runde würde nicht auf die Idee kommen, mich zu fragen. Doch er hatte sein Auge auf mich gerichtet, was ich anfänglich gar nicht merkte.

Eines Abends im Sommer 1962, als wir von Stepanovka kamen, wollte er mich nach Hause bringen – er hatte ein ganz kleines Motorrad. Es war gar nicht nötig, denn es waren ja nur drei Kilometer, aber er bestand darauf. Unterwegs hielt er auf einmal an – ich dachte noch so bei mir, was er denn wollen könnte? Wir stiegen ab, da sagte er: „Lass uns beten!" Nach dem Gebet kam dann heraus, was er auf dem Herzen hatte. Unser Nachbar Abram hatte ein Mädchen aus unserer Gruppe geheiratet, das Käthchen. Nun sagte Willi: „Sieh mal, die Beiden haben geheiratet, können wir uns nicht auch in diesem einig werden? Wir sind schon nicht mehr jung." Da es üblich war, mit 18-19 Jahren zu heiraten, hatte er recht: ich war 25 und Willi 21 Jahre. Aber ich hatte solche Gedanken noch überhaupt nicht gehabt. Ich wollte ja sowieso nicht heiraten, darum sagte ich ihm entschieden „Nein!" „Warum nicht?" fragte er. „Ja", sagte ich, „nun werde ich heiraten und meine Mutter im Stich lassen? Das kann ich nicht!" Es ist für ihn bestimmt schwer gewesen, solch eine Antwort zu bekommen, aber ich hatte meinen Entschluss deutlich gemacht. „Dann lass uns weiter darum beten", meinte er. Dagegen hatte ich nichts einzuwenden und damit kam die Sache zur Ruhe.

So verging ein Jahr und ein weiteres. Im Herbst 1964 wurde Willi überraschenderweise in den Militärdienst einberufen – recht spät, denn normalerweise wurden die 18-jährigen einberufen. Damals war er aus gesundheitlichen Gründen ausgemustert worden und nun kam er auf einmal doch dran! Da waren wir beide froh, dass wir nicht gebunden waren!

Wir schrieben einander zwar Briefe in dieser Zeit, aber ich stand mit vielen Christen im Briefwechsel, von daher fühlte ich mich dadurch zu nichts verpflichtet.

Die abenteuerliche Reise nach Barnaul (1965)

Im Januar 1965 gab es im Dorf eine Hochzeit: Agnes Bergen und Gerhard Hübert heirateten. Gerhard war nicht gläubig, obwohl sein Vater zwei Gefängnisstrafen um des Glaubens willen abgebüßt hatte. Sein Bruder Peter war Radiomechaniker und aus beruflichen Gründen nach Sibirien geschickt worden, nicht verbannt. Der war gläubig und kam auf Einladung des Bruders zur Hochzeit. Wir lernten einander kennen, er konnte so viel erzählen, vom geistlichen Leben der Christen in Sibirien. Sie gingen durch eine schwere Verfolgung, was uns in der Form fremd war. Doch diese Christen kämpften und blieben standhaft, und wenn's auch ins Gefängnis ging! Peter erzählte so lebendig, dass in uns der Wunsch aufstieg, mal in einer solchen Gemeinschaft zu sein, um auch so etwas zu erleben. Und das durften wir dann auch!

Nach der Hochzeit musste Peter wieder zurück nach Barnaul. Ich stellte einen Antrag auf Urlaub und ihn auch. Meine Freundin aus dem Nachbardorf, Lena Derksen, machte das auch und so fuhren wir am 1. Februar zu dritt nach Barnaul. Ich hatte für den ganzen Februar Urlaub bekommen, weil ich bisher nur einmal Urlaub gehabt hatte und das war 1959. Als erstes fuhren wir nach Orsk, um einige Gläubige zu besuchen. Bruder Peter hatte dort Bekannte.

Als wir im Zug von Orenburg nach Orsk saßen, waren wir nur zu dritt im Abteil. Im Nachbarabteil war eine Gruppe Männer, die zu ihrer Arbeit fuhren. Kaum hatten wir unsere Plätze eingenommen da sagte Peter: „Nun könnt Ihr diesen Leuten predigen." „Was? Sollen wir den Wagon entlang gehen und zu den Leuten reden?" „Na, wenn Ihr nicht den Wagon entlang gehen wollt, dann stimmt einfach mal ein Lied an." Meine Freundin Lena konnte sehr gut Alt singen und ich sang die erste Stimme, Sopran. Wir hatten schon öfter miteinander gesungen, das klappte gut. Uns war die Idee zunächst fremd, aber die Christen, von denen Peter erzählte, machten das so: überall, wo sie waren, wurde gesungen und das lockte die Leute an und konnten die Christen predigen. Nun stimmten wir an: „Du stehst auf der Schwelle des Lebens, Es ruft Dir das Glück freundlich zu!" und hatten die erste Strophe noch nicht zu Ende gesungen, als schon etliche Passagiere zu uns herein guckten. Peter lud sie zum Sitzen ein und bald war unser Abteil so voll, dass wir selbst fast keinen Platz mehr hatten. Wir sangen noch ein Lied und dann fing er an, ihnen von Gott zu erzählen. Es gab eine rege Unterhaltung. So haben wir die ganze Zeit bis Dombarow unsere Mitreisenden unterhalten. Wenn dann Stationen kamen, an denen die Leute raus mussten, tat es allen leid, diese Gemeinschaft zu verlassen.

„Abrahams Kinder"

In der Nähe von Dombarow, das zwischen Orenburg und Orsk liegt, waren zwei unserer Schwestern in Verbannung. Die wollten wir besuchen. Anna Bergmann lebte 18 Kilometer von der Stadt westlich in einem Russendorf und Tina Peters zwölf Kilometer östlich in einem anderen Russendorf. Busse gab es keine, also gingen wir zu Fuß. Meine Freundin fühlte sich nicht gut, sie konnte diese lange Strecke nicht gehen. „Aber wo soll ich hin, bis Ihr zurück seid?" fragte sie bange. „Geh, such Dir ‚Abrahams Kinder' und bleib bei ihnen, bis wir zurück sind", sagte Peter zu ihr. Es würde zwei Tage brauchen, bis wir zurück wären. Darum musste sie ein Nachtquartier finden. Wir gingen los. Zuerst die weite Strecke von 18 Kilometern. Danach nahmen wir die 30 Kilometer zu Tina in Angriff.

Meine Freundin Lena Derksen ging auch los. Sie ging in eine Straße, es sah alles so fremd aus. Doch als sie an mehreren Häusern vorbei gegangen war, nahm sie all ihren Mut zusammen, ging auf ein Haus zu und klopfte an die Tür. Eine Frau kam heraus und fragte sehr unfreundlich, was sie hier wolle? Lena fragte: „Wohnen hier Abrahams Kinder?" „Ach, weiß der Teufel!" sagte die Frau. „Wen suchen Sie denn?" „Ade", sagte sie, „ich gehe schon." Dann bog sie in eine andere Straße ein, ging wieder an etlichen Häusern vorbei, klopfte an eine Tür. Wieder kam eine Frau heraus und Lena fragte: „Wohnen hier Abrahams Kinder?" Die Frau fragte ganz verwundert: „Was? Was haben Sie gesagt?" „Entschuldigen Sie, ich gehe schon", sagte Lena und ging weiter. So ging sie noch ein paar Häuser weiter und betete im Stillen: „Herr, lass mich doch was finden!" Dann ging sie wieder auf einen Hof, klopfte an, eine Frau kam heraus und sie stellte dieselbe Frage: „Wohnen hier Abrahams Kinder?" „Ja! Ja!" rief die Frau mit Freuden aus. „Ja, hier wohnen Abrahams Kinder! Komm herein und sei uns herzlich willkommen!" So war das, völlig unbekannt, aber im Herrn waren wir alle Freunde und Geschwister und vertraut. Wunderbares haben wir auf dieser Reise erlebt!

Des anderen Tages kamen wir abends zurück zur Station und Lena kam auch. Wir stiegen wieder in den Zug ein nach Orsk. Wie auch vorher, forderte Peter uns wieder auf zu singen. Nun brauchte er uns das nicht zweimal zu sagen. Es war freilich schon spät, aber die Leute schliefen noch nicht alle und so stimmten wir an. Peter konnte nicht singen, aber sehr gut predigen. Wir sangen ein Lied nach dem andern und unser Abteil wurde immer voller. Von beiden Enden des Wagons kamen die Leute, um den Gesang zu hören. Peter freute sich und zeigte den Mitreisenden, wo sie Platz nehmen konnten. Wir rutschten immer weiter in die Ecke und immer mehr Leute setzten sich zu uns. Da sangen wir das Lied:
„Du stehst auf der Schwelle des Lebens,
Es ruft Dich das Glück, komm herein.
Doch süß lockt die Sünde wie Blumen,
die liegen am Wege zerstreut,
Doch, Vorsicht! Die Schlange ist listig,
sie hält ihren Stachel schon steil,
sie will mit Dir spielen ganz nichtig,
doch Du sag` entschieden Dein „Nein!"
(eigene Übersetzung aus dem Russischen).

Peter fragte unsere Zuhörer, ob sie verstanden hätten, was gesungen wurde? Sie meinten: nein. Dann erzählte er ihnen von Gott und erklärte vieles.

Die Zeit verging sehr schnell. Als wir etliche Haltestellen passiert hatten, stiegen viele Zuhörer aus. Es stellte sich heraus, dass es eine Gruppe Arbeiter war, die mit dem Abendzug zur Nachtschicht fuhr. Die nahmen freundlich Abschied von uns und sagten, es sei ihnen sehr schade, dass sie nicht weiter mit uns fahren könnten. So hatten wir in der schweren Zeit guten Samen gestreut, wo es nur möglich war.

Als wir in Orsk ankamen, war es noch Nacht. Aber am Morgen hatten die Gläubigen einander sehr schnell benachrichtigt und abends gab es einen Gottesdienst. Die Menschen waren hungrig nach Gottes Wort, sie kamen von nah und fern, es wurde keinem zu spät oder zu lang, wenn ihnen nur jemand was brachte! Und nun gab's eine erfreuliche Nachricht! Die Geschwister in der Gemeinde erzählten uns von einer Frau, die schwere Kämpfe mit ihrer Bekehrung hatte. Sie wollte sich so gerne bekehren und Jesus folgen, wie manche andere, die so glücklich waren, aber sie konnte sich immer noch nicht überwinden, entschieden den Schritt zu machen. Nun war sie im Zug von Orenburg nach Orsk eingestiegen und saß ganz allein in einem Abteil. Sie hatte nicht einmal das Licht angemacht, deswegen hatte sie keiner bemerkt. Dann, auf der Station Dombarow, stiegen viele Leute ein und etliche junge Menschen nahmen neben ihrem Abteil Platz. Und wie sie sich im Abteil eingerichtet hatten, fingen sie an zu singen! Die haben so von Herzen und gut gesungen, dass alle Passagiere sich um sie versammelten. Sie hörte auch mit großem Verlangen zu, besonders, als der junge Mann so zu Herzen gehend zu predigen anfing. Er sprach darüber, was wir doch für einen gnädigen, geduldigen und reichen Gott haben, der die Menschen so liebt und nicht will, dass auch nur einer verloren geht, u. v. m. Das ist ihr so zu Herzen gegangen und sie hat da im Abteil innig und allein zu Gott gebetet und tiefen Frieden bekommen! Überglücklich kam die Frau nach Hause und erzählte es sofort weiter, sie konnte diese große Freude nicht für sich behalten! Nun hatte sie endlich Frieden, Freude und Ruhe im Herzen. Es hatte sich schnell herumgesprochen und als wir morgens zusammenkamen, konnten wir diese Freude auch erfahren. Das war die Frucht von unserm nächtlichen Singen und Predigen!

Im Gefängnis

Von Orsk reisten wir nach Barnaul. Vor unserer Abreise hatten wir in Orenburg in einem Papiergeschäft viel Druckerpapier auf meinen Namen gekauft. Ich gab an, dass ich es für unser Kolchosebüro kaufte – ohne Angaben von Gründen konnte man nur wenige Blatt Papier bekommen. In Barnaul hatten die Gläubigen eine Geheimdruckerei. Sie wurden aber so verfolgt und beobachtet, dass sie nirgends Papier kaufen konnten. Sofort wurde gefragt, was sie denn mit so viel Papier vorhatten? Weil sie das aber nicht sagen konnten, wurde es ihnen nicht gewährt. Nun hatten Peter, Lena und ich große Stapel mitgebracht. Da sagte Bruder Peter: „Wir können das viele Papier aber nicht sofort mitnehmen. Ich bin hier überall bekannt und werde immer beobachtet. Wenn wir im Bus mit vollen Taschen einsteigen, werden wir sogleich kontrolliert, das Papier wird uns abgenommen und wir werden verhaftet. Wir müssen es hier auf dem Bahnhof verstecken." Wir beeilten uns, zur Aufbewahrungskammer zu kommen, legten schnell alles hinein, tippten die Nummer 937 als Schlüssel ein und fuhren dann zu ihm nach Hause. Später wollten wir es unauffällig abholen. In Abständen von etlichen Tagen sind wir beide mehrere Male zum Bahnhof gefahren, um das Papier zu holen. Immer wieder mussten wir unverrichteter Dinge zurück fahren, denn es standen überall Milizbeamte. Wenn die mitbekommen hätten, dass wir große Stapel Papier aus dem Schließfach holten, wären sie misstrauisch geworden und die Sache hätte leicht auffliegen können. Eines Abends hatten wir Glück, es war niemand da und wir konnten unser Gepäck unbehelligt abholen. Wir brachten alles zu einer Familie, die mit mehreren Kindern in einer Einzimmerwohnung lebte. Schlafzimmer, Wohnzimmer, Küche, alles war in einem Raum. Da wurden die Sachen unters Bett gestellt und das war's dann.

Eine Woche nach unserer Ankunft wurde Sonntagabend bekannt gemacht, dass eine ältere Schwester von der nächsten Station Powalicha, Evdokia Pertowna um Hilfe bat. Sie war ganz mutlos geworden. Immer, wenn bei ihr Gebetsstunde war, kam die Miliz und verjagte alle. Bei den andern Geschwistern ging das und bei ihr nicht. Es sollte ihr doch mal jemand zu Hilfe kommen! So wurde abgesprochen, dass zwei Brüder, die am Montag frei hatten, hinfahren sollten. Es traf unseren Bruder Peter und Artur Sterzer. Zwei waren aber zu wenig. Da meinte jemand: „Wir haben ja Besuch. Die haben doch Zeit und könnten mitfahren." Außer uns beiden war noch ein junger Bruder aus Nowo-Blagoweschensk zu Besuch, Jakob Steffen. So fuhren wir Montagmorgen zu fünft – Peter, Jakob, Artur und wir beide – die ältere Schwester besuchen. Es waren dann zwei ältere Schwestern, die zusammen lebten. Nach einer kurzen Unterhaltung, in der sie uns alles mitteilten, wie das immer zuging, wurden sich alle einig, zusammen zur Milizabteilung zu gehen, um zu klären, warum diese ältere Frau so ungerecht behandelt und immer bestraft wurde? Wir zwei Neulinge mussten mit. Uns war das ja total fremd und unbegreiflich, was da vor sich gehen sollte. Bei uns in Orenburg war das ganz anders. Wenn jemand zum Verhör gerufen wurde, gingen die anderen einem schon weit aus dem Weg, um nicht mit beteiligt zu sein. Das habe ich später selbst reichlich erfahren. Hier war das genaue Gegenteil der Fall! Einer für alle und alle für einen! Was da alles gesagt wurde, weiß ich nicht mehr. Wir waren nicht lange da, die hatten uns bald abgefertigt. So kamen wir zurück und Evdokia Pertowna machte das Mittagessen für uns.

Nach dem Essen berieten wir, was weiter zu machen sei? Die Brüder meinten, nur nicht nachgeben und weiter zusammen kommen. „Wir müssen zeigen, dass uns das Wort Gottes wichtig ist, dass wir Gott lieben und IHM mehr gehorchen wollen als den Menschen." Die Unterhaltung wurde unterbrochen als zwei Milizbeamte das Zimmer betraten und uns aufforderten, ihnen zu folgen. Da sagte Peter: „Wir kommen mit, aber wir werden erst noch beten." So knieten wir alle nieder und Peter betete, während die Miliz in der Tür stand, zuhörte und wartete, bis wir fertig waren. Dann gingen alle mit zur Milizstation, auch Evdokia Petrowna. Dort wurden wir in ein großes Zimmer geladen, in dessen Mitte ein großer runder Tisch stand. Es muss wohl ein Sprechzimmer gewesen sein, denn um den Tisch standen viele Stühle. Wir waren schon sechs Personen, dazu noch mehrere Milizbeamte und es war noch viel Platz da.

Dann ging die Unterhaltung los, oder war es ein Verhör? Wer wir seien? Wo wir herkämen? Was unsere Beschäftigung sei? Und ob wir überhaupt irgendwo arbeiteten? Sie meinten, wir seien einfach Nichtstuer, was zu der Zeit strafbar war. Mit unseren Antworten waren die Beamten überhaupt nicht zufrieden! Sie verlangten sie, dass wir uns ausweisen sollten und das konnten wir nicht. Wir arme Kolchosearbeiter hatten keinen Ausweis. Den brauchten wir ja auch nicht, denn wir waren von früh bis spät auf Arbeit und dazu brauchten wir keinen Ausweis. Wenn wir mal ins Nachbardorf wollten, dann fragten wir uns los und durften gehen. Einmal im Jahr durfte die Jugend in die Stadt fahren, dann bekamen wir eine Bescheinigung. Das war ein kleines Stückchen Papier, wie Löschpapier, 10 Zentimeter x 15 Zentimeter. Da stand unser Name drauf, dass wir ein Mitglied der Kolchose waren und für zwei Tage frei hatten, außerdem noch ein Stempel von der Kolchose und eine Unterschrift. So ein Stückchen Papier hatte ich auch diesmal dabei, weil es nichts anderes gab. Aber dieser Zettel reichte ihnen nicht. So ergab sich eine lange Unterredung.

Unter den Gläubigen hatte es sich herumgesprochen, dass wir abgeholt worden waren und so kamen noch etliche Geschwister zur Milizstation. Damit zeigten sie ihre Liebe zu uns, sie wollten uns nicht allein lassen in dieser Situation. Sie kamen in den Raum, in dem wir waren, setzten sich an den großen Tisch und verteidigten unsere „Freiheit", die wir laut Verfassung hatten und die überall vor den Ausländern proklamiert wurde, während die Wirklichkeit ganz anders aussah. Nun ergab sich eine rege Diskussion, wo man uns überhaupt nicht recht gab! Wir Gläubige konnten aber auch den Beamten nicht zustimmen, weil es unserem Gewissen entgegenstand. So ging die Zeit dahin und es wurde spät. Gegen 22 Uhr wurde Schluss gemacht. „So", sagten die Milizbeamten, „Ihr könnt alle nach Hause gehen und diese fünf bleiben hier." Damit waren die drei Brüder und wir zwei gemeint. Damit waren die Gläubigen vor Ort aber nicht einverstanden! Sie ahnten schon, was die Beamten im Sinn hatten. Uns war das alles unbegreiflich, aber die Einheimischen gingen einfach nicht. Da wurden sie unsanft rausgeschoben und mussten gehen. Nur Evdokia P. ließ sich nicht rausschieben. Sie blieb entschieden stehen und sagte: „Wenn Ihr meine Gäste einsperrt, geh ich mit ihnen in die Zelle." Man sagte zu ihr nur immer: „Doswidanija!" (Auf Wiedersehen) und schickte sie fort. Aber die resolute Frau blieb bei ihrer Meinung: „Das sind meine Gäste und wo die sind, da bleibe ich auch!" Irgendwann schob man sie gewaltsam heraus und wir wurden in eine Zelle gebracht.

Man nahm uns alles ab: die Armbanduhr, der Kamm aus den Haaren, die Haarspange, kurzum alles. Nur unsere Wintermäntel durften wir behalten. Die Zelle war klein, aber nicht kalt. Es war die Eckzelle und durch ein kleines Fenster konnten wir auf den Innenhof schauen. Wir sahen, wenn die Gefangenen herausgelassen wurden und ein paar Runden gingen, um ihre Glieder zu bewegen. Es waren meist Verbrecher, die für 15 Tage Untersuchungshaft oder wegen Bagatelldelikte eingesperrt waren. Wir durften nicht mit denen rausgehen, denn wir könnten ja zu ihnen von Gott reden und das durfte nicht sein! Unsere Zelle war ungefähr dreieinhalb Meter lang und zweieinhalb Meter breit. Davon beanspruchte die Pritsche zwei Meter. Sie war aus Brettern gezimmert und ca. 50 Zentimeter höher als der Zementfußboden. Wir konnten zwischen Pritsche und Fenster ein paar Schritte hin und zurück machen. Der Wintermantel diente uns als Unterbett, Kissen und Decke.

Als der breite Riegel vor die Tür geschoben wurde und das große Schloss geräuschvoll abgeschlossen war, da war meine Freundin am Ende! Wir wussten, nun sitzen wir fest. Sie sah mich an und sagte: „Und was machen wir jetzt??" Sie war sehr verzagt und mutlos. Ich wusste ja auch nicht, wie es weiter gehen sollte, deshalb sagte ich einfach: „Zu allererst wollen wir beten." Wir knieten nieder, da war noch ein alter Hocker, und während ich betete, drehte sich der Schlüssel im Schloss. Herein kam der Wachhabende und brachte uns Essen. Er stellte zwei kleine Suppenteller auf den Hocker, schöpfte von seiner Suppe was hinein, legte für jeden ein kleines schwarzes Brötchen hin und ging davon. Ich bedankte mich und er machte die Tür wieder mit Krachen zu. Die Suppe sah aus wie grünliches Wasser und es schwammen zwei oder drei Gurkenschalen drin. Ob wir sie gegessen haben, weiß ich nicht mehr. Da sagte meine Freundin wieder: „Und jetzt? Was machen wir nun?" „Jetzt singen wir ein Lied", sagte ich. Es war von überall zu hören, wie die Leute sich unterhielten, die waren also noch wach. Als das Lied zu Ende war, stimmten die Brüder ein anderes Lied an. Die waren in der übernächsten Zelle. Die Zelle zwischen uns war mit Verbrechern besetzt, die waren alle kahl geschoren. Aber als wir anfingen zu singen, wurde es still und wir sangen eine ganze Weile im Wechsel: ein Lied wir, dann eins die Brüder. In den Wänden waren ziemlich große Löcher durch die die Heizungsröhre verliefen und so konnten wir alles hören, worüber sich die Leute unterhielten. Dadurch war auch unser Gesang so gut zu hören.

Gegen 23 Uhr legten wir uns nach einem Gebet schlafen. Eigentlich hatten wir uns den Urlaub anders vorgestellt. Ich hatte nicht im Sinn gehabt, nach Barnaul zu fahren, um dort im Gefängnis zu singen und war auch nicht begeistert davon, aber nun war es halt so. Meine Aufgabe war es gewesen, zu malen, was ich auch tat, als ich frei war. Ich habe dort viele Bibelverse als Sprüche gemalt. Die wurden fotografiert, vermehrt und wie ein Ziehkästchen verteilt. So hatten viele ihre Freude daran. Auch abgeschrieben hab ich viel, Gedichte und Lieder, die wir nicht kannten. Christliche Literatur gab es keine, alles musste von Hand vervielfältigt werden. Außerdem fertigte ich viele Druckvorlagen für die Geheimdruckerei an. Es war ein Verfahren, bei dem man die Texte mit einer speziellen Tinte auf die Vorlage schrieb und von dieser Vorlage wurden dann, je nach Qualität der Tinte, bis zu 100 Abzüge gedruckt. Auf diese Art wurden Bibelteile, Liederbücher, Zeugnisse, Lebenserfahrungen der Christen und vieles mehr gedruckt. Also, es war genug Arbeit da. Nun saßen wir fest und konnten nur noch singen. Aber der Herr hatte auch da sein Ziel mit uns.

Am nächsten Morgen beteten wir wieder und fingen an, uns zu unterhalten und zu singen. Da, mit einem Mal wurde die Tür geräuschvoll aufgemacht, der Wächter trat über die Schwelle, stellte eine Tasche auf den Hocker und sagte verächtlich: „Da habt Ihr es!" Dann schloss er die Tür wieder genauso laut und weg war er. Wir schauten uns verständnislos an und wussten nicht, was das zu bedeuten hatte? Aber er hat doch gesagt: da habt ihr es. Also war es für uns. So nahmen wir die Tasche, packten sie aus und konnten nur staunen! Welche Freude! Die Tasche war voll mit leckerem Essen! Da waren zwei Flaschen Milch, ein großer Laib Brot und vieles, vieles mehr, was ich jetzt schon nicht mehr weiß. Es war völlig genug für einen ganzen Tag. Wir brauchten die Gurkensuppe nicht mehr. Danach kam jeden Tag eine vollgepackte Tasche und die leere gaben wir zurück. Die Leute lebten zu der Zeit auch nur ärmlich. Trotzdem hatten die Gläubigen gesammelt und jeder hatte gegeben, was er konnte. Eine Schwester aus der Gemeinde kaufte davon ein und Evdokia P. brachte uns jeden Tag die volle Tasche. Am Anfang haben die Gefängniswärter sie fort geschickt. „Hier, gibt's keine Lebensmittelpakete", hieß es. Aber Evdokia Petrowna war sehr resolut und sagte: „Das sind meine Gäste! Ihr habt sie verhaftet und sie mir entrissen, aber Essen bringe ich für sie." Da wurde sie heraus geschoben und man sagte ihr: „Gehen Sie nach Hause, behalten Sie das für sich. Die Gefangenen werden hier schon nicht verhungern." Sie ließ sich aber nicht abschieben, blieb stehen und verlangte, dass die Tasche uns übergeben wurde. Deshalb war der Mann so unfreundlich und sagte: „Da habt Ihr es!" Aber die Tasche kam jeden Tag.

Eines Nachmittags wurde die Tür geöffnet, der Wachhabende blieb auf der Schwelle stehen und hörte uns zu. Wir waren wieder am Singen. Er sagte nichts, verbot auch nichts und so sangen wir weiter. Dabei bemühten wir uns, nur auf Russisch zu singen. Da sprach er uns an: „Ich verstehe nicht. Es sind scheinbar echte russische Worte, aber der Sinn ist mir unverständlich." Wir hatten das Lied gesungen „Vöglein Gottes, erhebt eure Flügel und zum Start mach sich jeder bereit". Da gab es eine gute Unterhaltung. Wir konnten ihm manches erzählen und erklären, woran wir glauben und was uns die Bibel lehrt.

Am Mittwoch, dem zweiten Tag, wurden wir in den Flur gelassen. Auch die andere Zelle wurde geöffnet. Bruder Jakob Steffen war noch da. Die anderen beiden Brüder waren am Dienstag freigelassen worden, weil kein Verbrechen nachweisbar war und sie zur Arbeit mussten. Nun sollten wir drei mit all diesen Verbrechern diskutieren, die freilich nichts von Gott wissen wollten. Die waren so aufgebracht und erregt über uns und manch einer schimpfte, dass wir noch so blöd wären und an einen Gott glaubten! Wir antworteten, so gut wir konnten auf ihre Fragen und gaben Zeugnis von dem, was wir mit Gott erlebt hatten. So wurden sie langsam ruhiger und es gab ein gutes Gespräch. Doch bald mussten wir wieder in unsere Zelle zurück.

So ging das bis Samstagabend. Da wurden wir noch einmal vorgeladen zu dem Major, von dem wir an jedem Morgen verhört wurden. Er fragte wieder und wieder, was unsere Beschäftigung sei und alles Mögliche. Wir erklärten ihm, dass wir ehrliche Bürger seien und nichts Böses im Schilde führten. Er hatte sich die Mühe gemacht und ein Telegramm in unsere Kolchose geschickt, um sich zu vergewissern, wer wir waren. Da kam eine gute Antwort, dass ich eine zuverlässige Arbeiterin sei, ordentlich meine Arbeit erfülle und zurzeit im verdienten Urlaub bin. Wir konnten mit ihm vernünftig reden und er verstand uns, musste aber seine Pflicht tun. Nun warnte er uns eindringlich, nicht mehr ohne Ausweis zu reisen und unter strenger Warnung und Bedrohung, wie es seine Pflicht war, ließ er uns frei! Wir erfuhren erst später, wie es dazu kommen konnte.

Die Gläubigen in Barnaul hatten auch ein Telegramm geschickt und zwar nach Moskau. Darin beschwerten sie sich, dass so etwas mit ihren Besuchern gemacht wurde, während wir doch in einem freien Land wohnten! Wir waren ja keine verdächtigen Ausländer oder Schlimmeres. Mikojan, der damals Innenminister war, schickte ein Telegramm zurück und verlangte die sofortige Freilassung der „Gefangenen"! Deshalb wurden wir Samstagnachmittag überraschend frei gelassen. Statt 15 Tage hatten wir nur fünf Tage hinter Gittern verbracht.

Wie die Christen in Sibirien mit Verfolgung umgingen

Es war schon nach 17 Uhr und draußen ging der kurze sibirische Wintertag zu Ende. Lena Derksen war besorgt, wie wir im Dunkeln zu Evdokia P. kommen würden. Die Stadt war uns fremd, wir waren am Montag nach dem Frühstück mit den Brüdern gekommen und nun war Samstagabend. Als man uns unsere Sachen wieder zurückgab, machten wir uns auf den Weg. Wir hatten auch noch was abzuholen bei Evdokia Petrowna bevor wir nach Barnaul zurück fuhren. Nun wollten wir uns beeilen, was leider nicht möglich war. In Sibirien ist der Winter schneereich, auch wenn sie keine Schneestürme kennen, wie die bei uns in Orenburg üblich waren. Die Leute hatten schmale Gänge von einem Haus zum andern gegraben, etwa so breit, dass ein Mensch gehen konnte. Von beiden Seiten stand der Schnee wie eine Wand, es war wie ein Tunnel, aber ohne Dach. Von der Haustür bis zur Straße führte auch so ein Tunnel. Überholen konnte man nicht, der Gang war zu schmal. Nur wenn wir an einen Hauseingang kamen, konnte man überholen. Nun kamen wir auf die Straße und sogleich in so einen engen Gang hinein. Vor uns gingen zwei Frauen. So mussten wir hinter ihnen her gehen bis zu nächsten Möglichkeit, auf die Straße zu kommen. Da ich direkt hinter ihnen war, hörte ich ihre Unterhaltung. „Hast Du es gehört?" fragte eine Frau die andere." Nein", sagte die andere, „was meinst Du?" „Weißt Du", sagte die erste wieder, „die haben hier bei der Miliz Leute eingesperrt und die singen Tag und Nacht, dass es überall zu hören ist, wie die Kanarienvögel!" Mir ging eine große Freude durchs Herz! „Nein", sagte die andere, „das hab ich noch nicht gehört." Ich fragte meine Freundin, die hinter mir ging: „Hörst Du, was die hier sagen?" „Nein", sagte sie. Da sagte ich zu ihr: „Hier auf der Straße wird schon von uns gesprochen." Wir dankten Gott dafür!

So kamen wir zu Schwester Evdokia P. Nun erzählte sie uns, was sie erlebt hatte. Es war am ersten Tag ein richtiger Kampf gewesen. Sie war hingegangen und sagte zu dem Wachhabenden: „Ich habe hier eine Lebensmitteltasche für meine Gäste. Die sind hier eingesperrt und ich weiß, dass sie es hier nicht gut haben, darum bringe ich ihnen etwas zu Essen." Die Gläubigen vor Ort wussten, dass die Verpflegung in diesem Gefängnis sehr schlecht war, weil lauter Verbrecher dort auf ihren Prozess warteten. „So was gibt's nicht!" sagte der Wachhabende. „Die sind nur für 15 Tage eingesperrt, denen wird hier nichts passieren." „Aber ich möchte, dass ihnen diese Tasche überreicht wird! Wie lange Sie die hier festhalten, weiß ich nicht, aber das sind meine Gäste und ich sorge für sie, dass sie was Vernünftiges zu essen bekommen! Wenn Sie mir nicht versprechen, ihnen die Tasche zu bringen, dann geh ich von Zelle zu Zelle. Ich werde sie finden und bringe ihnen selbst das Essen!" Als der Beamte ihren Ernst sah, gab er nach und sagte: „Na gut, ich bringe es ihnen." Und so kam die Tasche mit den frischen Lebensmitteln jeden Tag zu uns. Gott sei Dank! Er wird es denen vergelten, die in Seinem Namen Liebesdienste tun.

Von Schwester Evdokia gingen wir mit unseren Sachen zum Bahnhof und fuhren noch am gleichen Abend mit dem Elektrozug nach Barnaul. Wir schafften es gerade zum Anfang der Gebetsstunde, die jeden Samstagabend stattfand. Das gab eine freudige Begrüßung und wir alle dankten Gott!

Der andere Tag, es war nun Sonntag und da wir die ganze Woche nicht da gewesen waren, wussten wir nicht, was unsere neuen Freunde vorhatten. Die Versammlung war aus Sicherheitsgründen jedes Mal woanders. Nun erfuhren wir, dass sie ein Freuden– und Begrüßungsfest feierten! Es waren nämlich in kurzer Zeit fünf Brüder vorzeitig aus der Verbannung frei geworden, ohne ihre Strafe im Lager oder Gefängnis voll abzubüßen. Das war eine so große Gebetserhörung für die Gläubigen und sollte festlich begangen werden! Der Älteste der Fünf war Dmitrij Wasiljewitsch Minjakov. Er war zu sieben Jahren verurteilt worden und kam bereits nach fünf Monaten zurück! Jura Michalkov, ein ganz junger Bursche, war zu fünf Jahren verurteilt und wurde auch nach etlichen Monaten freigelassen. Ich stand später noch längere Zeit im Briefwechsel mit ihm, er war sehr tapfer. Einmal hat er ein Ferngespräch mit mir beantragt. Aber als die Verbindung zustande kam, konnten wir uns nicht unterhalten. Es wurde ständig dazwischen gefunkt, so dass wir einander nicht verstehen konnten. Außerdem war Bruder Budimir entlassen worden, die anderen zwei Namen habe ich vergessen.

Als Bruder Dmitrij nach Hause kam – es war während unserer ersten Woche – war ich gerade bei seiner Frau zu Besuch. Es wusste ja keiner, dass die Männer frei kamen, so war es eine große Überraschung! Als er herein kam und die Seinen ihn sahen, rief die älteste Tochter Lenotschka, die erst acht Jahre war, vor Freude laut „Papa!", fiel dem Vater in die Arme und verlor das Bewusstsein!

Nun gab es also ein Fest! Aber Bruder Dmitrij hatte verboten, seinetwegen große Feierlichkeiten auszurichten. Das Fest sollte so schlicht wie möglich gestaltet werden. Es gab Pellkartoffeln, Salzhering, dunkles Brot und Gurken. Nach dem Einleitungsgebet wurden wir zu unserer Verwunderung als erste aufgefordert, mitzuteilen, wie es uns ergangen war und was wir erlebt hatten. Das hatten die Geschwister extra so geplant, weil wir solche Verfolgungen nicht kannten und so unerfahren waren. Wie würden wir nun dazu stehen? Vielleicht bereuten wir es ja schon, dass wir nach Barnaul gekommen waren? Da meine Freundin schlecht russisch konnte und auch sehr schüchtern war, erzählte ich ganz kurz, wie es uns ergangen war und was wir erlebt hatten. Danach erzählten die Brüder, wie der Herr sie bewahrt und erhalten hatte.

Meine Freundin hatte weniger Urlaub als ich und so musste sie eine Woche früher zurück fahren. Wir brachten sie zum Bahnhof, kauften ihr die Fahrkarte, halfen ihr in den Wagon und so fuhr sie ab. Für mich hatten die Geschwister noch viel Arbeit, malen und schreiben, was ich auch gerne tat.

Ich durfte auch die Geheimdruckerei sehen. Das war wirklich was Besonderes! Die Gläubigen hatten alle kleine Wohnungen, meistens nur ein Zimmer. Wenn dann mehrere Leute kamen, mussten schon manche auf den Betten sitzen. Und unter solchen Umständen druckten sie noch Bücher! Den Gläubigen wurde ja immer alles weggenommen, der Name Gottes sollte ausgelöscht werden, aber Gott sorgt für die Seinen. Hier in der Geheimdruckerei „Christianin" wurden Zeitschriften, Liederbücher und vieles mehr gedruckt. Sozusagen alles, was sich bei den Leuten noch fand, wurde nachgedruckt, vermehrt und verteilt. Manches habe ich dann mit nach Orenburg gebracht. Auch heute noch haben wir solche blau gedruckten Hefte. Die Arbeit wurde nachts getan, wenn die Kinder schliefen, damit sie es nicht ausplappern konnten. Doch waren die Kinder gut unterrichtet und wussten viel von Gott. Ein kleines Mädchen, Lenotschka, in der 2. Klasse wurde nach vorne gerufen und gefragt: „Glaubst Du an Gott?" Sie sagte entschieden „Ja!" „Na", sagte die Lehrerin, „es ist ja schon ein Mensch in den Kosmos geflogen, der Jurij Gagarin und der hat keinen Gott gesehen. Was sagst Du dazu?" Da sagte die Kleine: „In der Bibel steht geschrieben: Nur die reines Herzens sind, die werden Gott schauen." Da war die Lehrerin still. Ein anderes Mal wurde in der Grundschule gefragt: „Wer von Euch betet, der soll aufstehen!" Da steht ein kleines Mädchen auf, schaut sich in der Runde um, außer ihr steht keiner. Da sagt sie: „Jedenfalls nur wir beide." Die Lehrerin stand ja vor ihr. Diese war so empört und sagte: „Setze Dich und sei still!"

In Sibirien habe ich sehr viel für mein geistliches Leben gelernt, was ich später gut gebrauchen konnte und was mir in meinem weiteren Glaubensleben sehr nützlich war. Ich durfte sogar bei der Gemeindestunde, der Mitgliederversammlung, beiwohnen, was Gäste meistens nicht erlaubt ist. Gestärkt im Glauben, frohen Mutes und vollbeladen mit Literatur habe ich damals Barnaul verlassen. Bis Orenburg konnte ich ohne umzusteigen durchfahren. Von da ging ein anderer Zug nach Perewolozk, unserer Kreisverwaltung, 60 Kilometer von unserem Dorf entfernt. Als ich in Perewolozk ankam traf ich dort zu meiner größten Überraschung meine Freundin Lena Derksen an! „Mensch", sagte ich, „was tust Du hier? Du solltest ja schon längst zu Hause sein." „Weißt Du", sagte sie, „ich war mir nicht sicher, mit welchem Zug ich fahren musste, und in welche Richtung. So bin ich schließlich bis hierhergekommen und weiter weiß ich nicht." Sie hatte also eine ganze Woche in der Stadt und in der Kreisverwaltung zugebracht und kam nicht nach Hause! Ich fand eine Mitfahrgelegenheit für uns beide und so sind wir zusammen nach Hause gefahren. Es war der 28. Februar.

Konsequenzen der Barnaul-Reise und Gottes Führung

Am 1. März war ich an Ort und Stelle und trug wieder meine Post von Haus zu Haus. Ich hatte aber noch nicht das ganze Dorf beliefert, da kamen zwei Jungs angelaufen, ganz außer Atem und sagten: „Lena, Du sollst sofort in die Kanzlei kommen! Da sind etliche Hohe Beamte gekommen und die wollen mit Dir reden." „Nein", sagte ich, „zuerst werde ich meine Arbeit fertig machen. Dann komme ich. So könnt Ihr es denen dort auch sagen."

Als ich fertig war, ging ich in die Kanzlei. Nun wurde ich ausgefragt, wo ich gewesen war, wie es eigentlich da war, und verschiedenes mehr.

Ich musste mich wegen alldem verantworten, was in Barnaul vorgefallen war. Schließlich, nach vielem Hin und Her fragten die Beamten nach den Anschriften der Leute, bei denen ich gewesen war. Das habe ich ihnen nicht gesagt. „Na", sagte einer von ihnen, „Du kennst die doch, Du bist doch da gewesen, dann weißt Du doch auch ihre Adressen." „Alles richtig", sagte ich, „aber von den Adressen sag ich nicht eine, das ist nicht meine Sache. Sie können mich alles fragen, was mich selbst angeht und ich werde beantworten, was ich für nötig halte, aber von anderen sage ich nichts." „Wo sollen wir es denn hernehmen, wenn nicht von Dir?" sagte einer. „Das ist mir egal von wem, aber von mir nicht." Sie versuchten, mich mit Fragen durcheinander zu bringen, einer fragte dies, der andere was anderes und nach mehreren Fragen kam wieder: „Wie war die Adresse nochmal?" Aber ich konnte standhaft bleiben und sagte nichts. Das war ja das Schlimmste, wenn einer den anderen verriet! Dann gingen die Verfolgung und die Verhöre wieder los und das wollte ich auf keinen Fall! Freilich, wusste man in der Kolchose, dass wir verhaftet gewesen waren. Das Telegramm hatte sich herumgesprochen. Nun wurde ich auf der Straße als „Landstreicher" begrüßt.

Nach einer längeren Unterredung mit dem Vorsitzenden sagte er mir: „Du musst Deine Arbeit verlassen. Nach allem, was da vorgefallen ist, darfst Du nicht mehr Postträger sein." Mir war das sehr schade, ich liebte meine Arbeit, aber nun war ich es nicht mehr wert, diese zu verrichten. Stattdessen wurde ich in den Kuhstall geschickt. Wie ich mich auch wehrte, all meine körperlichen Beschwerden aufzählte, es half nichts. Ich sagte, dass ich nicht die Kraft in den Händen habe, um Kühe zu melken. Ich melkte nicht mal immer zu Hause. Es wurde damals noch alles von Hand gemolken. Der Vorsitzende sagte: „Erst mal nur bis zum Sommer, dann sehen wir weiter." So bekam ich, obwohl ich keine gute Melkerin, war eine Gruppe junger Rinder, die zum ersten Mal ein Kalb brachten. Die mussten erst einmal lernen, dass sie gemolken wurden. Außerdem waren sie bis dahin von Männern versorgt und sehr viel geschlagen worden. Deshalb waren sie wild und unnahbar. Schüttete man ihnen das Futter in die Krippe, dann rasten sie nach hinten! Und wenn man von hinten kam, dann sprangen sie in die Krippe, weil sie von überall Schläge bekommen hatten. Nun mussten sie gebändigt und gezähmt werden. Es war sehr schwer, diese jungen Kühe soweit zu bringen, dass man sie normal melken konnte. Da hat meine Schwester Maria mir sehr oft geholfen.

Zusätzlich zu meiner Aufgabe als Melkerin wurde ich auch noch als Vorarbeiterin angestellt. So musste ich von jeder Melkerin – wir waren vier Gruppen, jede hatte zehn junge Rinder – die Milch abmessen, aufschreiben, wie viel die Kälber davon bekamen und wie viel abgegeben wurde. Und obzwar mir diese Arbeit so schwer fiel, so hat der Herr sie doch wunderbar gesegnet und ich hatte die beste Gruppe Kühe und lieferte die meiste Milch ab!

Eine der Kühe war krank, als ich die Gruppe bekam. Die wurde gleich darauf operiert und es war fraglich, ob sie durchkommen würde. Aber wie es auch war, ich musste sie in meine Gruppe aufnehmen. Man meinte, wenn sie bis zum Kalben ist, muss einer vorne mit dem Messer stehen und notschlachten, falls es abzusehen wäre, dass es nicht mehr ging. Aber nach unserer guten Pflege hat die Kuh sich gut erholt und brachte ein gesundes Kalb zur Welt.

Eines Tages kam der Vorsitzende in den Stall, als wir gerade zum Mittagsfüttern und Melken kamen. So gingen wir zusammen in den Stall und unterhielten uns. Als wir uns dem Gehege näherten, in dem das Kalb war und es meine Stimme hörte, sprang es über die Absperrung und blieb mit den Hinterbeinen an den Brettern hängen, genau vor den Füßen des Vorsitzenden. „Na", sagte der „was ist das denn?" Ich sagte: „Es hat meine Stimme gehört und weiß, jetzt gibt's wieder Milch, also kommt es mir entgegen." „So?" sagte der Vorsitzende, „und dann willst Du mir sagen, Du kannst nicht melken? Sieh doch, was Deine Kälber machen!" Freilich, wurde das belacht. Wir mussten die Kälber drei Wochen tränken und dann übernahm eine andere Frau die Jungtiere und versorgte sie bis zum Herbst. „Also", sagte er zu mir, „Du bleibst Melkerin, denn ich sehe, dass Du die Arbeit gut machst. Das ist an der Milch und an den Kälbern zu sehen und solche Arbeiter brauchen wir." Ich schwieg, betete aber viel, um diese Arbeit los zu werden.

Ende Mai, als es richtig warm wurde, trieb man alle Milchkühe in ein zehn bis zwölf Kilometer entferntes Russendorf, Gussicha. Inzwischen gehörte es ebenfalls zu unserer Kolchose. Um Gussicha herum war viel Land und es gab große Weideflächen. Jetzt mussten die Melkerinnen drei Mal am Tag zum Melken hinfahren, bei Regen und Hitze. Es war eine sehr schwere Arbeit, ich schaffte das einfach nicht. Denn auf guter Weide gaben die Kühe noch mehr Milch. „So", sagte der Vorsitzende, „nun wird eine russische Frau Deine Gruppe übernehmen. Denn in Gussicha sind manche Frauen, die gerne etwas verdienen wollen, aber keine Möglichkeit dazu haben. Zum Winter nimmst Du wieder Deine Gruppe an und so bleibt es dabei." Ich willigte ein. Vorerst war ich zufrieden, dass ich nicht den ganzen Sommer nach Gussicha zu fahren brauchte, das andere würde sich dann später schon zeigen. Aber bei mir selbst hatte ich ganz andere Gedanken.

So wurde ich in den Gemüsegarten geschickt und musste Unkraut jäten. Da waren Kartoffeln, Rüben, Möhren und Zwiebeln u. v. m. Man ging den ganzen Tag krumm gebückt und jätete Unkraut. Auch wässern mussten wir noch dazu. Das war auch wieder körperlich schwer, aber ich blieb dabei, Gott würde für mich schon sorgen. Als im Juli im Gemüsegarten alles reif war und die Erntezeit begann, musste ich zur Nachtschicht auf die Tenne. Das wurde dann doch zu viel und ich wurde krank. Erst hatte ich tagelang in der Hitze des Tages gearbeitet und nun in der Nacht, wo es so kühl war. Da war es aus mit mir. Zudem machte mein Rücken nicht mehr mit. Wie lange ich damals zu Hause krank lag, weiß ich nicht mehr. Lange jedenfalls nicht. Es war ja auch schon August. Am 1. September, als die Schule wieder anfing, wurde ich zum Vorsitzenden gerufen. Wir haben manches besprochen und unter anderem fragte er, ob ich nicht wieder die Post übernehmen würde? Ich sagte „nein", während ich am liebsten mit großer Freude „Ja" gesagt hätte! Innerlich war ich unsagbar froh über dieses Angebot, aber ich wollte es mir nicht anmerken lassen. Ich wollte erst mal hören, warum er es mir wieder anbot. Da sagte er zu mir: „Warum willst Du das nicht mehr machen?" „Ja, wir haben doch Postträger genug, mehr als einen", meinte ich. Unsere Nachbarin hatte nämlich die Arbeit angenommen und machte es mit ihren Kindern zusammen. „Ja", sagte er, „da hast Du Recht. Aber weißt Du, wie die das macht? Wir haben nie gewusst, was diese Arbeit alles beinhaltet, oder was es heißt, Postträger zu sein. Als Du es warst, haben wir pünktlich unsere Post im Büro bekommen wie auch zu Hause. Und wir haben nie von Menschen gehört, die unzufrieden waren. Aber als Du weg warst, kamen vom ersten Tag an Klagen. Die Post kam nicht mehr pünktlich. Der Schuldirektor kam und beschwerte sich: ‚Ich habe die kleine Kreiszeitung bekommen statt der Lehrerzeitung!' Ein alter Mann kam und sagte: ‚Ich habe nicht meine Zeitung bekommen, sondern eine Lehrerzeitung, mit der ich nichts anfangen kann.' Briefe lagen auf der Straße herum. Wenn die Leute sie fanden, brachten sie die zu ihren Empfängern. Also, es ist so schlimm, das kannst Du Dir nicht denken! Sei doch so gut und nimm noch einmal die Post an, damit wir wieder Ordnung und Ruhe haben!" Und so übernahm ich wieder diese Aufgabe. Die Nachbarin sagte zu mir: „Lena, wir haben nie gedacht, was das für eine verantwortliche Arbeit ist! Wir sahen nur, dass Du immer sauber angezogen durch die Straßen gingst und da dachte ich, das kann ich auch." Aber leider hatte sie sich doch sehr getäuscht.

Mit den Kühen meiner Gruppe ging es wie folgt. Ende des Sommers wurde die Herde erneuert. Jede Melkerin hatte in ihrer Gruppe auch schon mal eine alte Kuh, die ersetzt wurde durch junge Kühe. Die alten wurden in die Schlachterei abgeliefert, die Melkerinnen wollten aber ihre Gruppen vollzählig haben. Nun meinten sie: „Gebt uns Kühe aus Lenas Gruppe, damit wir unsere vollzählig haben. Das sind so gute Kühe." Und Lena war ja nicht da, um sich dagegen zu wehren. So wurde meine Gruppe verteilt. Eines Tages wurde mir gesagt: „Weißt Du was? Du hast keine Gruppe Kühe mehr, die sind alle verteilt." Ich wurde bedauert, dass man so mit mir verfahren hatte! Dabei war ich selbst so froh! Für mich war es eine Gebetserhörung. So hab ich dann die Post weiter ausgetragen bis August 1968, als ich in den Mutterschutz ging mit unserer ersten Tochter. Aber bis dahin gab es noch einige turbulente Zeiten durchzustehen.

Der Reiseprediger Onkel Kran

Wie schon so oft waren die Gottesdienste mal wieder verboten. Es ging immer wie auf Wellen. Dann durften wir mal zusammen kommen, dann wieder nicht. Wir hatten aber das Verlangen, zum Gottesdienst zu gehen. Und jeder wusste, wer damit anfängt, musste viel auf sich nehmen.

Eines Tages ging ich wieder mit meiner Posttasche durchs Dorf. Als ich zu den Wallmanns kam, sprach Frau Wallmann mich an. „Lena, wir haben Besuch, es ist ein Prediger aus Swerdlowsk gekommen. Wir möchten gerne eine Versammlung haben, aber wie machen wir das?" „Na, ich gehe durchs Dorf und lade die Leute ein zu einer Versammlung", schlug ich vor. Freilich war das nicht ungefährlich, das war mir klar. „Ja", sagte sie, „einladen schon, aber wohin?" „Nun, ich kann nur zu uns einladen, zu niemand anderem." „Ja, sagte sie, „tu das."

Wir hatten zwar ein großes Wohnzimmer, aber das war auch schon alles. Im kleinen Zimmer lag unsere Kranke und dann hatten wir noch eine Küche. Aber ich lud alle, die ich traf, zu uns zur Versammlung ein. Jeder sollte das bitte weiter sagen, damit die Leute es wussten. Teenager und Jugendliche trugen Bänke zusammen und es wurde sehr voll. Es kamen wirklich viele Menschen und wir hatten einen erbaulichen und gesegneten Abend. Bruder Kran konnte so gut predigen, weil er selbst viel erlebt hatte. Er war zwölf Jahre um des Glaubens willen in Verbannung gewesen. Keiner wurde müde, ihm zuzuhören!

Kaum war der Abend zu Ende, da wurde abgesprochen, dass am nächsten Abend wieder eine Versammlung sein sollte. Diesmal kamen noch mehr Zuhörer! Die Menschen waren begierig nach Gottes Wort. Sie kamen aus allen umliegenden Dörfern und bei weitem nicht alle passten in unser Haus. Viele standen draußen an den offenen Fenstern und hörten aufmerksam zu. Am zweiten Abend saß ein alter Bruder J. I. neben Onkel Kran, und als Schluss war, bestand er darauf, der Prediger solle bei ihm übernachten. Der wollte aber nicht mitgehen, Frau Wallmann war auch ganz dagegen: „Das ist unser Gast und der bleibt bei uns!" Aber der alte Mann war so frech und ließ ihn nicht mehr los und so ging Onkel Kran mit. Frau Wallmann war sehr beleidigt darüber. Sie blieb noch etwas zurück und beklagte sich: „Das ist unser Gast und er nimmt ihn einfach mit! Dabei kann er ohnehin nicht lange bei uns bleiben." Aber es war nichts zu machen.

Des andern Tages, schon am Vormittag, kommt Bruder Kran zu uns. Er musste bei uns vorbei, wenn er zu den Wallmanns wollte. Wir wunderten uns, wo er so früh schon herkam. Da fragte er uns: „Was ist das für ein Bruder, der mich gestern mitnahm? Das ist doch ein ganz seltsamer Mensch." Und dann erzählte er uns, wie es ihm ergangen war. „Als wir mit ihm unterwegs waren, hat er nur erzählt, was für ein Amt er ausführt, und wie er mit den Leuten arbeiten muss, damit alles richtig zugeht. Da ist uns ein Mann auf der Straße begegnet. Mein Gastgeber hat noch gegrüßt, aber als er vorbei war, sagte er: ‚Das ist auch mein Feind'. Und obwohl er schon in Rente ist, muss er überall sein und für Ordnung sorgen. Er hat nur sich selbst gelobt und über andere schlecht gesprochen. Als wir bei ihm zu Hause ankamen, zeigte er mir ein Zimmer und sagte ganz kurz, „da kannst Du schlafen". So ging ich in mein Zimmer und wir haben nichts mehr miteinander gesprochen. Morgens, als ich aus dem Zimmer kam, gab seine Frau mir Frühstick, der alte Mann sei schon fort auf Arbeit, sagte sie. Als ich die Straße entlang ging, begegnete ich vier Männern, die auf einer Brücke arbeiteten. Drei davon grüßten freundlich, doch der vierte hatte sich abgewandt und mir den Rücken gekehrt. Er grüßte nicht. Er kam mir verdächtig bekannt vor, irgendwie sah er dem Alten, bei dem ich übernachtet hatte, sehr ähnlich. Aber er gab sich nicht zu erkennen." Das kam uns allen seltsam vor, aber wir sollten bald erfahren, was dieser Mann getan hatte. Er war nämlich früh aufgestanden und in die Kanzlei gegangen. Dann hatte er beim Dorfsowjet angerufen – oder jemanden beauftragt, um die Versammlungen zu melden. „So und so, bei den Harms ist Versammlung gewesen, ein Reiseprediger ist gekommen und predigt da."

Das war ja für unsere Frau Vorsitzende des Sowjets ein gefundenes Fressen! Kaum war Onkel Kran gegangen, war sie da. Grob und hart und wie immer fragte sie: „Ist bei Euch gestern Versammlung gewesen?" Ich sagte, ja. „Wie viele Leute waren da?" fragte sie weiter. „Ich habe nicht gezählt", sagte ich. Uneingeladen ging sie sofort durch unseren Vorbau in den Flur und sah die Bänke in der Küche stehen. „Waren diese Bänke alle voll?" „Ja". Nun fing sie an, einen Akt zu schreiben, um mich zu verklagen. Wie froh und dankbar waren wir, dass sie nicht weiter guckte, denn da drinnen waren noch viel mehr Bänke. Das Wohnzimmer war voll, wir hatten sogar manche Möbel ausgeräumt, um mehr Platz zu schaffen. Aber das hat Gott nicht zugelassen, sonst weiß ich nicht, was die dann noch alles gemacht hätte. Nun schrieb sie eine Akte und da stand drin, dass ich ohne offizielle Genehmigung in unserem Haus Versammlungen abzuhalten erlaubt hätte, dass ein fremder Prediger vor ungefähr 40 Leuten gepredigt hätte. Ich wusste, dass es viel mehr gewesen waren, aber das brauchte ich ihr ja nicht zu sagen, wenn sie nicht konkret fragte. Der Text ergab eine halbe DIN A5 Seite, die ich unterschreiben musste und dann ging sie wieder.

Danach ging sie zu den Wallmanns, sie war also gut informiert. Dort verlangte sie sofort, den Gast zu sprechen. Onkel Kran kam raus, grüßte freundlich, aber sie hatte für so etwas keine Zeit, sondern verlangte sofort seinen Ausweis. „Ja", sagte er, „den können Sie sehen, mein Ausweis ist sauber. Ich habe nichts verschuldet." Mit diesen Worten zeigte er ihr den Ausweis. Sie packte sofort zu, guckte kurz drauf, steckte sich ihn in ihre Tasche und sagte zu ihm „ Heute Nachmittag könnt Ihr den vom Sowjet abholen!" Der arme Mann war ganz verwirrt als er später zu uns kam. „Was machen wir nun? Die Leute werden abends noch zur Versammlung kommen", meinte er. „Ja", sagte ich, „die Leute werden kommen, die wissen ja von diesem allem nichts." „Aber wie willst Du damit fertig werden?" fragte er besorgt. „Ich fahre weg, aber Du musst das alles auf Dich nehmen." Ich sagte zu ihm: „Wenn Sie die Kraft haben, dann halten wir heute noch eine Versammlung. Die Leute wollen so gerne noch was hören, lass sie kommen. Für mich ist es schon egal, der Akt ist geschrieben und ich hab unterschrieben, ob ein Abend mehr oder weniger, darauf kommt es nicht an."

So hatten wir auch am dritten Abend noch eine Versammlung, ohne dass die Leute hätten ahnen können, was es für Folgen haben würde. Der Ausweis war Onkel Kran am Mittwochvormittag abgenommen worden.

Nachmittags fuhr Johann Wallmann, bei dem er zu Gast war, zum Dorf-sowjet und fragte nach dem Dokument. Die Vorsitzende hatte ja verspro-chen, ihn am Nachmittag raus zu geben. Nun sagte sie zu ihm: „Der Aus-weis ist in der Kreisverwaltung, Ihr könnt ihn da abholen." Der alte Mann war sehr betrübt darüber! „Wie soll ich dahin kommen?" jammerte er. „Ich kenne mich hier nicht aus, aber ohne Ausweis kann ich nicht blei-ben!" Johann Wallmann war den ganzen Tag auf der Arbeit und wenn er nach Hause kam, dann waren alle Büros schon zu, zumal es 60 Kilometer bis zur Kreisverwaltung waren. Dann hab ich Onkel Kran angeboten, ihn zu begleiten. Meine Schwester übernahm (zusätzlich zu ihrer eigenen Arbeit) für einen Tag die Post, so dass die Leute alles bekamen und ich fuhr mit Bruder Kran am Donnerstag nach Perevolozk. Dort angekom-men, meldeten wir uns sofort bei der Milizabteilung. Die machten große Augen und staunten nicht wenig über uns, dass wir ohne Aufforderung zur Milizbehörde kamen! Manche, die sich verschuldet hatten, kamen nicht immer der ersten Aufforderung nach und wir kamen ungerufen! „Was wollen Sie?" fragte einer der drei Milizbeamten. Ich erklärte unser Anlie-gen, dass wir einen Ausweis abholen möchten, der gestern dem alten Mann abgenommen worden war. Die drei schauten sich fragend an. „Da-von wissen wir nichts. Wir haben auch keinen Ausweis. Sie müssen war-ten, bis der Abteilungsleiter kommt. Vielleicht weiß er mehr, aber er ist weggefahren und wir wissen selbst nicht, wann er zurück kommt."

Nun, wir mussten diese Sache zu Ende bringen, also blieben wir da. Wir setzten uns draußen ins Gras und warteten. Der Tag ging zu Ende, das Büro wurde geschlossen, die Arbeiter gingen nach Hause und der Leiter war nicht gekommen. Wir gingen zu dem Quartier, welches die Kolchose für solche Fälle gemietet hatte. Bruder Kran war sehr niedergeschlagen, er hatte kein Hunger oder Mut für irgendetwas. Wir saßen draußen auf he-rumliegenden Balken, aber es gab keine richtige Unterhaltung. Der alte Mann war traurig, enttäuscht und entmutigt. Er konnte es alles nicht ein-ordnen. Deswegen blieb ich da, um ihn in dieser Lage nicht allein zu las-sen. Er hat in dieser Nacht bestimmt nur wenig geschlafen, denn er war auch am anderen Tag noch sehr still und niedergeschlagen.

Nach dem Frühstück gingen wir wieder zur Milizbehörde und fragten nach dem Leiter. Da wurde uns gesagt, dass er noch immer nicht gekommen sei! Was blieb uns übrig, als weiter zu warten? So setzten wir uns wieder ins Gras und warteten. Als der Leiter endlich kam, gingen wir sofort mit hinein. Er wunderte sich ebenso wie die anderen, dass wir ohne Aufforderung in sein Büro kamen und fragte nach unserem Begehr. Wir erzählten ihm alles, die ganze Geschichte. Er hörte sich alles an, dann sagte er: „Bei uns ist kein Ausweis angekommen, dann werde ich mal bei der Frau Belowa anrufen und fragen, was das bedeuten soll." Also rief er in Kitschkass (Nr. 12) in unserem Dorfsowjet an, während wir in seinem Kabinett saßen. Dann sagte er zu uns: „ Hier ist kein Ausweis angekommen, der liegt noch bei ihr auf dem Tisch. Aber sie hat versprochen, den herzuschicken." Also hatte sie uns angelogen, schickte uns nach Perevolozk, die ganze weite Strecke ohne Auto und der Ausweis lag die ganze Zeit bei ihr auf dem Tisch! Nun hieß es, weiter zu warten. Wir hatten auch keine Ahnung, wie der Ausweis in die Milizbehörde gelangen sollte. Also blieben wir im Gras vor dem Gebäude sitzen, um nichts zu verpassen.

Der Tag ging langsam zu Ende, da mit einmal kommt ein Motorrad ganz schnell daher gefahren! Und was meint ihr, es war Johann Wallmann! Ihn hatte Frau Belowa beauftragt, den Ausweis nach Perevolozk zu bringen. Dazu hatte er sich für die letzte Stunde von der Arbeit losgefragt, um nicht zu spät zu kommen, weil die Behörden um 17 Uhr zumachten. Wir wunderten uns nicht wenig, als wir den Johann sahen, waren aber auch froh, dass er da war! Er sagte nur: „Ich habe den Ausweis." Jetzt gingen wir alle drei zum Leiter hinein. Er schaute uns der Reihe nach an, dann besah er den Ausweis und sagte: „Der Ausweis ist in Ordnung, aber Ihr müsst für diese ganze Sache im Kreiskomitee 50 Rubel Bearbeitungsgebühr zahlen." So gingen wir zu dieser Behörde und wollten es gleich einzahlen. „Nein", hieß es da, „Ihr müsst das in der Bank einzahlen. Bringt die Quittung her und dann könnt Ihr den Ausweis haben." So haben wir es dann auch gemacht. Als wir mit der Quittung zur Miliz kamen, betrachtete der Leiter das Papier, drehte es hin her und fragte dann: „Und was wollt Ihr jetzt machen?" Ich sagte: „Jetzt wollen wir nach Hause fahren." Er schaute mich eine Weile an, dann sagte er: „Weißt Du, was? Ich gebe Dir einen Rat." Er hatte ja den Ausweis gesehen und wusste, dass der alte Mann von weit her war. „Ich rate Dir, geh mit dem Mann zum Bahnhof und schicke ihn nach Hause. Wenn Du ihn zu Dir ins Dorf mitnimmst, dann geht diese ganze Geschichte morgen von neuem los." So gut kannte man in der Kreisverwaltung unsere Sowjet-Vorsitzende! Sie war eine hinterlistige Frau, mit der keiner was zu tun haben wollte.

Ich hatte noch etliche Einwände: „Er hat bei uns noch seine Sachen." „Ja", sagte er, „dann weiß ich nicht, aber so nimmt das kein Ende. Ich kann Dir nur diesen einen Rat geben." Als wir aus dem Gebäude gingen, besprachen wir die Sache und Onkel Kran war bereit, nach Hause zu fahren. Hier war doch nichts mehr anzufangen. So ging ich mit ihm zum Bahnhof, kaufte ihm das Ticket, half ihm in den Zug und er fuhr nach Haus. Er war sehr dankbar, dass ich mit ihm gefahren war. „Wie hätte ich das alles alleine schaffen sollen? Ich bin hier fremd und wusste nicht ein noch aus. Du hast mir überall geholfen." Wie ich damals nach Hause gekommen bin, weiß ich schon nicht mehr. Er hatte bei uns seinen Regenmantel und die Bibel gelassen, das packte ich ein und schickte es ihm nach. Die Freundschaft haben wir aber aufrecht erhalten. Er ist noch etliche Male bei uns gewesen. Wir luden ihn zu unserer Hochzeit er und er hat uns auch getraut. Viele Jahre später besuchte er uns noch einmal, da hatten wir schon zwei Kinder. Er freute sich so, wenn unser kleiner Willi ihm die Hausschuhe nachtrug!

Zwei Verhöre

Aber unsere Vorsitzende war noch lange nicht zufrieden, sie musste weiter graben. Die Akte, welche sie bei uns aufgestellt hatte und die ich unterschreiben musste, hatte sie umgeschrieben und zur Kreisverwaltung geschickt. Daraufhin wurde ich zum Verhör bestellt. Es kam eine Kommission, bestehend aus acht Männern: Der Gerichtsvollzieher und sieben junge Milizanwärter. Als ich herein kam, bot man mir einen Platz an. Ich lehnte ab und das brachte die Kommission schon in Rage. Während meines Besuchs in Sibirien hatte ich viel von den verfolgten Christen gelernt, auch, wie man sich am besten bei den Behörden verhalten sollte. So hatte ich gelernt, dass es manchmal besser ist, wenn man bei Verhören stehen bleibt. Ich blieb also an der Tür stehen, weil ich wusste, dass ich hier stark sein musste. Da fragte der Gerichtsvollzieher, warum ich es erlaubt hatte, dass in unserem Haus Versammlungen abgehalten wurden? Ob ich die Gesetze nicht kennen würde? „Es ist klar und deutlich, dass keine Versammlung stattfinden kann, wenn sie nicht registriert ist", sagte er. „Und dann dürfen nicht mehr als 20 Personen auf einmal zusammen kommen. Weißt Du das nicht?" „Ja, das weiß ich", sagte ich, „aber wir haben noch andere Gesetze, nach denen wir uns richten." „Was sind das denn noch für Gesetze?" schrie er mich an. „In der Bibel steht geschrieben ‚Gehet hin in alle Welt und predigt das Evangelium aller Kreatur'."

Jetzt war aber was los! Die Beamten waren so wütend, sie sprangen auf, schlugen mit der Faust auf dem Tisch und fluchten! Ich stand ganz ruhig da und das ärgerte sie noch mehr! Die wollten mir Angst machen, damit ich sagte, dass ich nie mehr zur Versammlung gehen würde. Aber das haben sie nicht geschafft! Dann fragten sie, was ich arbeite. „Ich bin Postarbeiter." „Du bist gar nicht würdig, solche verantwortungsvolle Arbeit auszuführen", sagte der Vorsitzende der Kommission und schimpfte, was ihm nur einfiel. „Dir sollte man eine Arbeit geben, bei der Du Tag und Nacht wie ein Esel schuften musst! Aber nicht solche Arbeit, wie Du sie hast!" Ich nahm mein Notizbüchlein aus der Tasche und schrieb mir diese Worte auf. Er schaute zu mir und fragte: „Was schreibst Du da?" „Na, diese Ihre Worte, die Sie hier zu mir sagen", gab ich zurück. „Wozu brauchst Du sie?" fragte er weiter. „Man weiß nie, wann und wo ich sie mal gebrauchen kann." Da wurde er ruhiger, denn er sah es ein, dass er mit mir nicht alles machen konnte, was er wollte. Wenn ich mich an höherer Stelle über sein Schimpfen und Fluchen beschwert hätte, dann hätte er wohl auf den Deckel bekommen. Nun wusste er nicht mehr, was er noch mit mir anfangen sollte. „Wir bestrafen Dich mit 50 Rubel. Die musst Du dafür zahlen, dass Du in Deinem Hause Versammlungen hattest. Nun kannst Du gehen." Ich blieb stehen. „Ich habe Dir gesagt, Du kannst gehen!" sagte er. „Ja", meinte ich, „mir ist etwas nicht ganz klar. Sie haben mich bestraft, aber ich habe kein Schreiben davon. Nur auf Ihre Worte hin werde ich nicht zahlen." „Geh! Raus!" schrie er wieder. „Wir haben Dich bestraft, zahlst Du das oder zahlst Du nicht, das ist Deine Sache, geh!" Ich bedankte mich und ging raus. „Wenn das meine Sache ist, dann ist ja gut", dachte ich so bei mir. Es gibt keinen Beweis, also bin ich zu nichts verpflichtet.

Das war am 1. Juni und am 7. Juni kommt Frau Belowa um 14 Uhr nachmittags zu uns nach Haus. Wir waren noch nicht vom Mittagsschlaf aufgestanden, es war alles ganz still. Aber weil die Türen nicht abgeschlossen waren, konnte jeder zu jeder Zeit herein kommen. Sie kam also rein und schrie durchs ganze Haus: „Где тут эта Ленка?" (ru. „Wo ist hier diese Lenka?")

Ich kam aus der Küche und beschwichtige sie: „Bitte etwas leiser!" „Warum das denn?" fuhr sie im gleichen Ton fort. „Erstens, weil wir eine Kranke im Haus haben und zweitens, weil wir bei uns zu Hause nicht so brüllen." In dem Moment kam meine Mutter aus dem Krankenzimmer. Bevor sie auch nur ein Wort heraus bringen konnte, schrie Belowa sie an: „Ihre *Lenka* wird Ihnen noch Probleme machen, dass Sie nicht mehr wissen, wo Ihnen der Kopf steht! Die wird so viel Strafe zahlen, dass Sie noch das Haus verkaufen müssen!" Mutter blieb ganz ruhig. Dann sagte die Vorsitzende zu mir: „Du sollst sofort zum Verhör kommen! Aber heute werden andere mit Dir sprechen, das wird nicht so zahm sein wie mit uns!"

Sie ging fort und ich machte mich auf den Weg zum Verhör. Als ich im Büro ankam, wurde ich sofort in das große Zimmer eingeladen, wo die anderen schon saßen. Diesmal waren fünf Männer da. Nun musste ich mich an das Ende des Tisches setzten. Diesmal beschloss ich, mich hinzusetzen, weil ich sofort merkte, dass diese Männer von einem anderen Kaliber waren und mich menschlich behandeln würden. Links von mir saß der Leiter dieser Gruppe, es war Genosse Wdowin, oberster Leiter des Komitees für religiöse Angelegenheiten im Gebiet Orenburg. Rechts saßen drei Beamte, die zu ihm gehörten. Am anderen Ende des Tisches stand

Viktor Iwanowitch Studenikow, der mich vor einer Woche so ausgeschimpft und bestraft hatte.

Wdowin als Dienstältester fing dann mit dem Verhör an. Er fragte, was meine Beschäftigung sei und was ich in der freien Zeit mache. Dabei war er sehr anständig und mild, ja fast väterlich. Unsere Vorsitzende Belowa saß hinter ihm am Fenster und hörte alles mit an. „Nun", sagte er, „Ihr habt oft bei Euch zu Hause christliche Versammlungen, wie ist es damit?" „Versammlungen haben wir bei uns normalerweise keine. Es war eine Ausnahme im Mai. Aber wir singen und musizieren oft zu Hause. Meine Schwester spielt Gitarre und ich Akkordeon. Wenn die Jugend dann vom Tanzen kommt, dann bleiben sie stehen und hören zu. Und dann meinen sie, bei uns ist eine Versammlung. Das ist aber nicht wahr. Trotzdem wird es schon am andern Morgen im Sowjet gemeldet und dann heißt es immer ‚da ist schon wieder Versammlung gewesen'. Und dann kommt eine solche Anastasia Pawlowna Belowa, die Vorsitzende des Sowjets", ich zeigte auf sie, „und verklagt uns." Da wandte er sich zu ihr um und sagte: „Lügen brauchen wir nicht". Er sagte es in einem Ton, dass sie genau verstehen konnte, was er meinte. Sie war auch ganz still. Dann fragte er, ob ich schon mal bestraft wurde? Ich sagte ja. „Und hast Du das gezahlt?" „Nein", sagte ich. „Und warum nicht?" wollte er weiter wissen. „Die haben mir kein Schreiben gegeben und ich bin nicht bereit, nur auf ein Wort zu zahlen." Dann fragte er den Gerichtsvollzieher Studenikow: „Warum haben Sie es ihr nicht schriftlich gegeben?" „Wem?" fragte dieser, als ob er nichts gehört hatte. „Na, dieser Ihrer Verbrecherin", sagte er, indem er auf mich zeigte. Studenikow wand sich unter dem Blick des hohen Beamten, ihm fiel kein guter Grund ein. Schließlich sagte er: „Wir hielten es nicht für nötig." Dabei rieb er sich die Nase und hielt die Hand vor dem Mund, so dass es fast nicht zu verstehen war.

„Dann habe ich eine Frage an den Beamten", meldete ich mich zu Wort. „Was ist auf dem letzten Parteitag in Moskau in Bezug auf die Gläubigen beschlossen worden?" „Oh", sagte er, „das ist eine sehr gute und wichtige Frage! Ich bin froh, dass Du sie gestellt hast! Und ich will sie Dir gern beantworten. Auf dem XXII. Parteitag wurde beschlossen, dass in unserem Land volle Freiheit ist. Ein jeder kann glauben, was er will. Jede Nation hat ihren Glauben und jeder glaubt, was ihm gefällt." „Aber ich darf es nicht. Ich habe noch eine Frage: wenn man Gäste hat, kann man nur das sagen, was uns erlaubt ist?" „Nein", meinte er, „keiner darf Dir ein Thema vorschreiben, wir sind freie Menschen." „Aber ich darf es nicht", gab ich meine Einwendung. „Warum?" fragte er. „Ja, wenn wir im Hause Gäste haben, dann kommt so eine Anastassia Pawlowna, schreibt alles auf und schickt es weiter zur Kreisverwaltung. Als ich vor einer Woche hier zum Verhör war, konnte ich nur staunen, was für ein Akt mir vorgelesen wurde. Als ich den Gerichtsvollzieher bat, mir zu zeigen was er da hatte, fragte er, was ich damit wolle. ‚Ich will nur gucken, denn meine Unterschrift steht da nicht‘, sagte ich ihm. ‚Das hat auch keine Bedeutung‘, meinte er daraufhin. ‚Gut‘, sagte ich, ‚von jetzt an unterschreibe ich nichts mehr.‘" Frau Belowa hatte nämlich einen zwei Seiten langen Akt aufgestellt, auf kariertem Papier, alles dicht vollgeschrieben. Das waren alles Lügen.

Einer der Beamten fragte, warum ich eigentlich zu Hause und in den Versammlungen Akkordeon spiele. Ich könne ja ins Kulturhaus (Klub) gehen und dort spielen. „Das interessiert mich nicht. Ich bin gläubig, darum musiziere ich lieber zu Hause und gehe wenn möglich, zur Versammlung. Wir brauchen alle die Vergebung der Sünden und das ist nur bei Gott zu haben", nutze ich meine Chance, ein wenig zu evangelisieren. Da stand Belowa auf, kam zum Tisch und sagte frech: „Wie willst Du mich als Sünder zu bezeichnen? Ich habe niemanden bestohlen und niemanden umgebracht, dann bin ich doch frei, oder?" „Wenn Sie meinen, dass sie keine Sünde haben, dann muss ich Ihnen heute sagen, dass Lügen auch Sünde ist. Wenn Sie einen erlogenen Akt nach Perevolozk schicken, dann ist das eine Sünde, für die Sie sich verantworten werden müssen." Wdowin wiederholte, was er schon mal gesagt hatte: „Lügen brauchen wir keine!"

Es wurde noch manches gefragt und besprochen. Der Herr stand mir bei und ich konnte auf alles antworten. Einer der Beamten sagte: „Wie kommt es, dass Du so viel weißt? Selbst Erwin Abramovitsch (unser Leiter) hat uns so etwas noch nicht gesagt."

Da fragte mich einer von denen, die bis jetzt noch nichts gesagt hatten: „Wer hat Dich erzogen?" „Meine Mutter." „Und warum nicht der Vater?" fragte er mit einem giftigen Unterton. „Weil ich keinen Vater habe. Den hat mir die Sowjetregierung weggenommen und so musste ich als Waise bei der Mutter groß werden." Das war genug, mich hat nie mehr jemand nach meinem Vater gefragt! Früher hätte ich das nicht sagen dürfen, dann hätten die ganz schnell einen Platz für mich gefunden – ich wäre mit Sicherheit hinter Gitter gelandet! Aber Stalin war nicht mehr. Das können wir nur unserm Himmlischen Vater verdanken, der den Tyrannen endlich wegnahm und uns durch manch eine schwere Situation hindurch half. Der Herr hat uns beigestanden, wenn wir am Ende waren. Er gab uns Kraft, standhaft zu bleiben in Verfolgung und Versuchung und Ihm allein gebührt die Ehre und der Dank.

Am Ende des Gesprächs sagte Wdowin zu mir: „Ich würde Dir für Dein Wissen die höchste Note geben!" Das hat mir sehr viel bedeutet! Vor allem die Tatsache, dass die Vorsitzende Belowa es auch hörte. Sie hatte mich als einen „Menschen mit verdunkeltem Verstand" bezeichnet, also dumm. Und nun das hier! Es muss bei ihr etwas bewirkt haben, denn nach diesem Verhör änderte sie sich um 180 Grad! Plötzlich war sie wie eine Freundin zu mir! Sie beschimpfte mich nicht mehr, sondern behandelte mich wie eine Person ihresgleichen. Als viele Jahre später unsere Kuh krank wurde und plötzlich verendete, ging mein Mann mit der Bescheinigung des Veterinärs zum Sowjet, um den Versicherungsfall zu melden. Belowa hörte ihn gar nicht an, nahm das Papier, zerriss es und warf es in den Papierkorb! Daraufhin stellte uns der Veterinär eine zweite Bescheinigung aus und ich ging damit nach Kitschkass (Nr. 12). Als ich bei Belowa ins Kabinett kam, konnte sie nicht höflicher sein. „Was hast Du da, Lena? Komm, ich helfe Dir. Ja, klar, das reichen wir ein und Ihr bekommt das Geld." Kein Wort über das erst vor kurzem zerrissene Dokument.

10. Kapitel: Ein neuer Lebensabschnitt beginnt!

Endlich erlöst!

1966 hatten wir einen Trauerfall in der Familie. Unsere Schwester Tina wurde von ihren Leiden erlöst und konnte Anfang August heimgehen in die obere Heimat. Nun hatte sie ausgelitten.

1961. Meine Schwester Tina in ihrem Krankenbett.

Sie wurde schon mit neun Jahren krank – ich war damals erst drei Jahre und kenne sie gar nicht anders. Insgesamt erlitt sie drei Schlaganfälle, Ende 1941, Mitte 1943 Anfang 1945. Weil sie kaum sprach, konnte sie auch nicht sagen, wie es ihr ging oder wo sie Schmerzen hatte. Manchmal wollte sie nicht essen. Sie machte nicht den Mund auf, wenn wir den Löffel zum Mund führten. Wir haben manchmal gesessen und gebettelt: „Na, Tina, iss doch! Nimm doch was!" aber sie nahm nichts. Dann, etliche Tage später lag vorne auf ihrer Bluse ein Zahn. Sie hatte also Zahnschmerzen gehabt, konnte aber nichts sagen. Nun hatte sie sich den mit der Zunge heraus gewühlt.

Vor Jahren hatten wir einmal Onkel Görzen gebeten, Tina zu untersuchen. Er sagte nachher, dass bei ihr nicht ein Gelenk richtig mit dem anderen verbunden sei oder zusammen hält. Durch die Krämpfe sind alle Gelenke auseinander gezogen. „Wundert Euch nicht, wenn sie jammert oder weint. Die hat ganz furchtbare Schmerzen auszuhalten. Überall zwischen den Gelenken kommen spitze Knochen heraus." Und dann zeigte er uns die spitzen Knochen, die zwischen den Fingern und Zehen zu spüren waren. Dagegen konnte er nichts tun.

Als 1962 das große Krankenhaus eröffnet wurde und der neue Arzt schon etliche Monate gearbeitet hatte, wurde er eines Tages gefragt: „Weißt Du auch, welche Kranken es in den Dörfern gibt, die zu Deinem Bereich gehören?" Er musste es verneinen, ließ es aber nicht dabei bleiben. Eines Tages machte er sich auf und besuchte alle Schwerkranke. So kam er auch zu uns. Leider waren wir auf der Arbeit und Mutter konnte zu wenig Russisch. Er stellte sich vor, zog seinen weißen Kittel an und ging zu der Kranken rein. Die freute sich und lachte, dass er sich wunderte. „Warum freut die sich so?" fragte er. „Na", sagte Mutter, „die freut sich über jeden Besuch und nun, da Sie noch im weißen Kittel kommen, bedeutet es ihr noch mehr." Er untersuchte Tina gründlich; die Rippen, die Füße, die Schultern und Hände, hörte das Herz ab und die Lunge und ließ sich alles erzählen, seit wann sie krank sei, wie und was alles dahinter stehe. Mutter beantwortete alles, so gut sie konnte, aber sie war selbst sehr aufgeregt. Da hat er noch Mutters Herz abgehorcht und zu ihr gesagt: „Mamascha, Sie sind schlechter dran als die Kranke! Ihr Herz ist viel schlechter als das Ihrer Tochter. Die hat ein starkes Herz und kann noch lange leben, aber Sie halten mit Ihrem Herzen nicht mehr lange aus." „Doch", sagte Mutter, „ich halte aus und werde Sie bis zum Schluss versorgen." „Nein", widersprach er, „das schaffen Sie nicht, die überlebt Sie." „Nein, nein", meinte Mutter, „ich halte durch, ich werde sie pflegen bis ans Ende." „Das glaub ich nicht", meinte er, „wie

Mutter mit Tina, 1961.

können Sie da so sicher sein?" „Ich habe darum gebetet", sagte Mutter schlicht, „und ich habe die Gewissheit, dass Gott mich bis zu ihrem Ende erhalten wird." „Na gut", lenkte er ein, „wenn Sie so fest glauben, machen Sie so weiter."

Im Juli 1966, vier Jahre später, wurde Tina noch kränker. Es stellte sich heraus, dass es eine Lungenentzündung war. Ich hatte in diesen Tagen auch Lungenentzündung und lag krank zu Hause. Am 2. August konnte sie von all ihren Leiden erlöst werden und ging ruhig aus diesem Leben in die ewige Heimat über.

Am 6. August war Beerdigung, fast auf den Tag genau 28 Jahre nach Annas Beerdigung. Tina wurde im Sarg als Braut geschmückt, sie trug ein weißes Kleid und hatte einen Blumenkranz in den Haaren. Es war immer noch die Zeit, als alle Gottesdienste verboten waren und so riskierte keiner, eine Trauerpredigt zu halten. Freilich war es nicht ganz so schlimm wie bei meiner ältesten Schwester Anna im Jahre 1938, aber es war auch nicht einfach. Schließlich willigte ein älterer, gläubiger Mann aus Alisowo ein und hielt die Trauerpredigt. Dann sprach noch unser Cousin, Isaak Harms. Die Cousins von Vaters Seite haben uns immer sehr geholfen, wenn es an etwas fehlte. Als unsere Kranke gestorben war, war er auch der erste, der fragte: „Wo braucht Ihr Hilfe? Wir sind da und helfen, wo wir können." Nun erzählte er von unserem alltäglichen Leben, was es uns gekostet hatte an Kraft, Geduld und Mitteln, diese Kranke so viele Jahre zu betreuen. Die Leute waren zu Tränen gerührt. Aber viele wunderten sich, dass wir noch um die Verstorbene weinten, weil sie meinten, es sei doch nur

6.08.1966, Tinas Beerdigung.

eine Last für uns gewesen. Aber es war doch immerhin unsere älteste Schwester und durch die tägliche Pflege war sie uns mehr ans Herz gewachsen, als manch einer sich vorstellen konnte. Wenn es auch noch so schwer gewesen war, nun gab es eine leere Stelle im Haus. Tina hatte sich immer so sehr gefreut, wenn wir von der Arbeit sogleich zu ihr ans Bett kamen! Nun war das Bett leer.

Die Leere wird neu gefüllt

So hatten wir von 1966 auf 1967 einen schönen, ruhigen Winter. Ich war noch immer Postträger, Maria arbeitete jetzt in der Ölmühle. Mutter hat in der Zeit noch manches geschrieben, meist abgeschrieben und ihre Hefte waren ihr sehr wichtig. Wir haben zu der Zeit alle viel geschrieben. Es gab keine Gedichtbände von früher, darum hab ich mir alles ausgeliehen, wenn ich irgendwo ein Gedicht hörte und es abgeschrieben. Ich habe heute noch mehrere Gedicht- und Liederhefte, die ich aus Russland mitgebracht habe, weil es uns damals so viel bedeutete. Vor allem aus der Zeit als es bei uns schon einen Chor gab in dem ich mitsang.

Als wir 1955 getauft wurden, war Katharina Neufeld unsere Gesangleiterin, denn ein Gottesdienst ohne Gesang war nicht vollständig. Es dauerte leider nicht lange, da wurde wieder alles verboten und die Anfänge zerfielen. Die Menschen hatten es nun aber erfahren, wie wichtig und schön die Zusammenkünfte waren und so trafen wir uns weiterhin in ganz kleinen Kreisen. Die Kreise vermehrten sich bald und so gab es wieder Gottesdienste. Nun fehlte ein Chor. Und da hat eine Schwester, Susanne Fast, es übernommen, einen Chor zusammenzustellen. Sie konnte sehr gut singen und hatte noch alte Liederbücher aufbewahrt, wie *Liederperlen*. Nun konnten wir lernen und singen. Die Lieder waren mit Ziffern geschrieben, nicht mit Noten, so haben wir damals nach Ziffern gesungen. Susanne schrieb ein Lied, das ihr gefiel, aus dem Heft ab, schickte es herum, so dass alle es abschreiben konnten und während der Übungs- oder Singstunden wurde es dann eingeübt. Wir hatten aber manche Sänger, die gar nicht schreiben konnten. Da war der alte Onkel David Wallmann, der war schon so alt, oder David Esau, er war nicht geschult. Da hab ich für die auch noch die Lieder abgeschrieben. Also schrieb ich die Lieder drei Mal ab und dann konnte ich den Text schon auswendig. Wenn ich dann in der Probe noch ein wenig aufmerksam war, saß das neue Lied schon im Sinn und Herzen. So hatten wir einen guten Chor, haben viel gesungen, sind auch ausgefahren und haben andere Gemeinden besucht. Aber erst, als es mehr Freiheit gab. Der Gottesdienst war ganz einfach und schlicht. Wir hatten keine ausgebildeten Prediger. Überhaupt hatten nach unserer Taufe die meisten jungen Brüder noch nie eine Bibel gesehen, geschweige denn sie gelesen. Nun wollte jeder eine Bibel haben. Wenn dann irgendwie eine aufgetrieben werden konnte, dann schaffte es manch einer kaum, einen Vers zu buchstabieren. Danach wurde etwas darüber gesagt und das war's dann. Aber der Geist Gottes wirkte, die Leute bekehrten sich in Scharen. Es war eben die Zeit der Erweckung, und Gottes Geist wehte überall.

Wir heiraten!

Das Jahr 1967 brachte in meinem Leben eine sehr große Wende! Nach dem Tod meiner kranken Schwester im Sommer 1966 dachte ich nicht sofort an den Heiratsantrag von Willi Rempel vor vier Jahren. Aber als er 1967 nach drei Jahren Militärdienst zurückkam, war ich frei, zu heiraten und er wollte mich immer noch!

Willi kam Anfang November nach Hause und wohnte zunächst bei seinem Bruder Jakob und dessen Familie in Dolinovka (Nr. 9). Seine Eltern waren 1965 in seiner Abwesenheit mit den jüngeren Geschwistern nach Kirgisien gezogen. So war er in der Nähe und konnte mich öfters besuchen. Als er mich jetzt fragte, willigte ich ein und wir beschlossen zu heiraten, was wir in all den Jahren nie bereut haben! Danach fuhr Willi nach Kirgisien, um alles mit seinen Eltern zu besprechen. Sie würden zusammen kommen und dann wir wollten unsere Hochzeit feiern.

Mein Bräutigam hatte in Kirgisien weißen Stoff gekauft, aus dem ich mir ein Brautkleid nähen lassen konnte. Das war so Sitte, der Bräutigam hatte für das Brautkleid zu sorgen. Nun brachte er mir den schönen, feinen Stoff und ich ging damit zur Schneiderin, die schräg über die Straße von uns wohnte. Sie begutachtete den Stoff, nahm Maß und dann vereinbarten wir die erste Anprobe. Am angesagten Tag ging ich hin und sie sagte mir: „Das Kleid ist im Nebenzimmer. Zieh es an und komm dann zu mir." Die Frau war querschnittsgelähmt, sie konnte nicht gehen, darum musste ich zu ihr kommen. Ich ging also ins Nebenzimmer und sah das Kleid ausgebreitet auf dem Sofa liegen. Plötzlich ging mir ein Stich durchs Herz! Ich konnte mich nicht halten, mir kamen die Tränen, denn ich sah meine kranke Schwester im Sarg vor mir liegen, die als eine geschmückte Braut beerdigt worden war! Es war freilich schon ein Jahr vergangen, aber das Ganze saß zu tief, um es schnell zu vergessen. So zog ich das Kleid an und wie ich mich auch beherrschte, die Schneiderin sah es mir sofort an, dass irgendetwas nicht stimmte. „Lena, was ist mit Dir? Hab ich was

Unsere Hochzeit am 3.12.1967. Hier mit meiner Mutter, Tante Greta und Maria.

falsch gemacht? Ist an dem Kleid etwas nicht in Ordnung? Gefällt es Dir nicht?" Sie überschüttete mich mit Fragen und ich konnte ihr nicht sogleich antworten. Dabei drängte sie mich, zu sagen, was los war. Schließlich brachte ich unter Tränen hervor: „Das Kleid ist schön, aber ich sehe nur meine Schwester mit ihrem weißen Kleide im Sarge liegen." „Das geht nicht", meinte sie. „Ich komme aber nicht darüber weg", sagte ich. „Du kannst doch nicht auf Deiner Hochzeit im weißen Kleid sitzen und um Deine kranke Schwester trauern!", sagte sie entschieden. „Ich komme aber nicht davon los", sagte ich. „Dann nähe ich Dir ein anderes Kleid", meinte sie, „so geht das nicht." So nähte sie mir stattdessen ein Kleid aus dunkelblauem Stoff, das ich dann auf unserer Hochzeit trug.

Am 25. November 1967 feierten wir Verlobung und die Hochzeit fand am 3. Dezember statt. Als Prediger hatten wir Bruder Kran aus Swerdlowsk eingeladen, der sollte uns trauen. Wir hatten zu der Zeit noch keine eingesegneten Brüder in unserer Gemeinde, obzwar Bruder Erwin Petkau die Täuflinge einsegnete und auch Hochzeitspaare traute. Nun hatten wir aber den Bruder Kran eingeladen und der traute uns. Das war eine so außergewöhnliche Sache, dass die älteren Leute im Dorf meinten, eine solche Hochzeit hätte es schon dreißig Jahre lang nicht mehr gegeben! Es war manchen so wichtig, dass noch etliche andere Ehepaare sich entschlossen, sich trauen zu lassen. Ein Paar aus dem Nachbardorf, Willi und Maria Penner, und aus unserm Dorfe David und Anna Esau. Zwar hatten sie jetzt schon große Kinder, aber zu der Zeit, als sie geheiratet hatten, war vom Christentum keine Spur gewesen, es war alles verboten. Und so wurden auch sie jetzt getraut und eingesegnet.

Die Menschen hatten großen Hunger nach Gottes Wort! Bruder Kran spürte das und so blieb er noch ein paar Tage da. Am 5. Dezember war ein arbeitsfreier Feiertag, der Tag der Verfassung. Der fiel 1967 auf einen Dienstag. Üblicherweise wurde dann der Sonntag zum Arbeitstag erklärt und der dazwischen liegende Montag war arbeitsfrei. Das passte gut für uns! So hatten wir am Montag noch einen Gottesdienst mit Bruder Kran und an dem Abend konnten acht Seelen zu Jesus finden und Frieden mit Gott bekommen! Es waren alles junge Menschen, Schüler aus den 8. –10.

Klassen. Unter anderem waren es Anna Dickmann, Aganeta und Peter Peters, Lena Derksen und Maria Kröker. Bruder Kran blieb daraufhin noch eine Woche und predigte am nächsten Sonntag wieder. Nun waren die Herzen schon etwas erweicht und so bekehrten sich noch sieben Seelen. Diesmal war auch eine ältere Frau dabei, Frida Wallmann. Das gab eine neue Belebung unter den Gläubigen!

Die Kolchose hatte einen Beschluss gefasst, laut dem jedes Ehepaar zur Hochzeit 60 Rubel als Geschenk bekam oder ein Ferkel ca. zwei-drei Monate alt. Das war ein sehr großes Geschenk! Ich verdiente damals mit dem Austragen der Post rund 29 Rubel im Monat. Aber an dieses Geschenk war eine Bedingung geknüpft: Die Hochzeit musste im Klub gefeiert werden. Es gab ja auch keine anderen Räumlichkeiten. Wir wollten aber nicht in diesem atheistischen Gebäude unseren Ehebund eingehen und fragten die Glaubensgeschwister. Eine Familie gab uns ihr großes Wohnzimmer, die Nachbarn nebenan erlaubten uns, in deren Wohnzimmer zu essen und so ging alles gut. Aber dadurch bekamen wir das Geschenk aus der Kolchose nicht. Wahrscheinlich haben die Vorstehenden es unter sich aufgeteilt. Das machte uns nichts aus, denn wir hatten ein viel größeres Geschenk vom Herrn bekommen! Auf Grund unserer Hochzeit waren 15 Seelen zum Glauben gekommen! Dafür waren wir sehr dankbar! Seitdem galt der 3. Dezember 1967 als Beginn der christlichen Jugend in unserem Dorf.

Konsequenzen der kleinen Erweckung

Freilich, der Feind der Seelen schlief auch nicht. Sofort setzte Verfolgung ein. Die neu bekehrten Kinder und Jugendlichen wollten nun nicht mehr alles mitmachen in der Schule und so kam es bis zum Direktor. Der nahm die Kinder zum Verhör und erfuhr nun, was geschehen war. Die Kinder bekannten es offen und frei: „Wir haben uns bekehrt und sind nun keine Pioniere[27] mehr. Wir machen nicht mehr mit bei dem was die ande-

---

[27] Die Pioniere galten als Nachwuchs für die kommunistische Partei. Die Mitgliedschaft in dieser Organisation war nicht mit dem Glauben an Gott vereinbar.

ren alle machen." Sie bekamen deshalb schlechtere Noten, wurden ausgelacht u. v. m. Aber sie blieben standhaft. Ich habe sie so viel wie möglich ermutigt, denn wir haben uns oft getroffen und sie hatten immer viele Fragen.

Im Januar war ich dann an der Reihe. Aus der Kreisverwaltung kamen einige Beamte, darunter der Staatsanwalt höchstpersönlich und der Gerichtsvollzieher. Die beschäftigten sich nun mit mir. Als das Gespräch losging, verließ der Staatsanwalt den Raum. Nach anderthalb Stunden kam er wieder herein und fragte: „Na, wie sieht's aus? Hast Du alles erfragt? Und auch aufgeschrieben?" „Ja", sagte der Sekretär. Der Staatsanwalt guckte auf das Protokoll, welches dieser geschrieben hatte und sagte: „Was hast Du da geschrieben von Rempel? Wir brauchen keine Rempel, wir brauchen eine Harms!" Bei so einem Verhör wird die Akte erst mit dem Namen des Beschuldigten versehen und dann kommt die Gesprächsdokumentation. In den Akten stand ich noch unter meinem Mädchennamen Harms und die wussten nicht, dass ich jetzt Rempel hieß. Da erklärte ich ihnen, warum ich jetzt so hieß und sie waren zufrieden. Mein Mann war schon voll im Einsatz in der Kolchose und war sogar nach Tscheljabinsk geschickt worden, um Futter für unser Vieh zu besorgen. Deswegen musste ich allein zum Verhör. Aber das war ja für mich auch nichts Neues. Ich wurde wie üblich beschimpft, gewarnt, bedroht und alles Mögliche. Aber wir Gläubigen trafen uns auch weiterhin. Auch die Kinder hielten Stand in der Schule und so ging es langsam weiter. Im Sommer 1968 gab es ein Tauffest. Es war am 7. Juli gegen Abend. Man musste immer noch vorsichtig sein, wir hatten noch keine Freiheit. Es waren nur wenige Personen am Ufer sowie der Leitende unserer Gemeinde, Erwin Petkau im Wasser und mein Mann als Täufling. Damit wurde auch er Mitglied der Gemeinde in Kubanka.

So verging die Zeit. Die Gottesdienste wurden gut besucht und es fanden sich auch junge Brüder, die die Gabe hatten, zu predigen. 1974 wurde Bruder Erwin Petkau unter Handauflegung als Leitender eingesegnet, obwohl er schon seit 1955 die Leitung der Gemeinde hatte, als die Erweckung anfing. Abram Bergen wurde als sein Gehilfe eingesegnet. 1986 wurden Jakob Neufeld als Prediger und Jakob Isaak als Diakon eingesegnet. Zu der Zeit war noch alles so schlicht und einfach. Wir waren meistens junge Christen und wussten nichts von Einsegnung o. ä. Nach über dreißigjähriger Dürre war uns alles neu. Die erste Zeit, als die Gemeinde noch klein war, hatten wir beim Abendmahl am ersten Sonntag im Monat auch immer noch die Fußwaschung. Als die Gemeinde größer wurde, haben wir das unterlassen. Mein Mann, Willi Rempel, war über 15 Jahre bis zu unserer Ausreise nach Deutschland Kassenwart der Gemeinde. Außerdem predigte er, hielt Bibelstunden und besuchte hin und wieder die Jugendstunden, da es keinen Jugendleiter gab.

Aber der KGB hat mich nie aus den Augen gelassen. Spätestens seit der Reise nach Sibirien war ich in deren Visier. Die fanden immer wieder eine Ursache, mich zu verhören. Unsere Freiheit war sehr begrenzt. Leider hören wir, dass es jetzt wieder in die alte Richtung geht. Am 20. Juli 2016 ist in Russland ein neues Gesetz verabschiedet worden. Wieder geht die Verfolgung um des Glaubens willen los, alles wird verboten, man darf zu niemanden mehr ein Wort von Gott sagen oder zum Gottesdienst einladen. Auch vieles mehr ist wieder verboten. Selbst zu Hause darf man nur beten und die Bibel lesen, wenn keine Ungläubigen dabei sind. Aber wie es geschrieben steht: „Gottes Wort ist nicht gebunden, kein Gefängnis hält es auf." Wenn auch manch einer sein Leben im Gefängnis hat hingeben müssen, so hat er dort den guten Samen des Wortes Gottes reichlich ausgestreut.

Eines Tages war ich wieder mit meiner großen Posttasche unterwegs. Da kam ich auf den Hof bei Tante Annchen Neufeld. Die hatte gerade Schmutzwasser ausgeschüttet und wollte schnell wieder ins Haus. Sie war eine einsame Frau, lebte ganz allein und hatte nicht viel Verkehr mit anderen Menschen. Als sie bis zur Türe war, kam auch ich da an. Sie hätte wohl am liebsten die Tür schnell zugemacht, aber nun war es ihr doch nicht ganz recht und sie schaute noch um die Ecke der halb geöffneten Tür. Ich grüßte sie und gab ihr ihre Post, dann fragte sie mich ganz schüchtern, wie es mir eigentlich gehe. „Mir geht es gut", sagte ich. Verwundert schaute sie mich an: „Was, Du sagst, es geht Dir gut? Man hört immer wieder von Dir, die Lena musste zum Verhör zur Kreisverwaltung fahren. Oder zum Dorfsowjet, oder in die Kanzlei." „Ja", sagte ich, „dann kann man von Gott zeugen, wonach wir streben und was unser Ziel ist." „Ach", meinte sie, „ich dachte, Du wärst schon ganz mutlos und verzagt von all den Verhören." „Nein, nein", sagte ich, „das ist unsere Möglichkeit, den Hohen Beamten die Wahrheit weiter zu sagen."

Kriegsalarm!

Freilich, nach der Heirat wurde es weniger mit den Verhören. Es gab zu Hause viel zu tun und in der Kolchose musste ich weiterhin meinen Anteil leisten. Jedenfalls bis in den Herbst hinein. Am 8. Oktober 1968 wurde uns ein Töchterchen geboren. Welch ein großes Geschenk, ein gesundes, schönes Kindlein! Es war aber nicht selbstverständlich, dass sie gesund und klug war, denn ich habe in dieser ersten Schwangerschaft ganz Furchtbares durchmachen müssen!

Im Mai 1968 wurde eines Nachts gegen Mitternacht heftig an unser Fenster geklopft. Als wir fragten, was los sei, hieß es: „Kriegsalarm! (Военная тревога) Und Du, Willi, musst in zwei Stunden beim Dorfsowjet sein! Nimm einen Trinkbecher, eine Schüssel und einen Löffel mit, außerdem Proviant für zwei Tage."

Das war eine grausame Nachricht! So musste mein Mann noch in der Nacht fort. Als ich am andern Tag mit der Post durchs Dorf ging, wurde ich von überall mit Fragen überschüttet, ob ich wüsste, wo die Männer geblieben sind? Es stellte sich heraus, dass fast alle jungen Männer weg waren. Die Tage gingen dahin und die Frauen fragten jeden Tag nach ihnen. Weil ich die Post hatte, meinten sie, ich würde als erste erfahren, wenn eine Nachricht käme. Aber es kam nichts. Für mich war es eine furchtbare Zeit der Ungewissheit! Freilich ging es den andern Frauen nicht besser. Niemand wusste etwas und uns wurde nichts gesagt. Ich saß die Abende allein und weinte mich in den Schlaf! Oft dachte ich bei mir: Was, wenn wirklich irgendwo Krieg ausgebrochen ist und diese jungen Männer alle dorthin geschickt wurden? (So haben auch die Männer selbst gedacht, ihnen wurde ebenso wenig erklärt, wozu und warum.) Dann könnte es sein, dass mein Mann nie mehr zurück käme. So würde ich ein Kind zur Welt bringen, das keinen Vater im Leben genießen könnte. Und das hatte ich aus eigener Erfahrung erlebt, wie das war. Ich war ja erst neun Monate alt, als mein Vater verhaftet wurde und er ist nie mehr zurück gekommen. So etwas war in Russland nichts Besonderes, vielen war es ähnlich ergangen. Wir hatten es schmerzlich erlebt, was es heißt, ohne Vater zu sein. Sollte das nun auch meinem ungeborenen Kinde drohen? Würde sich das Schicksal der letzten drei Generationen wiederholen? Ich habe mich so furchtbar gegrämt, so aufgeregt und unaufhörlich gebetet und geweint! Eines Abends, als ich wieder in meinem Herzensgram dasaß, verspürte ich, wie sich in mir etwas stark bewegte! Als ob sich alles umdrehte in mir und um sich stieß. Da wurde mir Angst, denn plötzlich war mir klar: ich bin ja nicht mehr allein! Ich muss mit dem kommenden Leben rechnen und darf ihm keinen Schaden zufügen. So konnte ich durch Gebet und Gottes Hilfe ruhiger werden.

Nach einer Woche kamen dann auch Nachrichten von den Männern und nach zehn Tagen wurden sie wieder freigelassen. Es war eine einfache Übung gewesen und diese unsagbare Aufregung hätte nicht sein müssen! Aber der Russe liebt so was, um zu wissen, wie schnell die Leute fertig sind zum Krieg. Information ist unnötig, die Leute sollen ruhig etwas Angst aushalten. Mein Mann wurde später noch zweimal in einen Kriegsalarm einberufen. Das dritte Mal Anfang Juni1972. Ich war fast am Ende meiner dritten Schwangerschaft mit Jakob. Willi musste weg und ich kam ins Krankenhaus, weil diese große Aufregung zu viel für mein schwaches Herz war. Aber dazu später mehr.

11. Kapitel: Unsere Kinder

Wir haben viel Segen erlebt und viel Freude. Gott hat ins im Irdischen gesegnet und besonders durch unsere Kinder. Das erste war ein hübsches Töchterchen und ganz schnell kam ein Sohn hinterher. Willi war ein gesunder starker Junge, er war sehr erfinderisch und unternehmungslustig, hat manches angestellt, wo wir uns oft wundern mussten. Dann kam noch ein Junge, der Jakob. Ein schönes Kind! Er war ganz anders als sein Bruder. Als Baby war er sehr unruhig und kränklich. Aber das war bald vorbei und er wurde ein ruhiger und bedächtiger Junge. Er überlegte erst ein paar Mal, ehe er etwas tat. Als Jüngstes kam dann 1975 unsere Leni zur Welt! Sie war das langersehnte Schwesterchen, um das vor allem Tina jahrelang gebettelt hatte. Sie war auch sehr kränklich, hat die ersten neun Monate viel geweint und kaum geschlafen.

Tina, unsere Erstgeborene

Meine erste Geburt war sehr schwer. Mit 31 Jahren galt ich als Spätgebärende. Zudem lag ich im eiskalten Kreissaal als ich am 7. Oktober spät abends eingeliefert wurde. Die Heizperiode in Russland begann erst am 15. Oktober – vor diesem Termin wurden die öffentlichen Gebäude nicht geheizt. So war ich total verkrampft und verspannt und quälte mich furchtbar in den Wehen! Der Hebamme war langweilig, sie ging fort und als sie Stunden später wieder kam, schimpfte sie mit mir, ich solle mich endlich anstrengen, sonst würde ich selbst sterben und das Kind auch. Irgendwie habe ich es dann doch geschafft und kam nach einer Woche mit unserer erstgeborenen Tochter nach Hause. Sie war mit 4100 Gramm und 55 Zentimeter ein großes Kind. Aber auch ein so ein feines, liebes Ding und hatte lange, kastanienbraune Haare. Wenn wir eine Locke von der Stirn lang zogen, reichte sie bis zur Spitze des Näschens. Ließen wir es los, rollte sie wieder hoch. Also, wir hatten große Freude an ihr!

Mit dem Namen war es so eine Sache. Als die Verwandten in Kirgisien erfuhren, dass wir ein Mädchen hatten, schickten sie ein Päckchen für das „Lenchen". Man nahm an, dass sie natürlich nach der Mutter und Großmutter benannt wurde. Aber da Willis Mutter Katharina hieß und meine Schwester auch diesen Namen getragen hatte, benannten wir unsere Älteste nach diesen beiden, Katharina. Zu Hause wurde sie, wie es üblich war, Tina genannt.

Sommer 1969. Unsere Tochter Tina ist neun Monate.

Kurz vor Tinas Geburt waren wir in das Gebäude neben unserem Haus gezogen, wo früher der Getreidespeicher und Kindergarten drin gewesen waren. Wir bewohnten eine Hälfte des Hauses – das waren zwei Zimmer und eine Küche. Wir mussten es erst renovieren und in dieser Zeit wohnten wir bei Mutter und Maria. Meine Schwester kam mit der Situation nicht gut klar, sie hatte wenig Verständnis dafür, dass es mir in der Schwangerschaft nicht gut ging.

So war es für alle eine gute Lösung, dass wir zwar in der Nähe, aber doch für uns waren. Später bauten wir noch eine Veranda vor den Eingang und einen Stall mit Scheune ans Ende des Hauses. Die Veranda nutzten wir im Sommer als Küche.

Wir waren sehr froh und dankbar für alles, auch wenn es anfänglich noch recht knapp war. Willi arbeitete in der Kolchose und wurde, wie üblich, mal hier, mal dort eingesetzt mit sehr unterschiedlichem Verdienst. Im Winter 1969 war er bei der Ochsenherde und verdiente sehr wenig. Im März waren es nur 27 Rubel, weniger als ein Rubel pro Tag! Im Sommer während der Erntezeit war er fast rund um die Uhr auf dem Feld. Manchmal kam er erst um 2 Uhr morgens nach Hause und musste um 5 Uhr schon wieder raus. Dafür verdiente er dann aber auch mehr. So bekam er im August 1968 157 Rubel in einem Monat! Ich übernahm vier Monate nach Tinas Geburt wieder die Post und bekam 28 Rubel im Monat. Kindergeld gab es erst ab dem vierten Kind. Wir hatten auch ein kleines Stück Land, wo wir unser Gemüse anbauen konnten. Trotzdem reichte das Geld nur sehr knapp für alle Ausgaben. Ich hatte nur ein Kleidchen für die Kleine. Wenn ich mit ihr zum Arzt musste, wusch ich es abends, hängte es über die Heizung und zog es ihr am nächsten Tag wieder an.

Das einzige Foto mit der Silberpappel, 1970-er Jahre. Rechts im Bild unsere Haushälfte. In diesem Gebäude waren früher Getreidespeicher und der Kindergarten.

Wie bereits erwähnt, brachte Tina uns viel Freude! Vor allem meine Mutter freute sich sehr über ihr erstes Enkelkind! Sie passte gern auf die Kleine auf, wenn wir beide arbeiten waren. Tina schlief oft und gern bei ihr, auch, als schon die jüngeren Geschwister da waren. Sie war zudem sehr wissbegierig und lernte gern. Kaum hatte sie das Reden gelernt, als sie auch schon die ersten Kinderlieder und Reime auswendig konnte. Mit zwei Jahren fing sie dann plötzlich an zu stottern. Sie schaffte keinen Satz mehr, außer „Tina kann das nicht sagen". Wir fuhren mit ihr zu Onkel Wolf, einem ähnlichen Knochenkenner wie seinerzeit Onkel Görzen, der da schon nicht mehr lebte. Er untersuchte sie, konnte aber nichts feststellen, sie schien gesund. „Wie alt ist das Kind?" fragte er. „25 Monate", sagten wir. „Dann ist mir alles klar", sagte er. „Sie wächst zu schnell. Die Nerven können nicht mit dem Körper mithalten. Ab sofort dürft Ihr dem Kind nichts mehr beibringen. Was sie von sich aus lernt, ist gut, aber sonst gar nichts." Außerdem zeigte er uns, wie wir die Kleine massieren sollten und gab uns eine Flasche Ameisenspiritus zum Einreiben mit. Wir haben alles so gemacht, wie er es sagte und das Stottern verlor sich mit der Zeit. Jetzt redet sie wie ein Wasserfall und oft ist es uns zu schnell.

Willi, der Stammhalter ist da!

Im Januar 1970 kam unser Stammhalter zur Welt. Er wurde nach dem Vater und Großvater Wilhelm (väterlicherseits) genannt und Willi gerufen. Auch er war ein großes Baby und wuchs dazu noch sehr schnell. Schon mit sechs Monaten passten ihm die Strampler nicht mehr, weil er so dicke Schenkel hatte! Ich musste fünf Monate nach der Geburt wieder arbeiten gehen. Zu der Zeit arbeitete ich in der Bäckerei, die ca. 600 Meter entfernt war. So konnte ich während der Pausen kurz nach Hause laufen, mein Kind stillen und wieder zurück. Während ich weg war passte Mutter auf die ihn und Tina auf. Willi war ein so schwerer Brocken, dass Mutter ihn einfach nicht heben konnte. So lag er auf dem Bett und wenn seine Windel nass war, rollte sie ihn zur Seite, breitete eine frische Windel aus und rollte ihn zurück.

Willi war ein sehr liebevoller, gutmütiger Junge und als Kind unproblematisch. Im März 1971 war wieder mal eine Impfung dran. Die Ambulanz befand sich im gleichen Gebäude wie die Post. Nachdem wir fertig waren, ging ich mit Willi hinüber. Maria war inzwischen Postträgerin geworden und wir wollten zusammen nach Hause gehen. Sie war noch am Sortieren der Briefe und Zeitungen und so unterhielt ich mich kurz mit der Postmeisterin Hilda Penner. Sie fand den 15-monatigen Knirps so süß und fragte ihn: „Wie heißt Du denn?" „Lampas (Rempels) Willi", kam die prompte Antwort. Die Frau prustete los, das

1970, mein Mann mit unserem ersten Sohn, der seinen Namen trägt.

klang so lustig! Kurz darauf fragte sie ihn wieder: „Wie heißt Du nochmal?" „Lampas Willi!" sagte der Kleine, schon ein wenig unwillig. Und wieder lachte sie sich fast kaputt! Als Maria fertig war und wir gehen wollten, bat Frau Penner: „Sag mir noch einmal, wie Du heißt?" „Ne, nust!" (Nein, nichts!). Er würde es nicht zulassen, dass man sich über ihn lustig machte!

Unser kleiner Willi liebte es, wenn wir Besuch hatten und ging auch sehr gern mit zum Gottesdienst, weil es dort so viele liebe Onkels und Tanten gab! Einmal schleppte er ein paar wildfremde Leute an, die gerade an unserem Haus vorbei gegangen waren. „Kommt, seid unsere Gäste!" bat er sie. „Wir hatten schon lange keine Gäste mehr!" Als er etwa drei oder vier war und zum ersten Mal verstand, was an Ostern bzw. Karfreitag passiert war, weinte er fast den ganzen Tag. Jesus tat ihm so leid!

Willi hat später Lina Petkau, eine von Erwin Petkaus Töchtern geheiratet und die beiden haben uns sieben heißgeliebte, sehr begabte und hübsche Enkel geschenkt, drei Jungs und vier Mädchen!

Der dritte Kriegsalarm

Anfang Juni 1972, als ich kurz vor dem Ende meiner dritten Schwangerschaft stand, wurde mein Mann wieder zu einem Kriegsalarm nach Tozk einberufen. Und wieder wusste niemand, für wie lange oder ob es nicht doch etwas Ernstes war. Wurden die Reservisten vielleicht doch irgendwo hin in den Krieg geschickt?

Mir ging es in dieser Schwangerschaft sehr schlecht. Unsere Ärztin war mit meinem Zustand überfordert und schickte mich ins Kreiskrankenhaus. Da ich keine Mitfahrgelegenheit gefunden hatte, machte ich mich schon um fünf Uhr morgens auf den Weg und versuchte, per Anhalter zu fahren. Es dauerte auch nicht lange, bis mich jemand mitnahm.

Als ich gegen sieben Uhr im Labor ankam, stand dort bereits eine lange Reihe von Frauen. Und es kamen immer noch Frauen dazu. Sie stellten sich aber meistens weiter vorne an. Eine sagte: „Für mich wurde hier ein Platz in der Schlange reserviert." Eine andere: „Ich habe schon gestern hier gestanden." So wurde die Reihe immer länger und ich kam immer weiter nach hinten. Das Labor wurde erst um 10 Uhr aufgemacht. Um 12 Uhr sagte die Laborantin: „Es ist Mittag, ich mach zu. Wer doch noch will, kann morgen wieder kommen." Mir war nichts anderes geblieben, als zur Oberhebamme zu gehen. So wie ich war, müde und hochschwanger, musste ich wieder durch das ganze Städtchen. Es war sehr warm, ich war bereits seit fünf Uhr früh auf den Beinen und zudem noch richtig krank. Nirgends gab es etwas zu Trinken, nirgends eine Sitzgelegenheit. So kam ich völlig erschöpft im Krankenhaus an. Inzwischen war es schon zwei Uhr nachmittags! Die Hebamme verlangte von mir die Unterlagen vom Labor. Ich sagte ihr, dass ich nichts habe. Die Laborantin meinte, es sei Mittag und hat zugemacht. Darauf sagte sie zu mir: „Sie müssen um 10 Uhr da sein, sonst kommen Sie nicht dran". „Ich stand schon um sieben Uhr da!" erwiderte ich. „Aber es waren bereits so viele da und immer mehr Frauen kamen dazu. Sie kamen dann auch noch vor mir dran, so schaffte ich es nicht mehr." Da nahm die Oberhebamme das Telefon und rief im Labor an: „Warum habt Ihr diese Frau nicht behandelt, wie es sich gehört?" „Ja", sagte die Laborantin, „es waren so viele und ich wollte Mittag machen." Da wurde die Oberhebamme sehr ernst und schimpfte: „Wieso macht Ihr das so? Schau Dir einmal diese Frau an! Sie ist nicht eine von denen, die zehn Mal kommen, um eine Abtreibung zu machen! Und Ihr habt sie einfach weggeschickt! Das ist doch zu schlimm!" Was die andere darauf antwortete, konnte ich nicht hören, aber sie schickte mich wieder zurück zum Labor. „Die werden mich ausschimpfen", befürchtete ich. „Nein", sagte sie „ich habe sie ausgeschimpft! Die werden jetzt alles machen."

So musste ich noch einmal diese lange Strecke zu Fuß bewältigen. Aber, o Wunder! Jetzt wurde ich ganz freundlich behandelt, man gab mir die Unterlagen und ich konnte gehen. Als ich wieder zur Oberhebamme kam, schaute sie mich an, fragte aber nichts. Dann schaute sie auf die Unterlagen und rief den Oberarzt. Er kam auch sogleich. Sie unterhielten sich leise und nach einem kurzen Entschluss sagten sie zueinander: „Sofort hospitalisieren!" „Was?" meinte ich, „wollen Sie mich ins Krankenhaus einliefern?" „Ja, Sie haben eine so große Schilddrüse, die muss weg. Wir lassen ein Auto kommen, das bringt Sie nach Orenburg ins Krankenhaus, zur Erholung und zur OP." Ich lehnte entschieden ab: „Wenn es so schlecht mit mir bestellt ist, wird keiner die OP machen wollen und zudem in solch einem Zustand." Ich wollte ja nach Hause und nicht ins Krankenhaus. „Nein", meinten die Beiden, „Sie sind so schlecht bestellt, wir können Sie nicht aus den Augen lassen. Sie können nicht mal nach Hause fahren." Ich protestierte und sagte: „Wenn Sie mich hier ins Krankenhaus legen, kann mich keiner besuchen kommen." Die Zustände in den Krankenhäusern in Russland kann man nicht mit denen in Deutschland vergleichen. Man ist auf die Besuche seiner Familie angewiesen, was Essen betrifft und andere praktischen Dinge. Daran hat sich bis heute nur wenig geändert, außer in den privaten Krankenhäusern. Oft muss man sogar die Medikamente, Spritzen und Verbandsmaterial selbst besorgen. „Meine Mutter ist alt und die Schwester ist auf der Arbeit, und unsere zwei kleinen Kinder sind bei den Beiden. Mein Mann ist in dem Kriegsalarm einbezogen worden. Wenn das unbedingt sein muss, dann lassen Sie mich in

Kitschkass ins Krankenhaus gehen. Da kann meine Familie mich doch ab und zu besuchen." Die Beiden schauten sich wieder fragend an, dann sagte der Arzt: „Ich befürchte, Sie kommen gar nicht bis nach Hause..." Er wusste ja, dass ich von weither gekommen war. „Doch", beteuerte ich, „das schaff ich noch." „Na", sagte er, „Sie lassen sich aber sofort ins Krankenhaus bringen!" Ich versprach alles, um nur noch endlich wieder nach Hause zu kommen!

Wie ich damals nach Hause gekommen bin, weiß ich schon nicht mehr, aber ich war froh, wieder daheim zu sein. Am anderen Morgen – ich hatte noch nicht mal dran gedacht, dass ich ins Krankenhaus sollte – ging ich mit einem Schüsselchen über den Hof zu Mutter, ich kochte meistens für Mutter und Maria mit, denn Maria lag die Hausarbeit nicht so, als ein Motorrad auf den Hof gefahren kam und jemand rief: „Lena, was machst Du hier? Wo sollst Du sein? Der ganze Kreis ist unruhig und sucht Dich und Du bist zu Hause!" Der Arzt vom Kreiskrankenhaus hatte in Kitschkass (Nr. 12) angerufen, ob die kranke Frau es wirklich bis ins Krankenhaus geschafft hatte? Ob die noch am Leben sei? Und in Kitschkass wusste man von nichts. Nun hatte der Oberarzt vom Krankenhaus in der Kanzlei angerufen und keiner wusste was von mir. Daraufhin hatte man einen Buchhalter aus der Kanzlei geschickt. Der sollte sich erkundigen, was da los sei und mich sofort ins Krankenhaus bringen.

Nach ein paar Tagen erbat ich mir eine Bescheinigung vom Oberarzt über meinen Gesundheitszustand, zog die Krankenhauskleider aus und meine eigenen an und ging zum Dorfsowjet. Der war im gleichen Ort wie das Krankenhaus. Als ich ankam, wunderte sich die Vorsitzende Belowa nicht wenig, wie ich aussah und fragte, was ich wolle. Ich sagte zu ihr: „Da können Sie mal sehen, was wir durchmachen müssen und Sie schicken den Mann noch fort in die „Wilde Hundert"", (das war so eine Redewendung bei uns) „wo keiner weiß, wo er ist! Zu Hause hab ich zwei kleine Kinder und hier muss ich mich abquälen." Mit diesen Worten überreichte ich ihr die Bescheinigung. „Ja", sagte sie, „wenn Ihr Mann wenigstens ein Wort gesagt hatte, er wäre nirgends hingefahren! Aber er hat nicht ein einziges Wörtchen gesagt. Er schwieg still wie ein Fisch." Dann konnte ich ihm ein Telegramm schicken. Wegen der Bestätigung vom Arzt bekam er frei, von Samstagabend bis Montagmorgen. Von wegen, er wäre nicht eingezogen worden! Er bekam ja selbst mit der ärztlichen Bescheinigung nur anderthalb Tage frei und musste dann wieder zurück! Aber immerhin.

Der Militärübungsplatz Tozk war 100 Kilometer Luftlinie von uns entfernt, der Straße entlang waren es 150 und es war bereits 16 Uhr nachmittags, als das Telegramm ankam und Willi freigelassen wurde. Nun musste er von Richtung Moskau in Richtung Orenburg fahren. Leider kamen keine Züge von Moskau, die fuhren alle nach Moskau und kamen ihm entgegen. Es schien so, als würde er die ganze Strecke zu Fuß zurücklegen müssen! Nun schritt er aus, so gut er konnte und erreichte einen Bahnhof. Von da konnte er mit einem Güterzug eine kurze Strecke mitfahren. Dann bog der Zug in eine andere Richtung ab und Willi musste raus. So ging es weiter auf Schusters Rappen. Er entschloss sich, auf der aufgeschütteten Schotterstraße zu bleiben, in der Hoffnung, dass ihn auf dieser breiten Straße ein LKW einholen würde, der ihn bestimmt mitnehmen würde. Er war ja in der Uniform des Soldaten und Soldaten wurden in dieser Hinsicht schon mal bevorzugt.

Er ging und ging, die Sonne schien so warm, er bekam Durst, hatte aber nichts bei sich. Er sah manch ein Dorf neben der Straße, traute sich aber nicht, hin zu gehen, um etwas zu trinken. In diesem Moment könnte ja ein Lastwagen daher kommen oder irgendein anderes Auto und er würde es verpassen. Nein, das ging nicht! So blieb er auf der großen Straße und marschierte weiter. Als die Sonne schon fast hinter dem Horizont verschwunden war, kam er in Perewolozk an, unserem Kreiszentrum. Nun musste er aber erstmals durch das ganze Städtchen, um zur großen Brücke am Ausgang des Ortes zu kommen. Über diese Brücke mussten alle fahren, die in die deutschen Dörfer wollten, ob LKW oder PKW. Da hatten wir manchmal die Gelegenheit, mitzufahren. Da, hoffte er, würde sich schon was finden, um mitzufahren. Leider war das Städtchen doch recht lang und Willi hatte schon so viele Kilometer hinter sich, dass er nur mit Mühe und großer Anstrengung voran kam. Als er bis zur Brücke kam, war es schon dunkel und alle waren längst nach Hause gefahren. So ging er weiter zu Fuß. Es lagen noch 60 Kilometer vor ihm. Jetzt sah er keine Möglichkeit mehr, noch irgendwo mitzufahren und wenn er hier stehenblieb, verlor er nur wertvolle Zeit. Also ging er weiter. Er war schon eine ziemliche Strecke gegangen, da kam ein Auto hinter ihm. Er hob die Hand, das Auto hielt an – es war der Milchfahrer vom Dorf Radovka. Der nahm ihn noch eine kurze Strecke mit, dann bog er ab, es war das nächste Dorf nach Perewolozk. Willi stieg aus und ging weiter. Als er wieder manchen Kilometer zurückgelegt hatte, holte ihn wieder ein Auto ein. Er hob die Hand, das Auto hielt an, aber es war schon voll besetzt. Nun war es ein Auto aus unserem Dorf, ein Desinfektionsauto mit zwei Kabinen und einem großen Tank. Die Kabinen waren schon übervoll und auf dem Tank saß bereits ein Baschkire. So kletterte mein Willi auch noch auf den Tank und kam mitten in der Nacht zu Hause an. Nun wollte er aber des Nachts niemanden stören oder erschrecken. Deshalb schlich er sich über den Schuppen von hinten ins Haus und konnte so noch etliche Stunden schlafen.

Zurück ging es einfacher. Montag früh nahm Jakob Neufeld ihn mit seinem Tanklaster bis Perewolozk mit und von da gingen mehrere Züge nach Tozk, Richtung Moskau. So endete sein Kurzurlaub.

Jakob kommt zur Welt

Am 26. Juni 1972 kam unser Jakob zur Welt! Nach der Geburt wurde mir ganz streng angesagt: „Nicht noch eine Schwangerschaft! Mit so einem Herzen können Sie kein Kind mehr zur Welt bringen! Das hier soll Euer Letztes sein."

Ein paar Tage vor seiner Geburt gab es einen starken Nachtfrost, so dass der Garten ganz schwarz war. Die Kartoffeln waren schon ziemlich groß, nun standen nur noch schwarze Stängel, alles war erfroren. Nachher hat es noch gut geregnet, so erholte sich alles und es gab doch noch eine gute Ernte.

Jakob war ein strammer Bursche und sehr schön! Zunächst kränkelte er und wurde nur beim Baden ruhig. Er liebte das warme Wasser! Eines Tages war die Nachbarin da. Jakob schrie und ließ sich nicht beruhigen. Da nahm ich die kleine Badewanne, goss warmes Wasser hinein und nahm mein Söhnchen, um ihn auszuziehen. Da sagte Oma Thiessen, die bei uns über der Straße wohnte: „Jetzt muss ich aber gehen! Wenn das Kind schon so schreit, was soll das werden, wenn es auch noch gebadet wird?" „Passen Sie mal auf, was jetzt passieren wird", sagte ich und legte den Kleinen in die Wanne.

1973 mit unserem zweiten Sohn Jakob (18 Monate).

Mit einem Seufzer der Erleichterung verstummte das Schreien. „So etwas habe ich noch nie gesehen!" wunderte sich die alte Frau.

Wir mussten mit unseren Kindern von Zeit zu Zeit zum Arzt, damit sie geimpft werden konnten, was Pflicht war. Als Jakob sechs Monate alt war, hatte ich wieder einen Termin mit ihm. Es war Winter, also wickelte ich ihn schön warm ein, legte ihn in den Handschlitten, den ich auch warm ausgelegt hatte, denn ich wollte ihn nicht die ganze Strecke auf dem Arm

1974 Willi (4), Jakob (2) und Tina (5,5).

tragen. Aber er machte solch ein Geschrei, dass ich ihn auf den Arm nahm, den Schlitten in den Hof schob und ging. Die ganze Zeit schlug er mit seinen Händchen die Decke auf, er wollte nicht eingewickelt sein. Beim Arzt angekommen, war ich ganz außer Atem. Jakob jedoch guckte fröhlich um sich, wie ein Sieger! Da sagte die Sanitäterin: „O, das schönste Kind des Dorfes!"

Jakob war auch sehr besorgt um sein Spielzeug, bei ihm ging nichts kaputt. Was ihm besonders wichtig war und er aufbewahren wollte, das trug er zu Oma ins Wohnzimmer, steckte es unter die Kommode, dann war es in Sicherheit. Er hatte eine ganze Sammlung Spielzeugautos, mit denen er sehr gerne spielte. 1978 kam er in die Schule. Als die erste Stunde vorbei war und die Kinder in die Pause auf den Schulhof gingen, meinte er, jetzt sei Schluss und kam nach Hause. Es war ihm auch nicht klar, dass er jetzt jeden Tag zur Schule musste. „Wie lange muss ich denn zur Schule gehen?" fragte er. „Zehn Jahre", erklärten wir ihm. „Oh, dann hoffe ich aber, dass die zehn Jahre schnell vorbei gehen, damit ich wieder in Ruhe mit meinen Autos spielen kann!"

Herbst 1972. Ich halte unseren zweiten Sohn Jakob (3 Monate) auf dem Schoß und Willi hat unseren ersten Sohn Willi (2,5) auf dem Schoß. Zwischen uns steht Tina (4).

Er war als Junge unglaublich verschmitzt und witzig! Meist trug er ein schelmisches Grinsen im Gesicht und hatte viele lustige Ideen. Sein Lachen wirkte ungeheuer ansteckend. Diesen Sinn für Humor hat er sich bis heute erhalten, auch wenn er ernster geworden ist. Aber seine Hilfsbereitschaft und praktische Veranlagung sind ein Geschenk für alle, die Jakob kennen! Inzwischen ist er Vater von drei hübschen, musikalisch und anderweitig begabten Töchtern. Auch seine Frau Lisa ist eine Bereicherung für unsere Familie.

Leni, das Nesthäkchen ist da!

Am 28. August 1975 kam ein kleines, liebes Mädchen an! Da musste ich mir wieder all das Schimpfen und Schelten der Ärzte und Krankenschwestern anhören. „Warum haben Sie das zugelassen? Warum haben Sie nicht verhütet? Ihnen wurde doch gesagt: kein Kind mehr!" Aber der Herr gab auch diesmal seinen Segen, Bewahrung und Hilfe, so dass

Mit Leni, unserer Jüngsten, ca zehn Monate.

alles seine Richtigkeit hatte. Sie war ein so kleines, niedliches Ding und brachte so viel Freude mit, wir haben nur gestaunt! Im Vergleich zu ihren Geschwistern war sie bei der Geburt winzig, deshalb sagte jemand: „Das ist der Rest, sie ist die Letzte". Und so war es auch. Sie sah aus wie eine Puppe, der Mund nicht größer als ein Knopfloch, mit ganz weichen, rotblonden Haaren. Lange konnten wir uns bei ihr nicht auf einen Namen einigen. Willi wollte sie Maria nennen – wir hatten beide eine Schwester dieses Namens. Aber meine Schwester war strikt dagegen! Eine andere Option war Anna, aber auch der Name wurde verworfen. Schließlich einigten wir uns auf Jelena als eingetragenen Namen, mit der Koseform Leni. Ich wollte nicht meinen eigenen Namen rufen und so war es eine Art Kompromiss. Mutter freute sich sehr darüber, denn sie hatte schon mal traurig gesagt: „Ja, die andere Oma ist geehrt worden, aber mein Name wird keinem Kind gegeben."

Leni kam im August, als es noch warm war. Eines Tages hatte ich sie in der kleinen Badewanne zum Baden, da kam die Nachbarin, Tante Aganeta Koop. Jakob stand vor der Tür, aber die Tür war zu. Da fragte sie: „Wo ist

1976, Willi mit Leni, ca. zehn Monate

Deine Mama?" Er: „Die Mama ist drinnen, sie badet die Ljaletschka, („kleines Püppchen", da hatte sie noch keinen Namen), aber Sie können auch nach Hause gehen!" Frau Koop hat so gelacht über den kleinen Jungen und sich gewundert, wie besorgt er um sein Schwesterchen war. Bei uns wurde oft Spaß gemacht, wenn man eine Frau mit dem Neugeborenen besuchen kam. Dann sagten die Leute zu den anderen Kindern: „Ich nehme dieses kleine Baby mit. Ihr könnt Euch noch eins kaufen." Und nun hatte Jakob so große Angst, dass die Nachbarin das kleine Ding würde mitnehmen wollen, so sagte er schon im Voraus, „aber Sie können auch nach Hause gehen". Die Tina, unsere Älteste, war so besorgt um die Kleine, dass sie sagte: „Mama, ich nehme sie mit in die Schule, damit die Jungs ihr zu Hause nicht noch was antun. Sie passt genau in meine Schultasche." Als sie selbst noch klein war und ihr Bruder Willi mitgenommen werden sollte, hatte sie nichts dagegen! Ganz im Gegenteil, sie zog an seinen Beinchen, beförderte ihn so auf den Schoß des Besuchers und krabbelte auf meinen Schoß. Sie war ja auch erst 15 Monate, als er kam und ihr die Mama streitig machte. Jakob war drei Jahre, als Leni geboren wurde.

Nach Lenis Geburt bekamen wir zum ersten Mal Kindergeld, denn sie war ja unser viertes Kind. Es gab fünf Rubel im Monat und das fünf Jahre lang. Zum Vergleich: Ein Weißbrot kostete 24 Kopeken, es gab also 20 Brote im Monat von ihrem Kindergeld.

Ja, wir haben an unseren Kindern viel Freude gehabt! Durch die Doppelbelastung – die Arbeit in der Kolchose und zu Hause, mit all dem Vieh und großem Garten – hatten wir sehr wenig Zeit für unsere lieben Kinder. Sie waren zwar nicht immer lieb und gehorsam, aber im Großen und Ganzen konnten wir doch zufrieden sein und hatten viel Freude an ihnen. Gott sei es gedankt! In der Schule haben sie alle gut gelernt, auch wenn sich nicht jedes Kind gleich stark anstrengen musste. Tina war Klassenbeste und das alle zehn Jahre! Freilich, als sie sich weigerte, in den Komsomol einzutreten, bekam sie vorrübergehend schlechtere Noten. Aber am Schluss, nach Beendigung der zehnten Klasse, als wir Eltern die Abschluss-

1975, meine Mutter mit ihren vier Enkeln: Jakob (3), Willi (5,5), Tina (7) und Lena (3 Monate).

feier vorbereiteten, hörte ich so manche Geschichte. Wie die anderen bei ihr abgeschrieben haben, weil sie als einzige oder eine der wenigen den Lernstoff verstanden und die Hausaufgaben gemacht hatte. Die eine Mutter sagte: „Eure Tina hat die ganze Klasse durchgezogen." „Wie das?" meinte ich, „das geht doch nicht." „Doch", pflichteten die anderen Mütter ihr bei. „Die Schüler haben schon in der Pause mit Tina abgesprochen: ‚Wenn der Lehrer zur Abfrage der Hausaufgaben aufruft, wird sich bestimmt keiner melden. Bitte melde Du Dich dann!' So hat sie das dann auch getan. Und dann erzählte sie so ausführlich und lang, bis der Lehrer sagte: ‚Genug! Nun gehen wir zum neuen Thema über.'" Da war mir klar, warum sie immer so fleißig bei ihren Hausaufgaben war. Wie oft sagte ich ihr: „Tina, Deine Freundinnen gehen schon spazieren und Du sitzt immer noch an Deinen Büchern. „Wieso sind die schon fertig und Du nicht?" „Mama", sagte sie, „dies hier muss ich noch alles lernen", und zeigte dann auf einen ganzen Stapel Bücher.

Als ich einmal zum Verhör musste, fragte der Schuldirektor mich, warum wir unsere Tochter nicht in den Komsomol eintreten ließen? „Erstens wol-

len wir das nicht und zudem sind unsere Kinder dessen nicht würdig."
„Wieso?" meinte er. „Da gehören doch nur die besten Schüler hin." „Ja",
sagte er, „Eure ist eben die Beste in der Klasse." Dann sagte ich: „Wir
haben eine andere Erziehung und wir möchten, dass unsere Kinder den
Weg gehen, den wir gehen." Zum Direktor sagte ich: „Was würden Sie
sagen, wenn ich Ihren Sohn zum Gottesdienst mitnehmen würde?" „O,
Gott bewahre!" sagte er. „Na also, ich will auch mein Kind auf den Weg
mitnehmen, den ich gehe und nicht Ihnen erlauben, sie mitzunehmen auf
einen anderen Weg."

So haben wir bei allen Kindern sorgen und für sie kämpfen müssen,
dass sie uns erhalten blieben. Bei Willi war es auch so. Er war sehr begabt
und ihm fiel das Lernen überhaupt nicht schwer. Aber oft hatte er einfach
keine Lust, fand andere Dinge spannender oder war einfach etwas faul.
Wie es mit solchen Jungs oft ist, war es ihm egal, solange er nur nicht
sitzen blieb. Waren seine Noten mal wieder schlechter, brauchte er nur ein
paar Mal ins Schulbuch zu schauen und schon war wieder alles gut. Deshalb brachte er oft eine Drei, hin und wieder sogar eine Zwei[28] nach Hause. Nicht weil er es nicht besser konnte, sondern einfach, weil es ihm nicht
so wichtig war. Als es im 3. Schuljahr darum ging, Pionier zu werden,
wollte er es eigentlich nicht. Aber eines Tages kam er dann doch mit dem
roten Halstuch nach Hause. „Und was ist jetzt?" fragte ich. „Ja", sagte er,
„die haben es mir umgebunden, ohne zu fragen, ob ich wollte oder nicht."
Wir haben das Tuch dann zurück gegeben, schon weil es hieß, die Pioniere sollten überall ein Vorbild sein. „Er ist ja gar nicht würdig, Pionier zu
sein, er hat ja lauter Dreien." Dabei konnte er mühelos gut lernen und war
sehr begabt, nur etwas faul. Da sagte der Direktor: „Das wird sich alles
ändern, wenn er Pionier wird. Er bekommt dann auch bessere Noten."
„Nein", meinte ich, „wenn er nicht bessere Noten verdient hat, muss er die
bekommen, **für die er gelernt hat. Falsche Noten brauchen wir nicht,
die sind uns nicht wichtig.**"

---

[28] Die Noten in Russland sind umgekehrt im Vergleich zu denen in Deutschland.
Fünf ist die beste Note (ausgezeichnet) und dann geht es herab. Drei ist noch
akzeptabel, Zwei ist schon „durchgefallen" und Einsen gibt es nur als Strafe für
schlechtes Benehmen.

Jakob war sehr ordentlich und hat bis heute eine sehr schöne Handschrift. Ihm fiel das Lernen nicht so leicht wie Willi, aber er arbeitete härter und hatte gute Noten. Leni fiel das Lernen auch nicht so leicht. Das lag wohl daran, dass sie insgesamt eine schwache Gesundheit hat, aber auch sie arbeitete hart.

12. Kapitel: Die letzten Jahre in Russland

Eine einmalige Chance

Als unsere Jüngste fast drei Jahre alt war, bekam ich das Angebot, eine Blitzausbildung als Laborarbeiterin in der Stadt Orenburg zu machen. Es war 1978. „Na", sagte meine Mutter, „das wirst Du doch wohl nicht machen?" „Wenn Willi mich lässt, dann fahre ich", war meine entschlossene Antwort. Mein Mann sagte sofort: „Wenn Du willst, dann mach das!" Und so fuhr ich für vier Wochen in die Stadt. Was war mir lieber, als was zu lernen!

So ganz einfach war es jedoch nicht, immerhin hatte ich vier junge Kinder, der Garten machte viel Arbeit, das Vieh und vieles mehr. Aber ich war so eingenommen davon, diese Möglichkeit hatte ich nur einmal und die wollte ich mir auf keinen Fall entgehen lassen! Es war auch nur ein Monat, aber in dieser Zeit kam so viel dazu, dass ich doch ins Nachdenken kam. Mein Mann war jedoch so lieb und machte mir immer wieder Mut: „Fahre und lerne!" So hab ich einen Monat in Orenburg gelernt. Von Chemie hörte ich zum ersten Mal im Leben etwas, von Säuren, Laugen, Fett und wie die zusammen spielen. Ich fand es ungeheuer spannend und kam trotz fehlender Vorkenntnisse sehr gut mit!

Zu Hause war es nicht einfach für meinen Mann, der neben seiner Arbeit jetzt auch die alleinige Verantwortung für die Kinder hatte. Freilich halfen die Ältesten schon kräftig mit, aber es war dennoch viel für ihn. In diesem Monat musste Grünfutter gemacht werden. Jeder Arbeiter musste zwei Doppelzentner (nach russ. Maß zwei Zentner, je 100 kg), also 200 Kilogramm von diesem Grünfutter abliefern. Dazu wurden alle Hecken, Bäume und Sträucher beschnitten und abgerupft bis aufs Letzte. Nun musste er auch meinen Anteil machen. Meine Schwester Maria und die Kinder halfen alle nach Kräften mit. Ich kam zwar jeden Sonntag nach Hause, aber dann konnte ich so etwas nicht machen, denn dann wartete andere Arbeit auf mich.

Wir hatten in dieser Zeit als Gemeinde ein Haus erworben, um Gottesdienste abzuhalten, und dieses wurde umgebaut. Es hatte einer alleinstehenden Witwe gehört, die zu ihrer Mutter nebenan zog und das Haus der Gemeinde überließ. Nun waren die Mittelwände heraus genommen worden, damit der Saal größer wurde. Eine große Veranda war angebaut worden und die Wand zwischen Veranda und dem Saal war eine Fensterfläche geworden. Die Gläubigen hatten den großen Saal verputzt, den Fußboden gelegt und den Estrich in der Veranda. Als ich am Ende der vier Wochen nach Hause kam, wurde mir gesagt: „Lena, für Dich ist noch Arbeit im Gemeindehaus." „Ja", meinte ich, „gern trage ich auch was dazu bei." Ich wusste aber nicht, was von mir erwartet wurde. Am nächsten Tag ging ich hin, es war ja nur über die Straße und da hieß es: „Die Wände sind verputzt, aber die Fenster und Türen musst Du machen. Das kriegt sonst niemand so gerade hin." So verpasste ich den Fenstern und Türen schöne, gerade Kanten. Während ich da beschäftigt war, kamen der Chef vom Kuhstall und der Tierzuchttechniker. „So", sagten sie, „hier bist Du und wir warten auf unsern neuen Laborant!" „Ich dachte, ich konnte noch etliche Tage zu Hause bleiben", meinte ich. „Ja schon, aber was machst Du hier?" Ich erklärte den Beiden, was ich tat. Der Tierzuchttechniker schaute sich im Raum um und fragte: „Woher habt ihr diese schönen, großen Bilder?" „Die sind selbstgemacht", sagte ich ausweichend. Es waren große Rahmen mit Glas und da stand jeweils ein Spruch aus der Bibel drauf. Die standen an die Wand gelehnt und sollten später aufgehängt werden. „Nein", sagte er, „ich meine diese großen Bilder, wo sind die gekauft worden?" „Die sind nicht gekauft, die sind selbst gemalt", sagte ich. „Das kann doch nicht sein!" meinte er. „Wer hat die denn gemalt?" Und weil er es unbedingt wissen wollte, musste ich mit der Sprache heraus und zugeben, dass ich sie gemalt hatte. Er wunderte sich sehr, und konnte es kaum glauben, musste es aber so annehmen wie es war.

Außerdem waren da noch die Rübenfelder, die in sog. Lose aufgeteilt waren und von denen jeder Arbeiter zusätzlich zu seiner üblichen Kolchosearbeit jedes Jahr ein Los zu bearbeiten hatte. Das beinhaltete drei Male jäten und im Herbst ernten. Ein Los bestand aus acht bis zehn Reihen, die über einen Kilometer lang waren. Unsere kleine Leni musste mit aufs Feld, genauso wie die anderen Kinder, die schon tüchtig mithalfen. Sie konnte zwar noch keine Hacke schwingen, aber sie trug uns die Flasche mit Wasser hinterher. Oft war sie so müde von der Hitze und dem vielen Laufen, dass sie fast nicht mehr weiter konnte! Hinzu kam, dass die Felder am anderen Ende von Kubanka lagen, so dass wir einen Fußweg von drei bis vier Kilometer in jede Richtung hatten, was für ein Kind ihres Alters schon sehr anstrengend war. Wir bemühten uns, beim ersten Durchgang alles so gründlich wie möglich zu jäten und verzogen die Beete auch direkt. So standen die kleinen Pflanzen schön steil und einzeln mit genügend Abstand. Das machte sehr viel aus beim Wachsen.

Beim zweiten Durchgang war Willi ohne mich, er musste also zwei Lose bearbeiten. Weil wir es beim ersten Mal so gründlich gemacht hatten, war es jetzt aber schon viel leichter. Das dritte Mal war nicht viel zu machen, da waren die Rüben schon groß. Aber dann kam die Zeit der Ernte. Man fing an einem Ende des Feldes angefangen und da unsere Lose am hinteren Ende des Feldes waren, kamen sie zum Schluss dran. Jeden Tag wurde ein Traktor mit Anhänger geschickt. Die Rüben wurden von Hand gezogen, auf die Ladefläche des Anhängers geworfen und wenn der voll war, zum Kuhstall gebracht. So dauerte es sehr lange, bis man zu unseren Losen kam. In der Zeit wuchsen die Rüben weiter! Im Herbst gab es noch Regen und so wurden sie immer größer.

Es wurde Oktober, bis wir endlich an der Reihe waren. Die Rüben waren so groß, dass wir manche nur zu zweit in den Anhänger heben konnten! Wir waren sehr müde, denn es musste alles neben der Arbeit gemacht werden und uns taten Arme und Rücken weh. Mein Mann arbeitete im Schweinestall, was auch körperlich schwer war und ich hatte inzwischen meine neue Arbeit im Milchlabor angetreten. Selbst die Melkerinnen beschwerten sich wegen diesen übergroßen Rüben! Denn sie mussten ihre Kühe damit füttern und das war genauso schwer. Unser Anteil, denn wir als Lohn für Bearbeitung der Lose bekamen, waren fünf große Anhänger voll! Das konnten wir unmöglich beherbergen! Da fanden sich gute Leute, ein paar Mädchen der Familie Klassen aus Pretoria (Nr.14), 15 Kilometer entfernt. Bei denen gab es so was nicht. So haben sie uns geholfen, das Kraut von Rüben abzuhacken und in große Haufen zu legen, die wir dann mit Stroh bedeckten, damit sie nicht so schnell erfroren. Die Mädchen kamen mehrere Tage hintereinander und jedes Mal schenkten wir ihnen einen Kofferraum voll Rüben. Darum machten sie es gerne und uns war auch geholfen!

Um diese Zeit wurde es manchmal schon empfindlich kalt. Wenn wir vom Rübenfeld kamen, waren unsere Handschuhe und Stiefeln nass und schmutzig. So beschlossen wir eines Tages Anfang Oktober, den Ofen anzuheizen, um Wasser für die große Wäsche warm zu machen und auch, um alles zu trocknen. Da erwartete uns eine böse Überraschung! Wir machten Feuer an und der Ofen wurde nicht warm! Wir legten immer wieder Brennholz drauf, aber der Ofen wurde und wurde nicht warm! So lange dauerte das normalerweise nicht! Was war denn da los? Auf einmal sahen wir, die eine Seite am Ofen wurde nass! Da war uns alles klar! Wir hatten eine Wasserheizung und im Ofen waren zu beiden Seiten flache Wasserbehälter eingemauert. Diese schickten das warme Wasser in die Röhre und dann in alle Heizkörper im Haus herum. Nun waren sie über den Sommer verrostet und als das Wasser sich durchs Heizen ausdehnte, platzten die Behälter und das Wasser lief heraus. So mussten wir nun wohl oder übel einen neuen Ofen bauen. Aber in wenigen Tagen hatte unsere Tina ihren zehnten Geburtstag, den wir feiern wollten. Es war das erste Mal, dass sie mit ihren Freundinnen Geburtstag feierte! Aber es half alles nichts, wir brauchten einen Ofen. Vorsichtig brachen wir das Mauerwerk ab, säuberten die Ziegel, die wir ja wieder brauchen würden, stapelten sie alle auf, so dass uns in alledem noch ein Gang blieb. Dann putzen wir den Fußboden und so hat Tina ihren Geburtstag gefeiert. Die Gäste mussten über Ziegelstapel steigen und zwischen elektrischen Heizöfchen balancieren, aber es ging. Ich habe noch was gebacken und so feierte sie mit ihren Mitschülerinnen ein fröhliches Fest!

Danach ging das Bauwerk weiter. Wenn wir von der Arbeit kamen und noch ein paar Rüben bearbeiten konnten, war es gut. Hinterher trockneten wir unsere nassen Stiefel und Handschuhe über einer Elektroplatte, die zwischen zwei Ziegelstapeln stand, über die wir einige Eisenstangen gelegt hatten. Dabei mussten wir aber gut aufpassen, dass es nicht zu heiß wurde, sonst hätten wir am nächsten Tag nichts zum Anziehen für die Arbeit. Und nach dem Abendessen und wenn die Kinder im Bett waren, mauerten Willi und ich unseren Ofen.

Viele Jahre später erzählte mir eine Frau in Deutschland folgendes. „Als unser Sohn zehn Monate alt war, ging bei uns der Ofen kaputt. Wir bestellten die Handwerker, die zwar alles machten, aber" sagte sie mit einer Entrüstung in der Stimme: „Stellen Sie sich vor! Die haben noch nicht mal aufgeräumt und als sie nach Hause gingen, musste ich hinter ihnen den Fußboden fegen!" Ich konnte nichts dazu sagen, ohne die Frau zu beleidigen. Wir hatten keine Handwerker, die wir rufen konnten, sondern haben nach der Arbeit manchmal bis 2 Uhr Nachts an unserem Ofen gearbeitet, weil wir ja tagsüber auf der Arbeit waren. Der Ofen musste aber fertig werden, der Winter war nahe und wir brauchten ihn. Morgens mussten wir schon früh raus. Mein Mann ging um fünf Uhr und ich um 6:30 Uhr. Wir hatten immer nur kurze Nächte. Und diese Frau beschwerte sich, dass sie nach den Handwerkern noch fegen musste! Wir wären dankbar gewesen, wenn wir nur hätten fegen brauchen! So ganz anders haben wir in Russland gelebt. Wir waren selbst die Handwerker und haben immer hinter uns auch selbst gefegt und aufgeräumt. Am Tag war erst die Hauptarbeit in der Kolchose, dann zu Hause Kinder und Vieh, jeder musste das Seine haben. Meine größte Hilfe war es, wenn die beiden Kleinsten vormittags bei meiner Mutter sein konnten. Die beiden Ältesten waren ja in der Schule.

Meine neue Arbeit als Milchlaborantin und die Prämie

Im September 1978 trat ich meine Arbeit im Milchlabor an. Das bedeutete zwei Tagschichten von je zweieinhalb bis vier Stunden. Morgens ging ich gegen 6:30 Uhr aus dem Haus und kam gegen neun Uhr oder später zurück. Manchmal wurde es Mittag bis alle Milchfahrer da waren. Und abends von 18:30-21 Uhr. Die Frau, die mit mir zusammen anfing, zog bald fort und so lernte ich zwei Jahre später meine Schwester Maria an.

Es war eine sehr gute, saubere Arbeit, aber auch nicht ohne Probleme. Die Milchfahrer aus allen inzwischen sieben Dörfern kamen mit der frischen Milch zum Labor. Dort nahm ich je einen halben Liter Milch für die Untersuchung und dann fuhr der Fahrer zur Käserei, die ein paar Hundert Meter weiter lag. Dort wurde die Milch abgegeben und zu Käse, Schmand, Butter u. a. weiterverarbeitet. Die Kolchose hatte einen Plan, den es zu erfüllen galt. Bis jetzt hatte es kein extra Labor gegeben – die Milch wurde nur in der Käserei selbst untersucht. Das hatten die Laboranten der Käserei oft zu ihrem Vorteil ausgenutzt. So konnten sie den Fettgehalt der Milch in den Papieren manipulieren. Es gab ja keine Kontrolle über das, was sie machten. Da konnte eine Laborantin sich für 40 Kilogramm Butter, dass sie „nach links" verkaufte, ein teures Auto kaufen. Nun war es aus mit solchen Fälschungen. Das Labor, in dem ich arbeitete, hatte das Ziel, das Labor der Käserei zu kontrollieren. Ich machte die Analyse, füllte die Quittung ordentlich aus und schickte sie mit dem nächsten Fahrer mit. Dort angekommen, musste er meist noch warten, manchmal sogar mehrere Stunden, bis auch das Ergebnis der Käserei vorlag. Wenn dort etwas außer Betrieb geraten war, was nicht selten vorkam, dann mussten die Fahrer eben warten. Wenn der Fahrer dann an der Reihe war, kam die Laborantin mit ihrem Gerät, einem ca. einem Meter langen Stab, der am Ende eine gelochte Scheibe von etwa 25cm im Durchmesser hatte. Damit wurde die Milch umgerührt und dann wurde eine Probe entnommen. Mit diesem Umrühren der Milch, die schon eine geraume Zeit gestanden hatte, wurde die Sahne, die sich bereits oben gesammelt hatte, zur Seite geschoben, sie kam nicht mehr in das Reagenzglas. Dadurch stimmten unsere Analysen im Fettgehalt sehr oft nicht überein, wobei Abweichungen immer in eine Richtung gingen: die Käserei maß grundsätzlich weniger Fett als wir. Das auf diese Weise nicht erfasste Fett konnten die Arbeiter der Käserei abzweigen und für sich nutzen. Deshalb gab es oft Auseinandersetzungen wegen der abweichenden Werten. Aber ich konnte immer mein Recht beweisen, wenn ich auch manchmal mit meinen Becher Milch des entsprechenden Fahrers zur Käserei gehen musste. Dann machten wir beide noch mal den Test und mein Ergebnis stimmte!

Eines Tages kam der Vorsitzende ins Labor und fragte vorwurfsvoll: „Warum habt Ihr mit der Käserei immer so viele Auseinandersetzungen? Warum stimmen die Ergebnisse nicht? Immer wieder kommen von der Käserei Klagen." Da sagte ich: „Ich behaupte nicht, dass ich immer recht habe oder fehlerfrei arbeite. Aber ich kann nicht verstehen, dass ich mich nur nach einer Seite vertue. Wenn die mir einmal sagen würden, dass ich zu wenig Fettgehalt angeschrieben habe, dann würde ich ihnen glauben. Aber ich verfehle mich scheinbar immer nur nach einer Seite. Immer ist bei mir mehr Fettgehalt als bei ihren Laboranten und das kann ich nicht glauben." Damit war scheinbar alles geklärt.

Im letzten Jahr meiner Arbeit sagte der Chef zu mir: „Ihr habt die ganze Kolchose auf Vordermann gebracht durch Eure ordentliche Arbeit! Seit wir das Labor haben hat unsere Kolchose im ganzen Kreis den ersten Platz, weil unsere Mich immer die höchste Qualität aufweist. Dafür werdet Ihr belohnt und bekommt eine Prämie in Höhe von 300 Rubel zusammen!" Also für jede von uns 150 Rubel. Das war viel Geld! Immerhin waren es je drei Monatsgehälter, da wir 50 Rubel im Monat verdienten. Ich hatte zu der Zeit drei Schüler und die mussten neben der Schuluniform auch Sportanzüge haben. Ein Sportanzug kostete 49,95 Rubel. Also hätte es genau drei Sportanzüge für diese Prämie gegeben! Tina war da schon fertig mit der Schule. Leider haben wir das Geld nie gesehen. Vermutlich haben die Mitarbeiter im Büro es untereinander aufgeteilt, oder sind eins trinken gegangen und haben es sich schmecken lassen. So einfach war das. Wenn wir diese Zusage schriftlich bekommen hätten, dann hätten wir es einfordern können. Aber da sie nur mündlich erfolgt war, konnten wir damit nichts anfangen.

Weil der Verdienst und die Lebenshaltungskosten so weit auseinander klafften, konnten wir von unserem Lohn immer noch nicht leben. Wir mussten weiterhin Vieh halten, um eigene Milch zu haben, ein Schwein, um Fleisch zu haben, Hühner für die Eier usw. Alle im Dorf lebten so, denn im Geschäft gab es diese Lebensmittel nicht zu kaufen. Obwohl wir eine Käserei im Dorf hatten, gab es nie Käse zu kaufen – es wurde alles exportiert oder zumindest woanders verkauft. Und selbst, wenn es diese Dinge gegeben hätte, reichte das Geld nicht dafür. In den letzten Jahren haben wir schon zwei Schweine gehabt. Offiziell war es freilich nicht erlaubt, aber wir wurden auch nicht dafür bestraft. So konnten wir im Herbst eins verkaufen und das andere für uns selbst schlachten. Wir verkauften an das Kolchose auch überschüssige Milch, da wir zwei Kühe hatten und bekamen 30 Kopeken pro Liter. Dafür konnten wir Schrot kaufen als Schweinefutter. Es war alles sehr kompliziert und sehr viel Arbeit, aber wenn uns die Arbeit zu viel wäre gewesen, dann hätten wir wohl kaum überlebt. Und wir wollten doch auch voran kommen.

Unsere Reise nach Zentralasien

Meine Mutter wohnte ganz nah bei uns, nur über den Hof, neun Schritte von Tür zu Tür. Aber Willis Eltern wohnten seit 1965 in Kirgisien. Sie sahen ihre Orenburger Enkel sehr selten, wenn sie mal zu Besuch kamen, was insgesamt zwei Mal in den 13 Jahren der Fall war. Somit kannten auch unsere Kinder sie kaum, nur von Briefen und Fotos, was schade war. Von daher hatten wir schon seit Längerem den Wunsch, Opa und Oma Rempel in Zentralasien mal mit der ganzen Familie zu besuchen.

Aber das Leben in Russland in der Kolchose war sehr kompliziert! Die Arbeit ging uns immer über den Kopf und es gab keine Aussicht, sie jemals zu bewältigen. Was man an einem Tag nicht schaffte, musste am nächsten Tag nachgeholt werden. Man war nie fertig, Urlaub gab es sehr selten. Außerdem war eine solche weite Reise mit der ganzen Familie ein großes Unterfangen und ihr gingen viele Vorbereitungen voraus. Die einzig passende Zeit war im Sommer, da hatten die Kinder drei Monate Ferien. Dazu muss gesagt werden, dass sie eine 6-Tage Woche hatten, Wochenenden kannten wir nicht.

Wir wurden uns einig, im Juli 1979 diese Reise zu unternehmen. Im Gemüsegarten hatten wir drei Mal das Unkraut gejätet, die zwei Ferkel und ein gutes Dutzend Küken waren dann auch schon nicht mehr so klein und anfällig. Freilich, meine Schwester Maria musste sehr viel Arbeit übernehmen, zusätzlich zu ihrer Arbeit in der Kolchose – sie war Postträgerin. Zu Hause war all unser Vieh zu versorgen, die Kuh zu melken, die Ferkel und Kälber zu tränken und füttern, die Hühner und Küken zu versorgen und noch so viel anderes, das man das gar nicht alles einzeln erwähnen kann. Unsere Mutter, die Oma Harms, war zu der Zeit schon so schwach und kränklich, dass sie kaum aus dem Bett aufstehen konnte und nicht mehr anpacken konnte. Sie saß dann mal in der Sonne, mal im Schatten, so wie sie es konnte und wartete, bis Maria mit allem fertig war. Wir machten uns ernsthafte Sorgen um Mutters Gesundheit und rechneten jederzeit damit, dass sie sterben könnte. Als wir uns auf diese weite Reise machten, hofften wir sehr, dass unser Besuch nicht durch ein Telegramm zur Beerdigung abgebrochen werden würde.

Anfang Juli ging die Reise los. Mit knapp zwei Tagen Zugfahrt in jede Richtung plus Nahverkehr sowie zehn Tagen Aufenthalt waren wir gut zwei Wochen weg. In dieser Zeit haben wir sehr viel erlebt, aber die Rückreise überlagerte alle anderen Eindrücke.

Zunächst ging alles ganz gut. Die Fahrkarten, die zu dieser Zeit, mitten sehr schwer zu bekommen waren, hatten wir im Voraus besorgt. Der Zug war sehr voll und das Wetter warm, aber es ging. Am dritten Tag unserer Fahrt kamen wir in Frunse, heute Bischkeck, an. Das Ziel unserer Reise, Stanzia Ivanovka, wo meine Schwiegereltern lebten, war nur noch wenige Kilometer entfernt, die wir mit dem Nahverkehrszug bewältigten. Es war noch früh am Morgen und da wir uns während des Besuchs keine Sorgen um die Rückfahrt machen wollten, kauften wir direkt die Rückfahrkarten von Frunse bis Orenburg. Denn wer konnte wissen, ob wir in zehn Tagen Plätze bekämen? So konnten wir aber ganz ruhig sein, wir hatten die Fahrkarten in der Hand. Da war auch alles klar und genau vermerkt, die Wagennummer, das Abteil und die Schlafplätze, alles war bezahlt und in Ordnung. So fuhren wir beruhigt und voller Freude mit dem Kleinzug von Frunse nach Iwanovka.

Die Freude war groß und der Empfang herzlich, als wir eintrafen! Wir erlebten fröhliche Tage mit der Verwandtschaft, die vor allem unsere Kinder kaum kannten. Für sie war vieles neu: die Obstbäume, die am Wegesrand standen und an denen Äpfel und Aprikosen hingen, reif zum Essen. Die Eselskarren, die es überall gab, die kirgisischen Nachbarskinder der Großeltern und vieles mehr. Wir Erwachsene hatten die Gelegenheit, den Geschwistern in manchen praktischen Dingen zu helfen. Während die Kinder das gute, frische Obst genossen und mit ihren Cousinen und Cousins spielten, kochte ich Kirschmarmelade für uns ein. Obst sahen wir in Orenburg höchst selten, da war es eine gute Gelegenheit! Der Austausch mit den Geschwistern meines Mannes, die ja auch meine Jugendfreunde waren, tat uns allen gut. Aber am schönsten war es, dass unsere Kinder endlich mal Zeit mit Opa und Oma Rempel verbringen konnten!

Die Zeit verging viel zu schnell und es sammelte sich manches an, was wir mitnehmen wollten. So kam der Tag unserer Heimreise. In Begleitung unserer Lieben fuhren wir wieder mit dem Kleinzug von Iwanovka nach Frunse in der Hoffnung, in Ruhe unseren Zug zu besteigen und heimwärts zu fahren. Leider kam es ganz anders.

Als wir zum Bahnhof kamen, hatte sich vor jedem Wagen eine große Menschenmenge angesammelt, die jetzt alle einsteigen wollten. Es gab ein solches Gedränge, dass wir fast erdrückt wurden beim Einsteigen! Aber immer noch waren wir getrost, denn wir hatten ja unsere Plätze gesichert. Wenn wir erst drinnen sind, wenn erst jeder seinen Platz hat, dann ist wieder Ordnung da. Doch da hatten wir uns getäuscht! Als wir uns endlich mit diesem Gedränge in den Wagen geschoben und uns zu unseren Plätzen durchgekämpft hatten, waren diese schon besetzt! Wir machten unsere Einwände und versuchten zu beweisen, dass dies unsere Plätze seien. Denn auf unseren Fahrkarten war es klar und deutlich geschrieben. Diese anderen Leute schrien uns an und bezeugten mit ihren Fahrkarten, dass dieses genau ihre Plätze seien! Da meldete sich eine Frau hinter uns und rief: „Das ist mein Platz! In meiner Fahrkarte ist genau diese Nummer angegeben!"

Nun stellte sich heraus, dass für einen Platz bis zu drei Fahrkarten ausgestellt worden waren! Somit waren fast alle Plätze mehrfach vergeben worden! Wir als Passagiere konnten daran nichts ändern. Allerdings mussten wir jetzt sehen, wie wir zurechtkamen. Die Menschen waren aufgeregt und schimpften! Der Gang stand dicht voll gedrängt, alle hatten große Koffer und Taschen dabei, es war heiß und stickig! An Hinsetzen war nicht zu denken. Wir als Familie waren auseinandergerissen. Ich stand mit unseren Kleinsten auf dem Arm – sie war knapp vier Jahre alt, sehr kränklich und klein von Gestalt. Wir konnten sie nicht auf den Boden lassen in all diesem Gedränge, man hätte sie zertrampelt. Mein Mann kümmerte sich um unser Gepäck und die anderen drei unserer Kinder, 7, 9 und 10 Jahre alt, mussten nun selbst zusehen, wie sie zurechtkamen. So standen wir da in großer Sorge, wie das hier weiter gehen sollte! Der Schaffner kam, aber statt etwas zu ordnen, schimpfte er nur und herrschte die Leute an: „Was habt Ihr Euch hier alle zusammengepfercht! Raus mit Euch! So geht der Zug nicht ab!" Wir blieben stehen. Er drängte sich durch die Menschenmenge hindurch und als er mich erblickte, schimpfte er auf mich los: „Was stehst Du noch? Raus mit Euch!" Ich sagte so ruhig ich konnte: „Wir haben unsere Fahrkarten und sind berechtigt, hier mitzufahren." Da wurde er wütend und schrie mich an: „Ich sagte raus mit Euch! Oder meinst Du, weil Du ein Kind auf dem Arm hast, kann Dich keiner raus werfen? Raus aus dem Wagen!" Ich sagte, dass wir gültige Fahrkarten haben, die wir vor zehn Tage gekauft hatten, als die Plätze noch alle frei waren. Dass nun drei Fahrkarten auf einen Platz ausgegeben waren, das war ja nicht unsere Schuld.

Der Zug setzte sich in Bewegung und wir standen immer noch zusammengedrängt im Gang. Dann drohte der Schaffner: „Weil Ihr hier nicht raus gegangen seid, werfe ich Euch auf der nächsten Station eigenhändig mit Sack und Pack raus!" Wir konnten nichts tun, außer im Stillen zu beten. Wir waren ja nicht die einzigen denen es so erging. Die anderen Passagiere waren ebenfalls unruhig und verlangten ihr Recht, denn schließlich wollte jeder nach Hause gelangen. Dann wurde der Zugführer gerufen, der wirklich das Sagen hatte. Er kam und sah sich ruhig die ganze Situation an. Er schimpfte und schrie nicht, stattdessen schaffte er Ordnung. Es dauerte nicht lange, da hatte er alle Passagiere so verteilt, dass jeder einen Platz bekam, auch wir mit unseren Kindern, freilich über den ganzen langen Wagen zerstreut. Dem kleinen Jakob wurde ein Schlafplatz drei Abteilungen von uns entfernt zugewiesen, ganz oben auf der dritten Pritsche, wenige Zentimeter unterm Dach. Einen Sitzplatz hatte er nicht, denn es war eigentlich keine Schlafkoje, sondern Gepäckraum, wurde aber zu Stoßzeiten zum Schlafen genutzt. Die anderen Beiden bekamen ihre Schlafplätze etliche Abteilungen von uns in die andere Richtung. Tagsüber saßen wir nach Möglichkeit alle zusammen, aber nachts musste jeder seinen zugewiesenen Platz einnehmen. In der zweiten Nacht passierte es dann, als der Zug ruckartig losfuhr und gleich darauf ruckartig stehenblieb, fiel Jakob von seiner hohen Pritsche und kugelte sich die linke Schulter aus. So kam er mit einem verrenkten Arm nach Hause, aber bis dahin gab es noch viel zu erleben.

Nach all diesen Problemen und Strapazen kamen wir ohne weitere Zwischenfälle in Orenburg an, wo wir den Zug verließen, der weiter nach Moskau fuhr. Unser Dorf lag aber noch ca. 100 Kilometer von Orenburg entfernt. Da gab es wieder Sorgen: wie kommen wir jetzt von der Stadt nach Haus? Es war ca. neun oder zehn Uhr morgens, als wir aus dem Zug stiegen. Unser erster Gedanke war das Kolchose-Quartier, wo es öfters eine Mitfahrgelegenheit gab. So fuhren mit unseren Kindern und Gepäck als erstes da hin.

Dort angekommen sahen wir schon vor dem Tor den großen LKW Kolchida unserer Kolchose stehen. Mein Mann sagte: „Den frag ich mal, wann er nach Hause fährt." Der Fahrer war Jakob Redekoop aus Kitschkass (Nr.12), unserm Nachbardorf und gern bereit, jemanden mitzunehmen. „In zwei-drei Stunden fahre ich nach Haus, aber ich kann Euch nicht alle mitnehmen, so viel Platz hab ich nicht." So wurden wir uns einig, dass ich mit den kleinsten Kindern mit ihm fahren würde, weil das am einfachsten war. Da er sowieso durch unser Dorf fahren musste, brauchte er nur auf der Straße anzuhalten und wir konnten aussteigen und waren zu Hause. „Also", sagte Willi, „nimmst Du meine Frau mit den Kindern mit?" „Ja, aber ich muss erst noch meine Ladung abholen." „Und wie viel Zeit brauchst Du dafür?" „So ungefähr zwei-drei Stunden." „Und dann kommst Du hierher und nimmst meine Frau und die Kinder mit dem Gepäck mit?" „Ja, wenn ich vollgeladen habe, komm ich hierher und nehme sie mit allem mit." Das war also geklärt. Der LKW hatte eine große Kabine, da würden wir schon gut rein passen und er versprach, gegen zwei Uhr nachmittags zurück zu sein. Nach dieser Absprache beschlossen wir, dass mein Mann mit den beiden ältesten Kindern zurück zum Bahnhof fahren würde. Von da wollten die drei versuchen, mit dem nächsten Kleinzug nach Perewolozk, unserer Kreisstadt zu fahren. Für die restlichen 60 Kilometer von dort bis zu unserem Dorf hofften sie dann eine Mitfahrgelegenheit im Bahnhof oder an der großen Brücke zu finden, denn ob sie den Bus, der zweimal täglich diese Strecke fuhr, noch schaffen würden, war mehr als ungewiß.

So wurde es gemacht. Willi nahm die ältesten beiden Kinder mit den kleinsten Taschen und die drei fuhren davon. Ich blieb mit den kleinsten Kindern und allem schweren Gepäck draußen vor dem Tor in Erwartung des LKW stehen, um so schnell wie möglich hier weg zu kommen. Wir gingen gar nicht erst ins Haus, um keine Zeit zu verlieren, wenn unser Fahrer käme. So warteten wir und warteten. Es verging Stunde um Stunde. Die Zeit, die er angesagt hatte, war verstrichen. Meine Kindlein wurden müde, es war so warm und sie hatten Durst. Es gab ja kein Mittagessen und wir waren schon von früh an auf den Beinen. Irgendwann ging ich schnell ins Quartier und holte ihnen Wasser zum Trinken. Die kleine Leni schlief auf dem Koffer ein und Jakob fragte immer wieder: „Mama, wann kommt der Onkel denn?" Ich tröstete ihn: „Hoffentlich kommt er bald." Und die Zeit verging.

Da kam ein Mann aus einem Haus von der anderen Seite der Straße auf mich zu. Er grüßte freundlich und sagte zu mir: „Liebe Frau, komm mit in mein Haus. Dein Mann hat Dich bestimmt im Stich gelassen. Es tut mir so leid um Dich, wie Du hier so einsam schon viele Stunden stehst und keiner kümmert sich um Dich. Komm mit mir, ich werde Dich lieben, bei mir wirst Du es gut haben!" Ich sagte klar und entschieden, dass ich seine Hilfe nicht brauche und auch ohne ihn noch gut zurechtkommen würde, er solle ruhig nach Hause gehen. So ging er dann auch weg und wir warteten weiter. Die Uhr zeigte halb drei und unser Fahrer kam nicht. Jakob fragte wieder: „Mama, kommt der Onkel bald?" „Mein Kind, ich weiß es auch nicht", musste ich ihm antworten. Ich wollte mir meine Unruhe nicht anmerken lassen, aber ich war schon sehr unruhig, denn ich merkte, dass der Fahrer uns vergessen oder betrogen hatte. So wurde es drei Uhr. Und dann halb vier und er kam immer noch nicht! Ich ging noch einmal ins Haus, um Wasser zu holen für die Kinder. Da sah ich den Johann Born, er muss wohl in einem der Schlafräume gewesen sein, als ich das erste Mal aus der Küche holte. Er war der Fahrer von unserem Vorsitzenden der Kolchose und wohnte in Kubanka. Ich fragte ihn: „Johann, wo willst Du hin?" „Ich bringe unsere Verwandten, die bei uns zu Besuch waren, zum Bahnhof. Die wollen nach Aktübinsk." „Nimmst Du mich mit den Kindern mit zum Bahnhof?" fragte ich. „Bitte", sagt er, „setzt Euch rein." So fuhr ich mit meinen beiden Kleinen zum Bahnhof, um nach Möglichkeiten zu schauen, wie wir weiter kommen konnten. Am Bahnhof war den Kindern alles so fremd. Viele Leute hasteten hin und her, es war ein Laufen und Rennen. Da bettelte Jakob: „Aber Mama, lassen Sie uns hier nicht allein! Wir wollen hier nicht allein bleiben!" „Ich muss aber sehen, wie wir weiter kommen", sagte ich zu ihnen. „Wir wollen doch nach Hause fahren!" Zum Trost kaufte ich jedem ein Eis, sie setzten sich auf die Koffer – denn sie mussten jetzt auf das ganze Gepäck aufpassen – und ich ging zur Kasse. Überall waren lange Warteschlangen und viel Gedränge. Da fand sich eine gute Frau, die half mir, auf die Kinder zu achten, während ich an der Kasse anstand. Als ich um die Ecke kam, sehe ich, ein Zug stand auf dem ersten Gleis, die Menschen schimpften und drängten sich vor verschlossenen Türen. Etliche kletterten durch die Fenster in die Wagen. Ich ging schnell zur Kasse und fragte nach einer Fahrkarte bis Perewolozk. Die Frau am Schalter gab mir sofort die Fahrkarte und sagte: „Beeilen Sie sich, der Zug auf dem ersten Gleis geht gleich ab. Der hat nämlich schon einige Stunden Verspätung wegen eines Streiks."

Ich lief zurück zu meinen Kindern, die kleine Leni war schon wieder auf den Taschen eingeschlafen, aber jetzt war Eile geboten! Gepäck hatten wir viel, es waren zwei große, schwere Koffer, etliche größere Taschen und noch einige kleinere und dann der kleine, aber schwere Eimer mit unserer Kirschmarmelade. Nun hängte ich mir über jede Schulter eine der größeren Taschen, nahm noch eine der kleineren in die Hand mit je einem Koffer zusammen, Jakob musste noch was von den anderen Taschen nehmen, die müde, verschlafene Leni bekam eine leichtere Tasche und den Eimer Kirschmarmelade und so schleppten wir los. Nach wenigen Schritten blieb Leni stehen, stellte die Tasche und die Marmelade ab, die ja beide viel zu schwer für sie waren und sagte trotzig: „Etj well nich moia! Etj koan nich moia! Etj do nich moia!!" (Plattdeutsch: „Ich kann nicht mehr! Ich will nicht mehr!! Und ich tu's nicht mehr!!!") Jakob blieb auch stehen und sprach ermutigend auf sie ein: „Aber Leni, da ist doch unsere leckere Marmelade drin! Komm, noch ein paar Schritte, bitte!" Die Kleine raffte sich auf, nahm die Sachen und ging los. Aber es war einfach zu schwer für das Kind! Es ging wirklich nicht und so blieb sie wieder stehen und stampfte mit dem Fuß: „Etj well nich moia! Etj koan nich moia! Etj do nich moia!!" Da kam uns eine Frau entgegen, die sah, dass die Kinder es gar nicht schafften, weiter zu kommen. „Ich helfe Euch", sagte sie und trug uns die Sachen bis zum Gleis.

In der Zwischenzeit waren die anderen Reisenden schon alle eingestiegen und wir mussten bis zum letzten Wagen, der ganz weit hinten war. Irgendwie schafften wir es, stiegen mit all dem Gepäck ein und dann dauerte es noch eine geraume Zeit, bis der Zug endlich zwischen vier und fünf Uhr nachmittags den Bahnhof verlassen konnte.

In unserem Wagen war viel Platz und so konnten sich meine beiden Kleinen hinlegen, um etwas zu schlafen, sie waren ja schon sehr müde. Ich tröstete sie: „Nun könnt Ihr ruhig etwas schlafen, denn bis wir da sind, wird es noch dauern." Es war nämlich ein Bummelzug, der bei jeder noch so kleinen Station anhielt, um Arbeiter ein- oder aussteigen zu lassen. Die Kinder schliefen jedoch nicht ein, sie waren hungrig und hatten Durst.

Nach etlichen Stunden kamen wir in Perewolozk an und da war wieder das Problem: Wie kommen wir mit all den schweren Sachen bis in den Wartesaal des Bahnhofs? Da unser Wagen der letzte war, hatten wir am weitesten zu gehen. Die Menschen aus den anderen Wagen eilten alle so schnell wie möglich zum Bahnhof, denn die meisten wollten ja noch weiter fahren. So blieben wir ganz alleine. Ich fing an, mich stückweise vorzuarbeiten, indem ich so viel von dem Gepäck nahm, wie ich konnte, es ein Stück voraus trug, dort abstellte und zurück ging. Eins der Kinder blieb bei den Sachen stehen, während ich die anderen Gepäckstücke holte, wo das andere Kind aufpasste. Immer nur so weit, dass sie mich sehen konnten. So schleppte ich die Sachen alle langsam in den Wartesaal.

Inzwischen waren Jakob und Leni so müde und erschöpft, dass sie beide weinten. Außerdem hatten sie großen Durst. Ich beruhigte sie wieder und versprach, alles Mögliche zu tun. Zu allererst musste ich was zu Trinken besorgen! Im ganzen Bahnhof gab es kein Wasser. Die Wasserleitung war kaputt, was auch keine Seltenheit war. Einen Kiosk, wo man vielleicht Mineralwasser oder eine Limo kaufen konnte, gab es überhaupt nicht. Ich musste aber dringend etwas haben, so ging ich in die nächste Gasse und bettelte um Wasser. Leider war die ganze Wohngegend von der kaputten Wasserleitung betroffen. Die Leute sagten mir: „Wir haben selbst kein Wasser." So musste ich manche Straße durchlaufen, bis ich endlich etwas Wasser bekam und eilte damit zum Wartesaal. Als ich zurück kam, waren meine Kinder aufgeregt und verschreckt. Es waren ja nur unbekannte Menschen um sie herum und die Sprache verstanden sie auch nicht. Die meisten waren Russen und da wir zu Hause Deutsch sprachen, lernten unsere Kinder erst in der Schule Russisch. Das war für sie schon fremd genug, aber sie waren zudem zutiefst verschreckt durch die großen schwarzen „Käfer", die überall herumkrabbelten. Es waren Kakerlaken, die können laufen und fliegen. Unsere Kinder kannten so was nicht und hatten Angst davor. Es wimmelte nur so im ganzen Wartesaal von diesem Ungeziefer! Sie sausten um die Köpfe und prallten gegen die Wand oder gegen eine Lampe unter der Decke, fielen herab auf die Köpfe, Schultern oder wo auch immer. Es hagelte nur so von Kakerlaken! Die Station war insgesamt sehr schmutzig und dreckig.

Ich stellte unser Gepäck in eine Ecke, in der es scheinbar etwas ruhiger war und setzte die Kinder darauf. „Aber Mama, bitte gehen Sie jetzt nicht mehr weg von uns! Wir wollen nicht mehr allein sein!" bettelten die beiden. Ich bat sie wieder, noch einen kleinen Moment zu warten: „Ich gehe kurz um die Ecke, da ist ein Zimmer, wo es Telefon gibt. Ich rufe im Dorf an, dann kommt Papa uns holen." Meiner Meinung nach müsste er längst zu Hause sein. Gesagt, getan. Ich gehe schnell um die Ecke, betrete das Zimmer und frage die Frau am Apparat, ob ich kurz nach Kubanka telefonieren darf. „Nein", sagt sie, „die Verbindung dorthin ist kaputt. In Pretoria (Nr.14) ist alles durchgegraben und deswegen können wir nicht telefonieren."

Also waren meine Möglichkeiten rundum abgeschnitten! Ich hatte gehofft, bei unserem Postmeister anzurufen, der würde meinem Mann Bescheid geben und Willi würde uns sofort abholen von hier. Nun war ich mit meiner Fantasie am Ende. Ich ging zu meinen Kindern und jetzt saßen wir da, ohne einen Ausweg, nach Hause zu kommen. Jetzt hatten wir nur noch die Chance, zufällig jemanden Bekannten zu treffen, der in unsere Richtung unterwegs war und uns mitnehmen würde. Unverwandt schaute ich auf die Tür, in Erwartung einer Möglichkeit, hier weg zu kommen. Es vergingen Stunden und nichts tat sich. Es wurde Abend und meine Kinder überwältigte der Schlaf. Inwzischen waren nicht mehr viele Leute im Saal – Perewolozk ist nur eine kleine Station, Schnellzüge hielten hier nicht an. So konnte ich meine Kleinen auf den leeren Bänken lagern. Es war freilich sehr hart, aber so, wie es war, musste es gut sein. Der leichte Sommermantel blieb zum Zudecken. „Aber Mama, wir wollen nur dann schlafen, wenn Sie hier bei uns bleiben! Wir haben solche Angst vor diesen ekligen Käfern, die immer wieder auf uns herab fallen", bettelten die Beiden. Es war auch wirklich schlimm, man hatte keine Ruhe, die Kakerlaken schwirrten beständig hin und her, prallten gegen alle möglichen Gegenstände und hagelten herunter. Ich versprach meinen tapferen Kleinen, die schon so viel durchgemacht hatten, bei ihnen zu bleiben und immer die Käfer herunter zu schieben. So tat ich es dann auch. Und ich hatte wirklich zu tun mit diesen Viechern! Die kreisten um die Lampe an der Decke, stießen gegen die Wand und fielen dann herunter, dass es nur so klatschte auf dem Mantel! In der Stille des nächtlichen Bahnhofs hörte man ständig ein unheimliches Klack! Klack! Klack!

Als die Kinder jedoch fest eingeschlafen waren, ging ich schnell zur Tür und spähte hinaus, ob nicht jemand kommen würde, mit dem wir nach Hause fahren könnten. Dann lief ich wieder herein, warf alle Käfer, die inzwischen auf den Kindern krabbelten, herunter, damit sie den Kinder nicht noch ins Gesicht krochen und ging wieder zur Tür, um Ausschau zu halten.

So ging es bis ca. 23 Uhr nachts, immer hin und her. Als ich wieder einmal zur Tür ging, kam mir unser Neffe, Gena Rempel aus Dolinovka (Nr. 9), entgegen! Ich war so schockiert, ihn hier zu sehen und fragte ganz verwundert: „Gena, wie kommst Du hierher?" „Onkel Jakob Thießen hat uns her gebracht", sagte er. „Und wo ist er jetzt?" fragte ich. „Der hat uns dort an jener Ecke raus gelassen und ist sogleich zurück gefahren." Oh, wie schade! Der Onkel Thießen hätte uns bestimmt mitgenommen, wenn er bis zum Wartesaal gekommen wäre und uns gesehen hätte! Nun war auch diese Gelegenheit weg. Gena war mit seinem Freund gekommen. Sie fuhren dann bald mit dem Nachtzug nach Kujbyschev, wo sie Musik studierten. So lief ich weiter hin und zurück, bald raus, bald rein. Die Kinder waren sehr erschöpft und schliefen fest, sie merkten nicht, wie viele Käfer auf sie herab fielen und das war ja auch gut.

So ging die Nacht dahin. Um vier Uhr morgens hielt ein Zug an und es stiegen viele Leute aus. Draußen war es noch finster, der Himmel war mit schwarzen Wolken überzogen und es regnete stark, auch Gewitter war zu hören. Die Leute strömten in den Wartesaal, um schnell unter Dach zu kommen. Da erblicke ich unter den Reisenden die Tochter meiner Kusine, Klara Eichhorst, eine ganz liebe, feine, junge Frau, sie arbeitete im Nachbardorf als Lehrerin. Ich ging auf sie zu und sprach sie an: „Klara, wo kommst Du her?" „Wir sind ein Chor und kommen aus Kujbyschev. Wir haben dort Konzerte gegeben. Nun wollen wir nach Hause fahren", sagte sie. Da sah ich schon, dass noch viele andere hinter ihr herein kamen. „Wie wollt Ihr nach Haus kommen? Busse gehen noch keine und anrufen kann man nicht, das Telefon ist außer Betrieb", sagte ich. „Wir brauchen nicht anzurufen", meinte sie. „Wir haben es so vereinbart, als wir gefahren sind, dass wir an diesem Tag zurückkommen und so werden wir abgeholt.

Für uns wird ein Bus geschickt." Da wurde ich hellhörig und fragte: „Wäre es wohl möglich, dass ich mit den Kindern mitfahre?" „Ich versuche, es möglich zu machen", versprach sie. „Aber wie kommt es eigentlich, dass Sie hier allein mit den Kindern sind?" Ich erzählte ihr, wie es uns ergangen war. Da ging sie sofort zu ihrem Gruppenleiter, besprach alles mit ihm und sagte dann zu mir: „Sie können mitfahren!" Ich weckte meine Kinder, packte alles zusammen, um bereit zu sein.

Um halb sechs kam der Bus und wir stiegen alle ein. Auch unser ganzes Gepäck wurde gut verstaut und gegen sechs Uhr fuhren wir los. Ich hatte sogar einen Sitzplatz bekommen und nahm Jakob auf den Schoß. Die kleine Leni saß bei Klara auf dem Schoß. Ohne etwas zu Trinken oder zu Essen ging die Reise weiter, aber wir waren doch getrost, denn wir fuhren endlich nach Hause! Wir waren noch nicht weit gefahren, da wurde die Straße glitschig und schlammig. Es hatte nämlich stark geregnet in der Nacht und so konnte der Fahrer nur langsam fahren, weil er den vielen Löchern und Pfützen ausweichen musste. Aber das war schon alles nicht weiter schlimm, wir waren ja auf dem Weg nach Hause!

Kurz nach acht Uhr kamen wir endlich in Kubanka an! Der Fahrer hielt mitten auf der Straße gegenüber von unserem Haus an und wir stiegen mit Sack und Pack aus. Meine Schwester war noch voll beschäftigt mit dem Vieh. Während sie über den Hof ging, sah sie den Bus. „Na", dachte sie sich, „was soll das denn? So früh kommen doch keine Busse!" Sie blieb stehen und schaute genauer hin. Da sah sie, auf der anderen Seite des Busses stiegen kleine Füßchen aus! Sie kam zur Straße und siehe da, wir waren angekommen! Nun war die Freude groß! Endlich waren wieder alle zu Hause!

Als wir später einander mitteilten, wie es uns ergangen war, stellte es sich heraus, dass wir alle mit ein und demselben Zug von Orenburg nach Perewolozk gefahren waren! Es hatte große Missverständnisse auf dem Bahnhof in Orenburg gegeben. Der Zug wurde etliche Stunden aufgehalten, darum hatten sich auch so viele Menschen angesammelt. Deshalb musste noch ein Wagen angehängt werden, in dem wir dann reisten. So waren wir drei im letzten Wagen und mein Mann mit Tina und Willi in einem der vorderen, nicht ahnend, dass auch wir mit dabei waren! Aber Willi erzählt am besten selbst seinen Teil der Geschichte.

Willi erzählt: Als ich endlich spät abends mit Tina und Willi zu Hause ankam, erlebten wir eine böse Überraschung! Von meiner Frau mit Jakob und Leni fehlte jede Spur! Nach meiner Berechnung hätten die schon längst zu Hause sein müssen. Ich konnte es nicht glauben! Es war doch alles so gut abgesprochen gewesen! Die müssten doch längst da sein! Plötzlich fährt der große LKW, in dem meine Lieben drin sein sollten, die Straße entlang. Aber das Auto hält nicht an. Es fährt weiter zum nächsten Dorf Kitschkass (Nr. 12), wo der Fahrer wohnte. Ich setzte mich sofort in unseren alten Moskvitch und suchte den Jakob Redekoop auf, um zu erfahren, was passiert sei. Er war ziemlich gleichgültig und sagte, dass er es nicht so ernst gemeint hätte mit seinem Versprechen. Nachdem das Auto geladen war, habe er überhaupt nicht mehr daran gedacht. Ich war so aufgeregt, ja wütend und wollte sogleich wenden und nach Orenburg fahren! Aber als ich aus Kitschkass heraus fuhr, fing es so furchtbar an zu regnen, dass ich die Straße nicht mehr richtig sehen konnte. Es war unheimlich dunkel, nicht nur wegen der späten Abendzeit, sondern wegen des Gewitters und es regnete in Strömen! Wenn der Blitz grell aufleuchtete, sah ich vor mir nur Wasser. Die Straße war nicht zu erkennen. Die Scheibenwischer schafften es nicht, das Wasser weg zu wischen und ich hatte Mühe, mit meinem Auto auf der Straße zu bleiben. Ein richtiger Wolkenbruch! Als ich dann doch wohlbehalten nach Hause kam, sagte ich: „Jetzt fahre ich gleich nach Orenburg! Der Mensch hat die Meinen gar nicht mitgebracht! Und nun sitzen die da und wer weiß, wie es ihnen geht? Ich muss sofort hinfahren!" Aber meine Schwiegermutter ließ das nicht zu. „Nein", sagte sie, „bei diesem Wetter fährst Du nicht raus! Das geht nicht, das ist ganz unmöglich!" Und das war auch richtig so. Wenn ich in meinen Eifer losgefahren wäre, wäre ich sowieso bei diesem Unwetter nirgends hingekommen. Es war viel zu gefährlich, bei so einem Wetter und bei den schlechten Straßen in die Nacht hinein zu fahren. Außerdem war unser Auto recht alt und blieb öfter liegen. So manches Mal ging der Motor ohne ersichtlichen Grund aus und wir mussten es an einer

Anhöhe anschieben. Wenn es bergab ging, konnten wir wieder ein Stück-chen fahren. Manchmal sprang der Motor dann wieder an und alles war gut. Oft wiederholte es sich aber und wir schoben das Fahrzeug mehr als wir fuhren. Was, wenn das Auto mitten in der Nacht seinen Dienst versagte und ich allein war? Nein, es war schon vernünftiger, nicht zu fahren. So musste ich mich ergeben und blieb zu Hause. Freilich, es war eine unruhige Nacht, in der ich kaum ein Auge zutat. Aber früh morgens wollte ich mich sofort auf den Weg machen, um meine Lieben zu holen! Gegen morgen muss ich dann wohl doch in einen bleiernen Schlaf gefallen sein, denn bevor ich aufwachte und mich auf den Weg machen konnte, kamen die Drei müde und hungrig, aber ansonsten wohlbehalten zu Hause an! Es wäre also ein großer Unsinn gewesen, wenn ich des Nachts nach Orenburg gefahren wäre und die waren gar nicht mehr da.

Mutter stirbt

In den 60-er Jahren nahm Mutters Kraft stetig ab, sie musste sich mehr und mehr von allem zurückziehen. Und doch wollte sie immer noch über-all mithelfen. Als unser erstes Kind geboren wurde, war sie ganz der Mei-nung, sie müsse für die Kleine sorgen. Sie hat sich ihrer sehr angenom-men. Mir war es manchmal zu viel, was sie wollte, fast kam es mir so vor, als traute sie es mir nicht zu, mein Kind selbst zu versorgen. Unsere Tina wurde im Oktober 1968 geboren. Es ging auf den Winter zu und ich brauchte die ersten Monate nicht in der Kolchose zu arbeiten, so dass ich selbst Zeit hatte, das liebe Kindlein zu umsorgen. Sie half auch nach Kräf-ten mit den anderen Kindern, vor allem passte sie viel auf sie auf.

Mitte der 70-er Jahre nahm ihr Asthma zu und sie wurde immer schwächer. Manchmal konnte sie tagelang kaum essen. Wir hatten schon große Bedenken, als wir uns nach Kirgisien aufmachten. Ob wir wohl mit einem Telegramm zurück geholt werden würden? Ob Mutter bis zu unse-rer Rückkehr leben würde?

Sie lebte. Aber immer öfter konnte sie sich nicht mehr hinlegen, selbst nachts nicht, weil sie dann keine Luft bekam. Beim Sitzen sammelte sich das Wasser in ihren Beinen und sie schwollen an. Ihr Herz konnte nicht mehr. Maria erzählte: „Die letzten drei Wochen konnte Mutter kaum noch liegen. Außerdem tat ihr alles weh. So setzte ich sie möglichst bequem im Bett hin und polsterte sie überall mit Kissen ab, damit nichts drückte. Da sie oft kalte Füße hatte und die Decke ihr zu schwer war, nahm ich ein großes Angoratuch und legte es ihr über die Beine. Sie sagte immer: wenn die Schwellung über die Knie geht, werde ich sterben."

Mutters Beerdigung, November 1979.

Mutter konnte kaum noch etwas zu sich nehmen. Ich kochte noch immer für sie und Maria mit, aber oft nahm sie höchstens ein paar Löffel von der Suppe. Festes Essen vertrug sie gar nicht mehr. Ich schaute mehrmals täglich nach ihr. Anfang November 1979 ging es ihr ganz schlecht. Am 2.11. gegen 18 Uhr verließ sie uns und ging zu ihrem Heiland, der ihr schon vor vielen Jahren einen Ausblick aufs Ziel gewährt hatte. Jetzt hatte sie ausgelitten. Es war in diesem Jahr ein sehr kalter Winter. Schon seit Wochen hatten wir eine geschlossene Schneedecke und Frost bis unter - 10C°. So konnten wir Mutter bis zur Beerdigung auf der Veranda ihres Hauses aufbahren.

Am nächsten Tag fehlte unser Sohn Willi auf einmal. Wir wollten zu Abend essen und er war weg. Wo konnte der Junge bloß stecken? Wir suchten überall, er war nicht zu Hause! Da ging mein Mann nachschauen, ob er vielleicht bei Tante Maria war? Und siehe da, er saß in der eiskalten Veranda an Omas Seite und hielt ihre Hand! Er hatte keine Angst vor dem leblosen Körper, sondern wollte solange wie möglich bei seiner lieben Oma sein!

Mutters Tod kam zwar nicht plötzlich und war eine Erlösung für sie selbst, aber er traf uns alle trotzdem sehr. Die Kinder liebten ihre Oma, die einzige, die sie kannten und wir beide, Maria und ich, hatten unsere geliebte Mutter verloren. Maria traf es besonders schwer! Sie erlitt eine Depression, obwohl wir diesen Begriff damals nicht kannten, von der sie sich nie wieder vollständig erholte. In den ersten Jahren nach Mutters Tod war es besonders schlimm! Sie weinte Tag und Nacht, konnte kaum noch schlafen, sprach halblaut vor sich hin. Ich litt sehr mit ihr. Zwar hatte ich auch die Mutter verloren und trauerte um sie, aber für Maria brach eine Welt zusammen! Sie wurde nun von niemandem mehr so gebraucht, wie es bis dahin der Fall war. Leider wollte sie sich aber partout nicht helfen lassen! Ob es so einfache Mittel waren, wie Vitaminspritzen, die den Körper aufbauten oder was auch immer. Sobald sie merkte, dass etwas half, verweigerte sie es!

Marias Zustand nahm uns als Familie sehr mit! Alle litten darunter und doch konnte ihr niemand helfen. Nächtelange Gebete und tagelanges Fasten brachten keine Besserung. Zeitweise schlief sie bei uns, weil ich Angst hatte, sie könnte sich etwas antun. Aber nachdem sie uns dann mehrmals pro Nacht um ein Gebet bat, wurde es uns doch zu viel. Wir mussten ja auch noch arbeiten. Dann versuchte ich es so zu organisieren, dass immer eins der Kinder bei ihr schlief. Aber die hatten Angst, wenn Tante Maria nachts weinte und Selbstgespräche führte. So war das auch keine Lösung. Wir konnten ihr einfach nicht helfen und mussten es so tragen, wie es eben war. Jetzt waren nur noch wir beide, Maria und ich, von unserer einst großen Familie übrig und so fühlte ich mich für meine Schwester verantwortlich. Auch, wenn es immer wieder zwischen uns knisterte, liebte ich sie doch und hätte ihr so gern geholfen! Aber ich konnte nichts tun.

Und wieder mal ein Hausbau!

Unsere Kinder wuchsen heran und die Haushälfte mit zwei Zimmern und Küche, die wir bewohnten, war längst zu eng für unsere sechsköpfige Familie. Weder hatten wir Eltern ein eigenes Schlafzimmer, noch hatte eins der Kinder ein eigenes Zimmer. Es war schwierig, wenn alle vier ihre Hausaufgaben zu machen hatten. Auch mit dem Schlafen war es nicht einfach. Wir hatten uns so arrangiert, dass im großen Zimmer ein Ehebett und Ausklappsofa standen. Auf dem Sofa schliefen die beiden Jungs, Willi und Jakob. Im kleineren Zimmer stand ein Bett – da schlief Leni, und eine hölzerne Schlafbank, auf der Tina jahrelang schlief. Die Bettsachen, Decken und Kissen wurden tagsüber auf das Bett gestapelt und abends wieder herunter geholt. Es war zwar nicht ganz so eng, wie viele russische Familien in Barnaul lebten, die nur ein einziges Zimmer hatten, aber es war doch beschwerlich. Wir überlegten seit langem, was wir tun sollten. Bauen? Kaufen? Aber wo? Es gab keine Häuser zu kaufen. Außerdem fehlte uns für beide Optionen das Geld. Oder sollten wir doch versuchen zu bauen?

Im Jahre 1982 bekamen wir das Grundstück, das am Ende unseres Gemüsegartens lag und fingen mit dem Fundament und Brunnengraben an. Das Grundstück lag einige Meter höher als unser jetziges Haus und der Wasserspiegel war wohl noch etwas tiefer, so dass wir erst ab 15 Metern auf Wasser stießen. Den größten Teil davon mussten wir mit Beil, Pickaxt und Eisenstange frei meißeln. Es war unglaublich harte Arbeit, die mein Mann größtenteils alleine bewältigte, vor allem das Meißeln und Graben. Die Jungs halfen beim Hochziehen des Schutts. Dafür hatten wir kristallklares, frisches Wasser!

Obwohl unsere Kinder noch recht jung waren, halfen sie von Anfang an fleißig mit. Jakob und Willi waren beim Vater auf der Baustelle, sobald er dort was machte. Ich war auch sehr viel dabei und half bei der schweren körperlichen Arbeit. Tina übernahm einen Großteil des Haushalts, versorgte die Hühner und kochte einige einfache Mahlzeiten. So kamen wir in den Sommermonaten gut voran, wobei wir immer wieder durch Materialmangel aufgehalten wurden. Wir hatten ja schon im Vorfeld Ziegel und Holz besorgt. Auch Zement kauften wir, wenn es die Möglichkeit gab. Ebenso Farben und Schiefer fürs Dach, sowie viele anderen Baumaterialien. Für die Wände hatten wir alte Balken gekauft, die unter den Eisenbahnschienen gelegen hatten und ausrangiert worden waren. Aber bevor wir die Wände hochziehen konnten, kam Lise M. vorbei und behauptete, die 50 Balken würden ihr gehören! „Aber wir haben sie bereits

Unsere Familie im Sommer 1981. Leni (6) sitzt zwischen uns, hinten stehen Tina (13), Jakob (9) und Willi (11).

bezahlt!" protestierte Willi. „Hat keine Bedeutung, es sind meine Balken!" Sprach's und ließ die Balken auf den Wagen laden, mit dem sie gekommen war. Wir konnten nur zusehen, wie uns das teure Baumaterial weggeholt wurde. So mussten wir sehen, wie wir an anderes Baumaterial kamen. Zum Ziegel zu machen fehlte uns die Zeit und auch die Kraft. Dann erfuhren wir, dass der alte Pferdestall abgebrochen wurde und fragten nach den Ziegeln. Wir konnten sie günstig erwerben. So war es zwar ein großer finanzieller Verlust, dass uns die Balken so unverschämt weggeholt worden waren, aber später waren wir dankbar, dass wir für das Haus die alten Lehmziegel genommen hatten. Dadurch war es ein viel gesünderes Klima, als wenn wir die öldurchtränkten Balken verarbeitet hätten. Die Fenster kamen von einer alten Baracke. So hat der Herr trotz aller Ungerechtigkeit immer wieder für uns gesorgt.

Trotzdem dauerte unser Bau jahrelang. Nicht zuletzt, weil wir nur nach Feierabend und in den Pausen daran arbeiten konnten. Aber es gab auch noch einen anderen Grund: ich konnte mich nicht von meiner kranken Schwester lösen. Zwar war unser neues Haus nur etwa 100 Meter entfernt, aber doch zu weit, um mehrmals am Tag rüber zu gehen und nach ihr zu schauen. Weil es um Maria immer noch so schlecht bestellt war, hatte ich Angst um sie. Eigentlich waren wir schon fast umgezogen, die Möbel waren drüben, aber wir schliefen noch im alten Haus. Und tagsüber, wenn die Kinder in der Schule waren und ich aus dem Milchlabor zurückkam, blieb ich bei Maria. Ich versuchte, mir Arbeit mitzunehmen, um die Zeit zu nutzen, denn zu tun gab es mehr als genug. Eines Tages, als ich bei ihr saß und Kartoffeln schälte, kam ihre Freundin Maria Hoppe vorbei und fragte: „Was macht Deine Schwester hier?" „Ach, das weiß ich auch nicht!" antwortete Maria verächtlich. Das war zu viel für mich! Hier war ich, nahm mir Zeit, um ihr Gesellschaft zu leisten, damit sie nicht so allein war und weniger auf dumme Gedanken kam und es war ihr gar nicht recht! Ich packte meine Sachen und ging nach Hause. Jetzt war ich bereit zum Umzug!

Also zogen wir im Herbst 1985 ins neue Haus. Knapp drei Jahre später, Ende September 1988 verließen wir unser Dorf und reisten am 3. Oktober in die Bundesrepublik ein. Aber damals ahnten wir noch nichts davon.

13. Kapitel: Unsere Ausreise nach Deutschland

Wir kommen auf die Idee, auszureisen!

Seit Michail Gorbatschov 1986 an die Macht kam, gab es deutlich mehr Freiheit. Jetzt begannen viele Deutsche daran zu denken und dafür zu wirken, nach Deutschland auszuwandern. Freilich hatten auch in den Jahren davor immer wieder einzelne Familien versucht, eine Ausreiseerlaubnis zu bekommen, aber es gab fast nur Absagen. Jetzt entwickelte sich in den umliegenden Dörfern eine richtige Bewegung, bei uns war jedoch noch alles still. Wir hatten einen Parteimann, der gesagt hatte: „Solange ich lebe, fährt kein Mensch aus unserm Dorf ins kapitalistische Ausland!" Er war Parteisekretär und meinte, er hätte allein das Sagen. Da, mit einmal hörten wir, der Kornelius Penner, eben dieser Parteimensch, war krank. Na ja, wer wird denn nicht mal krank? Wir haben uns nichts dabei gedacht. Kurze Zeit später hören wir, den Penner hat man ins Kreiskrankenhaus gebracht. Er war also ernstlich krank. Es dauerte auch nicht lange, da starb er. Manche haben sich gewundert, wie das so schnell mit ihm gegangen war, aber er war nicht mehr da. Nun war der Weg frei. Er konnte sich nicht Gott in den Weg stellen, da nahm Gott ihn einfach weg.

Aber wir hatten immer noch keine Pläne, auszureisen, obwohl einige von Willis Geschwistern schon seit Mitte der 70-er Jahre in Deutschland lebten und auch seine Eltern waren 1981 umgesiedelt. Wir sahen es, wie viel Arbeit das Ausfüllen der Formulare war und welche Enttäuschungen eine Absage brachte. Willi sagte: „Meine Nerven schaffen das nicht. Wenn Gott will, dass wir nach Deutschland fahren, dann muss er einen Weg finden. Ich werde ihm dabei nicht helfen."

Um diese Zeit wurde Willis Mutter in Gummersbach schwer krank. Sie lag im Sterben und ihr letzter Wunsch war es, noch einmal alle ihre Kinder zu sehen. Drei von ihren acht Kindern, Jakob, Wilhelm und Maria, lebten aber noch in Russland. Nun bekamen sie alle eine offizielle Einladung zu einem Besuch. Den beiden Brüdern wurde eine Kurzreise erlaubt, aber Maria, die mit ihrer Familie in Dschambul lebte, durfte nicht fahren. So fuhren Jakob und Willi im Januar 1987 in die Bundesrepublik. Als sie zurückkamen, sagte mein Mann: „Vielleicht sollten wir doch mal einen Antrag stellen." Wir überlegten es uns und wollten schon damit anfangen, als sich ein großes Hindernis auftat: meine Schwester wollte um keinen Preis auswandern! Und ohne sie fuhr ich nicht weg, das war mir klar.

1. Mai 1988, letztes Familienfoto in Russland. Willi (18), Lena (12), Jakob (fast 16) und Tina (19).

Da kamen eines Abends unsere Cousins aus dem Nachbardorf zu Besuch. Wir saßen draußen und unterhielten uns. Irgendwann kam die Rede auch auf das Thema Auswanderung. „Wie steht Ihr dazu?" fragte Isaak Harms. „Seid Ihr nicht schon bald weg? Ihr habt doch die beste Möglichkeit – die Kinder noch alle zu Hause, keiner verheiratet und keiner im Militärdienst." Unser Sohn Willi war schon zur Musterung gewesen, aber noch war er zu Hause. „Und zudem sind Willis Eltern schon dort", fuhr Isaak fort. „Warum säumt Ihr? Nutzt doch die Gelegenheit!" „Wir können nicht", sagte mein Mann. „Warum nicht, was hält Euch?" fragte Isaak weiter. „Ja", sagte er, „meine Schwägerin Maria, die will nichts davon hören, geschweige denn fahren." Mein Mann wusste ja, dass ich ohne sie nirgends hinfahren würde. Ich konnte meine einzige Schwester einfach nicht allein lassen und wegfahren. Das konnte ich nicht verantworten.

Dann riefen Isaak und Bernhard Maria herbei und sprachen sehr ernst mit ihr. „Maria", sagte Isaak, „wenn Lena und Willi Dich mitnehmen, dann hast Du froh und dankbar zu sein! Sei vernünftig und fahre mit ihnen. Wir brauchen Dich nicht und helfen Dir auch nicht, wenn Du alleine hier bleibst. Wir wollen selbst so schnell wie möglich auch da hin." Das war für Maria wie ein Schlag auf den Kopf! Sie hatte sich von den Beiden Unterstützung erhofft und nun kam es ganz anders. So fingen wir an, zu wirken und bestellten eine Einladung bei Willis Geschwistern.

Als diese kam, ging es los mit dem Ausfüllen der Papiere. Es gab sehr viel Papierkram, und es musste noch immer geheim gehalten werden. Hätte es sich im Dorf herumgesprochen, wäre alles umsonst gewesen, denn in solchen Fällen gab es sofort eine Absage Zudem haben die Leute so viel erzählt, wie schlecht es bei den Kapitalisten sei und dass die Leute nicht ganz bei Trost seien, die dort hin wollten, dort gäbe es kein Brot und vieles mehr... Wir ließen uns mit niemand ein und machten still unsere Papiere. Man bekam pro Person einen dicken Satz Formulare, die alle in Druckbuchstaben ausgefüllt werden mussten und wo einem kein einziger Fehler unterlaufen durfte. Denn damit war das Blatt ungültig und Ersatz gab es nicht. Und was man da alles für Daten eingeben musste!

Es dauerte sehr lange, denn wir mussten außer den vielen persönlichen Details auch noch von allen Beamten in der Kolchos-Behörde eine Unterschrift haben, dass wir frei waren und der Kolchose nichts schuldeten. Nächtelang haben wir an diesen Unterlagen gearbeitet. Mein Mann machte nicht nur alle Unterlagen für uns, sondern auch die für meine Schwester. Sie brauchte nur am Ende zu unterschreiben. Aber selbst das wurde zur Nervenprobe. Wenn Willi ein Dokument fertig hatte und sie ihre Unterschrift geben sollte, dann war sie still und ging davon. Es war so als hätte sie beschlossen, die Reise so lange wie möglich hinauszögern, wenn sie es schon nicht verhindern konnte. Erst kürzlich gab sie zu, dass es ihr so schwer fiel, sich von ihrem selbstgebauten Haus zu trennen. „Ich werde sicher nie wieder ein Haus haben", habe sie gedacht. So dauerte es manchmal mehrere Tage, bis Maria sich entschließen konnte, etwas zu unterschrieben. Dabei war es ohnehin schon so schwer, das Ganze neben all der Arbeit in der Kolchose und zu Hause zu organisieren, sodass uns ihre Unentschlossenheit noch zusätzlich belastete. Schließlich hatten wir aber alles fertig und reichten die Unterlagen ein. Jetzt galt es: warten!

Da kam eines Tages Guschin zu uns. Er war ein hoher Beamter in der Kreisverwaltung und kam, um mit uns über unseren Antrag zu sprechen. „Ist da was nicht in Ordnung?" fragten wir. „Nein", sagt er „es ist alles in Ordnung und ihr werdet schon bald die Zusage bekommen, die Erlaubnis zur Ausreise." Wir kamen eben aus dem Vorgarten, als er eintraf und da hatten wir schöne, dicke Erdbeeren. Nun waren schon viele reif und wir hatten die Hände voller Beeren. So blieben wir draußen stehen, unterhielten uns mit ihm und gaben ihm noch was von unseren Beeren. Er bedankte sich und fuhr weg. Als wir davon zu unseren Verwandten sprachen, fragten sie: „Und, wie viel habt Ihr ihm gegeben?" „Gar nichts, außer ein paar Erdbeeren." „Seid Ihr wirklich so beschränkt?" fragte unser Cousin ungläubig. „Der hat Euch doch besucht, um etwas Geld zu bekommen und Ihr habt ihm nichts gegeben!" Wir waren es einfach nicht gewöhnt, mit Bestechungen zu handeln – wenn wir etwas nicht auf ehrlichem Wege bekommen konnten, dann verzichteten wir eben. Und so war es uns gar nicht in den Sinn gekommen, ihm etwas zuzustecken. Wir sind trotzdem raus gekommen! Aber unsere Cousine in Kirgisien sagte einmal, dass die Leute dort sehr viel haben zahlen müssen, wenn sie die Ausreise beantragten. In der Behörde wusste man ja, dass die Auswanderer alles stehen und liegen lassen mussten. Denn selbst wenn sie es verkauften, das Geld durften sie ja doch nicht mitnehmen, außer einem kleinen Betrag, eine Art Taschengeld. Da haben die Beamten ihre Chance wahrgenommen. Einige forderten Nähmaschinen und Motorräder als Schmiergelder. Manch einer hat sich auf diese Weise an den Auswanderern bereichert. Als wir in Deutschland ein Konto in der Sparkasse eröffneten, kamen wir auch auf diesen Teil der Ausreise zu sprechen. „Na", sagte der Beamte am Schalter, „die Leute bringen Kofferweise Geld rüber, aber ich sag nicht, wie." Es gab also Wege, von denen wir keine Ahnung hatten.

Die Reiseerlaubnis und der Kampf um die Freiheit

Am 1. September 1988 bekamen wir die Erlaubnis, zu fahren! Wir erhielten eine Nachricht, dass die Papiere fertig waren und wir unsere Reisepässe abholen konnten. Dazu fuhren wir als ganze Familie zur Meldebehörde nach Orenburg, denn jeder musste seinen Reisepass persönlich in Empfang nehmen. Mein Mann hatte zwar schon einen Reisepass, mit dem er im Jahr zuvor seine Mutter besucht hatte, aber er musste ihn nach seiner Rückkehr wieder abgeben. Als nun die Pässe ausgehändigt wurden, stellte sich heraus, dass unser Sohn Jakob keinen Personalausweis hatte und somit auch keinen Reisepass. Er war im Juni 16 geworden, aber irgendwie hatte niemand daran gedacht, dass er einen Personalausweis beantragen sollte. Die Geburtsurkunde reichte nicht für die Ausreise, es musste ein Ausweis sein. So wandten wir uns an die Behörde, die hatten Verständnis stellten ihm sogleich den Ausweis aus. Allerdings für eine enorme Gebühr von 200 Rubel! Das waren vier meiner Monatsgehälter oder zwei meines Mannes. Aber wir waren dankbar, dass es überhaupt möglich war, es war noch mal ein Schreckmoment! Nicht auszudenken, was wir gemacht hätten, wenn die uns gesagt hätten, dass es drei Monate dauern würde, bis der Ausweis fertig ist! So hatten aber wir alles, was wir brauchten.

Kurz darauf wurde mein Mann von seiner Arbeit entlassen. Er arbeitete mit Willi Bergmann im Schweinestall und die beiden waren gute Freunde. Sie bewältigten die Arbeit zeitweise jeder alleine, um dem anderen einmal einen Sonntag frei zu geben, oder für Urlaub. Es gab keine Vertretung und Wochenenden kannten wir auch nicht. So machte Willi Bergmann die Arbeit alleine, bis ihm einige Wochen später Marat Scharafutdinov zur Seite gestellt wurde. Später reisten die Bergmanns nach Kanada aus.

Als man im Dorf erfuhr, dass wir nach Deutschland wollten, kam nochmals ein Sturm auf. Die meisten hielten uns für verrückt, weil wir unter den ersten waren, die damit angefangen hatten. Ein Mann sagte: „Na, Willi, wenn Du das gut bedenkst, dann lässt Du davon ab. Nun stell Dir einmal vor, Du willst nach Deutschland. Na, denkt doch mal darüber nach! Es ist doch noch keiner von hier gefahren! Was willst Du eigentlich? Hast Du hier nicht gut zu leben? Ich meine, wenn Du das richtig bedenkst, dann nimmst Du Deinen Antrag oder was es auch ist, zurück, gehst zurück zu Deiner Arbeit und bleibst hier und denkst nicht mehr daran. Sieh mal, der Erwin Petkau, wie lange der schon gewirkt hat und kommt doch nirgends hin. Vierzehn Anträge hat man ihm abgelehnt. Es geht eben nicht. Dabei hat der dort noch scheinbar Verwandte und kommt doch nicht weg, was willst Du dann noch?" So ähnlich kam es von allen Seiten. Uns war nur geblieben, zu allem still sein, zu hoffen und zu beten, das war unsere Stütze. Wir taten einfach, was wir konnten und jetzt ging es um das Praktische: Fahrkarten kaufen und Geld umtauschen.

Kurz nach dem Erhalt der Ausreiseerlaubnis fuhr Willi mit den Jungs nach Moskau, um die Fahrkarten zu besorgen. Es war sehr schwierig! Sie mussten sich in einer Warteschlange anstellen und erst nach stundenlangem Warten konnten sie endlich die Flugtickets kaufen. Nun musste noch das Geld umgetauscht werden. Wir durften 90 Rubel pro Person mitnehmen, das ergab 270 D-Mark. Das war alles, was wir nach unserem langen und schweren Arbeitsleben, nach allem, was wir in diesem Land geleistet hatten, legal mitnehmen durften! Unser neues Haus verkauften wir für 12.000 Rubel an ein junges Ehepaar, eine Schulfreundin von Tina und ihrem Mann. Das Haus war mindestens doppelt so viel wert, aber da wir wussten, dass wir das Geld sowieso nicht mitnehmen konnten, kamen wir den jungen Leuten gern entgegen. Nur mal angenommen, wir hätten diese Summe umtauschen und mitnehmen können! Der Rubel hatte damals einen festen Kurs von 1:3 DM. Es wären 36.000 DM gewesen und eine sehr wertvolle Starthilfe in Deutschland. So aber mussten wir buchstäblich bei Null anfangen. Die 270 DM, die wir mitbrachten, plus 200 DM Begrüßungsgeld gingen schon allein für Lebensmittel, ein altes Auto und Sprit drauf. In der ersten Zeit in Deutschland konnten wir nicht jede Woche einkaufen. Aber wir sind nicht verhungert und hatten unser bescheidenes Auskommen.

Als Willi und die Jungs die Wechselstube in Moskau fanden, sahen sie eine riesige Warteschlange vor sich! Die Leute kamen von überall, alle wollten ihr Geld umtauschen. Es gab sogar Schlägereien an der Kasse! Eine Nacht lang standen sie in der Schlange und hatten nichts erreicht. Es bestand auch keine Aussicht, dass sie irgendwann bald dran kommen würden. So beschloss mein Mann, nach Leningrad, heute St.-Petersburg, zu fahren. Da konnten sie bei einer Bekannten übernachten und morgens früh ging Willi ohne die Jungs zur Bank. Da er sich in der Stadt nicht auskannte fragte er eine Frau die ihm begegnete nach dem Weg. Die Frau sprach kein Russisch, aber dafür deutsch! So erklärte sie ihm freundlich den Weg und bevor die Jungs ausgeschlafen hatten, war Willi schon mit dem Geld zurück und die Drei konnten sich froh auf den Heimweg machen!

Nachdem das Geld umgetauscht und die Tickets besorgt waren, mussten wir beide noch einen Beweis haben, dass wir von allen Verpflichtungen frei waren. So ging Willi zum Vorsitzenden der Kolchose, um das entsprechende Papier unterschreiben zu lassen. „Nein", sagte dieser, „das unterschreibe ich nicht. Ich habe es mir in „meinen dummen Kopf" so gedacht: Warum soll ich das unterschreiben? Nein, ich unterschreibe nicht." Mein Mann ging von ihm weg und dachte: „Was mach ich jetzt?" Da kam ihm der Gedanke, erst einmal all die anderen Instanzen durchzugehen. So ging er zum Abteilungsleiter, der sofort unterschrieb. Dann zum Mechaniker, der auch ohne Probleme seine Unterschrift gab. Als er alle Beamten durchhatte und alle anstandslos unterschrieben hatten, ging er wieder zum Vorsitzenden, legte ihm das Blatt auf den Tisch und sagte: „Ob Du das jetzt unterschreibst oder nicht, ist mir egal, aber ich fahre." Dann hat dieser doch unterschrieben. Er kam ja selbst bald hinterher. Jeder nutzte die Gelegenheit, so schnell wie möglich weg zu kommen.

Nun war ich dran. Als ich meinen Chef von unserer Ausreise in Kenntnis setzte, ging der Kampf von neuem los. „Was denkst Du Dir? Keiner fährt und Du willst mit einem Mal nach Deutschland?! Das gibt es nicht!" Die dachten alle nicht daran, dass aus den Nachbardörfern schon manche gefahren waren. „Und zudem", sagte er, „haben wir im ganzen Dorf niemanden, der Deine Arbeit machen kann. Du hast gelernt und Du bleibst da, wo Du bist." So ging er fort.

Die Zeit verging und wir beteten, was anderes war uns nicht geblieben. Ich ging immer noch auf die Arbeit und wenn ich dem Chef begegnete, fragte ich immer wieder, ob er seine Einwilligung geben würde. „Nein", sagte er, „wir werden darüber im Büro verhandeln. Wir suchen uns etliche Mädchen, schicken die in die Stadt für etliche Monate zum Lernen und dann sehen wir mal weiter." Das war für mich kein Trost. Wir hatten ja schon alles fertig: die Sachen verschenkt und das Nötige ausgeräumt. Ich sagte immer: „Lasst uns alles nur verschenken. Wenn wir doch nicht durchkommen und von Moskau zurück geschickt werden, dann geben die Leute uns die Sachen zurück." Mir war so bange, ich dachte nur immer, was, wenn wir auch zurück geschickt werden, wie unsere Vorfahren damals 1929? Was sollten wir dann machen? Man konnte niemandem trauen. Wir lebten in einer völligen Willkür, hatten keine Rechte und konnten nichts einfordern.

So verging Woche um Woche und ich war immer noch nicht frei. Ich konnte aber meine Meinung nicht äußern und sagen: „Hier sind die Schlüssel, ich komme nicht mehr." Denn dann hätte ich wegen Arbeitsverweigerung einen Platz im Gefängnis bekommen. Nun hatten wir die Tickets in der Tasche – die waren für den 3. Oktober und es tat sich nichts! Eine nervenaufreibende Zeit! So ging der September zu Ende. Buchstäblich wenige Tage vor unserem Flugtermin wurde ich endlich doch freigelassen! Gott hat da wirklich eingegriffen und ein Wunder getan! Und nicht nur eines, wie bereits klar wurde. Aber ein weiteres Wunder soll noch erwähnt werden.

Vor einigen Monaten war unser Sohn Willi zur Musterung aufgefordert worden. Er war mit drei anderen 18-jährigen Jungs zum *Wojenkomat*, der Militärbehörde, in die Kreisstadt Perewolozk gefahren. Sie fuhren früh los, damit sie pünktlich um neun da sein konnten. Dort angekommen, fanden sie die Tür verschlossen. Da wurde ihnen gesagt, sie sollten warten, der Chef wäre nicht da, aber er komme bald. So haben sie gewartet und gewartet, eine Stunde nach der andern und es tat sich nichts. Man hatte ihnen gesagt, sie dürften sich nicht entfernen. So wurde es Mittag, sie Jungs hatten schon Hunger, sie waren ja ganz früh losgefahren, aber sie durften nicht weggehen. So saßen sie und warteten. Schließlich, um zwei Uhr nachmittags kam endlich der Chef aus seinem Zimmer, ganz verschlafen und müde. Nun kam es heraus: der war so besoffen gewesen, dass er erst mal seinen Rausch ausschlafen musste. Das Gute daran: unsere Jungs wurden nach Hause geschickt und sollten auf einen späteren Termin warten. Dieser war bisher nicht eingetreten, so hatten wir von der Seite kein Hindernis bei der Ausreise.

30.09.1988, Abschiedsfoto am Grab von unserer Mutter und Schwester Tina. Vorne links vom Grab steht Leni, hinter ihr bin ich und hinter mir stehen die beiden Willis, mein Mann und unser Sohn. Rechts vom Grab stehen Tina, Maria und Jakob. Von beiden Seiten sind Verwandte und Freunde, die uns verabschiedeten.

Die Ausreise – jetzt wird es ernst!

Am 30. September fuhren wir nach Perevolozk und stiegen in den Zug nach Moskau. Wir waren die erste Familie, die das Dorf mit dem Ziel Deutschland verließ. Am nächsten Tag reiste eine junge Familie mit zwei Kindern aus. Sie holten uns in Moskau ein und wir flogen zusammen nach Frankfurt. Etliche junge Männer von unsern Verwandten begleiteten uns bis Moskau, wo wir am 1. Oktober im Laufe des Tages eintrafen. Sie fuhren mit uns bis zum Flughafen und halfen, wo immer es nur ging. Zweimal übernachten wir auf dem Flughafen. Die jungen Leute und unsere Kinder konnten sich auf diese Weise noch einiges in Moskau ansehen. Nicht jeder hatte die Möglichkeit, einmal in seinem Leben nach Moskau zu fahren, deshalb nutzten sie sie gern! Als wir zum Einsteigen gingen, gaben wir ihnen unser letztes Geld. Wir konnten es sowieso nicht mitnehmen und die waren herzlich froh! Etliche sind dann sofort in die Stadt

Tula gefahren und haben dort reichlich eingekauft, was bei uns nicht möglich war.

Als wir an der Reihe waren und unsere Sachen abgeben konnten, war alles in Ordnung. Unsere Koffer wurden durchleuchtet und es fand sich nichts Verbotenes oder Verdächtiges. Wir waren sehr erleichtert, denn vor uns in der Schlange waren etliche Juden. Die mussten alles aufmachen und wurden so durchstöbert, dass uns eine Angst überkam. Bei ihnen wurde alles überprüft! Die hatten Bettzeug dabei, das wurde alles abgetastet, jede Naht kontrolliert. Schließlich wurden sie zur Seite geschickt, um später weiter zu machen. Nun waren wir an der Reihe. Würde man uns auch so durchsuchen? Doch bei uns war es ganz einfach. Nachdem unsere Koffer durch waren, mussten wir zur Grenzkontrolle. Der Beamte nahm den Ausweis, guckte sich das Bild an, dann schaute er uns an. Wir mussten uns nach allen Seiten drehen und wenn er keine Abweichung fand, konnten wir weiter gehen.

Dann kamen wir in einen großen Wartesaal. Dort waren schon viele, die auswandern wollten. Mein Mann war so unruhig, er konnte nicht ruhig sitzen und hatte auch nichts zu sagen. Er hatte seinen Mantel über den Arm gelegt und ging hin und her. Bald setzte er sich, dann stand aber er wieder auf und ging hin und her. Obwohl wir bereits die Grenzkontrolle passiert hatten, fand er einfach keine Ruhe! Wir wussten ja, dem Russen war nicht zu trauen. Es könnte jeden Moment etwas Unerwartetes eintreten, deshalb waren unsere Nerven bis zum Zerreißen angespannt! Die Zeit kam heran und es wurde 23 Uhr, wir konnten ins Flugzeug einsteigen! Als wir unsere Plätze eingenommen hatten, waren wir schon etwas erleichtert, aber wir waren immer noch in Russland. Doch es waren deutsche Stewardessen, die uns freundlich begrüßten. Es war alles so anders, als wir es gewöhnt waren. Als das Flugzeug von der Erde abhob, hat manch einer erleichtert aufgeatmet!

Es war der 3. Oktober 1988, genau 50 Jahre nach der Hinrichtung unseres Vaters und seiner Brüder, was wir damals aber noch nicht wussten.

Unser Anfang in Deutschland

Die Übergangslager und erste Schritte in Deutschland

Wegen der zwei Stunden Zeitverschiebung kamen wir fast um die gleiche Zeit wie wir in Moskau abgeflogen waren in Frankfurt an, gegen 23 Uhr. Als wir aus dem Flughafen gingen, sagte mein Mann: „Nun sind wir in Deutschland!" Unsere Verwandten waren trotz der späten Stunde nach Frankfurt gekommen und begrüßten uns herzlich! Wir wurden noch in der gleichen Nacht nach Nürnberg gebracht. Bei der Ankunft im Übergangslager fanden wir unsere Koffer draußen unter einem Dach aufgestapelt, vollzählig und unversehrt. In Russland wären die in einer Nacht alle verschwunden gewesen.

In Nürnberg wurden wir sehr gut aufgenommen. Es war der vierte Oktober und trotz der späten Stunde – es war schon fast zwei Uhr morgens – wurden die Familienoberhäupter aufgerufen und ihnen wurde ein großes Paket mit Proviant ausgehändigt, das Abendessen für die ganze Familie. Das war so reichlich, dass wir so viel gar nicht schafften! Mein Mann war sehr gerührt über solche Aufmerksamkeit uns gegenüber: „Es war schon spät, als wir hier ankamen und die sorgen für uns, dass jeder noch was zu essen bekommt. Das sollte mal einer in Russland erleben!" Dann bekam jede Familie ein Zimmer zugewiesen, entsprechend der Familienmitglieder. Am nächsten Tag bekamen wir alle ein Kärtchen, auf dem drauf stand, was wir aus der Kantine mitnehmen konnten. Da war auch wieder so viel, dass wir das gar nicht alles essen konnten, wir waren immer satt.

In Nürnberg hatte eine deutsche Frau sich mit uns angefreundet. Die fand solch einen Gefallen an unserer Familie, dass sie jeden Tag kam, um mit uns Spaziergänge zu machen. Sie hatte ein Auge auf unsere Tina geworfen. Das Mädchen gefiel ihr und so fing sie an, Tina zu locken, indem sie ihr alles Mögliche versprach. Sie meinte: „Ich bin allein, habe keine Kinder, auch keine Verwandten. Mein Mann ist gestorben. Komm zu mir, ich habe alles, bin reich. Bei mir kannst Du alles haben, was Du willst."
Wir hatten ihr erzählt, dass Tina wegen dem Glauben in Russland nicht

hatte lernen können. „Bei mir kannst Du lernen, was Du willst!", sagte sie. „Und wenn ich sterbe, ist all mein Hab und Gut Deins. Komm doch zu mir!" Aber wie sie auch bettelte und was sie auch alles versprach, unsere Tina ließ sich nicht kaufen.

Wir waren eine Woche in Nürnberg, dann wurden wir nach Unna-Massen gebracht, was deutlich näher zu unseren Verwandten in Gummersbach lag und wo wir zwei Wochen blieben. Da bekamen wir schon Arbeitslosengeld, womit wir die Wohnung bezahlten und uns Proviant kauften. Der kleine Laden lag direkt über die Straße von der Wohnung. Für unsere Kinder war es ein großes Vergnügen, dort einzukaufen! Unser Willi, 18 Jahre alt, hatte nur „Auto" im Sinn. Er sah so viele Autos überall, nun war es sein Ziel, ein Auto zu haben! Er war bereit, sich nicht satt zu essen, wenn's nur ein Auto gab! Am besten eins für ihn ganz allein! Nun ging er mit Tina einkaufen. Tina hat ein Körbchen am Arm und ging die Regalen entlang und guckte sich mal alles in Ruhe an. So was hatten sie ja im Leben noch nicht gesehen, so volle Regale! Und von allem, was der Mensch begehrt, genügend da! Mit einem Mal wurde Willi unruhig. „Komm da weg!" sagte er. „Warum?" meinte sie, „ich gucke ja nur." „Ja", sagte er, „Du guckst und guckst, bis es im Körbchen drin ist!" So haben wir öfter mal was zum Lachen gehabt.

Zwei Wochen später wurden wir nach Gummersbach gebracht. Beim Rathaus mussten wir aussteigen und so standen wir auf der Straße und wussten nicht wohin. Da kam der Herr Vorbach und brachte uns zu Heinrich und Katharina Regehr, der Schwester meines Mannes. Herr Vorbach hatte mit denen gesprochen und gesagt, wenn sie uns für eine kurze Zeit aufnehmen würden, dann bekämen wir schneller eine richtige Wohnung und bräuchten nicht in die Notwohnung. In dem Jahr kamen Tausende Aussiedler, so dass die Notwohnungen überfüllt waren und man wusste nicht mehr, wohin mit all den Menschen. Wenn man sich das überlegt, muss man sich nur wundern, wie gut die Leute waren, wie die sich bemühten, allen ein Dach zu bieten. Es war für sie gar nicht so einfach, aber sie gaben sich so viel Mühe, damit jeder versorgt wurde – wir haben nur gestaunt!

Die ersten zwei Monate lebten wir bei unseren Verwandten im Hobbyraum, der im Keller lag. Die Regehrs waren schon seit über zehn Jahren in Deutschland und hatten ihr eigenes Haus gebaut. Wir schliefen mit sieben Personen in einem Zimmer mit Stockbetten, die vom Rathaus gestellt worden waren.

1988. Willi und ich in mit Heinrich (re.) und Katharina (vorne) Regehr in deren Esszimmer.

Meine Schwägerin gab uns den Rat, dass wir uns beim Rathaus melden sollten, um registriert zu werden. Sie ging sogar mit uns zum Rathaus nach Gummersbach. Da ihr Mann arbeitete und die Kinder in der Schule waren, fuhren wir mit dem Bus von Bernberg ins Zentrum. Wir mussten auch nicht lange warten, da wurden wir aufgerufen. Die Sachbearbeiterin nahm unsere Unterlagen, kopierte die und sagte: „So, nun hab ich alles von Ihnen, Sie brauchen alle einen Ausweis. Das kann ich aber jetzt in einem Moment nicht machen. Ich schreibe Ihnen heute einen provisorischen für den Vater, der ist eine Woche lang für alle gültig. Nach einer Woche kommen Sie wieder und dann bekommt jeder seinen Ausweis." „Gut, dann gehen wir nach Hause", sagte meine Schwägerin und ging los, die anderen ihr hinterher. Nur ich blieb am Tisch stehen. Als sie bis zur Tür kamen, schauten sie sich um und sahen, dass ich immer noch am Tisch stand. Da sagte meine Schwägerin: „Komm Lena, für heute sind wir fertig." „Wieso?" sagte ich, „ist das alles?" „Ja", sagte die Frau, die uns bedient hatte, „in einer Woche kommen Sie wieder." Ich wandte mich unentschlossen der Tür zu und sagte: „Wieso? Es hat ja noch keiner geflucht und geschimpft?" „Nein", lachte Katharina, „das wirst Du hier nicht hören, so was tut man hier nicht!" Da kann man sich vielleicht ein wenig vorstellen, wie wir behandelt wurden in der alten Heimat. Und das bis zuletzt!

1989, bei einem Ausflug mit der Sprachschule. Es gab so viel Neues, das uns faszinierte!

In der ersten Zeit war uns alles neu und manches unverständlich. So viel Freiheit, keine Verbote und Regeln, nach unserer Meinung, jeder konnte tun und lassen, was er wollte. Das meiste betraf die Gottesdienste, wie die Menschen hier ihren Glauben lebten, es war uns vieles fremd und manches verunsicherte uns. Eines Tages erfuhren wir, dass Ende Oktober in Karlsruhe eine Missionskonferenz stattfinden würde. Das war für uns was ganz Neues und wir wollten unbedingt dabei sein! Also machten wir uns reisefertig und weil es schon kühl war, holte mein Mann seinen Regenmantel hervor, mit dem er eingereist war. Er hatte ihn seitdem noch nicht angehabt hatte, da es hier viel wärmer war als in Moskau. Nun warf er ihn sich über und wurde auf einmal ganz still und bleich. Ich schaute ihn an und fragte: „Was ist mit Dir? Ist Dir nicht gut?" Er konnte nicht sofort antworten, aber dann sagte er: „Du, ich habe hier Geld. Viel Geld..." „Wie?", sagte ich, „was meinst Du damit?" „Hier, in der Innentasche meines Mantels hab ich Geld", sagte er. Dann holt er es heraus, eine fast vollständige Packung Dreirubel Banknoten! Nur zehn Scheine fehlten, die wir wohl in Moskau vor der Ausreise verbraucht hatten, somit waren es noch 270 Rubel. „Welch ein Glück und welche Bewahrung, dass es nicht entdeckt wurde! Sonst wären wir nicht ausgereist!" meinte Willi und da hatte er sicher recht. Später, als die Deutschen massenweise ausreisten, waren die Kontrollen nicht mehr so streng, aber zu Beginn konnte jede Kleinigkeit zum Verhängnis werden. Manche bekamen Probleme, weil sie Fotoalben mit hatten, was sie angeblich nicht durften. Wir haben niemandem etwas von dem Geld gesagt und legten es weg. Im August 1990 fuhr meine

Schwester Maria mit Kornelius und Susanne Harder nach Russland. Da gaben wir es ihr mit. Ich hatte damals zwar für uns beide ein Visum beantragt, aber wir bekamen gerade Anfang August eine neue Wohnung. Deshalb blieb ich zu Hause und wir zogen um.

Am 1. Dezember 1988 bekamen wir alle fünf Erwachsene einen Platz im Sprachkurs in Eckenhagen. Spätestens jetzt musste ein Auto her, denn niemand konnte uns täglich die zehn Kilometer fahren. Busse gingen zu selten und nicht zur passenden Zeit. Also fuhr Roman Schneider, ein anderer Schwager, der Mann von Willis Schwester Aganeta, mit meinem Mann und dem ältesten Sohn Willi nach Bonn zum Automarkt, wo sie einen alten Opel Rekord für 2000 DM kauften. Den haben wir fast zwei Jahre gefahren, bis mein Mann eines Tages auf seinem Weg von der Arbeit – er hatte eine Stelle als Drucker bei Karlfried Heukelbach in Wiedenest-Bergneustadt bekommen – in einen Sturm hinein geriet. Wenige Hundert Meter von unserem Haus entfernt brach der Sturm einen Baum ab und dieser fiel genau auf die Motorhaube des fahrenden Autos! Zum Glück war Willi nicht sehr schnell gefahren. Er hatte schon gesehen, dass der Baum sich drehte und neigte, aber er schaffte es nicht mehr, zu bremsen und so lag der Baum auf dem Auto. Es war alles ziemlich eingedrückt, aber Willi kam noch heil da heraus. Freilich, das Auto war Schrott. Aber wir waren Gott so dankbar, dass meinem Mann nicht passiert war! Wäre der Baum wenige Sekunden später abgebrochen oder wäre Willi etwas schneller gefahren, hätte es die Kabine getroffen und das Ganze hätte für meinen Mann tödlich ausgehen können! Unser nächstes Auto war ein gebrauchter Opel Ascona.

Erste eigene Wohnung und erste Freunde in Deutschland

Wir wohnten bei unseren Verwandten vom 26. Oktober bis zum Jahresende, als wir in ein altes Häuschen in Eckenhagen umzogen, zehn Kilometer entfernt. Es wurde aber auch Zeit, denn es war sehr beschwerlich, mit so vielen Personen auf engstem Raum Tag für Tag zu leben.

Wir wurden durch unseren Schwager, Walter Martens, auf dieses Häuschen aufmerksam gemacht. Walter und Maria, Willis Schwester, waren 1987ein Jahr vor uns nach Deutschland gekommen. Nun erzählte er uns, dass seine Cousine mit einem Kind gekommen sei und dass man ihr eine Wohnung, ja ein ganzes Haus angeboten habe, ihr sei das aber zu groß. „Fragt Ihr doch danach", meinte er. Da haben wir im Rathaus nachgefragt und der Herr Vorbach fuhr sofort mit uns nach Eckenhagen zur Besichtigung. Der Ort war uns nicht ganz fremd, weil hier unser Sprachkurs stattfand.

Das Haus war voll möbliert, aber es stand schon zwei Jahre leer. Wir sahen es uns an und fanden es sehr gut für uns. Da waren mehrere Zimmer, so dass wir alle Platz hatten. Freilich war das über 200 Jahre alte Häuschen sehr niedrig und vor allem mein Mann und die beiden Söhne mussten sehr aufpassen, um sich nicht ständig die Köpfe zu stoßen. Sie konnten nur zwischen den Dachbalken aufrecht stehen. Die Türen waren ebenfalls sehr niedrig. Eine Dauerlösung war es also nicht, aber für erste mehr als genug im Vergleich zu den Notwohnungen, in denen manche Aussiedler monatelang hausten, wenn nicht sogar Jahre. Dann gab Herr Vorbach uns die Schlüssel und sagte: „Die Möbel könnt Ihr alle haben, und wenn Ihr was anderes findet, könnt Ihr die Möbel alle mitnehmen." Und das haben wir auch gemacht. Als wir anderthalb Jahre später eine Wohnung in einem neugebauten Haus bekamen, nahmen wir von den Möbeln mit, was uns gefiel und den Transport noch aushielt. Der Wohnzimmerschrank steht heute noch bei uns im Wohnzimmer und ein weiterer bei meiner Schwester Maria, die ebenfalls eine Wohnung in diesem Haus bekam.

Am 2. Januar 1989 zogen wir um – viel hatten wir ja noch nicht. Unser neuer Nachbar, Willi Max, begrüßte uns freundlich und half uns immer wieder an vielen Stellen, wo wir nicht weiter wussten. Wir waren sehr froh, dass sich alles so gut geregelt hatte! Alles in der Nähe: die Schule für die Kinder nicht weit, der Sprachkurs im Ort, sogar ein kleines Geschäft gab es damals noch in Eckenhagen. Außerdem eine Tankstelle, Post und Fahrschule.

Trotz allem Schweren haben wir auch manche gute Erinnerungen an unsere alte Heimat. Aber wir möchten nichts von alledem noch einmal durchleben. Hier angekommen haben wir nur staunen müssen! Eine solche Aufnahme konnten wir uns nicht vorstellen! Die Leute, die mit uns Kontakt aufnahmen, waren überwiegend sehr freundlich und nett zu uns. Freilich gab es auch hin und wieder andere, aber sie waren weniger und oft war der Grund dafür, dass sie keine Ahnung hatten, wer wir waren. Der Nachbar von der anderen Seite brachte uns einmal ein fertiges Abendessen. Es war ungefähr ein halber Eimer voll gekochter Nudeln. Wir haben uns nicht wenig gewundert! Meinten die etwa, wir kamen aus einem Hungerland? Vielleicht wollten sie uns auch nur etwas Gutes tun? Es kam uns zwar ungewohnt vor, war aber sicher nett gemeint. Ganz anders war ein Gespräch, das ich eines Tages unfreiwillig mitbekam. Ich war alleine zu Hause, mein Mann und die beiden Ältesten waren auf der Arbeit, die jüngsten beide in der Schule. Ich stand am gekippten Fenster, freilich, die Gardinen waren zugezogen, aber das Häuschen stand so nah an der Straße, dass man alles hören konnte, was die Leute im Vorbeigehen erzählten. Nun gingen zwei ältere Frauen vorbei, vermutlich machten die einen Spaziergang. Da sagte die eine zu der anderen: „Ja, früher haben hier Deutsche gewohnt, jetzt wohnen hier Russen." Sie sagte das irgendwie traurig oder wehmütig, wenn nicht sogar verächtlich. Manche schienen auch der Meinung, dass wir überhaupt nichts vom Leben verstanden. Die haben uns lang und breit erzählt und erklärt, was man wie machen muss. Sie erzählten uns, wie man einen Garten pflügt, wie man Kartoffeln setzen muss und vieles, vieles mehr. Man belehrte uns, als ob wir aus dem Urwald gekommen wären und nichts vom Leben verstanden. Aber die meisten Leute machten es nicht so mit uns, sie nahmen uns ernst und hörten uns zu. Recht bald hatten wir eine ganze Reihe neuer Freunde gefunden!

In der Schule haben unsere Kinder auch gute Aufnahme gefunden. Mit der deutschen Sprache gab es keine Schwierigkeiten, da wir das Deutschtum zu Hause immer gepflegt hatten. Der Schuldirektor, Herr Krämer, hat sich sehr um Jakob und Lena gekümmert. Er gab einer von Lenis Mitschülerinnen, Sandra Althöfer, die Aufgabe, sich der Neuen anzunehmen und ihr beim Einleben zu helfen. Sandra hat das sehr treu und gut gemacht. Sie nahm unsere Leni manchmal aus der Schule mit zu sich nach

Hause. Dort haben die Beiden dann zusammen gelernt und gespielt und abends brachte Sandras Mutter Leni zusammen mit Sandra zurück. Das andre Mal kamen sie von der Schule zu uns, machten hier ihre Hausaufgaben, spielten zusammen und dann holte Sandras Mutter sie ab oder wir brachten sie nach Haus. So haben die beiden Mädchen sich richtig angefreundet und sind heute noch beste Freundinnen! Für uns war es eine große Erleichterung, dass Leni sich in der neuen Schule nicht ganz so fremd zu fühlen brauchte. So haben wir hier sehr gute Leute kennen gelernt, die uns in manchen Situationen geholfen haben. Und die Leute lernten auch uns immer besser kennen und vertrauen. Ein großer Schritt in diese Richtung war der Kontakt mit Arbeitskollegen.

Meine erste Arbeit in Deutschland

Wir waren noch im Sprachkurs, da kam Leni eines Tages aus der Schule und statt nach Hause zu gehen, kam sie sogleich zu uns in den Sprachkurs und sagte: „Mama, in der Schule fehlt eine Putzfrau. Sie wollten doch immer so gerne arbeiten, was sagen Sie dazu?" So hab ich mich losgefragt von der letzten Stunde und bin sofort zur Schule gegangen, um die Vorarbeiterin zu sprechen. Das war damals Frau Simon aus Mittelagger, eine sehr liebenswürdige Frau. Wie ich schon erwähnt hatte, uns waren am Anfang diese freundlichen Gespräche sehr fremd, aber wir mussten erkennen, dass es hier so war. Frau Simon hat mich sofort eingestellt und mir meinen Arbeitsbereich gezeigt. Es waren die Toiletten. Ich hatte auch keine Einwände dagegen und als sie mir alles erklärt hatte, fing ich sofort an. Für mich war das die beste Stelle, nun konnte ich immer im Schatten arbeiten! Ich habe erst später erfahren, wie viel besser es für mein schwaches Herz war, da unten im Kühlen arbeiten, als oben in den hellen warmen Klassen, wo so viel Sonne und Staub war. Eine Zeitlang hab ich das mit Leni zusammen gemacht. Ich konnte schon um 13 Uhr anfangen, wenn die Grundschule aus war und die Schüler nach Hause gingen. Wenn dann die 10. Klasse aus hatte, dann kam Leni dazu und wir machten zusammen weiter. Aber das ging nicht lange. Sie konnte das bald nicht mehr. Wenn sie acht Stunden Unterricht hatte und dann noch über eine Stunde putzen half, war sie so müde, dass sie keine Hausaufgaben mehr machen konnte. Das war für sie einfach zu schwer. So stellten wir das ein.

Ich habe insgesamt acht Jahre in der Schule gearbeitet und alle waren mit mir zufrieden, außer dem Hausmeister, Herr Engels, der mir irgendwie zu misstrauen schien. Ich erfuhr es zufällig, als ich wieder einmal Frau Bansen vertrat, die am Nachmittag etwas vorhatte. Ihre Aufgabe war es, die Klassenräume und die Lehrerzimmer zu putzen. Die Lehrer waren am längsten da und für mich war das ganz passend. Wenn ich mit meiner Aufgabe fertig war, dann ging ich in die Lehrerzimmer. Eines Tages bat Frau Bansen mich mal wieder, sie zu vertreten. Als Herr Engels sah, wie ich in die Lehrerzimmer ging und auch noch den Schlüssel dazu hatte, kam er aufgeregt zu Frau Schlütter, der neuen Vorarbeiterin nach Frau Simon, und sagte ganz aufgebracht: „Die! Die Frau, die große da, na, die Russin! Die ist soeben in die Lehrerzimmer gegangen!" „Na und?" sagte Frau Schlütter ruhig. „Was ist daran schlimm? Die putzt heute für Frau Bansen. Und zudem ist sie keine Russin, sondern eine Deutsche wie wir." Damit war er freilich nicht zufrieden, aber er konnte nichts dagegen sagen. So hab ich da gearbeitet, bis Frau M. kam. Die erste Zeit ging es noch, doch irgendwann wurde klar, dass sie etwas gegen mich hatte und versuchte, mich überall anzuschwärzen. Sie beschimpfte mich auch als Russin und alles Mögliche. Ich sagte zu ihr: „Wenn ein Schaf im Kuhstall ein Lamm zur Welt bringt, ist es dann ein Kalb oder ein Lamm?" Sie war eine Weile still, dann sagte sie: „Sowieso bist Du eine Russin!" Ich ließ sie dabei und stritt nicht mit ihr. Aber sie machte mir viele Schwierigkeiten, sie wollte eben, dass ich mit ihr streiten sollte und dann wollte sie mich verklagen. So sagte ich zu ihr: „Wenn Du mit mir nicht mehr arbeiten willst, gehe ich weg. Zanken werde ich mit Dir nicht. Ich habe mich noch nie mit jemanden auf der Arbeit gezankt und werde mich auch mit Dir nicht streiten." So ging ich davon. Da wurde mir gesagt: „Frau Rempel, bitte bleiben Sie doch noch! Der Chef hat eine Zuzahlung vorbereitet, lassen Sie sich das doch nicht entgehen!" Aber ich hatte schon gekündigt und so ging ich.

Zurück zu unseren neuen Freunden. Im ersten Sommer in Eckenhagen kam uns eines Abends ein alter Mann besuchen. Wir nahmen ihn freundlich auf und lernten so einander kennen. Dr. Kolb, so hieß der Mann, fragte uns: „Wo seid Ihr immer? Ich bin schon paar Mal hier gewesen und Ihr seid nicht da." Als wir fragten, wann er denn da gewesen wäre, sagte er: „Letzten Samstagabend war ich da. Ich hatte einen Schnaps dabei, weil ich dachte, Ihr seid doch von Russland und die Russen lieben ja Wodka. Aber Ihr wart, wie gesagt, nicht da. Ich kann Euch nicht erreichen." Da sagten wir ihm, dass wir erstens keine Russen seien und zweitens als Gläubige keinen Wodka trinken. Diese Mühe brauchte er sich nicht mehr zu machen. Außerdem sagten wir, dass wir Samstagabend immer in der Gemeinde in der Gebetsstunde sind. Ihm hat es wohl bei uns gefallen, er ist nachher sehr oft zu uns gekommen. Leni hat ihm in den Jahren drauf viel geholfen, den Garten zur Straße immer schön gemacht und das gefiel ihm sehr. Dafür bekam sie ein kleines Taschengeld, was sie gut gebrauchen konnte. Unsere Mädchen Tina und Leni haben zu Weihnachten 1989 ein sehr schönes Pfefferkuchenhaus gebacken, das ihm auch sehr gefiel. In diesem Jahr feierte er mit uns zusammen Weihnachten.

Auch später, als wir schon in der neuen Wohnung lebten, ist er oft zu uns gekommen, obwohl er dazu einen steilen Berg bewältigen musste. Wenn er bei uns war, hatte er keine Eile, nach Hause zu gehen. Eines Tages, als er nach einer langen guten Unterhaltung heim gehen wollte, wandte er sich an meinem Mann und sagte: „Herr Rempel, würden Sie mit mir beten?" „Ja", sagte mein Mann, „das tue ich gerne!" Dann stellte sich der alte Doktor dicht neben Willi, legte sein Ohr an dessen Mund – er war schwerhörig – und hörte aufmerksam auf jedes Wort des Gebetes. Danach nahm er seinen Mantel und Stock und ging wieder langsam nach Hause.

Die Ausbürgerung

Als wir bereits eine Zeitlang in Deutschland lebten und schon eingebürgert waren, wurde uns gesagt: „Ihr braucht Euch nicht unbedingt ausbürgern lassen. Ihr könnt ruhig zwei Bürgerschaften haben. Aber, Ihr müsst über die Konsequenzen Bescheid wissen. Wenn Ihr zwei Staatsangehörigkeiten habt, gilt immer die, auf deren Grund und Boden Ihr Euch befindet. Wenn jemand von Euch zurück geht und es passiert etwas, kann die deutsche Regierung keine Ansprüche stellen oder Euch herausholen, weil Ihr ja ebenso Bürger Russlands seid. Oder wenn Eure Söhne das entsprechende Alter erreichen und nicht ausgebürgert sind, dann können sie von hier aus in das russische Militär eingezogen werden, da sie ja immer noch sowjetische Bürger sind."

Das wollten wir aber in keinem Fall! So haben wir den Antrag auf Ausbürgerung gestellt. Wir mussten eine Zeitlang warten und als wir an der Reihe waren, bekamen wir eine Einladung in die russische Botschaft in Bonn. Wir mussten alle vorstellig werden und sagen, wie es uns hier erging, oder ob wir lieber zurück kommen wollten. „Die Möglichkeit ist da, Sie können gerne zurück kommen", hieß es, was wir freilich höflich ablehnten. Da wurde unsere Jüngste ausgefragt, wie es ihr gehe und ob sie nicht doch lieber zurück kommen würde. Sie war 13 Jahre bei der Ausreise gewesen und hatte somit angeblich „keine Wahl" gehabt. Die bekam sie jetzt. Als Leni bestätigte, dass sie freiwillig mitgekommen war, dass es ihr gut gehe und sie nicht zurück wolle, musste sie ein entsprechendes Papier unterschreiben. Dann mussten wir nachweisen, dass wir die Ausbürgerungsgebühr von 500 DM pro Person bezahlt hatten, für alle außer für die Jüngste, da sie zu dem Zeitpunkt noch nicht 16 Jahre war.

So mussten wir uns freikaufen von Russland. Mit 270 DM pro Person waren wir eingereist, alles was wir im Laufe unseres Lebens in diesem Land erwirtschaftet hatten, blieb zurück und dann dieser hohe Preis, für den wir erst jahrelang in Deutschland sparen mussten! Die Einbürgerung in Deutschland kostete uns dagegen nichts. Unser Deutschsein stand ja auch nie in Frage. In unseren russischen Pässen stand in der Zeile Staatsangehörigkeit „Sowjetbürger" und in der Zeile Nationalität „Deutsch". Das brachte uns zwar viele Probleme in Russland – unsere Tochter Tina durfte nicht studieren – aber wir standen zu unseren Wurzeln.

Schlusswort:

Die Erinnerungen sind so viele, man kann sie nicht alle zu Papier bringen. Aber manches ist doch so wichtig, dass es einem tief im Herzen sitzen bleibt. Sehr viel von drüben geht mir oft durch den Kopf, aber es ist nicht mehr rückgängig zu machen. Und jetzt hier, wo so viel Freiheit ist, denkt man doch oft zurück: warum muss es so große Unterschiede geben?

Nehmen wir mal den 19. April 2015. Ein ganz normaler Sonntag. Wir hatten einen sehr guten Gottesdienst, in dem uns eine ernste Predigt gebracht wurde. Danach wurden zwei kleine Kindlein eingesegnet. Es wird ja oft bei uns getan, ist also nichts Besonderes. Wenn ich dann zurück denke, wie es zu unserer Zeit war? Von meiner eigenen Kindheit schon ganz zu schweigen, aber auch unsere Kinder haben nicht viel Zärtlichkeit und Zuwendung erlebt. Hier können die Mütter zu Hause bleiben, wenn sie es wollen. Sie können ihre Kindlein versorgen, sie können die Wohnung in Ordnung halten, sie sind eben immer da. Wir dagegen mussten unser Minimum an Arbeitstagen ableisten. Denn wenn die Frau ihre Arbeitstage nicht voll abgeleistet hatte, bekam die ganze Familie nicht das ihr zustehende Getreide, auch kein Stroh für die Kuh. Dass der Mann seine 365 Arbeitstage hatte, zählte nicht – die Frau musste arbeiten. Und um uns das Nötige zu kaufen, was wir nicht selbst anbauen konnten oder Futter für die Kuh, dazu reichte das wenige Geld niemals. Also mussten wir arbeiten, wir hatten gar keine andere Wahl. Und zu Hause mussten wir auch alles haben: Gemüsegarten, das Vieh, die Hühner. Das Haus musste seine Pflege haben und die Kinder waren immer im Hinterseil, so wurde bei uns immer gesagt. Wenn ich dann von der Arbeit kam, hatten die Kinder so manches zu erzählen oder zu klagen. Einer war gefallen, hatte sich das Knie aufgeschlagen, der andere hatte sich den Ellenbogen zerschlagen oder war gegen einen Stein gerannt. Tina wollte etwas aus der Schule erzählen und Leni war krank. Jeder wollte getröstet und bemitleidet sein, aber es war keine Zeit. Ich musste dann immer sagen: „Kinder, das wird alles verheilen. Ich muss jetzt noch dies und das und jenes machen." Dann schob ich sie mit den Händen zur Seite und es musste weiter gehen. Wenn die Kinder fünf oder sechs waren, mussten sie mehrmals am Tag Gras pflücken für die Schweine und für die Kuh, denn die kam abends hungrig nach Haus. Wir mussten natürlich immer wieder im Garten Unkraut jäten, denn von dem Garten lebten wir und auch unser Vieh. Wenn mein Mann von der Arbeit kam, war die erste Frage, „Was muss noch gemacht werden? Was ist das nächste an der Reihe?" Wir haben die Hausarbeit nie in „meine" und „deine" geteilt, sondern machten alles, was dran war.

Aber genug von diesem, das liegt alles weit hinter uns. Nun ist das Leben ganz anders. Wie schon gesagt, wir konnten auswandern nach Deutschland, wurden hier auf wunderbare Weise aufgenommen und haben uns gut eingelebt. Zwar ist auch hier nicht alles gut und wir haben auch in Deutschland manches Schwere erlebt, aber so ist das Leben nun mal. Viele von den Aussiedlern sind noch mal zurück gefahren, um zu sehen, wie es jetzt dort ist. Sie meinten, die Heimat sollte man nicht vergessen. Aber ich sage immer: „Von *der Heimat* bin ich bis über beide Ohren satt!" Wir haben dort auch keine Verwandten mehr, die sind alle hier, und wir sind sehr zufrieden. Aus unserer Ursprungsfamilie sind wir zu zweit geblieben, meine Schwester und ich, auch unsere Cousins sind inzwischen alle gestorben. Aber ich habe eine liebe Familie, einen sehr lieben Mann, vier liebe Kinder und zehn fröhliche, heißgeliebte Enkelkinder, die uns viel Freude machen! So sind wir sehr dankbar für diese Wendung in unserem Leben.

Weihnachtsfeier 2015. So groß ist unsere Familie heute!

Anhang I:
Wie die Deutschen nach Russland kamen.
Ein kurzer geschichtlicher Abriss.

Die **erste Einwanderungswelle** aus Deutschland nach Russland fiel in die Regierungszeit **Peters des I.** oder **des Großen** (1682-1725)[29]. Die **zweite große Welle** fand unter der Herrschaft von **Katharina II.** statt, auch Katharina **die Große** genannt. Als deutsche Prinzessin geboren und auf Sophie Friederike Auguste von Anhalt-Zerbst getauft, regierte sie von 1762 bis 1796 als Zarin das riesige russische Reich[30]. Kurz nach ihrer Thronbesteigung erließ sie am 14. Oktober 1762 ein Manifest, in dem sie Ausländer einlud, die „vielen öden und unbevölkerten Landstriche Russlands" zu besiedeln[31]. Das Manifest gewährte allen, die diese Einladung annahmen, große Vorteile, z. B. zehn Jahre Steuerfreiheit bei Niederlassung in Städten und bis zu 30 Jahren außerhalb und dergleichen mehr. 1763 kam ein zweites Manifest „zur Einladung deutscher Bauern nach Russland". Georg von Trappe machte es 1786 unter den Mennoniten in Danzig bekannt und warb für eine Umsiedlung. Hier war das Land inzwischen knapp geworden und ein neues Gesetz verbot den Mennoniten, neues Land zu kaufen. Das Angebot war verlockend, aber neben den Vergünstigungen wie Steuererlass war den Mennoniten noch etwas sehr wichtig: **Religionsfreiheit**. Sie wurden nämlich seit der Reformation in vielen europäischen Ländern – Deutschland, Holland, in der Schweiz – schwer verfolgt[32]. Deshalb wurde weiter mit der russischen Zarin verhandelt, bevor man sich auf den Weg machte. Katharina II. kam ihnen in dieser Sache entgegen,

---

[29] https://www.tu-chemnitz.de/phil/europastudien/geographie/Forschung/ Download/BA-Projekt%20Russlanddeutsche.pdf, (24.10.2016)
[30] http://www.hauptschule-aichach.de/Aussiedler.htm#_Toc76266285 (17.07.2016), https://de.wikipedia.org/wiki/Geschichte_der_Russlanddeutschen (31.08.2016)
[31] http://www.migrazioni.altervista.org/deu/3deutsche_in_russland/05_18jahrhundert/ 3.2_katharina_2.html , http://www.arwela.info/8manifest.htm (24.10.2016)
[32] http://www.mennoniten.de/geschichte.html (24.10.2016)

obwohl sie selbst zum Orthodoxen Christentum konvertiert war. So machten sich schon im Winter 1787/78 über 200 deutsche Familien auf den Weg in die unbewohnten Weiten Russlands[33] und siedelten zunächst in der Ukraine gegenüber der Insel Chortiza. In den alten Dokumenten ist immer wieder von „Südrußland" die Rede – man muss wissen, dass damit das Gebiet der heutigen Ukraine gemeint ist.

Nach großen anfänglichen Schwierigkeiten, durch die die Anzahl der Siedler stark dezimiert wurde, vermehrten sie sich etwa ab der dritten Generation. Obwohl die Kindersterblichkeit bis Anfang des 20. Jahrhunderts hoch blieb. Da wurde das ihnen zugewiesene Land wieder knapp. Außerdem waren diejenigen unter ihnen, die es schneller zu Wohlstand gebracht hatten, nicht gewillt, von ihrem Land abzugeben. Deshalb musste die jüngere Generation der ärmeren Bevölkerung das Gebiet verlassen und sich anderweitig ein Auskommen suchen. Fürsorglich ließ man die Jugend aber nicht einfach in die weite Welt ziehen, sondern wählte erfahrene Männer aus, die unter Gebet und mit großem Einsatz neues Land für die jungen, landlosen Familien suchen sollten. Die Suche war oft langwierig und anstrengend wie im Buch „Diese Steine – die Russlandmennoniten" von Adina Reger und Delbert Plett[34] nachzulesen ist. Ende des 19. Jahrhunderts wurden auf diese Weise die weiten Steppen am Südural erkundet und besiedelt. Soviel zum Hintergrund unserer deutschen Dörfer in Orenburg.

---

[33] https://de.wikipedia.org/wiki/Kolonie_Chortitza (2.11.2016)
[34] „Diese Steine: Die Russlandmennoniten" Adina Reger & Plett Delbert, Verlag: Steinbach: Crossway (2001)

Anhang II:
Repressalien der 30-er Jahre und das Schicksal von Franz Harms. Geschichtlicher Abriss der Herausgeberin

Ich, Katharina (Tina) Heinrich, möchte noch ein paar Worte zum Schicksal meines Großvaters, Franz Harms sagen und diese Ereignisse in den größeren geschichtlichen Zusammenhang stellen.

Die Jahre 1937-38 in der Sowjetunion werden von Geschichtschreibern als der „Große Terror" bezeichnet. Es gibt unzählige Dokumente, Artikel, Bücher und Filme zu diesem Thema, aber die Forschung ist noch bei weitem nicht abgeschlossen. Es ist auch nicht so, dass es vorher nicht schon viele Verhaftungen und Gewalt von oben gegeben hätte. In diesen beiden Jahren verdichtete sich jedoch die Grausamkeit der Regierung gegen das eigene Volk und nahm unvorstellbare Ausmaße an! Ja, sie wurde so richtig „planmäßig" betrieben.

Der Beginn des „Großen Terrors" ist nicht eindeutig festzulegen. Soll man den „geschlossenen" Brief des Zentralkomitees der KPdSU an alle Parteiorganisationen vom 29. Juli 1936, in dem Stalin vor „Volksfeinden"[35] warnte, die überall in der Gesellschaft subversiv arbeiten würden, als Beginn rechnen? Oder eher den Befehl vom 30.07.1937 unter der Nr. 00447 mit dem Chiffre „Top Secret", in dem der Beginn der Säuberungsaktion für den 5.08.1937 festgelegt wurde[36]? Vielleicht ist auch gar nicht entscheidend, wann genau das Grauen angefangen hat. Im Grunde genommen liegen dessen Wurzeln sicher schon in der Revolution von 1917.

Zur Durchführung der Säuberungskampagne machte Stalin im Juli 1937 eine riesige Summe von 75.000.000 Rubel aus dem Staatsbudget locker!

---

[35] https://de.wikipedia.org/wiki/Gro%C3%9Fer_Terror_(Sowjetunion) (22.10.2016).
[36] https://www.youtube.com/watch?v=iTe6qNejMxk (21.10.2016), hier und weiter.

Die Kampagne sollte innerhalb von vier Monaten abgeschlossen sein, also bis Anfang Dezember. Im Dokument dazu sind genaue Zahlen angegeben: 75.950 Menschen sollen zum Erschießen verurteilt werden – das ist die „erste Kategorie", die der gefährlichsten „feindlichen Elemente". Weitere 193.000, die zur „zweiten Kategorie" gehörten, sollten zu acht bis zehn Jahren Zwangsarbeit verurteilt und in Straf- bzw. Arbeitslager geschickt werden[37]. Die Zahlen sind genau auf die einzelnen Regionen verteilt. Ihnen geht jedoch keine Untersuchung voraus, sie sind rein aus der Luft gegriffen. Für das Gebiet Orenburg, welches in der Liste an 42. Stelle stand, waren 4.500 Personen „eingeplant"[38]:

	Erste Kategorie	Zweite Kategorie	GESAMT
42. Gebiet Orenburg	1500	3000	4500

Diesem Befehl folgten bald weitere, die sich gegen Personen verschiedener Nationalitäten richteten, die als Sowjetbürger im Gebiet der UdSSR lebten: Polen, Deutsche, Letten, Griechen, Afghanen, Chinesen, Iraner, Armenier, u. a. Für Ausländer gab es ein extra Gesetz, ohne Zahlenvorgaben. Sie wurden im Gegensatz zu den eigenen Bürgern von den sog. „Dvojkas" gerichtet: zwei Personen, der Staatsanwalt und Richter. Die eigene Bevölkerung wird von „Trojkas" gerichtet, bestehend aus drei Personen: die bereits oben genannten und noch der örtliche Parteivorsitzende.

---

[37] „Все репрессируемые кулаки, уголовники и др. антисоветские элементы разбиваются на две категории: а) к первой категории относятся все наиболее враждебные из перечисленных выше элементов. Они подлежат немедленному аресту и, по рассмотрении их дел на Тройках – РАССТРЕЛУ. б) ко второй категории относятся все остальные менее активные, но все же враждебные элементы. Они подлежат аресту и заключению в лагеря на срок от 8 до 10 лет, а наиболее злостные и социально опасные из них, заключению на те же сроки в тюрьмы по определению Тройки." http://www.1000dokumente.de/index.html/index.html?c=dokument_ru&dokument=0010_bes&object=translation&l=ru (22.10.2016)

[38] Ebenda.

Welcher Zynismus und welche Menschenverachtung hinter diesen Entscheidungen standen, lassen einige Kommentare Jezhovs, des Volkskommissars für innere Angelegenheiten, erkennen, überliefert von Uspenskij, dem Leiter des Orenburger Komitees für Innere Angelegenheiten (NKWD): „Im Zusammenhang der Bekämpfung der (inneren) Feinde wird ein Teil *unschuldiger* Menschen vernichtet werden, aber das ist *unvermeidlich.*" In anderen Quellen wird derselbe Jezhov so zitiert: „Wenn im Laufe dieser Operation *Tausend Menschen zu viel erschossen werden*(!), so ist das nicht weiter schlimm."[39]

Aber die Kampagne wurde nicht in vier Monaten abgeschlossen. Die Parteiabteilungen vieler Regionen baten um eine Erhöhung des „Limits" der zu Repressierenden, beides für Erschießen und Verbannung. Die Regierung hatte „Verständnis" und erhöhte die Zahl. In manchen Gebieten, z. B. Omsk, wurden schon vor Beginn der Aktion (!) 3000 Menschen erschossen! Für diese Region hatte man die „Erlaubnis" bekommen, 1000 zu exekutieren. Es ging hier, wie überall in der Sowjetunion, um Planerfüllung und Übererfüllung. Die Kampagne wurde also verlängert, erst bis Januar 1938. Und dann noch einmal, am 31.01.1938 mit dem Befehl unter der Bezeichnung № П57/49 bis zum 15.04.1938[40], später sogar für das ganze Jahr 1938!

Ich frage mich, was wohl geschehen wäre, wenn die Säuberungsaktion nicht verlängert worden wäre? Es war ja schon genug Leid den Menschen zugefügt worden. Wären mein Opa und seine Brüder dann verschont und am Leben geblieben? Immerhin wurden sie ja in dieser „Verlängerungsphase" verhaftet. Leider kennt die Geschichte kein „was wäre wenn".

Bis November 1938 sind 1.575 259 Menschen **verhaftet** worden, davon wurden 681.692 Personen **erschossen**. 40.000 Todesurteile sind von Stalin eigenhändig unterschrieben! Der „Große Terror" traf alle gesellschaftliche Schichten und Berufe. Selbst Parteimitgliedschaft war kein Schutz – viele Kommunisten und Bolschewiken starben genauso wie ehemalige Gutsbesit-

---

[39] http://www.alexanderyakovlev.org/almanah/inside/almanah-intro/1005111 (22.10.2016)
[40] http://www.memo.ru/history/document/pbnac.htm#_VPID_1 (21.10.2016).

zer, Geistliche, Priester, Nonnen, Mönche, Ärzte, Lehrer, Verkäufer, Schauspieler, Näherinnen, Akademiker, Bauarbeiter, Musiker, Ingenieure, Bäcker, Schriftsteller, Mechaniker, Erzieher und Künstler.

Zunächst wurden überwiegend Männer verhaftet, aber sehr schnell folgten deren Frauen, „weil sie die antisowjetische Tätigkeit ihrer Männer nicht angezeigt haben". Selbst Mütter mit Säuglingen wurden nicht verschont! Sie wurden zusammengefasst und manche Züge, die in Straflager unterwegs waren, hatten ganze Wagen voller Mütter mit kleinen Kindern![41] Auch da können wir nur dankbar sein, dass unsere Oma verschont blieb und sich, wenn auch mehr schlecht als recht, dennoch um ihre Kinder kümmern konnte!

Aber zurück zum Schicksal meines Opas. Ein paar weitere Puzzlesteinchen zu den spärlichen Informationen, die Mutter 1962 bekam, tauchten in den 90-er Jahren auf, als ihre Cousins nach Orenburg zum „Grauen Haus", wie das KGB genannt wurde, fuhren. Eine Angestellte des KGB hörte sie an und brachte Bücher mit den entsprechenden Unterlagen über die ihrer Väter aus dem Archiv. Sie enthielten die Häftlingsfotos der drei Brüder und detaillierte Informationen zu den Verfahren gegen sie. Diese Dokumente sind später auszugsweise in einem Gedenkbuch[42] verarbeitet worden, wodurch wir glücklicherweise noch etwas mehr Hintergrund erfahren haben. Hier eine kleine Zusammenfassung in eigener Übersetzung.

Die drei Harms Brüder wurden u. a. beschuldigt, Teil einer antisowjetischen, faschistischen Organisation zu sein. Diese „Organisation" hat nie existiert, sie wurde von den Mitarbeitern des NKWD frei erfunden, wie später festgestellt worden ist. Trotzdem wurde am 23.06.1937 (dem Geburtstag meiner Mutter!) ein gewisser August Wedhorn aus Pretoria (Nr. 14) verhaftet. Er und seine Frau Martha waren überzeugte Kommunisten und glaubten an die Ideale des Sozialismus. Martha Wedhorn wurde 1904 in Deutschland geboren und dort als junge Kommunistin von der deut-

---

[41] https://www.youtube.com/watch?v=iTe6qNejMxk (22.10.2016)
[42] Оренбургские немцы: этническая история и духовная культура. Вып. 11. — Оренбург: Печ. дом ДиМур, 1998, S. 56-67.

schen Polizei verfolgt. August Wedhorn wurde beschuldigt, Mitglied der oben erwähnten kriminellen Gruppe zu sein. Außerdem wurde ihm Spionage zugunsten Deutschlands und andere, ähnliche Verbrechen zur Last gelegt. Er wurde am 4. Februar 1938 zum Tode durch Erschießen verurteilt. Das Urteil wurde noch am gleichen Tag vollzogen. Seine Frau Martha Wedhorn wurde am 26.03.1938 verhaftet, in der gleichen Nacht wie mein Opa und seine beiden Brüder. Zurück blieben zwei Töchter, Elvira und Elisabeth. Außer den Gebrüdern Harms waren noch vier weitere Männer als Mitglieder der erfundenen antisowjetischen Organisation verhaftet worden. Ihre Akten lauten alle exakt gleich. Heinrich, Bernhard und Franz Harms wurden am 3.10.1938 zum Tode durch Erschießen verurteilt. Das Urteil wurde am gleichen Tag vollzogen. Sie hinterließen drei Witwen im Alter von 31 bis 42 Jahren und elf Kinder im Alter zwischen 19 Jahren und neun Monaten (meine Mutter). Martha Wedhorn wurde einige Tage später am 14.10.1938 verurteilt und ebenfalls erschossen.

Somit hatte Oma Recht, als sie behauptete, ihr Mann sei nie in ein fernes Straflager gekommen. Sie konnte jedoch nicht ahnen, welches Schicksal ihn wirklich ereilt hat und das war vielleicht auch ganz gut so.

Wenn ich so über meine Großeltern nachdenke, dann erfüllt mich eine Art dankbarer Stolz und Hochachtung! Mein Opa, den man kaum so nennen kann, denn er war ja noch so jung, war ein aufrechter Mann mit Charakter. Er hatte ein reines Gewissen und großes Menschenvertrauen. Wie sonst hätte er noch nach seiner Gefangennahme ruhig bleiben und davon ausgehen können, dass die Wahrheit triumphiert und er freigelassen wird? Er hat trotz allem Schweren der Regierung vertraut. Und er hatte ein Herz für andere. Das kam schon vor seiner Verhaftung immer wieder durch. Aber danach haben einige, die überlebt haben, davon erzählt, wie er andere ermutigt und getröstet hat und sich selbst nicht hat gehen lassen. Sicher hat ihm auch sein Humor in dieser schweren Zeit geholfen.

Ich sehe viel von Opa Franz in meiner Mutter: Willensstärke, ja, Hartnäckigkeit, wenn es um einmal gesetzte Ziele geht. Hilfsbereitschaft und

Interesse am Nächsten, Spaß und Freude am Leben, trotz allem Schweren. Und nicht zu vergessen: Freude am Lernen! Was jedoch sehr deutlich fehlt, ist das Urvertrauen. Was nicht weiter verwundert angesichts dessen, was Mutter und ihre Geschwister erleben mussten. Es gab keine Sicherheit, keinen Halt, wie hätte da Vertrauen entstehen können? Es verwundert eher, wie sie das Leben gemeistert haben!

Auch in meinen Geschwistern sehe ich das Erbe unseres Opa Franz. Z. B. bei meinem Bruder Jakob: er ist aufrichtig und korrekt und hat einen mal trockenen mal spritzigen Humor. Jakob hat ein offenes Ohr für andere und ist überaus hilfsbereit und großzügig. Seit Jahren betreut er Menschen mit Einschränkungen und tut es mit großer Hingabe. Er hat Durchhaltevermögen und gibt nicht so schnell auf, wenn er sich etwas vorgenommen hat. Ihm wurde auch oft bescheinigt, dass er Mutter bzw. der Harmslinie sehr ähnlich ist, während wir anderen drei Geschwister meistens mehr Ähnlichkeit mit den Rempels aufzuweisen schienen. Auch Mutter hat oft selbst gehört, dass sie ihrem Vater Franz sehr ähnlich ist.

Aber auch für meine Oma Harms bin ich noch viel dankbarer geworden, nachdem ich Mutters Notizen bearbeitet habe! Sie war ebenfalls eine aufrechte, starke Frau und ihrem Mann vollkommen ebenbürtig. Ihr großes Gottvertrauen habe ich noch persönlich kennen gelernt, denn ich war elf, als sie starb und hatte ein sehr enges Verhältnis zu ihr. Mutter hat von ihr wohl ihren Fleiß geerbt – keine Arbeit war ihr je zu viel! Langsam nehmen die Kräfte zwar ab, auch macht ihr schwaches Herz – welches sie gewiss auch von Oma geerbt hat – nicht mehr so mit wie früher. Aber sie ist selten untätig, höchstens mal am Sonntag. Etwas mehr Ruhe würde ihr sicher gut tun!

Bibliographie

Dürksen Helen. „*Die Wege des Herrn sind wunderbar*". (Verlag, Jahrgang und weiter Informationen waren nicht zu finden.)

Hofmann-Hege Charlotte. 2015. „*Alles kann ein Herz ertragen. Die weite Lebensreise der Elisabeth Thiessen.*" 14. Auflage. Brunnen-Verlag.

Neufeld Kornelius K. 2005. „*Flucht aus dem Paradies: Damals vor Moskau.*" Hg. Edith Neufeld. Weisenheim am Berg: Agape Verlag.

Quiring Walter. 1932. Russlanddeutsche suchen eine Heimat: Die deutsche Einwanderung in den paraguayischen Chaco. Karlsruhe.

Ratzlaff Gerhard & H. J. Willms. 1960. „*Vor den Toren Moskaus: Gottes gnädige Durchhilfe in einer schweren Zeit.*" Hg. Komitee der Flüchtlinge unter Mitarbeit von Rev. C. C. Peters. Abbotsford, B. C., Kanada.

Ratzlaff Gerhard (Hg.). 1987. „*Auf den Spuren der Väter: Eine Jubiläumsschrift der Kolonie Friesland in Ostparaguay: 1937-1987.*" Asunción.

Reger Adina & Plett Delbert. 2001. „*Diese Steine: Die Russlandmennoniten*". Verlag: Steinbach: Crossway.

Schmidt William. „*Sieghardus, Der Hauptmann Der Beim Kreuze Stand*". Weitere Information unter: https://www.amazon.de/Sieghardus-Hauptmann-Beim-Kreuze-Stand/dp/1144383110

Титова Светлана Даниловна. 1998. *Оренбургские немцы: этническая история и духовная культура*. Вып. 11. Оренбург: Печ. дом ДиМур. http://www.oimsla.edu.ru/personal/info?id=51

Warkentin Hans. „*Wenn die Not am größten*". (Verlag, Jahrgang und weiter Informationen waren nicht zu finden.)

Wiens Peter u. Klassen Peter P. 1956. Jubiläumsschrift zum 25jährigen Bestehen der Kolonie Fernheim. Winnipeg: Echo-Verlag.

Aus dem Internet. Ein großer Teil der Webseiten ist auf Russisch:

Gottesgemeinschaftslied, Autor: Christian Heinrich Zeller (1779 – 1860),
http://www.christliche-gedichte.de/?pg=10880 (13.08.2017)
https://de.wikipedia.org/wiki/Oblast_Orenburg (22.10.2016)
http://chort.square7.ch/Kart/Ka032.htm (1.11.2016)
http://gameo.org/index.php?title=Kronsweide_Mennonite_Church_(Krons
weide,_Zaporizhia_Oblast,_Ukraine) (1.11.2016)
http://chort.square7.ch/Kart/Ka032.htm, (1.11.2016)
http://www.grhs.org/villages/kherson/jekaterinoslaw/chortitza.html
(1.11.2016)
http://gameo.org/index.php?title=Kronsgarten_(Chortitza_Mennonite_Sett
lement,_Dnipropetrovsk_Oblast,_Ukraine) (1.11.2016)
http://www.alexanderyakovlev.org/almanah/inside/almanah-intro/1005111
(22.10.2016)
http://menonitica.org/lexikon/?F:Flucht_%FCber_Moskau (3.04.2017)
http://chort.square7.ch/FB/BAusw29.html (3.04.2017)
http://statehistory.ru/646/10-let-bez-prava-perepiski/ (3.11.2016)
https://de.wikipedia.org/wiki/Veitstanz (3.11.2016)
https://de.wikipedia.org/wiki/Chorea_minor (3.11.2016)
http://www.memo.ru/history/document/pbnac.htm#_VPID_1
(21.10.2016).
https://www.youtube.com/watch?v=iTe6qNejMxk (22.10.2016)
https://de.wikipedia.org/wiki/Gro%C3%9Fer_Terror_(Sowjetunion)
(22.10.2016).
https://www.youtube.com/watch?v=iTe6qNejMxk (21.10.2016)
http://www.1000dokumente.de/index.html/index.html?c=dokument_ru&d
okument=0010_bes&object=translation&l=ru (22.10.2016)
http://www.alexanderyakovlev.org/almanah/inside/almanah-intro/1005111
(22.10.2016)
https://www.tu-
chemnitz.de/phil/europastudien/geographie/Forschung/Download/BA-
Projekt%20Russlanddeutsche.pdf, (24.10.2016)

http://www.hauptschule-aichach.de/Aussiedler.htm#_Toc76266285
(17.07.2016),
https://de.wikipedia.org/wiki/Geschichte_der_Russlanddeutschen
(31.08.2016)
http://www.migrazioni.altervista.org/deu/3deutsche_in_russland/05_18jah
rhundert/3.2_katharina_2.html ,
http://www.arwela.info/8manifest.htm (24.10.2016)
http://www.mennoniten.de/geschichte.html (24.10.2016)
https://de.wikipedia.org/wiki/Kolonie_Chortitza (2.11.2016)